新编21世纪高等职业教育精品教材 ◆ 物流类

货物学

（第四版）

HUOWUXUE

主　编　霍　红　牟维哲　徐玲玲

副主编　李　莹　张　茹

中国人民大学出版社

·北京·

图书在版编目（CIP）数据

货物学/霍红，牟维哲，徐玲玲主编. --4版. --北京：中国人民大学出版社，2022.6

新编21世纪高等职业教育精品教材. 物流类

ISBN 978-7-300-30718-3

Ⅰ.①货… Ⅱ.①霍… ②牟… ③徐… Ⅲ.①物流-货物运输-高等职业教育-教材 Ⅳ.①F252

中国版本图书馆CIP数据核字（2022）第098308号

新编21世纪高等职业教育精品教材 • 物流类

货物学（第四版）

主　编　霍　红　牟维哲　徐玲玲

副主编　李　莹　张　茹

Huowuxue

出版发行	中国人民大学出版社		
社　　址	北京中关村大街31号	**邮政编码**	100080
电　　话	010－62511242（总编室）		010－62511770（质管部）
	010－82501766（邮购部）		010－62514148（门市部）
	010－62515195（发行公司）		010－62515275（盗版举报）
网　　址	http://www.crup.com.cn		
经　　销	新华书店		
印　　刷	北京昌联印刷有限公司	**版　　次**	2009年2月第1版
开　　本	787 mm×1092 mm　1/16		2022年6月第4版
印　　张	20.25	**印　　次**	2025年6月第6次印刷
字　　数	403 000	**定　　价**	49.00元

第四版前言

本书力求在继承传统的货物学理论和实践的基础上，结合货物学的最新发展，对货物学的理念进行重新整理和拓展，系统地阐述货物学的相关理论与实践知识。

本次修订主要是对第三版中已经过时的内容进行了剔除，对不合理的地方进行了修改，删除了木材、汽车等特殊货物部分内容，增加了货物学的最新知识，特别是引入了最新的国内外有关各类货物的标准、规定等，增加了集装箱运输、新型包装材料和包装技术、货物多式联运、货物的智能化仓储、奢侈品等内容，对数据、案例等进行了更新。

在此次修订中，注重以课程思政为引领，紧紧围绕党的二十大精神，全面贯彻党的教育方针，落实立德树人根本任务，将货物学知识传授、学生能力培养与价值塑造紧密融合，引导学生深刻理解并自觉实践货物学领域的职业精神和职业规范，增强职业责任感，有助于深化教育领域综合改革。

本书由霍红、牟维哲、徐玲玲任主编，李莹、张茹任副主编，具体分工如下：第一章由霍红编写，第二章由李莹编写，第三章由徐玲玲编写，第四章、第六章、第七章、第八章、第九章、第十章由牟维哲编写，第五章由张茹编写。参与前期资料搜集与后期内容整理的有丁君辉、郑雪珍、余文贞、赵维峰。

本书可作为高职高专物流管理专业教材，也可作为相关从业人员自学提高用书。

由于编者水平所限，书中难免存在错漏之处，恳请广大读者予以批评指正，以便我们不断修订完善。

编者

目录

第一章 概论

◆ **知识目标**

1. 了解货物学的研究对象、研究内容和研究目的。
2. 掌握货物的各种分类方式以及货物编码的方法。
3. 熟悉货物的物理性质、化学性质、生物性质、机械性质。

◆ **思政目标**

1. 通过对货物学基础知识的介绍，培养学生对专业的热爱。
2. 通过对货物分类、编码、各种性质的介绍，增强学生开拓创新的职业品格和行为习惯。

第一节 货物学的研究对象

货物学的研究对象就是运输环节的货物。通过对货物的分类、性质、包装、标志、质量、标准、检验、运输、装卸、理货、质量维护、堆存保管、配积载等内容的研究，探讨保证和提高货运质量的措施与对策。

货物学主要研究以下方面的内容：货物的分类、成分、结构及物理、化学、生物和机械性质；货物的包装、标志、丈量与衡量以及货物的积载因数；货物质量与货物质量管理；货物标准；货物检验；货物运输；货物储存和养护；清洁普通货物、液体普通货物、粗劣普通货物、特殊货物的相关知识等。

货物学的研究目的在于，通过对上述问题的分析、研究，阐明货物与运输有关的性质，解释货物质量变化的科学规律，制定货物运输安全防护措施，以保证货物数量完整、质量完好，同时，探索对货物运输科学管理的方法，改进货物的运载条件，改革货物的运输包装与标志，提高运输过程中配积载、装卸、库场保管的技术水平，充分利用运输工具的载重量，有效地使用物流基础设施和设备，加快货物周转，提高运输生产效率，降低运输成本。高质量发展是全面建设社会主义现代化国家的首要任务。因此，货物学就是要通过对运输环节货物的研究，安全、优质、高效、迅速、便利地运输货物，提高运输企业的经济效益。

第二节 货物的分类与编码

货物（cargo）是指经由运输部门承运的一切原料、材料、工农业产品、商品以及其他产品或物品。

一、货物的分类

货物是运输生产的主要对象。在物流过程中，运输的货物品种繁多、自然属性各异且批量不一，因此，基于货物运输生产过程的复杂性和重要性，我们非常有必要对货物进行科学的分类。

（一）按货物的包装形态分类

按照货物的包装形态进行划分，货物可分为件装货物、散装货物以及成组装货物三种类型。

1. 件装货物

件装货物又称件杂货或杂货，它以件数和重量承运，其标志、包装形式不一，性质各异，一般批量较小且票数较多。件装货物按其包装特点可分为包装货物和裸装货物。

（1）包装货物。

它是指装入各种材料制成的容器的货物或捆扎的货物，如袋装货物、桶装货物、捆装货物等。

（2）裸装货物。

它是指在形态上自成件数，在运输中不用另加包装（或简易捆束）的货物，如汽车、钢板、木材等。

2. 散装货物

散装货物简称散货，是以散装方式进行运输，以重量承运，无标志，无包装，不易计算件数的货物，一般批量较大且种类较少。散货按其形态可分为干制散装货物和液体散装货物。

（1）干制散装货物。

如矿石、化肥、煤等。

（2）液体散装货物。

如原油、动植物油等。

3. 成组装货物

成组装货物是指用托盘、网兜、集装袋或集装箱等将件装货物或散货组成一个大单元进行运输的货物。成组装货物又可分为以下几类：

（1）托盘货物。

托盘货物是指将若干包（件）货物集合放在一个托盘上，用塑料薄膜等材料连同托盘一起形成一个装运单元进行运输的货物。

（2）网兜货物。

网兜货物是指使用棕绳、尼龙绳、钢丝绳等编织的网兜来盛装的货物。

（3）集装袋货物。

集装袋货物是指装入可折叠的涂胶布、树脂加工布等软材料所制成的大型袋子的货物。适用集装袋的货物类型广泛，主要是粉粒体货物，如矿砂、水泥、纯碱等。

（4）集装箱货物。

集装箱货物是指装入集装箱内进行运输的货物。按货物性质和形态，集装箱货物可选用通用集装箱或特种集装箱装运。按装运方式，集装箱货物可分为整箱货和拼箱货。

（二）按货物的装运要求分类

根据货物装运要求的不同，货物可分为普通货物（general cargo）和特殊货物（special cargo）两大类。

1. 普通货物

普通货物是指由于本身不具有特殊性质，因而在运输过程中没有规定特别条件的各类货物。

普通货物又可分为如下几类：

（1）液体货物（liquid cargo）。

液体货物是指盛装于桶、瓶、罐、坛内的，在运输过程中容易破损、滴漏的各种流质或半流质货物。如酒类、药品、各种油类及其制品、普通饮料等。

（2）清洁货物（clean cargo）。

清洁货物是指洁净的、干燥的货物，也可称为精细货物（fine cargo）。如供人们食用的糖果、糕点、茶叶；在运输保管中不能混入杂质或被污染的各种针织品；不能受重压、磕碰、摔打的易碎品中的陶瓷器皿、玻璃制品；肥皂、洗衣粉、洗面奶等各种洗涤用品和化妆品；盆、杯子等各种塑料制品。

（3）粗劣货物（rough cargo）。

粗劣货物是指具有散发异味、易水湿、易扬尘和易渗油等特性的货物。如货物中会散发气味的生皮、鱼粉、烟叶、大蒜、氨水、油漆等；易扬尘并使其他货物受污染的水泥、炭黑、矿粉、颜料等；易渗油的煤油、豆饼等。

2. 特殊货物

特殊货物是指本身的性质、体积、重量和价值等方面具有特别之处，在积载和装卸保管中需要采用特殊设备和采取特别措施的各类货物。特殊货物包括如下几类：

（1）危险货物（dangerous cargo）。

危险货物是指具有燃烧、爆炸、毒害、污染、腐蚀和放射射线等性质，在运输过程中会引起人身伤亡、财产毁损，在积载、装卸和保管中需要采用特殊设备、采取特别措施，且需要按照有关危险货物运输规则的规定进行运输的货物。

（2）冷藏货物（reefer cargo）。

冷藏货物是指在常温条件下容易腐烂变质或需要使用冷藏箱、冷藏船、冷藏舱在某种指定的低温条件下运输的货物。这类货物又称鲜货，如新鲜的或处于冷冻状态的牛肉、鱼肉、鸡肉、蛋及其制品，处于低温状态的水果、蔬菜等。

（3）贵重货物（valuable cargo）。

贵重货物是指本身价格昂贵的货物。如金、银等贵重金属，玉器首饰，货币，高档电器，精密仪器，名贵药材，历史文物，以及其他高价商品。

（4）有生动植物货物（live stock and plants）。

有生动植物货物又称活货，是指具有正常生命活动，在运输过程中仍然需要特别照顾，需维持其生命和生长机能，以避免其枯萎、患病或死亡的动植物货物。如牛、马、猪、羊等家畜，鸡、鸭、鹅等家禽，以及其他兽类、鸟类、鱼类等活的动物货物；花卉、树苗、盆景等植物货物。

（5）笨重长大货物（bulky and lengthy cargo，heavy cargo）。

笨重长大货物是指重量超过一定界限或者单件体积过大（过长）的货物。如钢轨、机车头、各种成套的设备等。

根据我国港航计费规定，每件重量为 3～5t 的货物为重件，超过 5t 的为超重件，长度超过 9m 的货物为长大件；国际标准规定，每件重量超过 40t 的货物为超重件，长度超过 12m 的货物为超长件，高度或宽度超过 3m 的货物为超高或超宽件。在国际贸易货物运输中，有时也以船舶、码头的起吊能力作为划分笨重长大货物的标准，例如，卸货港码头上无起吊设备，而船舶吊杆的安全负荷为 8t，这时，重量超过 8t 的货物就是重件货物，承运人或其在装货港的代理人应该将重量在 8t 以上的货物的情况及时通知卸货港代理人，以便卸货港代理人联系、安排设备进行卸货作业。

(6) 邮件货物 (mail cargo)。

邮件货物是指出入境的邮件、包裹等货物，它要求交货迅速，以便能及早送达收件人。

(7) 拖带运输货物 (towing carriage cargo)。

拖带运输货物是指较适于经编扎后在水上拖带运输，而不便于装载在船舶上运输的货物，如竹子、木排、船坞等。

(8) 涉外货物 (foreign-related cargo)。

涉外货物是指外国驻华使领馆、团体和个人的外交用品，以及国际礼品、展览品等物品。

(三) 按货物进出境的报关程序分类

报关程序是指进出境运输工具负责人、进出口货物的收发货人和进出境物品的所有人或者其代理人按照《中华人民共和国海关法》(以下简称《海关法》，全书涉及相关法律的，均采用简称) 的规定，办理运输工具、货物、物品进出境及相关海关事务的手续和步骤。根据货物进出境时报关程序的不同，可以将货物分成以下几类。

1. 特定减免税货物

特定减免税货物是指海关根据国家的政策规定准予减免税进境，使用于特定地区、特定企业、特定用途的货物。其中，特定用途的减免税货物包括国内投资项目、利用外资项目、科教用品、残疾人专用品等；特定企业的减免税货物主要是指外商投资企业的减免税货物；特定地区的减免税货物包括保税区和出口加工区的减免税货物。

2. 一般进出口货物

一般进出口货物是指在进出境环节缴纳了应纳的进出口税费并办结了所有必要的海关手续，海关放行后不再进行监管的进出口货物。如转为实际进口的原保税货物和原暂准进出境货物，易货贸易、补偿贸易进出口货物，边境小额贸易进出口货物，实际进出口货样广告品及其他不享受特定减免税和不准予保税的一般贸易进口货物。

3. 暂准进出境货物

暂准进出境货物是指为了特定目的，经海关批准暂时进境或暂时出境，并在规定的期限内复运出境或复运进境的货物，包括使用 ATA 单证册报关的暂准进出境货物、展览品、集装箱箱体等。

4. 保税货物

保税货物是指经海关批准未办理纳税手续进境，在境内储存、加工、装配后复运出境的货物。保税货物可以分为加工贸易保税货物、仓储保税货物和区域保税货物。

5. 其他进出境货物

（1）过境货物。

过境货物是指从境外启运，在我国境内无论是否换装运输工具，通过陆路运输，继续运往境外的货物。

（2）转运货物。

转运货物是指由境外启运，通过我国境内设立海关的地点换装运输工具，而不通过我国境内的陆路运输，继续运往境外的货物。

（3）通运货物。

通运货物是指由境外启运，由船舶、航空器载运进境并由原运输工具继续载运出境的货物。

（4）出料加工货物。

出料加工货物是指我国境内企业运到境外进行技术加工后复运进境的货物。

（5）无代价抵偿货物。

无代价抵偿货物是指进出口货物在海关放行后，出于残损、短少、品质不良或者规格不符等原因，由进出口货物的发货人、承运人或者保险公司免费补偿或者更换的与原货物相同或者与合同规定相符的货物。

另外，还有进出境修理货物、进出境快件、溢卸进境货物、误卸进境货物、放弃进口货物、超期未报关货物、一般退运货物、退关货物等。

（四）按货物的自然特性分类

按自然特性的不同，货物可做如下分类。

1. 冻结性货物

冻结性货物是指含有水分，在低温条件下易于冻结成为整块或产生沉淀的货物。如煤炭、散盐、矿石在低温时易冻结成大块，造成装卸困难；墨汁、液体西药受冻后会产生沉淀，影响质量。

2. 热变性货物

热变性货物是指当所在环境的温度超过一定限值时会发生形态变化的货物，如石蜡、松香、橡胶等。

3. 自热性货物

自热性货物是指在不受外来热源影响下能够自行发热的货物，如油纸、棉花、煤炭等。

4. 锈蚀性货物

锈蚀性货物是指在环境中易于生锈导致毁损的金属类货物，如铁、钢材等。

5. 染尘性货物

染尘性货物是指容易吸收周围环境中的灰尘而被污染甚至失去自身性能的货物，如各种纤维货物、液体货物及食品等。

6. 扬尘性货物

扬尘性货物是指极易飞扬尘埃且能使其他货物受到污染的货物，如矿粉、炭黑等。

7. 易碎性货物

易碎性货物是指机械强度低，质脆易破的货物，如玻璃及其制品、陶瓷器皿、精密仪器等。

8. 吸味性货物

吸味性货物是指容易吸附外界异味的货物，如茶叶、香烟、大米等。另外，有些吸味性货物本身还具有散味性，如烟叶、糖、咖啡等。

9. 吸湿性货物

吸湿性货物是指容易吸收空气中的水蒸气或水分的货物，如糖、盐、化肥，以及棉布等各类纤维织物。

10. 带虫害病毒货物

带虫害病毒货物包括未经消毒的生牛羊皮、破布、废纸等。

二、货物的编码

（一）货物编码的概念

货物编码是指用一组有序的代表符号来标识分类体系中不同类目货物的过程。编码中所使用的标志性的代表符号即称货物代码。

货物编码可使名目繁多的货物便于记忆，有利于货物分类体系的通用化、标准化，为建立统一的货物产、供、销和储运的信息系统，以及运用计算机网络进行商流物流的现代化科学管理创造了条件。

（二）货物编码的原则

1. 唯一性原则

代码结构必须保证每一个编码对象仅有一个唯一的代码，也就是说，一个代码应与指定的类目一一对应。

2. 简明性原则

代码尽可能简单，即尽可能使代码的长度最短，以便于手工处理，减少差错，减少计算机的处理时间和存储时间。

3. 层次性原则

代码要层次清楚，能清晰地反映货物分类关系和分类体系、目录内部固有的逻辑关系。

4. 稳定性原则

代码确定后要在一定时期内保持稳定，不能频繁变更，以保证分类编码系统的稳定性，避免造成人力、物力、财力的浪费。

5. 可扩充性原则

编码时必须留有适当的后备容量（足够的备用代码），以便适应因新产品的出现而对代码不断扩充的需要。

（三）货物编码的方法

货物编码常用的方法有顺序编码法、层次编码法、平行编码法、混合编码法。

1. 顺序编码法

顺序编码法是按照货物类目在分类体系中出现的先后次序，依次给予顺序数字代码的编码方法。其优点是使用方便，易于管理，但代码本身不给出任何有关编码对象的其他信息。

系列顺序编码法是顺序编码法中的一种，它是将顺序数字代码分为若干段（系列），使其与分类编码对象的分段一一对应，并赋予每段分类编码以一定的顺序代码的编码方法。其优点是可以赋予编码对象一定的属性或特征，提供有关编码对象的某些附加信息，附加信息的确定要借助于代码表。它的缺点是当系列顺序代码过多时，会影响计算机的处理速度。

2. 层次编码法

层次编码法是按货物目录在分类体系中的层级顺序，依次赋予对应的数字代码的编码方法。它主要用于线分类体系。编码时将代码分成若干层次，并与分类对象的分类层次相对应。代码从左到右表示层级由高至低，各层次的代码常采用顺序码或系列顺序码。层次编码法的优点是逻辑性较强，能明确地反映出分类编码对象的属性或特征及其相互关系，便于机器汇总数据；其缺点是结构弹性较差，为延长其使用寿命，往往要用延长代码长度的办法，预先留出相当数量的备用号，从而出现代码的冗余。

3. 平行编码法

平行编码法多用于面分类体系，每一个分类面确定一定数量的码位。平行编码法的优点是编码结构有较好的弹性，可以比较简单地增加分类面的数目，必要时还可更换个别的面，可用全部代码，也可用部分代码；其缺点是代码过长，冗余度大，不便于利用计算机进行管理。

4. 混合编码法

混合编码法是层次编码法和平行编码法的组合，代码的层次与类目的等级不完全相适应。当把分类对象的各种属性或特征分列出来后，其某些属性或特征用层次编码法表示，其余的属性或特征则用平行编码法表示。这种编码方法吸取了层次编码法和平行编码法的优点，效果往往较理想。

第三节 货物的性质

在装卸、运输和保管等各个环节中，由于货物本身的自然属性、化学组成与结构不同，当受到温湿度、阳光、雨水和微生物等不利环境因素的影响，以及运输中装卸搬运的外力影响时，货物可能发生这样或那样的质量变化，造成货物使用价值的下降或丧失。因此，为了保证货物运输安全和货物质量，减少或避免运输中产生的货损货差，我们有必要掌握不同货物的不同特性。货物的各种特性，是由货物的物理性质、化学性质、生物性质和机械性质所决定的，研究货物的特性，就是要透过货物质量变化的现象，找到其变化的实质，掌握质量变化的科学规律。

一、货物的物理性质

货物的物理性质是指货物具有的受外界的温度、湿度、阳光、雨水等因素的影响而发生物理变化的性质。货物发生物理变化时，其原来的化学组成虽没有改变，但数量会减少、质量会降低甚至会损坏，为生物变化和化学变化创造条件，使得货运作业困难或发生危险性事故。

货物在运输过程中发生物理变化的主要形式有：固体货物的软化、熔化或溶解以及吸湿或散湿，液体货物的挥发、凝固或冻结，气体货物的压力变化与爆炸等。

（一）货物的吸湿性

货物所具有的吸附水蒸气或水分的性质，是货物运输中发生质量变化的一个重要原因，对于货运质量有较大的影响。

货物的吸湿能力取决于下列五个因素：

（1）货物的化学成分。如果货物的化学成分中含有亲水性基团，货物就易吸收水分。

（2）货物的结构。由于物质的吸附作用，多孔性物体和粉粒状物体因具有较大的表面积，所以具有较强的吸湿性。

（3）货物的易溶性。易溶于水的货物就容易吸湿。

（4）货物蒸发水分的气压。当货物表面水气压小于空气中水气压时，货物会吸湿；

反之，货物会散湿。水分的流向取决于两者的气压差，由高压的一方流向低压的一方，直至两者达到平衡状态。

（5）货物的纯度。货物组成成分中含有杂质，会降低蒸发所需气压，从而增强吸湿性。例如，纯度高的氯化钠不易吸湿，但普通氯化钠（食盐）因含有氯化镁等杂质而具有较强的吸湿性。

货物吸湿的程度还与周围环境的温度、湿度有关。当气温较高、相对湿度较小时，货物易散发水分；当气温较低且相对湿度较大时，货物易吸收水分。

在运输中，货物含水量过多，超过其安全水分标准时，会出现货物潮解、溶化、分解、发霉等变质现象；货物含水量过少，会致使货物损耗、发脆、开裂。为防止货物在运输过程中吸湿变质，需熟悉各类货物的安全水分标准，加强温度、湿度控制，采取防潮措施。

（二）货物的溶化和熔化

溶化是指某些固体或粉末状的货物在储存保管过程中，因为吸收空气中的水分，达到一定程度后会溶化变成液体的现象。如食盐、食糖、尿素、氯化钙、硝酸铵等。溶化后，一方面使得货物的质量下降、数量减少，另一方面，可能会污染别的货物。特别是有些货物溶化后，在干燥的条件下又会失去水分重新结晶而结块，给装卸搬运带来困难。因此，要加强货物保管过程中的环境湿度的控制，同时还要合理控制垛型，货垛大利于防潮，但容易结块；货垛小，不容易结块，但不利于防潮。

熔化是指某些货物由于熔点较低，在温度较高的环境下会逐渐变软甚至熔化为液体的现象。如松香、香脂、石蜡、肥皂、药品中的糖衣片等。货物的熔化与货物的熔点低是有直接关系的，同时，还与环境的温度、货垛的压力有关系。所以，易熔化的货物在储存时应控制环境的温度，将货物放在阴凉通风的场所，在船上要选择远离热源以及太阳直射的地方，同时要合理控制垛型。

（三）货物的挥发性

挥发是低沸点的液体货物或经液化的气体货物（如液态氮）迅速蒸发到空气中的现象。液体货物发生挥发现象，是由于液体货物表面的分子比其内部分子的运动更为活跃，它的表面蒸气压大于空气压力，所以能不断地挥发扩散到空气中去。挥发的速度与气温的高低、空气流动速度的快慢、液体表面接触空气面积的大小成正比。常见的易挥发货物有酒精、白酒、香精、花露水、香水、化学试剂中的各种溶剂等。另外，硫黄、樟脑等固体物质也能直接升华。

液体货物在运输过程中的挥发会减少其有效成分，增加其损耗，降低其质量，还容易引起燃烧或爆炸。如果挥发的蒸气有毒性或麻醉性，则容易造成大气污染，对人体产生危害。防止液体货物挥发的主要措施是加强包装的密封性，同时要注意控制仓库温度，使货物保持在较低温度条件下储存，以防止其挥发。

（四）货物的污染性

污染性是指某些货物本身具有异味、渗漏、熔化、溶化等性质，能污染其他货物的现象。常见的污染性货物有散味的、扬尘的、渗漏的、感染性的等。为防止货物污染，首先要对有污染性的货物采用严格的包装，防止污染扩大，影响其他货物；其次，有污染性的货物要与怕污染的货物分开存放，减少货物被污染的可能性。对于散味性的货物尤其要注意，不仅要防止易吸附异味的货物被污染，如食品类，还要防止不同气味的货物之间串味。

（五）货物的干缩裂

干缩裂是指木材、竹等及其制品，在环境温湿度不适宜的条件下，常会出现的开裂、变形等变化。木材及其制品等对环境的温湿度的要求较高，在潮湿、高温的环境下，木材会湿胀、腐朽变色，在干燥高温的条件下，木材会变形开裂，因此要保证适宜的温度和湿度环境，将木材等的含水量控制在标准的范围内。

二、货物的化学性质

货物的化学性质是指货物的组成在光、氧、水以及酸、碱等作用下发生化学变化的性质。货物的化学性质是由货物的组成成分决定的。货物在运输过程中发生了化学变化，意味着货物质量发生了变化，货物遭受了损失，严重的甚至还会殃及其他货物及发生严重事故。钢铁生锈、肥料失效以及黑火药爆炸等都属于化学变化。

在运输过程中，货物发生化学变化的形式主要有氧化、锈蚀、燃烧、爆炸等。

（一）货物的氧化

氧化又称氧化作用，是指货物与空气中的氧或放出氧的物质所发生的化学反应。氧非常活泼，极易与物质发生氧化反应而使货物变质，甚至发生危险事故。一般情况下，氧化作用的进行是十分缓慢的。但是，如果氧化产生的热量不易散发而积聚起来，就会发生自热、自燃现象，如油布伞、油纸、桐油布等油制品，若尚未干透即行打包运输，就容易发生自燃。因此，对于一些发热量较大、燃点较低的货物，如黄磷、废电影胶片等，要特别注意防止自燃事故的发生。另外，橡胶的老化、茶叶的陈化、煤的风化等也属于氧化现象。

（二）货物的锈蚀

锈蚀是指金属或金属合金同周围的介质接触时，相互间发生了化学反应或电化学反应而逐渐遭到破坏的过程。金属货物之所以会发生锈蚀，一是由于金属本身不稳定，在其组成中存在自由电子，或组成成分不纯；二是由于水分和有害气体的作用。锈蚀是金属货物的主要破坏形式。

（三）货物的燃烧

燃烧是指物质相互化合而产生光和热的过程。物质与氧激烈地化合引起燃烧或继续维持燃烧，必须同时具备三个条件，即可燃物、助燃物（氧或氧化剂）以及一定的温度，三者缺一不可。液体和固体燃料通常需要先受热变成气体后才能燃烧而产生火焰，而气体燃料则能直接燃烧并产生火焰。

（四）货物的爆炸

爆炸是指物质非常迅速地发生化学或物理变化而导致压力急剧上升的一种现象。爆炸分为化学性爆炸和物理性爆炸。化学性爆炸是指物质受外因的作用，产生化学反应而发生的爆炸。物理性爆炸是指货物包装容器内部气压超过容器的承受强度而发生的爆炸，如氧气瓶的爆炸。

爆炸反应的主要特点是反应速度极快，释放出大量的热和气体，产生冲击破坏力。爆炸和燃烧的主要区别在于反应速度，爆炸多伴随燃烧发生，如黑火药等爆炸品发生爆炸时即如此。

三、货物的生物性质

货物的生物性质是指有生命的有机体货物及寄附在货物上的生物体，在外界各种条件的影响下，能分解营养成分的性质。它包括货物本身的生命活动（呼吸过程消耗营养物质）和微生物在有机营养内活动两个方面。如粮谷、豆类、菜果等通过缓慢氧化（呼吸）维持生命；鲜鱼、肉类等主要由于微生物的生命活动而使营养物质分解。呼吸强度和微生物活动的程度与货物的温度和水分含量有关。在温度较高、水分含量较多的情况下，生命活动较为旺盛；在低温、干燥的条件下，生命活动被抑制。

在运输过程中，货物发生生物变化的形式主要有酶、呼吸、微生物、虫害的作用等。

（一）酶的作用

酶又称酵素，是一种特种蛋白质，具有催化作用。因为一切生物体内的物质分解与合成都要靠酶的催化来完成，所以酶是生物新陈代谢的内在基础。如粮谷的呼吸、后熟、发芽、发酵、陈化等都是酶作用的结果。影响酶的催化作用的因素有温度、水分、pH 值等。

（二）呼吸作用

呼吸是有机体货物在生命活动过程中的一种分解有机成分的生物化学反应，这种反应能产生水分与热量，是为获取热能维持生命而进行的新陈代谢现象。呼吸作用是一切活的有机体货物都具有的最普通的生物现象，寄附在货物上的微生物、害虫等也具有此特性。

呼吸作用可分为有氧呼吸和无氧呼吸。有氧呼吸是有机体货物中的葡萄糖或脂肪、蛋白质等，在通风良好、氧气充足条件下受氧化酶的催化，进行氧化反应，产生二氧化碳和水，并释放出热量；无氧呼吸是在无氧条件下，有机体货物利用分子内的氧进行呼吸作用。

有氧呼吸可造成有机体中的营养成分大量消耗并产生自热、散湿现象，而严重的无氧呼吸所产生的酒精积累过多会引起有机体内的细胞中毒死亡。所以，在运输过程中应合理通风，并尽量控制有关因素，使货物进行微弱的有氧呼吸。

（三）微生物作用

微生物是借助于显微镜才能看见其个体形态的小生物。微生物作用是微生物依据外界环境条件，吸取营养物质，经细胞内的生物化学变化，进行生长、发育、繁殖的生理活动过程。微生物的种类很多，而造成货损的微生物主要有细菌、酵母菌和真菌三大类。

影响微生物生命活动的因素有：水分、氧气、温度、物质氢离子浓度和渗透压。由于微生物所摄取的养料必须在溶解状态下才能进入细胞体，因此，水分是微生物生长活动的必备条件；大多数微生物活动需要氧气，有些微生物在缺氧时也能活动；温度对微生物活动有重大影响，不同的微生物在各自适宜的温度下能迅速发育、繁殖；各种微生物有不同的 pH 值的适宜值，即在适宜值环境下活动旺盛；微生物是依靠外界一定的渗透压摄取养料的，在外界渗透压过高（进行盐渍、糖渍等处理）时，微生物会出现致命的“质壁分离”。此外，紫外线、射线、超声波、化学药剂、抗生素和植物杀菌素等，对微生物的生命活动也有致命的影响。

根据运输的客观条件和货运质量上的具体要求，在运输中，为抑制呼吸和微生物的生命活动，主要应采取控制水分和温度的方法。微生物的生存条件一般是中温（25℃～35℃）、高湿。所以，控制货物的含水量和环境的温湿度，调节氧气的浓度，是防止微生物作用的有效措施。同时，还要保持环境卫生，防止货物被污染。

（四）虫害作用

虫害作用对有机体货物的危害性很大，害虫不仅会蛀食货物，破坏其组织结构，引发货物破碎、孔洞、发热和霉变等，而且害虫的分泌物、粪便、尸碱会污染货物，影响商品的质量和外观，使商品的使用价值降低甚至完全丧失。如粮谷害虫能使粮谷结露、陈化、发热和霉变等，老鼠、白蚁等会咬蛀货物的包装、库场建筑物并传染疾病等。

虫害作用一般与环境的温湿度、氧气浓度、货物的含水量有关系，其中温湿度是最重要的。为防止虫害，应控制有关因素并做好运输工具和仓库的清洁卫生工作，加强日常管理，切断虫、鼠来源，同时采用化学药剂或其他方法杀虫、灭鼠。

（五）胚胎发育

胚胎发育主要是指鲜蛋在保管过程中，当温度、湿度和氧气条件适宜时，胚胎会发育成血丝蛋、血环蛋，导致其新鲜度和食用价值大大降低。为抑制胚胎发育，应加强温湿度控制，最好是采取低温储藏或截止供氧的方法进行保管和运输。

（六）发芽

发芽是指有机货物在适宜条件下，冲破“休眠”状态而萌发的现象。发芽会使有机货物的营养转化为可溶性物质，供应有机体本身的需要，从而降低货物的质量。发芽的过程中通常伴有发热、发霉等情况，有时还会产生有毒物质，从而增加货物损耗，降低货物的质量。

四、货物的机械性质

货物的机械性质是指货物在受到外力作用时，具有抵抗变形或破坏的能力的性质。货物采用不同的包装，可具有不同的抵抗变形或破坏的能力，所以，货物的机械性能既与货物本身的质量、形态等性质有关，又与其包装质量有关。抗压强度（抗压性）是最常用的机械性指标，是指物质单位面积上所能承受的极限压力，单位为帕（Pa），它决定着货物的堆码高度或耐压的强度。常用的机械性指标还有韧性，即物质抵抗冲击力的能力。与韧性相对的是脆性，脆性强的货物或包装不耐外界冲击力的破坏作用。货物具有的韧性或脆性如何，一般可通过包件跌落试验了解。

在船舱、库场堆装及搬运操作过程中，对于那些机械性能较差的货物，应严格按照注意标志的要求作业，尽量减少或杜绝那种包装尚好，但内部货件因受到过大的冲击影响而破碎损坏的事故。

货物发生机械变化的形式主要有变形、渗漏、破碎、结块等。

（一）货物的变形

货物的变形主要是指具有可塑性的货物发生变形。所谓可塑性，是指货物受外力作用后发生变形，而当移去外力后，不能完全恢复原状的性质。这类货物虽不易碎裂，但受到超过其所能承受的压力时就会变形，影响质量。如橡胶、塑料制品，特别是有热变性的橡胶、塑料制品，在高温条件下受重压、久压更易变形。皮革制品和铝制品等也是如此。

因此，易变形的货物在运输过程中堆装时须注意堆形平整，堆装高度不宜过高，尤其是不应在上面装重货。装卸搬运要避免摔、抛以及各种撞击，机械作业要稳铲、稳吊、稳放，防止货物受外力作用变形。

（二）货物的渗漏

液体货物容易发生渗漏。货物的包装或容器质量有缺陷，封口不严，灌装不符合要求，在搬运时撞击、跌落，受高温作用等，都会使货物发生渗漏现象。

在运输过程中，应加强对液体货物包装容器的检查，做好高温时的防暑降温措施，装卸搬运要使用合适的器具，船舱内应紧密堆装，不留空隙，以避免引起碰撞而造成货物渗漏。有污染性的易渗漏货物应堆装于底部位置；渗漏物有挥发性、散湿性的，应做好防护。

（三）货物的破碎

破碎是货物由于质脆或包装强度弱，以至于在较小的外力作用下就容易破损的性质。各种玻璃制品、陶瓷制品以及用玻璃、陶瓷做包装的货物都属于易碎货物。

易碎货物在运输、保管和装卸过程中，为了防止损坏，必须采取如下措施：首先，要采用坚固的包装，包装内还可以采用适当的衬垫材料进行缓冲，包装外面必须贴上“易碎”等指示标志；其次，在搬运装卸中要注意轻拿轻放，避免野蛮作业，堆放的场所应选择不震动、平整并且不下沉的地方；再次，在码垛过程中要注意按照堆码要求正确操作，货垛不能堆放得太高、重货不能堆放在上面，以保证下面的货物不会被堆放在上面的货物压坏；最后，堆垛后还要注意捆绑加固，防止货垛倒塌，以减轻跌落和翻倒冲击对货物造成的损坏。

（四）货物的结块

粉粒晶体状货物易结块。装载时堆码超高或受重货所压以及潮湿、干燥、高温、冷冻等因素，都可能造成货物结块。货物结块不仅会对货物的质量有损害，而且会在装卸中造成货物包装断裂，以致散装货物难以卸货。

在运输过程中，货物堆码勿重压、久压，装卸中不宜用水喷洒货物，以免造成货物结块损失。

五、货物的自然损耗

货物的自然损耗又称自然减量，是指货物在运输过程中，由于本身的性质以及有关运输条件的影响而产生的货物质量不可避免的减少。这种由于非人为因素而减少的货物重量占运输货物原来总重量的百分比，称为货物的自然损耗率。货物自然损耗率的大小与货物的种类、包装以及装卸方式、次数、气候条件和运输时间长短等因素有关。运输双方可以在有关合同中事先规定损耗限度。比如，国际惯例公认的部分货物海运的自然损耗率如表 1－1 所示。

表 1－1　国际惯例公认的部分货物海运的自然损耗率

货物类别	自然损耗率
谷物（散装及包装）	运程在 540 海里以内时：0.1% 运程在 540～1 080 海里时：0.15% 运程在 1 080 海里以上时：0.20%
各种煤炭	0.11%～0.15%
各种矿石	0.12%～0.13%
盐	散装：0.85%～3.0% 袋装：0.3%
水泥（袋装）	0.7%
蔬菜类	0.34%～3.40%
水果类	0.213%～2.55%
肉类	0.34%～2.55%
鱼类	0.213%～2.55%
蛋类	0.51%
酒类	0.085%～0.34%
糖	0.06%～0.85%

在货物运输过程中，货物的非事故性减量在自然损耗率或规定的损耗限度以内的，承运人不负任何赔偿责任。

造成货物自然损耗的主要原因如下：

（1）货物中水分的挥发和干耗。含水分多的货物及轻质馏分的油品，因为气温的变化和长时间暴露在空气中，必然会因水分的自然蒸发或轻质馏分的挥发而造成重量减少。

(2) 液体货物的沾染和渗漏。液体货物通过包装（如木桶）非人为地沾染或渗漏在装运容器（或油舱）内而引起货物重量的减少。

(3) 粉粒固体货物的飞扬和散失。粉状、颗粒状货物因物质的飞扬及通过包装空隙的散失而引起货物重量的损耗，如矿粉、面粉、谷类等的损耗。

第四节 货物的计量

货物的计量不仅直接影响船舶、飞机、车辆等运输工具的载重量和载货容积的利用程度，而且关系到有关库场堆放货物时如何充分利用场地面积和空间等问题，同时与货物的装卸、交接也有直接的关系，有时还是计算运费的基础。

一、常见的度量衡制度

目前，在国际贸易中使用比较广泛的度量衡制度有公制（the metric system）、英制（the British system）、美制（the U. S. system）以及在公制基础上颁布的国际单位制（the international system of units）。我国采用的是以国际单位制为基础的法定计量单位制度。

《计量法》规定："国家实行法定计量单位制度。国际单位制计量单位和国家选定的其他计量单位，为国家法定计量单位。"目前，除个别特殊领域外，一般不允许再使用非法定计量单位。我国出口商品，除照顾对方国家贸易习惯约定采用公制、英制或美制计量单位外，应使用我国法定计量单位。我国进口的机器设备和仪器等，应要求使用法定计量单位，否则一般不许进口，如确有特殊需要，也必须经有关标准计量管理部门批准。

二、货物的计量单位

货物的计量单位依货物的不同性质而定，且不同的数量计算方法有不同的计量单位。国际贸易中常用的货物计量单位有以下六类：

(1) 按重量（weight）计量。常用的计量单位有吨（metric ton）、长吨（long ton）、短吨（short ton）、千克（kilogram）等，主要适用于初级产品（如大米、花生、煤、铁矿）以及部分工业制成品。

(2) 按数量（number）计量。常用的计量单位有件（piece）、双（pair）、套（set）

等，主要适用于日用消费品、轻工业品、机械产品，以及一部分土特产品，如文具、纸张、车辆、活牲畜等。

(3) 按长度（length）计量。常用的计量单位有米（meter）、英尺（foot）、码（yard）等，主要适用于金属绳索、丝绸、布匹等货物。

(4) 按面积（area）计量。常用的计量单位有平方米（square meter）、平方英尺（square foot）、平方码（square yard）等，主要适用于玻璃板、地毯等货物。

(5) 按体积（volume）计量。常用的计量单位有立方米（cubic meter）、立方英尺（cubic foot）、立方码（cubic yard），主要适用于木材、化学气体等。

(6) 按容积（capacity）计量。常用的计量单位有公升（liter）、加仑（gallon）、蒲式耳（bushel）等，主要适用于谷物以及液体、气体物品，如小麦、玉米、汽油、酒精、啤酒等。

三、货物重量的计算

在进出口交易中，重量是最为常用的一种货物数量计量单位。合同中常用的计算重量的方法如表 1-2 所示。

表 1-2　重量计算方法

<table>
<tr><th>名称</th><th colspan="2">计算方法</th><th>适用范围</th></tr>
<tr><td rowspan="5">净重</td><td colspan="2">货物本身的重量。在实践中净重一般通过用毛重扣除皮重的方法取得</td><td rowspan="5">净重是国际贸易中最常见的计重办法。按照国际惯例，如合同中对重量的计算没有其他规定，则应以净重计量</td></tr>
<tr><td>实际皮重</td><td>将整批货物的包装逐一过磅，算出每件包装的重量和总重量</td></tr>
<tr><td>平均皮重</td><td>从全部货物中取出几件，称其包装的重量，然后除以抽取的件数，得出平均数，再乘以总件数，最后算出全部包装重量</td></tr>
<tr><td>习惯皮重</td><td>按照市场已公认的规格化的包装计算，即用标准单件皮重乘以总件数</td></tr>
<tr><td>约定皮重</td><td>按照买卖双方事先约定的皮重作为计算的基础</td></tr>
<tr><td>毛重</td><td colspan="2">货物本身的重量加上包装的重量。按照毛重计算重量又称“以毛作净”</td><td>一般用于一些货物包装和货物本身的重量难以区分的或是两者的价格相差不大的货物，如一些价值较低的农副产品和初级产品</td></tr>
</table>

续表

名称	计算方法	适用范围
公量	用科学的方法去掉货物中的水分之后，加上标准含水量所求得的重量 $公量=净重\times\frac{1+标准回潮率}{1+实际回潮率}$	适用于经济价值高，而含水量极不稳定的商品，如棉花、羊毛、生丝、羊绒、鸭绒等
理论重量	件重量乘以件数得出的总重量	主要用于某些有固定和统一规格的货物，其形状规则，密度均匀，每件的重量大致相同，如钢板、马口铁等
法定重量	纯货物的重量加上直接接触货物的内包装材料的重量	主要为海关征税时使用

计量货物重量时，原则上应逐件衡重，但因受条件或时间限制，不具备逐件衡重的条件时，可采用整批或分批衡重、抽件衡重并求平均值等方法测得重量。货物衡重可使用轨道衡、汽车衡（一种地秤）、吊钩秤、皮带秤、定量秤，水路运输时对散装运输的大宗货物还可以采用水尺计重（或称水尺检量）。

四、货物数量的确定

在洽商交易时，应准确掌握进出口商品成交的数量。

（一）对出口商品数量的掌握

为了准确掌握出口商品的成交量，在商定具体数量时，应当考虑下列因素：

(1) 国外市场的供求状况。当确定向某市场出口时，应了解该市场的需求量和各地对该市场的供应量，有效地利用市场供求变化规律，按国外市场实际需要合理确定成交量，以保证我国出口商品能卖得适当的价钱。对我国出口商品的主销市场和长年稳定供货的地区与客商，应保持一定的成交量，防止因成交量过少或供应不及时而导致国外竞争者乘虚而入，使我们失去原有市场和客户。

(2) 国内货源供应情况。在有生产能力和货源充足的情况下，可适当扩大成交量；反之，如货源紧张，则不宜盲目成交，以免给生产企业履行合同带来困难。

(3) 国际市场的价格动态。当价格看跌时，如有货源，应争取多成交、快抛售；价格看涨时，不宜急于大量成交，应争取在有利的时机抛售。

(4) 国外客户的资信状况和经营能力。出口商品的成交数量应与国外客户的资信状况和经营能力相适应，对资信情况不了解的客户和资信欠佳的客户，不宜轻易与之签订成交数量较大的合同，对小客户的成交数量也要适当控制，对大客户的成交数若过小，势必缺少吸引力。总之，要根据客户的具体情况确定适当的成交量。

（二）对进口商品数量的掌握

为了准确地掌握进口商品的成交数量，一般需要考虑下列因素：

（1）国内的实际需要。在洽购进口商品时，应根据国内生产建设和市场的实际需要来确定成交量，避免盲目进口。

（2）国内支付能力。确定进口商品数量，应与国内支付能力相适应，当外汇充裕而国内又有需要时，可适当增加进口商品数量；反之，如外汇短缺，而非急需商品，则应控制商品成交数量，以免浪费外汇和出现不合理的贸易逆差。

（3）市场行情变化。在洽购进口商品时，还应根据国际市场行情变化确定成交数量，当市场行情发生对我方有利的变化时，应适当增加成交数量；反之，则应适当控制成交数量。

本章思考题

一、名词解释

1. 危险货物
2. 特定减免税货物
3. 保税货物
4. 过境货物
5. 无代价抵偿货物
6. 货物的自然损耗

二、简答

1. 件装货物可以分为哪几类？
2. 货物的吸湿能力取决于哪几个因素？
3. 货物的锈蚀原理是什么？
4. 造成货物自然损耗的主要原因有哪些？

三、案例分析

天然彩棉是一种自身具有天然色彩的棉花新品种，它具有色泽自然、质地柔软、穿着舒适、不用染色加工、能减少环境污染等特点，是一种生态环保纤维。天然彩棉的基本色调有棕色和绿色两大类，由于彩棉深浅不一，可显现出多种颜色。

天然彩棉虽然有许多优点，但存在较强的吸湿性，颜色种类少，色泽不稳定、易变色等缺点。曾经有一商人从新疆批发了大量的天然彩棉回老家零售，在返回途中，经历了连绵阴雨，回到老家后发现，天然彩棉因路途中受潮吸湿，些许彩棉已经发霉，天然彩棉原先的颜色也已经发生了极其明显的变化，彩棉品质下降。

此外，天然彩棉的形态结构与白棉相似，纤维较细，生成的纤维素次生胞壁很薄、胞腔很大，色素主要分布在纤维次生胞壁中。天然彩棉中天然色素不稳定，在染整加工中遇酸和碱、氧化剂易变色，在加工中要特别注意变色问题。

资料来源：https：//www. tnc. com. cn/info/c-005003-d-62344. html.

思考：

利用本章所学货物性质的知识，分析天然彩棉发霉、变色的原因。

第二章

货物质量与货物标准

◆ **知识目标**

1. 掌握货物质量的概念及内涵。

2. 掌握货物的质量要求，能够对消费性货物和生产性货物的质量要求进行具体说明。

3. 掌握影响货物质量的主要因素。

4. 了解货物标准的重要性和主要内容，熟悉货物标准的分类。

5. 理解货物标准化的形式，了解贸易壁垒的种类。

◆ **思政目标**

1. 通过对货物质量的介绍，培养学生树立正确的质量观念和质量意识。

2. 通过对我国货物标准和国际标准的介绍，开拓学生的国际视野，不断提高学生的思想和政治觉悟等素养。

第一节 货物质量及其影响因素

一、货物质量概述

（一）货物质量的概念

在国际标准化组织（International Organization for Standardization，ISO）制定的国际标准《质量管理体系　基础和术语》（ISO9 000：2015）中，将货物质量定义为：一组固有特性满足要求的程度。

特性就是可辨别的特征。特性可以是定性的，也可以是定量的。货物的特性包括货物的嗅觉、触觉、味觉、视觉、听觉、人体工程学（例如生理的特性或有关人身安全的特性）以及其他类别的特性。

固有特性就是某种货物本来具有的特性（如产品的质量特性），而不是人们赋予的特性（如产品的价格、产品的所有人）。

要求就是明示的、通常隐含的或必须履行的需求或期望。明示的、必须履行的需求或期望指的是在文件中明确指出的相关法律、法规或合同规定。通常隐含的需求或期望指的是组织、顾客或其他相关方不言自明的惯例或习惯做法。在这里，“组织”指的是公有的或私有的公司、集团、商行、代理商、事业单位、研究机构和社团等的部分或组合。“顾客”指的是接受产品的组织或个人，包括消费者、最终用户、零售商、采购方和委托人等。“相关方”指的是与组织的业绩或成就有利益关系的个人或团体，可以是由一个组织或其中一部分，或多个组织构成，例如顾客、公司员工和股东、供方、银行、合作伙伴等。

（二）货物质量的内涵

1. 货物质量的广义含义

“质量”术语，既用来表达在比较意义上的优良程度，又用于定量意义上的技术评价，如“质量水平”和“质量度量”是对质量的“定量”意义的评价。

在贸易合同中，货物质量是对货物品质特性的具体规定；在购物环境中，它隐含着消费者需要的各种表现形式。

产品或服务质量是受相互作用的活动所构成的阶段影响的，因此，对具体产品而言，要界定质量领域范围。

质量是按需要规定的特征和特性，即规定的质量标准。组织聚焦于质量，以提升其文化，影响其行为、观念、活动和管理过程，传递价值，满足顾客及相关方的需求和期望。

质量随条件的变化而变化，因此，质量要求需要不定期地修改、规范。

2. 从货物质量属性来理解货物质量

从货物属性来看，货物质量的含义具有使用的针对性、比较的相对性和标志的可变性。使用的针对性，是指在一定使用条件下给定货物的用途；比较的相对性，是指对使用目的相同的同类货物的使用价值相对于不同货物个体的比较；标志的可变性，是指货物受各种因素影响，其质量在变化之中。

3. 从消费者需求来理解货物质量

从消费者需求来看，货物质量包含内在质量、外在质量、包装质量和市场质量。

货物的内在质量，是指货物的品质特性，诸如原材料质量、理化性质、使用性能、使用效果、使用寿命等。货物的外在质量又称外观质量，是指货物的款式、形状、结构、色泽等，即货物的外观形态，它是由货物的自然属性决定的，但受各方面因素诸如个人兴趣、爱好以及各方面的社会因素等的影响。货物的包装质量，是指货物的内外包装质量。评价货物包装质量的依据：一是维护货物的性能作用如何；二是表现和展示货物的价值效果如何；三是是否达到诱导消费的目的。因此，包装质量也是货物质量的一种外部形态表现。货物的市场质量，是指社会公众对货物的认可程度，它是反映货物社会效应的重要标志。

（三）货物质量的构成

1. 从形成环节来看

从形成环节来看，货物质量由设计质量、制造质量和市场质量构成。

设计质量，是指在生产过程以前，设计部门对货物品种、规格、造型、花色、质地、装潢、包装等方面在设计过程中形成的质量因素，是货物质量形成的前提条件和起点。制造质量，是指在生产过程中所形成的符合设计要求的质量因素，是货物质量形成的主要方面，它对货物质量的各种性质起着决定性作用。市场质量是指在整个流通过程中，对已在生产环节形成的质量的维护保证与附加的因素，是货物质量实现的保证。

2. 从顾客的认知角度来看

从顾客的认知角度来看，货物质量分为认知质量和消费质量。

如果说内在质量与外在质量可以通过生产者对产品设计和生产过程的改进加以提高，即控制质量的主动权在企业的话，那么产品的认知质量与消费质量的评判和控制主动权则在消费者手中，基本上脱离了生产者的控制，生产者只能通过必要的手段引导顾客对产品质量的认同。

货物的认知质量是顾客所能感知和认可的质量，认知质量的高低不仅受产品本身内在与外在质量的影响，还与顾客经验、期望值、产品生产分销过程中的信息传递、竞争产品的质量等因素紧密联系。

产品的消费质量是产品使用中产品本身“适用性”和“符合性”的总体表现，它可以通过顾客消费过程中对产品质量的最终评价来表示，具有综合性和目的性。产品的消费质量不仅要满足“符合性”标准，即符合产品各项性能指标的要求，而且要满足“适用性”的标准，即产品质量能够满足顾客需要，能使顾客满意。消费是产品生产、销售的终点与目的，在消费过程中对产品质量的评价包含了产品整个生命周期中的各个因素，因而消费质量具有综合性和目的性等特点，同时，产品的消费质量也决定了产品在下一个生产、销售与消费周期中的竞争优势。

产品的认知质量与消费质量已经超出了企业所能完全控制的范围，因此，提高认知质量与消费质量的难度要远远大于提高产品内在与外在质量的难度。要解决这个难题，企业就必须更深入地了解顾客的认知过程，理解顾客认知的落差并通过制定相应的战略和策略来弥补落差，从而最终提高认知质量与消费质量。

3. 从表现形式来看

从表现形式来看，货物质量由外观质量、内在质量和附加质量构成。

货物的外观质量主要是指货物的外部形态以及通过感觉器官能直接感受到的特性，如货物的式样、造型、结构、色泽、气味、食味、声响、规格（尺寸、大小、轻重）等；货物的内在质量，是指通过测试、实验等手段反映出来的货物特性或性质，如货物的物理性质、化学性质、机械性质以及生物性质等；货物的附加质量，主要是指货物的声誉、经济性、销售服务等。

对于不同种类的货物而言，货物的外观质量、内在质量和附加质量三者各有侧重，货物的内在质量往往可以通过外观质量表现出来，并通过附加质量得到更充分的体现。

4. 从有机组成来看

从有机组成来看，货物质量由自然质量、社会质量和经济质量构成。

货物的自然质量是货物的自然属性给货物带来的质量因素，是构成货物质量的基础；货物的社会质量是货物的社会属性所要求的质量因素，是货物质量满足社会需要的具体体现；货物的经济质量是货物消费时在投入方面所要考虑的因素，反映了人们对货物质量经济方面的要求。

二、货物质量的基本要求

要使货物的用途满足消费需求，就必须对货物质量提出基本要求。货物种类繁多，各自具有不同的用途及特点，因此其质量的要求也不尽相同。货物质量所包含的各项基本要求并非独立的、静止的、绝对的，特别是对某种特殊货物提出具体质量要求时，要根据该种货物的具体用途进行具体分析，同时要与社会生产力的发展、国民经济发展水平及消费者的消费习惯相适应。

货物质量的总体要求可概括为适用性、安全卫生性、审美性、可靠性、耐用性、经济性和信息性七个方面。

（一）适用性

适用性是指货物为满足主要用途（或使用目的）而必须具备的性能，它是构成货物使用价值的基本条件。货物的用途不同，对货物适用性的要求也不同，即使是同一类货物，由于具体的品种不同，对用途和性能的要求也各不相同。

（二）安全卫生性

安全卫生性是指货物在生产、流通过程中具有使人身安全与健康以及环境免遭危害的性能，它是评价货物质量极其重要的指标。货物的安全卫生性主要体现为货物本身所具有的维护人身安全的性能。此外，在考虑货物的使用不给使用者造成损害的同时，还要考虑到不给第三者的人身安全、健康以及社会和人类生存环境造成损害。随着生活条件的不断改善，人们的需求不断变化，对健康方面的需求也日益强烈。近年来，世界各国不断制定和出台相关的环保法规和货物环保标准，检测和保障货物的安全。

（三）审美性

审美性是指货物能够满足人们审美需要的属性，如货物的形态、色泽、质地、结构、味道和品种多样化等。货物的审美性可分为外观表面及装饰的美观性（如外观疵点的数量及分布、质感、色彩的和谐与流行、整体美等），形态的表现力（如形态的创造性、风格的独特性与新颖性，以及与流行式样的相符性等），结构组成的紧凑性（如结构组成的和谐性、完整性和科学性等），与环境的适应性，满足人们味觉、嗅觉、听觉等感官嗜好的程度等。货物本身是为人所用的，要以人为本，货物的结构设计要保证符合人体工程学，因此，在进行货物设计时，其结构、尺寸、颜色和形状都要符合人体生理和心理的活动规律，达到方便、实用、舒适、美观等目的。

（四）可靠性

可靠性是货物在规定条件下和规定时间内实现规定功能的能力。它是与货物在使用过程中的稳定性和无故障性联系在一起的一种质量特性，是评价机电类货物质量的主要指标之一。可靠性通常包括耐久性、易维修性和设计可靠性。

可靠性一般可用寿命来衡量。寿命一般是指使用寿命，有时候也包括储存寿命。使用寿命是指工业品货物在规定的使用条件下保持正常使用性能的工作总时间，它是体现货物能按规定用途正常工作的时间性的质量特性。储存寿命是指货物在规定条件下使用性能不失效的储存总时间。

（五）耐用性

耐用性一般是指货物抵抗各种外界因素对其产生破坏的性能，它可以反映该种货物的使用寿命和次数，可以说明货物的耐用程度。一般来说，对皮革、橡胶制品等货物常用强度、耐磨性能等指标来评定其耐用性。要保证货物的配（部）件在形状、大小、装配上结构合理，同时，为了保证货物的耐用性，各个厂家也会对自己生产的产品规定保修期限，为保证货物的正常使用创造条件。

（六）经济性

货物质量的经济性要求包括两方面的内容：一是统一在“物美价廉”基础上的最

适质量；二是货物价格与使用费用的最佳匹配。

（七）信息性

信息性是指消费者有权获得的货物有用信息，主要包括：货物的名称、用途、规格、型号、重量、容量、尺寸、原材料或成分、生产厂名、厂址、生产日期、保质期或有效期、商标、质量检验标志、生产许可证、卫生许可证，以及运输、储存、安装、使用、维护的方法和注意事项、安全警告、附件情况、售后服务内容、生产者责任等。

消费性货物的质量要求　　　　生产性货物的质量要求

三、影响货物质量的主要因素

决定货物质量的是设计、生产部门，而影响货物质量的是流通部门。货物在脱离生产领域之后，其自然质量已经形成。货物在从接收至交付的整个运输过程中，要经过运输、储存、销售等各个环节。货物质量会在外界因素如阳光、空气、温湿度、外力等的作用下发生各种各样的变化。如果在某个环节上不能采取相应的有效措施，或者遇上了不可抗拒的外界因素，那么货物产生质变或量变就难以避免。为了使货损货差减少到最低限度，相关人员必须熟悉并掌握物流生产各环节中货物质量下降及产生货损货差的原因，以便采取有效措施，加强货运质量的科学管理。

货损是指货物在运输、装卸和保管过程中质量上的损坏和数量上的确实损失。质量损坏包括货物受潮、污染、破损、串味、变质等。数量的确实损失包括海难、火灾、落水无法捞取、被盗、遗失等原因所导致的货物的灭失，以及货物的挥发、撒漏、流失等情况所造成的超过货物自然损耗的货物减量。

货差是指货物在运输过程中发生的溢短和货运工作中的差错。差错包括错转、错交、错装、错卸、漏装、漏卸，以及货运手续办理错误等原因造成的有单无货、有货无单或点数不准等单货不符、件数或重量溢短等。

（一）货物运输环节

1. 运输环节货物质量下降的原因

货物运输是货物从生产领域进入流通领域的必要条件。在运输过程中，货物质量会受到路程的远近、时间的长短、运输的天气条件、运输线路、运输方式、运输工具及装卸工具等因素的影响。例如，运输工具种类很多，包括火车、轮船、汽车、飞机和管道等。运输工具的选择必须充分考虑货物的性质，这样在运输过程中才能避免或减少外界因素对货物的影响，确保货物质量。又如，运输时的温度和湿度若不符合货物要求，必然会引起货物质量的变化，因此在运输时要保持安全的温湿度，同时避免货物受到风吹、日晒和雨淋的不良影响。

2. 运输环节产生货损货差的原因

（1）货舱设备不完善。货舱在装货前的准备工作没有满足货物的要求，如仓促、勉强装货造成货损；货舱外板、甲板、舱口盖漏水或货舱开口造成货舱进水引起货损；货舱舱壁护板不全、通风设备失灵、舱内管道漏损等原因造成货损。

（2）保管不当。如装有需要进行呼吸的货物的货舱长期封闭致使货物发酵、霉烂、自热；通风不当造成货物霉腐、汗湿、燃爆；污水沟、污水井积水未及时排除而溢出，造成货物湿损、污损；对冷藏货没有满足货物保管的温湿度要求而引起货损等。

（3）不可抗力。如船舶在航行中遭遇到主观意志不可抗拒的海损事故（如碰撞、搁浅、触礁、沉船）、自然灾害（如台风、洪水、冰川）、军事拦阻、航道堵塞等而造成货损。

（4）货物搭配不当。如性质相互抵触的货物在同一运输工具中混装，致使货物发生串味、污染、溶化、腐蚀、发热和自燃等货损。

（二）货物储存环节

1. 储存环节货物质量下降的原因

货物储存是解决货物生产和消费的时间矛盾，促进货物流通正常进行的必要保证。货物在储存期间的质量变化与货物的耐储性、仓库内外环境条件、储存场所的适宜性、养护技术与措施、储存期的长短等因素有关。货物本身的性质是引起货物质量变化的内因，而仓储环境是质量发生变化的外因。通过一系列维护仓储货物质量的技术和措施，可以有效地控制货物储存的环境因素，减少或减缓外界因素对货物质量的破坏。如根据货物的性质来确定是储存在普通仓库还是专业仓库或者是特种仓库。对货物进行堆码和苫垫，对仓库的温湿度进行控制，确保货物的安全。根据货物的保存期和保质期保存，贯彻先进先出原则。

2. 储存环节产生货损货差的原因

（1）库场设备不全。库内漏水漏电，露天场地苫垫设备不良，致使货物水湿、污损、燃烧等。

（2）库场清扫工作差。库场的清洗、干燥、除味、驱鼠、熏蒸、除毒等清扫工作不及时或没有满足货物性质的要求，致使货物受地脚污染，遭受虫蛀、鼠害等而造成货损。

(3) 货物保管不当。性质相互抵触的货物同库堆存而造成串味、污染、腐蚀等货损；库内通风不当，造成货物汗湿；货物堆码过高，造成下层货物被压坏；残损货物未剔除而影响其他货物；防汛防盗工作未做好，造成货物严重受损、被盗等。

(4) 货物交付不及时。如易腐货物、有生动植物货物到港未及时交付，致使货物腐烂、死亡、枯萎等。

(三) 货物装卸环节

1. 装卸环节货物质量下降的原因

货物装卸是指在同一地域范围内（如车站范围、工厂范围、仓库内部等）改变货物的存放、支承状态的活动。货物装卸活动的基本动作包括装车（船）、卸车（船）、堆垛、入库、出库以及连接上述各项动作的短程输送，是随运输和保管等而产生的必要活动。货物装卸过程是造成货物破损、散失、损耗、混合等损失的主要环节。例如袋装水泥纸袋破损和水泥散失主要发生在装卸过程中，玻璃、机械、器皿、煤炭等产品在装卸时最容易造成损失。因此，要合理进行货物的装卸过程，以减少货物的质量损失。

2. 装卸环节产生货损货差的原因

(1) 装卸操作不当或违章操作。某些装卸工人操作不熟练或操作马虎，不按储运指示标志作业，如装卸易碎货物时没有轻拿轻放，司机没有稳起稳吊；装卸重大件时起吊绑扎位置不当，致使货物损坏；起吊货物超过吊杆安全负荷定额，装卸过程中拖钩、倒钩、游钩、乱摔乱扔等违章操作和野蛮装卸导致货物严重损坏。

(2) 装卸设备或吊货工具不当。吊杆各部件过分磨损，吊货索、吊杆、滑车索具不良，工前工间又未认真检查，致使发生折断、松弛等情况，造成货物损坏；装卸作业中采用不适合货物的工具，如对袋装货物吊货时使用手钩造成袋破。

(3) 装卸中气候变化的影响。在雨雪天进行装卸或对天气变化疏忽大意，下雪、雷雨时未能及时关舱或搭篷，造成货物水湿、溶化、燃烧；液体货物受炎热或严寒气温变化的影响，致使包装胀裂，造成溢漏损坏等。

(四) 货物销售服务环节

1. 销售服务环节货物质量下降的原因

销售过程的服务主要包括货物的进货验收、入库短期存放、货物陈列、提货搬运、装配调试、包装服务、送货服务、技术咨询、维修和退换服务等。这些服务的质量高低都会对消费者购买的货物的质量产生影响。售前、售中、售后服务质量已逐渐被消费者视为货物质量的重要组成部分。如销售服务中的技术咨询，可以避免因消费者缺乏货物知识或不了解货物使用要求而导致的货物质量的下降，必要的指导可使消费者能够正确安装、使用和维护货物。

2. 销售服务环节产生货损货差的原因

（1）货物运输包装不良。货物运输包装的强度不足，包装材料不适合货物的性质，包装内部结构、衬垫不当或使用有缺陷的旧包装等，致使货物发生破损、污损、断裂、脱落、散捆等。

（2）货物标志不清。货物标志字图不清楚、内容不完整或不规范、脱落，使运输标志、包装储运指示标志、危险货物标志难以辨认或欠缺，会造成错装错卸，致使装卸、堆存中发生货损货差事故。

（3）货物本身的自然属性所致。易腐货物少量腐烂变质，有生动植物的个别枯萎、死亡，橡胶老化，散装原油挥发、降质等，均是由货物本身自然属性所引起的货损。

（4）收发货时数字不准。如理货、库场人员在收发、点垛、抄号、计数过程中统计的数字不准确，少收多报或多收少报等，或发生错装、漏装、混装。

（五）货物的自然减量

这部分内容在第一章第三节中有过阐述，在此不再赘述。

四、货物质量问题的预防措施

为了保证货物质量，在货物运输、装卸及保管等各个环节上必须加强科学管理。具体预防措施如下：

（1）对货物实行全面质量管理，普遍建立质量管理小组，积极开展活动，将货运质量建立在严格的科学管理的基础上。

（2）掌握各类货物的特性、包装，熟悉装货运输工具的性能、具体位置，做好配积载工作，避免性质互抵的货物混装一起。

（3）做好安全操作规章的宣传教育工作，严格遵守操作规章制度，督促装卸工人爱护货物，操作时轻拿轻放，防止货物损坏。

（4）工前和工间应加强对装卸机械设备、吊货工具的安全检查，注意气候变化情况，做好充分准备，以防发生意外的货损货差事故。

（5）对所有货物应把好货物验收质量关。理货、库场人员要认真检查货物包装、标志、品质、流向等状况，点清数量，剔除残损，认真办理货物交接工作，把好货物的出舱和进栈验收关，并依据货物堆存要求进行堆垛和存放。

（6）根据货物性质与流向情况及时做好库场和货舱的清扫工作，以及货物衬垫和隔票工作，避免造成湿货、污损、混票、错漏装卸，影响货运质量。

（7）根据检疫法规的规定，对仓库要经常进行消灭有害生物的工作，包括消灭真菌、昆虫、老鼠等工作。大潮汛、台风期间必须做好货物的防潮、防台风工作。

(8) 对理货、库场和其他管理人员进行爱护国家财产的思想教育，严格执行岗位责任制，鼓励他们钻研业务，经常进行调查研究，认真总结和改进工作，不断提高货运管理水平。

(9) 加强对货主的货运规则宣传工作，取得货主的支持和配合，使其能按货运规则做好货物运输包装、标志工作，交付质量合格的货物，避免货运中发生数量或质量的变化事故。

(10) 构建稽核体系，预防与管控相结合，及时发现问题、分析问题和解决问题，防微杜渐。

第二节　货物标准及其构成

标准是人类由自然人进入社会共同生活实践成为社会人的必然产物，任何标准都是为了适应科学、技术、社会、经济等客观因素发展变化的需要而产生的。客观因素总是处于不断变动之中，因此，某一项标准所涉及的范围及其深度和广度也总是处于发展之中。

一、货物标准概述

(一) 标准的概念

标准是用来衡量事物的典范和准则，或者说，标准是对需要统一协调的事物所做的统一规定。国家标准《标准化工作指南　第 1 部分：标准化和相关活动的通用术语》(GB/T 20000.1—2014) 对标准的定义是：标准是对重复性事物和概念所做的统一规定。通过标准化活动，按照规定的程序经协商一致制定，为各种活动或其结果提供规则、指南或特性，供共同使用和重复使用的文件。标准宜以科学、技术和经验的综合成果为基础。规定的程序指制定标准的机构颁布的标准制定程序。诸如国际标准、区域标准、国家标准等，由于它们可以公开获得以及必要时通过修正或修订保持与最新技术水平同步，因此它们被视为构成了公认的技术规则。其他层次上通过的标准，诸如专业协 (学) 会标准、企业标准等，在地域上可影响几个国家。

(二) 货物标准的概念

货物标准是指对货物质量及与质量相关的各个方面（包括货物的品名、规格、结构、性能、用途、使用方法、检验方法、包装、运输、储存等）作出的统一技术规定，是评定货物质量的基本依据和标准。货物标准是技术标准，所有正式生产的各类货物，都应符合相关货物商品标准。货物标准由主管部门批准，公布后便成为一种技术法规，具有法律效力。货物标准是货物生产、质量验收、监督检验、贸易洽谈、储存运输等的依据和准则，也是对货物质量争议作出仲裁的依据，对保证和提高商品质量，提高货物生产、流通和使用的经济效益，维护消费者和用户的合法权益等都具有重要作用。

（三）货物标准的重要性

货物标准是科学技术和生产力发展水平的标志，是推动生产力发展的手段之一。每种货物标准都积累了人们在该货物的流通过程中所获得的经验，对于促进生产、发展流通和指导消费起着非常重要的作用。

1. 有利于贸易的顺利进行

在国际贸易中，通过货物标准的协调，可在世界范围内防止和消除贸易上的技术壁垒。通过采用较为先进的国际标准，可以提高本国产品在国际市场上的竞争力。实施本国的国家标准，可以保护本国消费者和生产经营者的利益，阻止国外不合格货物的进入。当对外贸易发生纠纷时，货物标准可以作为解决贸易争端的依据。

在国内贸易中，对货物规格、型号、质量、检验和包装等方面的要求，都会按标准规定，在合同中订立相关条款，从而使买卖双方有统一的尺度可遵循。这样既可以保证公平交易、平等竞争，也可以减少贸易当中的技术障碍和由于责任不清而引发的各种矛盾。

作为贸易壁垒，货物标准又可以限制货物的进口和销售，这一般通过严格技术标准、安全卫生规定、货物包装和标签要求、质量标志和认证制度、检验程序和手段以及计量单位等来实现。

2. 有助于拉开货物差价

货物标准中质量指标所规定的质量水平，具体划分了该种货物使用价值的高低程度，从而为划分等级提供了依据。对货物收购和出售的价格，依据货物品级标准规定加以确定，有利于拉开货物差价，贯彻优质优价原则，从而能够更好地保护消费者的利益。

3. 可以保证和提高货物质量

货物标准表达了生产和消费对货物质量及其相关方面的要求，是设计、生产、鉴定货物的技术准则和客观依据，是产销双方对货物质量发生争议时进行仲裁的依据，从而使货物质量在各个环节上得到保证。同时，由于货物标准的强制性具有法律效力，这也使货物质量得到了保证。

同样，货物标准也不是一成不变的，应根据实际情况及时进行修订，将科学研究新成果、新技术及实践中的先进经验，经过分析、比较和选择，加以综合后纳入标准，从而使货物质量不断得到提高。

4. 可以更好地满足消费需要

货物标准的制定是在大量调查和分析后得出客观结果的基础上进行的。在货物标准的贯彻执行中，可以简化或优化货物品种，并发展多种货物组合的形式，将通用性较强的组合单元，按实际需要拼合成不同用途的新产品，既可以提高企业的应变能力，又能够快速、低成本地满足消费者的需要。

5. 有利于资源利用和环境保护

通过货物标准的制定和贯彻执行，可以最大限度地利用和节约国家资源，尽可能地减少环境污染。例如，历时 20 余年的修订，国家强制标准《啤酒瓶》（GB 4544—2020）于 2021 年 8 月 1 日起正式实施，新标准的实施将使节能产品薄壁轻量啤酒瓶的生产有质量控制依据，既降低成本，又节能环保，具有重要社会意义，也为行业的健康、良性发展提供了技术支撑。该标准高度重视食品包装材料及消费者的人身安全，充分结合国内外行业发展趋势，统筹兼顾了安全生产和节能减排。

（四）货物标准的分类

1. 按照实施方式不同分类

按照实施方式的不同，货物标准可分为强制性标准和推荐性标准两类。

强制性标准又称法规性标准，是指由法规规定要强制实行的标准。标准制定之后，在需要使用此类标准的部分必须贯彻执行。《标准化法》规定，保障人体健康及人身、财产安全的标准，法律和行政法规强制执行的标准，均属于强制性标准。

根据中国国家标准化管理委员会办公室于 2002 年 2 月 24 日发布并施行的《关于加强强制性标准管理的若干规定》，强制性标准或强制条文的内容包含以下几点：

（1）有关国家安全的技术要求。

（2）保护人体健康和人身、财产安全的要求。

（3）产品及产品生产、储运和使用中的安全、卫生、环境保护等技术要求。

（4）工程建设的质量、安全、卫生、环境保护要求及国家需要控制的工程建设的其他要求。

（5）污染物排放限值和环境质量要求。

（6）保护动植物生命安全和健康的要求。

（7）防止欺骗，保护消费者利益的要求。

（8）维护国家经济秩序的重要产品的技术要求。

推荐性标准又称自愿性标准，是除强制性标准以外的，企业自愿采用、自愿认证的标准。国家采取优惠措施，鼓励企业采用推荐性标准。国际标准也是推荐性标准。

2. 按照存在形式不同分类

按照存在形式的不同，货物标准可分为文件标准和实物标准两类。

文件标准是指用特定格式的文件，通过文字、表格、图样等形式，表达全部或部分货物质量有关方面技术内容的统一规定。目前，绝大多数货物标准是文件标准。

实物标准是指对某些难以用文字准确表达的色、香、味、形、手感、质地等质量要求，由标准化机构或指定部门用实物做成与文件标准规定的质量标准完全或部分相同的标准样品，按一定的程序发布，作为文件标准的补充，用以鉴别货物质量和评定等级。

3. 按照标准化的对象和作用不同分类

按照标准化的对象和作用的不同，货物标准可分为基础标准、产品标准、卫生标准、安全标准、方法标准和环境保护标准。

（1）基础标准。它是指在一定范围内作为其他标准的基础并普遍使用，具有广泛指导意义的标准。如：名词、术语、符号、代号、标志、方法等标准；计量单位制、公差与配合、形状与位置公差、表面粗糙度、螺纹及齿轮模数标准；优先数系、基本参数系列、系列型谱等标准；图形符号和工程制图；产品环境条件及可靠性要求等。

（2）产品标准。它是指为保证产品的适用性，对产品必须达到的某些或全部特性要求所制定的标准，包括品种、规格、技术要求、试验方法、检验规则、包装、标志、运输和储存要求等。

（3）卫生标准。它是指为保护人体健康，对食品、医药及其他方面的卫生要求所制定的标准。

（4）安全标准。它是指以保护人和物的安全为目的而制定的标准。

（5）方法标准。它是指以试验、检查、分析、抽样、统计、计算、测定、作业等各种方法为对象而制定的标准。

（6）环境保护标准。它是指为保护环境和有利于生态平衡而对大气、水体、土壤、噪声、振动、电磁波等的环境质量、污染管理、监测方法及其他事项制定的标准。

4. 按照标准化性质不同分类

按照标准化性质的不同，货物标准可分成技术标准、管理标准和工作标准三大类。

技术标准是指对标准化领域中需要协调统一的技术事项所制定的标准。它不仅是从事生产、建设工作的技术依据，而且是货物流通过程中的技术依据。技术标准包括基础技术标准、产品标准、工艺标准、检测试验方法标准及安全、卫生、环保标准等。

管理标准是指对标准化领域中需要协调统一的管理事项所制定的标准。管理标准一般包括管理基础标准、技术管理标准、经济管理标准、行政管理标准、生产经营管理标准等。

工作标准是指对标准化领域中需要协调统一的工作事项所制定的标准，是对工作的责任、权利、范围、质量要求、程序、效果、检查方法、考核办法所制定的标准，通常包括基础工作、工作质量、工作程序和工作方法等方面的标准。

5. 按照成熟程度不同分类

按照成熟程度的不同，货物标准可分为正式标准和试行标准两类。

绝大多数标准都是正式标准。试行标准与正式标准具有同样的效用，同样具有法律约束力，其标准号与正式标准号的表示方法相同，只是在封面的右下角注明“试行至××××年××月××日”字样。试行标准大多在试行两三年后，经过讨论修订再作为正式标准颁布。

此外，标准按照其适用领域和有效范围的不同，还可分为不同的层次、级别，如国际标准、区域标准、国家标准、行业标准、地方标准、企业标准；按其适用范围分为出口货物标准和内销货物标准；按其使用要求分为生产型标准和贸易型标准；按其保密程度分为公开标准和内控标准。

二、货物标准的内容

货物标准一般由概述部分、正文部分和补充部分三个主要部分构成。我国货物标准包括以下六个方面的基本内容。

（一）标准的主要内容、适用范围和引用标准

在标准中，首先需要简要说明该项规定的主要内容、适用范围和应用领域以及不适用的范围，其次应列出和注明该标准所引用的所有其他标准的代号、编号和名称。在货物标准中，应说明该项标准适用于哪种产品，加工制造该产品的原料、方法，以及该产品的用途等。

例如，国家标准《食品安全国家标准　食品接触用金属材料及制品》（GB 4806.9—2016）对食品接触用金属材料及制品的定义作出明确规定：（1）食品接触用金属及制品是指在正常使用条件下，预期或已经与食品接触的各种金属（包括各种金属镀层及合金）材料及制品。（2）原材料要求：金属材料及制品中食品接触面使用的金属基材、金属镀层和焊接材料不应对人体健康造成危害；金属基材和镀层等材料成分应与产品所标识成分或牌号的相应成分一致；不锈钢食具容器及食品生产经营工具、设备的主体部分应选用奥氏体型不锈钢、奥氏体·铁素体型不锈钢、铁素体型不锈钢等不锈钢材料；不锈钢餐具和食品生产机械设备的钻磨工具等的主体部分也可采用马氏体型不锈钢材料。（3）感官要求：接触食品的表面应清洁，镀层不应开裂、剥落，焊接部分应光洁，无气孔、裂缝、毛刺；迁移试验所得浸泡液不应有异臭。

（二）分类

分类是货物（产品）标准技术内容的重要组成部分，一般是指货物（产品）分类原则与分类表示方法。分类原则是货物（产品）分类的依据，通常按其成分、性状、结构或其他特性进行分类。如电子类货物按结构、使用特性分类，化工类货物按化学分子式或结构分类。同一类货物再按尺寸、溶剂或其他成分分成不同规格。分类的目的在于合理地规定货物的品种、型号和规格，以便用户选择和组织生产与经营。

例如，国家标准《苹果冷藏技术》（GB/T 8559—2008）中对苹果的分类作出规定：中熟品种为元帅、红星、红冠、红玉和金冠；晚熟品种为鸡冠、秦冠、倭锦、甜香蕉、青香蕉、大国光、国光、富士。

（三）规定商品质量指标和对各类、各级商品的具体要求

这是商品标准的中心内容，具体包括商品的技术要求、感官特性、物理特性、化学特性、稳定性、可靠性、能耗指标、材料要求、工艺要求、环境条件、有关质量保证、卫生、安全和环境保护方面的要求以及质量等级规定等，此外，还有各级各类商品应达到的质量水平及按某些指标规定的等级范围。

质量指标一般与商品的使用价值密切相关，这些指标直接关系到工业品商品的适用性、使用寿命、安全卫生性及外观，关系到食品商品的色香味、外形、营养价值及卫生性。质量指标既是生产部门、商业部门全面准确评价商品质量的技术依据，也是商业部门做好采购、满足用户或消费者需要的根本保障。

例如，国家标准《食品安全国家标准　速冻面米与调制食品》（GB 19295—2021）适用于速冻面米和速冻调制食品，不适用于速冻动物性水产制品，规定速冻面米食品是以小麦、大米、玉米、杂粮等一种或多种谷物及其制品为原料，或同时配以馅料/辅料，经加工、成型等，速冻而成的食品。产品的贮存、销售温度应控制在－18℃或以下，温度波动应控制在2℃以内，且要求原料应符合相应的食品标准和有关规定。

（四）规定试验方法

试验方法是为考核与判定货物质量是否符合标准要求，而对试验方法、程序手段以及试验结果分析处理等所作出的具体规定。它包括：试验项目，试验原理和方法，试验用仪器、设备及其种类、规格，试验用试剂种类、规格及其配制方法，试验的环境条件，准备工作和试验程序，试验结果的计算、分析，试验记录和试验报告等。

例如，国家标准《食品安全国家标准　食品中黄曲霉毒素M族的测定》（GB 5009.24—2016）中规定了食品中黄曲霉毒素 M_1 和黄曲霉毒素 M_2（以下简称AFT M_1 和AFT M_2）的测定方法。试样中的黄曲霉毒素 M_1 和黄曲霉毒素 M_2 用甲醇-水溶液

提取，上清液用水或磷酸盐缓冲液稀释后，经免疫亲和柱净化和富集，净化液浓缩、定容和过滤后经液相色谱分离，串联质谱检测，同位素内标法定量。除非另有说明，本方法所用试剂均为分析纯，水为 GB/T 6682 规定的一级水。标准储备溶液（10μg/mL）的配制：分别称取 AFT M_1 和 AFT M_2 1mg（精确至 0.01mg），分别用乙腈溶解并定容至 100mL；将溶液转移至棕色试剂瓶中，在−20℃下避光密封保存；临用前进行浓度校准。

（五）规定检验规则

检验规则包括检验项目，抽样方法和用具、数量，样品检验前的处理和封存方法，检验方法，检验结果的评定，检验不合格时的处理方法，复验方法。

例如，国家标准《食品安全国家标准　食品中农药最大残留限量》（GB 2763—2021）中规定：小麦中 2，4—滴钠盐最大残留限量为 2mg/kg，谷物（高粱除外）、蔬菜、水果、糖料、食用菌按照 GB/T 5009.175 规定的方法测定。柑、橘、橙中 2 钾 4 氯（钠）（MCPA）的最大残留限量为 0.1mg/kg，水果、糖料参照 SN/T 2228 规定的方法测定。标准中残留物是指由于使用农药而在食品、农产品和动物饲料中出现的任何特定物质，包括被认为具有毒理学意义的农药衍生物，如农药转化物、代谢物、反应产物及杂质等。最大残留限量（MRL）是指在食品或农产品内部或表面法定允许的农药最大浓度，以每千克食品或农产品中农药残留的毫克数表示（mg/kg）。

（六）规定商品的包装、标志、储存和运输条件

在标准中必须明确规定商品的包装、标志、储存和运输要求，以保证商品质量在从出厂到交付使用的过程中不受损失。

为了使商品从出厂到交付使用的整个过程中质量不致受损，标准中必须对商品的标志、标签、包装制定合理的统一规定。内容包括：制造商或销售商的商标、牌号或型号；搬运说明、危险警告、制造日期等；包装材料、包装技术与方式；每件包装中商品的数量、质量和体积。

对运输的要求，一般规定运输方式（工具）、运输条件以及运输装卸应注意的事项等；对储存的要求，一般规定储存场所、条件、方法，搬运、堆垛方法，以及储存期限和抽检时间等。

例如，国家标准《苹果冷藏技术》（GB/T 8559—2008）中对苹果的冷藏作出规定：入库时苹果应当是洁净新鲜的，无明显机械伤，无虫口，无任何可见的真菌或细菌侵染的病斑。产地入库时机械伤果不能超过 3%，销地入库时机械伤果不能超过 10%。红星、红冠和元帅苹果入库前硬度不低于 6kg/cm^2，可溶性固形物不低于 11%。入库前进行库房灭菌消毒并及时通风换气；入库时库房温度应预先降至−2℃～0℃。为便

于检查、盘点和管理，垛位不宜过大，入满库后应及时填写货位标签和平面货位图。

三、货物标准的级别

（一）我国货物标准的级别

货物标准可分为国家标准、行业标准与专业团体标准、地方标准、企业标准四级。

1. 国家标准

国家标准是指由国家标准化主管机构批准发布的，对全国的经济、技术发展具有重大意义的，必须在全国范围内统一的标准。国家标准由国务院标准化行政主管部门编制计划，组织国务院有关主管部门或专业标准化技术委员会提出草案，一般是报国家质量技术监督局审批和发布，也有由农业农村部等国务院有关行政主管部门审批和发布的；特别重大的，报国务院审批和发布。根据《国家标准制定程序的阶段划分及代码》，我国国家标准制定程序划分为 9 个阶段。

（1）预阶段：全国专业标准化技术委员会提出标准计划项目建议。

（2）立项阶段：国务院标准化行政主管部门对上报的国家标准新工作项目建议统一汇总、审查、协调、确认。立项阶段的时间周期一般不超过 3 个月。

（3）起草阶段：自全国专业标准化技术委员会落实计划，组织项目的实施起，至标准起草工作组完成标准征求意见稿止。起草阶段的时间周期一般不超过 10 个月。

（4）征求意见阶段：自起草工作组将标准征求意见稿发往有关单位征求意见起，经过收集、整理回函意见，提出征求意见汇总处理表，至完成标准送审稿止。征求意见阶段的时间周期一般不超过 2 个月，这一阶段的任务为完成标准送审稿。

（5）审查阶段：自技术委员会收到起草工作组完成的标准送审稿起，经过会审或函审，至工作组最终完成标准报批稿止。

（6）批准阶段：自国务院有关行政主管部门（或技术委员会）、国务院标准化行政主管部门收到标准报批稿起，至国务院标准化行政主管部门批准发布国家标准止。

（7）出版阶段：自国家标准出版单位收到国家标准出版稿起，至国家标准正式出版止。出版阶段的时间周期一般不超过 3 个月，这一阶段的任务为提供标准出版物。

（8）复审阶段：复审周期一般不超过 5 年。

（9）废止阶段：已无存在必要的国家标准，由国务院标准化行政主管部门予以废止。

国家标准包括技术术语、符号、代号（含代码）、文件格式、制图方法等的通用技术语言要求和互换配合要求；保障人体健康和人身、财产安全的技术要求，包括产品的安全、卫生要求，生产、储存、运输和使用中的安全、卫生要求，工程建设的安全、卫生要求，环境保护的技术要求；基本原料、材料、燃料的技术要求；通用基础件的技术要求；通用的试验、检验方法；工农业生产、工程建设、信息、能源、资源和交通运输等通用的管理技术要求；工程建设的勘察、规划、设计、施工及验收的重要技术要求；国家需要控制的其他重要产品和工程建设的通用技术要求。

国家标准的代号包括：强制性国家标准 GB、推荐性国家标准 GB/T、国家标准化指导性技术文件 GB/Z、工程建设国家标准 GBJ（现为 GB50×××系列标准）、国家职业卫生标准 GBZ、国家军用标准 GJB。

国家标准的编号由国家标准的代号、标准发布顺序号和标准发布年代号组成。例如《棉本色纱线》的编号为 GB/T 398—2018。

国家标准的顺序编号是按批准发布的顺序而编的。这种编号并不是事先安排好的，而是按照发布顺序依次编排。每个标准号只代表一个标准，故当某序号的标准作废后，此标准号也作废，不再作他用。

值得说明的是，同一家族的国家标准由于不能同时制定、审批和发布，按顺序编号的话，就会被其他标准占据一些标准号，导致无法保持同家族标准号的连续性。为克服这个缺陷，对该种标准采用总号和分号相结合的方法，即令同家族的标准使用同一总号，不同的标准使用不同的分号。在同一总号和不同分号之间用一个圆点隔开。例如，GB/T 1.1—2020 为《标准化工作导则第 1 部分：标准化文件的结构和起草规则》，即 1 号标准是关于“标准化工作导则”的，其中第一分号（“.1”）是关于“标准化文件的结构和起草规则”的。而 GB/T1.2 为《标准化工作导则第 2 部分：以 ISO/IEC 标准化文件为基础的标准化文件起草规则》，即 1 号标准中第二分号（“.2”）是关于“以 ISO/IEC 标准化文件为基础的标准化文件起草规则”的。

国家标准的发布年份用四位阿拉伯数字表示，与标准顺序号用一横线连接。如 GB/T 1.1—2020《标准化工作导则第 1 部分：标准化文件的结构和起草规则》，是指 2020 年批准发布的第 1.1 号推荐性国家标准。GB/T 6536—2010《石油产品常压蒸馏特性测定法》，是指 2010 年批准发布的第 6536 号推荐性国家标准。值得说明的是，1996 年之前可以仅使用两位阿拉伯数字表示年份。如 GB 2829—81 是指 1981 年批准发布的第 2829 号强制性国家标准《周期检查计数抽样程序及抽样表》。

2. 行业标准与专业团体标准

根据《标准化法》的规定，行业标准是由我国各主管部、委（局）批准发布，在该部门范围内统一使用的标准。例如邮政、机械、建筑、化工、冶金、纺织、交通、能源、农业、林业、水利等行业的相关部门，都制定有行业标准。

行业标准是对没有国家标准而又需要在全国某个行业范围内统一技术要求而制定的标准。行业标准不得与有关国家标准相抵触，在相应的国家标准实施后，应立刻废止。有关行业标准之间应保持协调、统一，不得重复。行业标准由行业标准归口部门统一管理。行业标准的归口部门及其所管理的行业标准范围，由国务院有关行政主管部门提出申请报告，经国务院标准化行政主管部门审查确定，并公布该行业的行业标准代号。

行业标准包括：技术术语、符号、代号（含代码）、文件格式、制图方法等通用技术语言要求；工农业产品的品种、规格、性能参数、质量指标、试验方法以及安全、卫生要求；工农业产品的设计、生产、检验、包装、储存、运输、使用、维修方法以及生产、储存、运输过程中的安全、卫生要求；通用零部件的技术要求；产品结构要素和互换配合要求；工程建设的勘察、规划、设计、施工及验收的技术要求和方法；信息、能源、资源、交通运输的技术要求及其管理技术等要求。

行业标准分为强制性行业标准和推荐性行业标准。属于强制性行业标准的有：药品行业标准、兽药行业标准、农药行业标准、食品卫生行业标准；工农业产品及产品生产、储运和使用中的安全、卫生行业标准；工程建设的质量、安全、卫生行业标准；重要的涉及技术衔接的技术术语、符号、代号（含代码）、文件格式和制图方法行业标准；互换配合行业标准；行业范围内需要控制的产品通用试验方法、检验方法和重要的营业产品行业标准。其他行业标准是推荐性行业标准。

行业标准代号由大写汉语拼音字母组成。行业标准的编号由行业标准的代号、标准发布顺序号及标准发布年代号组成。与国家标准一样，有些同一行业的标准不能同时制定、审批、发布时，为保持标准号的连续，对这类标准也采用总号和分号相结合的方法。例如，YY0714.2—2016《牙科学　活动义齿软衬材料　第2部分：长期使用材料》，是指0714号标准是关于“牙科学活动义齿软衬材料”的，其中第二分号（“.2”）是指“长期使用材料”。行业标准的发布年份用四位阿拉伯数字表示，与标准顺序号用一短横线连接。如YZ113—1996，是指1996年批准发布的第113号强制性邮政行业标准；QB/T 1862—2011，是指2011年批准发布的第1862号推荐性轻工行业标准。

有些国家的专业团体（学会、协会或其他民间团体）也发布了一些行业性标准，其中有些标准是国际上公认的权威标准，它们为行业提供了很好的技术规范并被各国广泛采用，通常也可视为行业标准。例如，美国材料与试验协会（American Society for Testing and Materials，ASTM）、英国劳氏船级社（Lloyd's Register of Shipping，LR）等颁布的技术标准。

3. 地方标准

地方标准由省、自治区、直辖市标准化行政主管部门统一编制计划、组织制定、编审、编号和发布。地方标准在相应的国家标准或行业标准实施后，应立即废止。

地方标准是指在没有国家标准和行业标准而又需要在省、自治区、直辖市范围内统一的情形下制定和使用的标准。它包括：工业产品的安全、卫生要求；药品、兽药、食品卫生、环境保护、节约能源、种子等法律、法规规定的要求；其他法律、法规规定的要求。

大写汉语拼音字母“DB”，加上省、自治区、直辖市行政区划代码前两位数，组成强制性地方标准代号；再加上斜线和“T”，组成推荐性地方标准代号。地方标准的编号，由地方标准的代号、标准发布顺序号和标准发布年代号三部分组成。例如吉林省强制性地方标准代号 DB22，吉林省推荐性地方标准代号 DB22/T。

4. 企业标准

企业标准是指由企业制定发布、在该企业范围内统一使用的标准。企业生产的产品没有国家标准、行业标准和地方标准的，应当制定相应的企业标准，作为组织生产的依据。对已有国家标准、行业标准或者地方标准的，鼓励企业制定严于国家标准、行业标准或者地方标准要求的企业标准，在企业内部使用。

企业标准一经制定颁布，即对整个企业具有约束性，是企业法规性文件，且没有强制性企业标准和推荐性企业标准之分。

企业标准的代号由汉字“企”的大写拼音首字母“Q”加斜线再加企业代号组成，企业代号可用大写拼音字母或阿拉伯数字或两者兼用组成。企业代号按中央所属企业和地方企业分别由国务院有关行政主管部门或省、自治区、直辖市政府标准化行政主管部门会同同级有关行政主管部门加以规定。如“粤 Q”“京 Q”。企业标准的编号由企业标准的代号、标准发布顺序号和标准发布年代号（四位数）组成。例如，海尔公司 2009 年发布了《塑料成型件通用要求》的企业标准，标准号为 Q/HR 0501028—2009。

（二）国际货物标准的级别

为了提高我国产品质量和生产技术水平，适应发展社会主义市场经济和国际贸易的需要，国家鼓励企业采用国际标准和国外先进标准，这有利于吸收国外先进的科学技术，有利于消除国际贸易上的技术壁垒，开拓国际市场，扩大货物的出口，是提高进出口货物质量、技术水平和经济效益的重要手段。

采用国际标准和国外先进标准，是指将国际标准或国外先进标准的内容，经过分析研究，不同程度地转化为我国各级标准，并贯彻实施。

按我国标准采用国际标准或国外先进标准的程度，分为等同采用、等效采用和非等效采用。等同采用，是指采用时技术内容相同，没有或仅有编辑性修改，编写方法完全相对应；等效采用，是指采用时主要技术内容相同，技术上只有很小差异，编写方法不完全相对应；非等效采用，是指采用时技术内容有重大差异。对国际标准（不包括即将制定完成的国际标准）的采用程度，在我国标准的封面和首页上的表示方法如下：

（1）GB ××××—××（idt ISO××××—××××）等同。

（2）GB ××××—××（eqv ISO××××—××××）等效。

（3）GB ××××—××（neq ISO××××—××××）非等效。

从世界范围来说，标准通常被分为国际标准、区域标准、国家标准、行业或专业团体标准以及公司（企业）标准五级。国家标准、行业或专业团体标准以及公司（企业）标准前面已经介绍过了，这里主要介绍国际标准和区域标准。

1. 国际标准

国际标准是指由国际标准化组织、国际电工委员会（International Electrotechnical Commission，IEC）、国际电信联盟（International Telecommunication Union，ITU）制定的标准，以及经国际标准化组织认可并收录到《国际标准题录索引》中的其他国际组织所制定的标准。

国际标准化组织是目前世界上最大、最具权威性的国际标准化专门机构。1946 年 10 月 14 日至 26 日，英、美、法、苏联等 25 个国家的 64 名代表在伦敦正式表决通过建立国际标准化组织。1947 年 2 月 23 日，ISO 章程得到 15 个国家标准化机构的认可，ISO 正式宣告成立。ISO 的成立目的和宗旨是："在全世界范围内促进标准化工作的开展，以便于国际物资交流和服务，并扩大在知识、科学、技术和经济方面的合作。"其主要职责是制定国际标准，协调世界范围的标准化工作，组织各成员和技术委员会进行情报交流，以及与其他国际组织进行合作，共同研究有关标准化问题。

国际电工委员会成立于 1906 年，是世界上最早的非政府间国际标准化组织，总部设在日内瓦。其宗旨是促进电工、电子领域产品国际标准、认证标准和指南文件的制定及相关的国际与区域性标准化方面的合作。国际电工委员会下设中央秘书处、理事会、执委会、ISO/IEC 联合技术委员会、未来高新技术顾问委员会、合格评定局、无线电干扰委员会及技术委员会和分技术委员会。

国际电信联盟是联合国的一个专门机构，是国际电信界最权威的标准制定和修订组织，总部设在日内瓦。1932 年，来自 70 个国家和地区的代表聚首西班牙马德里，通过了将 1865 年 5 月 17 日成立的"国际电报联盟"改为"国际电信联盟"的决议。1947 年 10 月 15 日，经联合国同意，国际电信联盟成为联合国的一个专门机构。

其他与国际标准化有关的国际组织有国际人造纤维标准化局（BISFA）、食品法典委员会（CAC）、关税合作理事会（CCC）、国际照明委员会（CIE）、国际无线电干扰特别委员会（CISPR）、国际原子能机构（IAEA）、国际航空运输协会（IATA）、国际民用航空组织（ICAO）、国际辐射单位和测量委员会（ICRU）、国际乳品联合会（IDF）、国际图书馆协会联合会（IFLA）、国际制冷学会（IIR）、国际劳工组织（ILO）、国际海事组织（IMO）、国际橄榄油理事会（IOOC）、国际放射防护委员会（ICRP）、国际兽疫局（OIE）、国际法制计量组织（OIML）、国际葡萄与葡萄酒局（OIV）、国际铁路联盟（UIC）、联合国教科文组织（UNESCO）、世界卫生组织（WHO）、世界知识产权组织（WIPO）。

2. 区域标准

区域标准是由世界某一区域性标准化组织制定的标准。世界较著名的区域性标准化组织有欧洲标准化委员会（CEN）、欧洲电工标准化委员会（CENELEC）、泛美标准化委员会（COPANT）、欧洲电信标准化协会（ETSI）、欧洲海事数据模型产品交换标准协会（EMSA）、阿拉伯工业发展和矿业组织（AIDMO）。制定区域标准的目的在于促进区域性标准化组织成员开展贸易，便于该地区的技术合作和技术交流，协调该地区与国际标准化组织的关系。

此外，企业还可以采用国外先进标准。国外先进标准是指国际上有权威性的区域标准和世界主要经济发达国家的国家标准，包括英国国家标准（BS）、美国国家标准（ANSI）、法国国家标准（NF）、日本工业标准（JIS），以及其他国家的某些世界先进标准（国外知名产品或知名公司标准）、国际通行的团体标准。

第三节 货物标准化

一、货物标准化概述

（一）标准化的概念

国际标准化组织对标准化的定义是："标准化主要是对科学、技术与经济领域内重复应用的问题给出解决办法的活动，其目的在于获得最佳秩序。一般来说，其包括制定、发布与实施标准的过程。"

标准化的对象是"在经济、技术、科学及管理等社会实践中"的"重复性事物和概念"。从企业的角度看，企业的经济活动、技术活动、科研活动和管理活动的全过程及其要素具有"重复性"，都可以进行标准化。所谓"重复性"，是指同一事物和概念反复或重复多次运用，如同一产品的反复生产，同一检验方法的反复多次运用，同一管理事项的重复进行等。这些事物和概念的多次重复运用便产生了按统一标准进行的客观需求。在反复进行中如果没有统一的标准可遵循，全部企业活动也就失去了统一的衡量准则和尺度，企业也就无法进行正常的生产和管理活动。

（二）货物标准化的概念

所谓货物标准化，是指在货物流通的各个环节推行货物标准的活动。它是货物标准制定、发布、贯彻实施和修订的整个动态实践的过程。货物标准化包括名词术语统一化，货物质量统一化，货物零部件统一化，货物检验方法标准化，货物包装、储存、运输、养护标准化和规范化等内容。

货物标准化是发展经济必不可少的一项基础工作，是发展社会生产力、提高货物质量和全社会效益的重要工作。由于货物标准化活动涉及面广，专业技术要求很高，政策性很强，因此必须遵循统一管理与分工管理相结合的标准化体制。

二、货物标准化的形式

货物标准化的形式是由标准化内容决定的，并随着标准化内容的发展而变化，它是货物标准化过程的表现形态，也是货物标准化的方法。货物标准化有多种形式，每种形式都表现为不同的内容，针对不同的标准化任务，达到不同的目的。标准化的形式又有其相对的独立性和自身的继承性，并反作用于内容。

货物标准化的形式主要有简化、统一化、系列化、通用化、组合化五种。

（一）简化

简化是指在一定范围内缩减货物的类型数目，使之在一定时间内满足一般需要的形式。简化是货物标准化的初级形式，也是实践中应用比较广泛的一种形式。它是控制货物复杂性、防止多样性自由泛滥的一种手段。通过简化确立的货物品种构成，不仅对当前的生产有指导意义，而且在一定时期、一定范围内能预防和控制不必要复杂性的产生。

简化一般是在事后进行的，也就是在货物的多样化已经发展到一定规模后，才对货物的类型数目加以缩减。在科学的基础上，通过合理的简化，可以去掉不必要的货物类型及同类货物中多余的、重复的和低功能的货物品种，使货物构成更加合理，为新的货物类型、品种、规格的出现以及多样化的合理发展扫清障碍。因此，简化是货物系统发展的外在动力，是对货物类型、品种进行有意识控制的一种有效形式。

（二）统一化

统一化是指把同类货物两种以上的表现形式归并为一种或限定在一定范围内的货物标准化形式。它是货物标准化活动中内容最广泛、应用最普遍的一种形式。

统一化的实质是使货物的形式、功能（效用）或其他技术特征具有一致性，并把这种一致性通过货物标准以定量化的方式确定下来。因此，统一化与简化的概念是有区别的，前者着眼于取得一致性，即从个性中提炼共性；后者着眼于精练，即合理地保留若干品种。

在统一化活动中，要运用预测技术和经济效果分析等方法，准确地确定统一的时机。通过调查研究，合理规定货物的哪些指标应该统一，哪些不需要统一；哪些指标要严格统一，哪些指标要灵活统一；准确规定指标的水平和灵活的尺度。

统一化分为两类：一类是绝对的统一，不允许有任何灵活性，如各种编码、代号、标志、名称、计量单位、运动方向（开关的转换方向、电机轴的旋转方向、交通规则）等；另一类是相对的统一，统一中还讲究灵活，如货物的质量标准是对该类货物的质量进行的统一，但质量指标却允许有灵活性（如分等规定、指标上下限、公差范围等）。

（三）系列化

系列化是对同一类货物中的一组货物进行标准化的一种形式，它是标准化的高级形式。它通过对同一类货物发展规律的分析研究和对国内外货物发展趋势的预测，结合我国的生产技术条件，经过全面的技术经济比较，对货物的主要参数、型号、尺寸、基本结构等作出合理的规划安排，以协调同类货物和配套货物之间的关系。可见，系列化是使某一类货物系统的结构优化、功能最佳的标准化形式。

货物系列化一般包括制定货物基本参数系列、编制货物系列型谱和进行货物系列设计三个方面。货物基本参数系列是将货物的基本参数按一定的规律排列形成的数列，是指导货物生产厂家发展货物品种、指导用户选用货物的最基本数据，它关系到这种货物是否能够与相关货物配套协调及能否取得较好的经济效益。货物系列型谱是行业部门根据国民经济发展和市场的需要，对国内外同类货物的生产发展和需求状况进行分析后，对基本参数系列所限定的货物进行型式规划，把基型货物和变型货物的关系及品种发展的总趋势用图表反映出来所形成的一个简明的品种系列表。它是该货物品种发展规划的一种表现形式，既有助于选择货物发展方向、制定货物技术发展规划，也为合理安排货物生产及整顿现有货物、发展变型货物提供依据，还可以防止企业盲目设计没有发展前景的品种。货物系列设计是以基型为基础，对整个系列货物进行的技术设计或施工设计，它是有效的统一化，能有效地防止全国范围内同类货物型式、规格的杂乱，能集中研究和设计优势，做到最大限度地节约设计力量。同时，系列设计的货物基础件通用性好，易于根据市场动向和消费者的特殊要求机动灵活地发展新品种，也便于组织专业化协作生产和配套维修。

（四）通用化

通用化是指在相互独立的系统中选择和确定具有功能互换性或尺寸互换性的子系统单元的标准化形式。通用化要以互换性为前提。所谓互换性，是指不同时间、不同地点制造出来的货物或零件，在装配、维修时不必经过修整就能任意替换使用的性质。

通用化要求在货物系列设计时全面地分析货物的基型系列和变型系列中零部件的共性和个性，从中选择具有共性的零部件，将其确定为通用件或标准件。在单独设计某一货物时，尽量采用已有的通用件；新设计零部件时，要充分考虑到能为日后的新货物所采用，使其逐步发展为通用件或标准件。

（五）组合化

组合化是指按照标准化的原则，设计并制造一系列通用性较强的单元，根据需要拼合成不同用途的货物的一种标准化形式。组合化是受积木玩具的启发而发展起来的，所以，也有人称之为“积木化”。

组合化的特殊之处是将统一化的单元组合为具有某种功能的货物体，这个货物体又能重新拆装，组成新的结构。统一化单元可以多次重复利用。

在货物设计、生产过程以及使用过程中都可以运用组合化的方法。如生产厂家首先选择或设计标准单元和通用单元（组合元），同时预先制造和储存一定数量的标准组合元，根据需要组装成不同用途的货物。

标准化与贸易壁垒

组合化的原则和方法已经广泛应用于机械产品、仪表产品、工艺产品、家具产品等的设计和制造中。目前，建筑行业也广泛采用组合式建筑结构，计算机软件的开发也运用了这一方法，并都显示出明显的优越性。

本章思考题

一、名词解释

1. 货物质量
2. 货物的安全卫生性
3. 货物的审美性
4. 货物的耐用性
5. 货物的信息性
6. 纺织品的力学性能
7. 国家标准
8. 行业标准

二、简答

1. 货物质量的广义含义是什么？
2. 货物质量的基本要求包括哪些？
3. 食品的质量要求包括什么？

三、案例分析

国家市场监督管理总局、国家标准委 2018 年发布《关于批准发布〈工业硼酸〉等 393 项国家标准和 7 项国家标准外文版的公告》，涉及 13 项玻璃行业相关标准，分别是《触摸屏盖板用高铝硅玻璃》（GB/T 36259—2018）、《电子显示用防眩减反射玻璃》

(GB/T 36260—2018)、《建筑用节能玻璃光学及热工参数现场测量技术条件与计算方法》(GB/T 36261—2018)、《红外光学玻璃》(GB/T 36265—2018)、《淋浴房玻璃》(GB/T 36266—2018)、《钢化玻璃单位产品能耗测试方法》(GB/T 36267—2018)、《夹层玻璃单位产品能耗测试方法》(GB/T 36268—2018)、《建筑用装饰玻璃术语》(GB/T 36400—2018)、《平板玻璃中微量镍的测定方法》(GB/T 36269—2018)、《红外光学玻璃红外透过率测试方法傅里叶变换法》(GB/T 36403—2018)、《平板玻璃点状缺陷在线检测》(GB/T 36404—2018)、《平板玻璃应力检测方法》(GB/T 36405—2018)、《平板玻璃表面渗锡量的测试方法》(GB/T 36406—2018)。

值得一提的是,《建筑用节能玻璃光学及热工参数现场测量技术条件与计算方法》(GB/T 36261—2018) 的发布，意味着节能玻璃现场测量有了明确的标准。标准中规定了建筑用节能玻璃光学及热工参数现场测试中涉及的测试及计算用参数、测试分类、测试原理、光热计算用基础参数测量要求、参数计算和测试报告，适用于已安装和待安装的建筑用节能玻璃光学及热工参数的现场测试。

该标准的内容突破了玻璃的光热性能只能在实验室内进行测试的瓶颈，能够直接对已安装在建筑上的各类节能玻璃进行检测，解决了困扰玻璃行业的已安装玻璃与送检的样品不一致的问题。该标准的实施对于规范行业行为、推广优质产品、引导行业健康发展具有重要意义。

思考:

1. 多项玻璃行业国家标准发布有哪些重要意义?

2. 货物标准的重要性是什么?

第三章

货物检验

◆ **知识目标**

1. 了解货物检验的概念、依据、形式和工作程序，掌握货物检验的内容。
2. 掌握货物检验的各种方法。
3. 熟悉进出口货物检验条款的主要内容和进出口货物检验的程序。
4. 了解进出口货物的免检条件。

◆ **思政目标**

1. 通过对货物检验知识的介绍，提升学生的法制与安全意识。
2. 通过对进出口货物检验条款和程序的介绍，增强学生的社会责任感和诚信服务的品质。

第一节 货物检验概述

一、货物检验的概念和依据

（一）货物检验的概念

货物检验是指货物的供货方、购货方或者第三方在一定条件下，借助于某种手段和方法，按照合同，标准或国际、国家的有关法律、法规、惯例，对货物的质量、规格、数量以及包装等方面进行检查，并作出合格与否或通过验收与否的判定，或为维护买卖双方的合法权益，避免或解决由各种风险损失和责任划分带来的争议，以便于货物交换和结算而出具各种有关证书的业务活动。

(二) 货物检验的依据

货物检验是一项科学性、技术性、规范性较强的复杂工作，为使检验结果更具有公正性和权威性，必须根据具有法律效力的质量法规、技术标准及购销合同等开展货物检验工作。

1. 质量法规

国家有关货物质量的法律、法令、条例、规定、制度等规定了国家对货物质量的要求，体现了人民的意志，保障了国家和人民的合法权益，具有足够的权威性、法制性和科学性。货物质量法规是国家组织、管理、监督和指导货物生产和货物流通，调整经济关系的准绳，是各部门共同行动的准则，也是货物检验活动的重要依据。质量法规包括：货物检验管理法规、产品质量责任制法规、计量管理法规、生产许可证及产品质量认证管理法规等。

2. 技术标准

技术标准是指规定和衡量标准化对象的技术特征的标准。它对产品的结构、规格、质量要求、实验检验方法、验收规则、计算方法等均做了统一规定。它是生产、验收、使用货物和洽谈贸易的技术规范，也是货物检验的主要依据，对保证检验结果的科学性和准确性具有重要意义。

3. 购销合同

供需双方约定的质量要求必须共同遵守。一旦发生质量纠纷，购销合同所规定的质量要求即为仲裁、检验的法律依据。但是，购销合同必须符合《合同法》的要求。

二、货物检验的内容

(一) 货物质量检验

货物质量检验是货物检验的中心内容，通常狭义的货物检验就是指货物质量检验。货物检验在质量管理的早期发展阶段对保证货物质量起到了把关的作用。如今，全面质量管理不断发展、完善，但由于预防、控制并非总是有效，所以货物检验仍然是货物质量保证工作中的一项重要内容。

货物质量检验是根据合同和有关检验标准的规定或申请人的要求，对成分、规格、等级、性能和外观质量等货物的使用价值所表现出来的各种特性，运用人的感官或化学、物理方法等各种手段进行测试、鉴别。货物质量检验的目的是判别、确定该货物的质量是否符合合同中规定的货物质量条件和标准。

（二）货物的安全、卫生检验

货物安全检验主要是指对电子电器类货物的漏电检验、绝缘性能检验和 X 光线辐射检验等。货物的卫生检验是指对货物如食品添加剂中砷、铅、镉等有毒有害物质及微生物的检验。

对于进出口货物的检验，除上述内容外，还包括海损鉴定、集装箱检验、进出口货物的残损检验、出口货物的装运技术条件检验，以及货载衡量、产地证明、价值证明及其他业务的检验。我国加入 WTO 后，可直接参与 WTO 成员方制定新的技术法规、标准和合格评定程序征求意见的全过程，这为我国的货物检验工作既提供了新的机遇，也带来了更大的挑战。

（三）货物重量和数量的检验

货物重量检验就是根据合同规定，采用不同的计量方式，对不同的货物计量出它们准确的重量。数量检验是按照发票、装箱单或尺码明细单等的规定，对整批货物进行逐一清点，检验其实际装货数量。

货物的重量和数量是贸易双方成交货物的基本计量和计价单位。货物重量和数量的多少，与其质量的优劣一样，直接关系到买卖双方的经济利益，因此有必要要求检验机构作出检验和鉴定。

（四）货物的包装检验

货物的包装检验是根据贸易公司的要求或合同规定，对货物的包装标志、包装材料、包装种类、包装方法等方面进行检验，同时查看货物包装是否完好、牢固等。

包装检验，首先要核对外包装上的货物包装标志（标记、号码等）是否与有关标准的规定或贸易合同相符，然后对货物的内外包装进行检验。对进口货物主要检验外包装是否完好无损，包装材料、包装方式和衬垫物等是否符合合同规定，对外包装破损的货物要另外进行验残，查明货损责任方以及货损程度。对发生残损的货物要检查其是否由包装不良所引起。对出口货物的包装检验，除包装材料和包装方法必须符合外贸合同、标准规定外，还包括货物内外包装是否牢固、完整、干燥、清洁，是否适于长途运输和符合保护货物质量、数量的要求。

三、货物检验的形式

（一）按货物内外销售情况不同分类

按照货物内外销售情况不同，货物检验可分为内销货物检验和进出口货物检验两种形式。

内销货物检验，是指国内的货物经营者、用户，以及相关部门的货物质量管理机构与检验机构，或国家质量监督管理机构与其认可的货物质量监督检验机构，依据国家法律、法规、有关技术标准或合同，对内销货物所进行的检验活动。

进出口货物检验，是由海关总署在省、自治区、直辖市以及进出口货物的口岸、集散地设立的出入境检验检疫机构，依照有关法律、法规、合同规定、技术标准、国际贸易惯例与公约等，对进出口货物进行的法定检验、鉴定检验和监督管理检验。

（二）按检验货物相对数量不同分类

按照检验货物相对数量的不同，货物检验可分为全数检验、抽样检验。

1. 全数检验

全数检验是指对被检批货物逐个（件）进行的检验，也称百分之百检验。其特点是能提供较多的质量信息，给人一种心理上的放心感。缺点是检验量大，费用较高，且易造成检验人员疲劳而导致漏检或错检现象。全数检验适用于批量小、质量特性少且不稳定、较贵重、非破坏性的货物的检验。

2. 抽样检验

抽样检验是指按照事先已确定的抽样方案，从被检批货物中随机抽取少量样品组成样本，再对样品逐一检验，并将检验结果与标准或合同技术要求进行比照，最后由样本质量状况统计推断受检批货物整体质量合格与否的检验。它检验的货物数量相对较少，可节约检验费用，有利于及时交货，但提供的货物质量信息较少。抽样检验适用于批量较大、价值较低、质量特性多且质量较稳定或具有破坏性的货物的检验。

除了全数检验、抽样检验之外，过去还有免于检验的情况。免于检验是指对于生产技术和检验条件较好、质量控制完备、成品质量长期稳定的生产企业所生产的产品，在企业自检合格后，商业企业或进出口公司可以直接收货，免于检验。2000 年 3 月 14 日，国家质量技术监督局发布了《产品免于质量监督检查管理办法》。2001 年，国家质检总局对该办法进行了修订，并以国家质检总局令第 9 号的形式重新发布。但是，对于涉及安全、卫生以及有特殊要求的货物不能免检。“三聚氰胺奶粉”事件发生后，2008 年 9 月 17 日，国家质检总局发布公告，决定从即日起，停止所有食品类生产企业获得的国家免检产品资格，相关企业要立即停止其国家免检资格的相关宣传活动，其生产的产品和印刷在包装上已使用的国家免检标志不再有效。2008 年 9 月 18 日，国务院办公厅下发通知，废止 1999 年 12 月 5 日发布的《国务院关于进一步加强产品质量工作若干问题的决定》中有关食品质量免检制度的内容。同日，国家质检总局公布第 109

号总局令，决定自公布之日起，对《产品免于质量监督检查管理办法》（国家质量监督检验检疫总局令第 9 号）予以废止。

（三）按检验目的不同分类

按照检验目的的不同，货物检验可分为生产检验（第一方检验）、验收检验（第二方检验）和第三方检验三种。

生产检验是指货物生产者为维护企业信誉，达到保证质量的目的，而对原材料、半成品和成品货物进行的检验活动。

验收检验是指货物的买方为维护自身及其顾客的利益，保证其所购货物满足合同或标准要求所进行的检验活动。在实践中，商业或外贸企业还常常派员驻厂，对货物质量形成的全过程进行监控，以便及时发现问题并要求生产方解决。

第三方检验是指处于货物买卖利益之外的第三方，以公正、中立的身份，根据有关法律、合同或标准所进行的货物检验活动。如公证鉴定、仲裁检验和国家质量监督检验等，其目的在于维护各方合法权益和国家利益，协调矛盾，促使货物交换活动正常进行。第三方检验由于具有公正性，其检验结果为国内外所公认，具有法律效力。

（四）按检验有无破坏性分类

按照检验有无破坏性，货物检验可分为破坏性检验和非破坏性检验两种形式。破坏性检验是指为取得必要的质量信息，使经测定、试验后的货物遭受破坏的检验。非破坏性检验也称无损检验，是指经测定、试验后的货物仍能使用的检验。

四、货物质量检验的工作程序

货物质量检验的工作程序一般分为定标、抽样、检验、判定、处理五个步骤。

（1）定标是指检验前根据合同或标准规定，明确技术要求，掌握检验手段和方法以及货物合格判定原则，拟订货物检验计划。

（2）抽样是按合同或标准规定的抽样方案，随机抽取样品，使样品对货物总体具有充分的代表性。

（3）检验是在规定的环境条件下，使用规定的试验设备和试验方法，检测样品的质量特性。

（4）判定是指通过将检测的结果与合同及标准所规定的技术指标进行比照，根据合格判定原则，对被检货物合格与否作出判定。

（5）处理是指根据检验结果出具检验报告，反馈质量信息，对不合格的货物作出处理。

第二节 货物检验的方法

一、抽样检验法

（一）抽样的定义

抽样也称取样、采样、拣样，是指为了检验某批货物质量，从同批同类货物中用科学的方法抽取一定数量的、具有代表性的样品，作为评定该批货物质量的依据。

货物抽样检验是在对工农业产品和进出口货物进行质量检验时，被广泛运用并被人们普遍认可的一种货物检验形式。

（二）抽样的原则

1. 代表性原则

它要求被抽取的一部分货物必须具备整批货物的共同特征，以使鉴定结果能成为判定整批货物质量的主要依据。

2. 典型性原则

它是指被抽取的样品能反映整批货物的某个（些）方面的重要特征，能发现某种情况对货物质量造成的重大的影响。如食品的变质、污染、掺杂及对假冒劣质货物的鉴别。

3. 适时性原则

针对成分、含量、性能、质量等会随时间或容易随时间的推移而发生变化的货物，要求及时、适时抽样并进行鉴定。如对新鲜果蔬中各类维生素含量的鉴定及对各类农副产品中农药或杀虫剂残留量的鉴定等。

（三）抽样的要求

抽样时一般要求做到以下几点：

（1）抽样应当依据抽样对象的形态、性状，合理选用抽样工具与样品容器。抽样工具与样品容器必须清洁，不含被鉴定成分，供微生物鉴定的样品应无菌操作。

（2）外地调入的货物，抽样前应检查有关证件，如商标、运货单、质量鉴定证明等，然后检查外表，包括检查包装以及起运日期、整批数量、产地、厂家等情况。

（3）按各类货物的抽样要求抽样，注意抽样部位应分布均匀，每个抽样部位的抽样数量保持一致。

（4）抽样的同时应做好记录，内容包括抽样单位、地址、仓位、车间号、日期、样品名称、样品批号、样品数量、抽样者姓名等。

（5）抽取的样品应妥善保存，保持样品原有的品质特点。抽样后应及时鉴定。

（四）抽样的方法

抽样检验的特点是通过少数样品来判定大批量货物的质量状况。因此，样品的代表性十分重要，是关系生产者、消费者利益的大事。所以，要正确选择抽样方法，控制抽样误差，以获取较为准确的检验结果。目前，被公认为最科学的并在世界上广泛采用的是随机抽样法，即被检验的整批货物中的每一件货物都有同等机会被抽取的方法。被抽取的机会不受任何主观意志的限制，抽样者按照随机的原则，以完全偶然的方法抽取样品。该方法适用于各种货物、各种批量的抽样。

随机抽样法的类型有简单随机抽样法、分组随机抽样法、等距随机抽样法和阶段随机抽样法四种。

1. 简单随机抽样法

简单随机抽样法又称单纯随机抽样法，是指对整批同类货物不经过任何分组、划类、排序，直接从中按照随机原则抽取检验样品。从理论上讲，简单随机抽样最符合随机的原则，可避免检验员的主观意志影响，是最基本的随机抽样方法，也是其他复杂随机抽样方法的基础。简单随机抽样通常用于批量不大的货物的抽样。

2. 分组随机抽样法

分组随机抽样法又称分层随机抽样法、分类随机抽样法或者类型随机抽样法，是指先将整批同类货物按主要标志分成若干个组（分组时应注意每个组内部是均匀的），然后从每组中随机抽取若干样品，最后将各组抽取的样品放在一起作为整批货物的检验样品。它是目前使用最多的一种抽样方法。用这种方法获得的样品在整批货物中分布比较均匀，有很好的代表性。由于生产过程中的质量事故常常是间隔出现的，采用分组随机抽样法能克服简单随机抽样法可能漏掉集中性缺陷的不足。分组随机抽样法适用于较大批量货物的抽样。

3. 等距随机抽样法

等距随机抽样法又称系统随机抽样法、规律性随机抽样法、机械随机抽样法。它是先将整批同类货物按顺序编号，并随机决定某一个个位数号码为抽样的基准号码，然后按已确定的“距离”机械地抽取样品。其中“距离”的大小由同批同类货物总数和计划样品总数决定。用等距随机抽样法获得的样品在整批货物中分布比较均匀，具有较好的代表性，适用于较小批量货物的抽样，不宜用于产品质量缺陷规律性出现的货物的抽样。

4. 阶段随机抽样法

阶段随机抽样法又称多阶段随机抽样法、分段随机抽样法、多段随机抽样法，是指先从整批同类货物中随机抽取若干个小部分，然后从每个小部分中进一步随机抽取若干个货物为样品，最后将各小部分的样品放在一起作为整批货物的检验样品。阶段随机抽样法适用于一个大包装内有若干个独立小包装的货物（如牙膏、塑料袋装食品等）的抽样。

（五）抽样检验方法的分类

1. 按商品质量特性分类

按照商品质量特性的不同，抽样检验可分为计量抽样检验和计数抽样检验。

计量抽样检验是从批量商品中抽取一定数量的样品（样本），检验此样本中每个样品的质量，然后与规定的标准值或技术参数进行比较，据此确定该批商品是否合格的方法。计量抽样检验具有信息利用充分、需要的样本量较小等优点；缺点是使用程序较烦琐、适用范围较窄。

计数抽样检验是从批量商品中抽取一定数量的样品（样本），通过对样品质量的检验，用计数方法来表示商品质量状况的抽样检验方法。计数抽样检验具有使用简便、适用范围广等优点；缺点是所需要的样本量较大，信息的利用也不充分。

2. 按抽取样本的次数分类

按照抽取样本的次数，抽样检验可分为一次抽样检验、二次抽样检验、多次抽样检验和序贯抽样检验。

（1）一次抽样检验只需要抽样检验一次样本就可以作出该批商品是否合格的判断。此法简单、易操作，应用广泛，但平均样本量较对应的多次抽样方法要大。

（2）二次抽样检验是同时抽取两个大小相同的样本，先对第一个样本进行检验，若检验不合格品数小于或等于预先指定的某个数值，则判定该批商品合格；若不合格品数大于或等于预先指定的另一个数值，则判定该批商品不合格；如果检验不合格品数介于两个预先指定数值之间，则对第二个样本进行检验，将两次检验结果综合在一起判断该批商品合格与否。

（3）多次抽样检验的原理与二次抽样检验相似，每次抽取的样本量大小相同，但抽样检验次数多，合格判定数与不合格判定数也多。此种方法抽取的平均样本量小，能节省检验费用，但管理较复杂。在产品批质量较好时，较适宜采用此法。

（4）序贯抽样检验每次只限抽取一个单位产品进行检验，按判断规则，若能得出接收与否的判断，则检验工作终止；否则，再抽下一个单位产品。如此这般，直至能得出接收与否的判断为止。二次抽样检验和多次抽样检验中的样本通常是一次取够。

3. 按抽样检验的方案是否可调整分类

按抽样检验的方案是否可调整，抽样检验可分为调整型抽样检验和非调整型抽样检验两大类。

调整型抽样检验是由正常、加严、放宽等不同抽样方案与转移规则相互联系而组成的一个完整的抽样检验体系。根据若干批商品质量变化情况，按转移规则及时调整抽样检验方案，以维护买卖双方的利益。此法适用于各批质量有联系的连续批商品的质量检验。

非调整型抽样检验是指抽样检验方案不考虑商品批的质量变化，也没有转移规则，而是以确定的商品检验方案对商品进行抽样检验。此种方法对孤立批的商品质量检验较为适宜。

4. 按是否使用最优化准则分类

有些抽样方案使用某个最优化准则，有些则没有使用。如挑选型抽样方案：在道奇-罗米格的抽样检验表中，考虑到在满足一定质量要求的条件下，使平均检验件数最少。

5. 按是否组成批分类

在大多数情况下，产品是以批的形式交付验收的。如果每一批都进行检验，就称作逐批检验。有些产品不是在形成批之后检验，而是在产品的制造过程中进行检验。这就需要在关键工序设立固定的检验点，由检验员直接抽检。在这种情况下，由于工序之间衔接密切、生产速度快、不允许组成批等原因，不宜采用逐批抽检时，可以采用计数连续抽样方案。

二、感官检验法

感官检验法又称感官分析法、感官检查法或感官评价法，是以人体感觉器官作为检验器具，并运用个人的实践经验，对货物的色、香、味、形、手感、音质、音色等感官质量特性作出判定和评价的检验方法。

感官检验法简便易行，快速灵活，成本较低，特别适用于目前还不能用仪器定量评价感官指标的货物和不具备检验条件的企业及团体。它被广泛地用于食品、纺织、日用工业品、医药、家用电器、化妆品、服装及化工货物等领域。

（一）感官检验法的类型

感官检验根据检验时所主要使用的感觉器官的不同，可分为视觉检验、听觉检验、味觉检验、嗅觉检验和触觉检验。

1. 视觉检验

视觉检验是用视觉器官检查货物的外形、结构、颜色、光泽以及表面状态、疵点等质量特性的检验方法。

在视觉检验中，检验人员的视力及视力调节能力与调节范围是很重要的因素。此外，光线强弱和照射方向也会影响视觉鉴定的准确性。为提高检验的可靠性，视觉检验必须在标准照明（非直射典型日光或标准人工光源）条件下和适宜的环境中进行。如鉴定茶叶的汤色时，应在反射光线下进行。

运用视觉检验方法检验日用工业品、纺织品时，主要检验其美学特点和表面缺陷；检验食品时则主要检验其新鲜度、成熟度和加工水平；评审茶叶品质时，在外形、香气、滋味、汤色和叶底五项指标中，外形、汤色和叶底这三项指标均需要通过视觉检验来判定。

2. 听觉检验

听觉检验是音波刺激耳膜引起声感，利用听觉的敏感性和频率辨别能力判断货物的某些感官特征的方法。

听觉检验需要适宜的环境条件，力求安静，尽量避免外界因素对听觉灵敏度的影响。

听觉检验一般用于以下检验：检验玻璃制品、瓷器、金属制品有无裂痕或其他内在缺陷；评价以声音作为重要指标的乐器、音响装置、家用电器，如人们在购买小提琴时，拨拉琴弦，琴声高音清脆和谐、低音浑厚自然者为品质优良，高音不亮、低音沉闷者为品质不佳；评定食品的成熟度、新鲜度、冷冻程度等。此外，听觉检验还广泛地用于纸张的硬挺性与柔韧性、颗粒状粮食和油料的含水量、罐头食品的变质情况的检验。

3. 味觉检验

味觉检验是利用味觉器官的感觉对滋味与口感进行鉴定的方法。

产生味觉的器官主要是舌头，基本味觉有酸、甜、苦、咸四种。其他味觉都是混合味觉。如辣味是热觉、痛觉和味觉的混合，涩味是一些物质刺激舌部后舌膜出现收敛作用的结果。

味觉检验要求检验人员注意被检验样品的温度与对照样品的温度一致，在一些检验细节上必须遵循一定的检验规程，如检验时不能吞咽物质，应使之在口中慢慢移动，每次检验前后必须用清水漱口等。

味觉检验主要用来鉴定食品，是检验食品品质的重要手段之一。对糖、茶、烟、调料等味觉食品来说，味觉检验尤为重要。现在人们越来越注重对食品风味的评价。食品风味由食品的香气、滋味、入口获得的香味和口感综合构成。后两者的鉴定必须用味觉检验才能完成。食品的风味是决定食品品质的重要因素，凡是品质正常的食品均具有应有的风味。同一原料制成的食品，由于加工调制方法不同，风味也会不同。质量发生变化的食品，风味必然变劣，产生异味。

4. 嗅觉检验

嗅觉检验是凭借嗅觉器官（鼻）来鉴定货物气味、评定货物品质的检验方法。

嗅觉检验可直接嗅检验物，或将被检验物涂在适宜的底垫上，或用有吸附能力的无气味的、不黏的纸制成小窄条吸收检验物，嗅后再评审。

在检验化妆品时，为评价化妆品的成分和皮肤的天然气味的协同作用，通常将化妆品涂到皮肤上再进行嗅觉检验。检验中应避免检验人员的嗅觉器官长时间与强烈的挥发物质接触，并注意采取措施防止串味。

嗅觉检验现应用于多数食品和某些日用工业品（如医药、化妆品、香精、香料等）的感官指标鉴定上，并对鉴别纺织纤维、塑料等燃烧后的气味差异起到重要作用。

5. 触觉检验

触觉检验是利用物质刺激皮肤表面的感应点和神经末梢所引起感觉对样品进行鉴别的方法。触觉是皮肤受到外界刺激而产生的感觉，如触压觉、触摸觉等。

进行触觉检验时，应注意环境条件的稳定和保持手指皮肤处于正常状态。

触觉检验的内容体现在货物的手感、弹性、硬度、光滑度、柔韧性、干湿性、冷热等有关质量指标上。如检验纸张时，可根据手感判断纸制品的粗糙或平滑、柔韧或挺括、厚薄等。触觉检验主要用于检查纸张、塑料、纺织品以及食品和其他日用工业品的表面光滑细致程度、强度、厚度、弹性、紧密程度、软硬等质量特性。

（二）感官检验的评价方法

感官检验的评价方法很多，根据检验目的、要求及统计方法的不同，可分为差别检验、分析和描述性检验、标度和类别检验、敏感性检验四种。

1. 差别检验

差别检验用以确定两种样品 A 和 B 之间是否存在着感官差别（或者是否偏爱某一个）。其方法有成对比较检验、三点检验、二一三点检验、五中取二检验、A一非 A 检验等。

（1）成对比较检验。它是将所要比较的两种样品成对地提交给评价员，按某些规定的准则确定两种测试样品在某一指标上是否存在强度差别或是否对两种测试样品其中之一有所偏爱。

（2）三点检验。同时提供三个编码样品，其中两个同属一类，另一个属于另一类，要求评价员挑选其中代表另一类的单个样品。

（3）二一三点检验。先提供给评价员一个对照样品，再提供两个样品，其中一个与对照样品相同，要求评价员挑出那个与对照样品相同的样品。

（4）五中取二检验。同时提供给评价员五个按顺序排列的样品，其中两个是一种类型，另外三个是另一种类型，要求评价员将这些样品按类型分成两组。

（5）A一非 A 检验。它是在评价员学会了识别样品 A 以后，再将一系列样品提供给评价员，这些样品有 A 和非 A，要求评价员指出哪些是 A、哪些是非 A。

2. 分析和描述性检验

分析和描述性检验用于识别和尽可能定量指出样品中出现的感官特性，主要有简单描述检验、定量描述和感官剖面检验。

（1）简单描述检验。这种检验要求评价员对构成商品的各个特性指标进行定性描述，尽量完整地描述出商品质量。这种检验适用于一个或多个样品，常用于质量检验和判定商品在储存期间的变化等。

（2）定量描述和感官剖面检验。这种检验要求评价员定量评价商品的感官特性，并给出这些特性的特征强度值，然后用这些结果建立起商品的感官剖面，以便对商品的各种感官特性得出一个总体的印象。此法可用于新产品的研制、确定产品之间性质的差别、质量控制、商品品质改良等。

3. 标度和类别检验

在经过差别检验并确定具有明显差别的基础上，为进一步估计差别的顺序或大小，或估计样品应归属的类别，可使用标度和类别检验这类方法。它主要包括排序法、量值估计法、评分法、评估法、分类法等方法。

标度是指报告评价结果所使用的尺度。标度的种类有名义标度、顺序标度、等距标度和比率标度四种。名义标度是将商品分成几个不同的类别，但并不提供类别之间信息的一种标度；顺序标度是以预先确定的单位或以连续级数作单位的一种标度；等距标度是有相等单位但无绝对零点的标度；比率标度是既有绝对零点又有相等单位的标度。

（1）排序法。该方法是指使用顺序标度，将待检验的商品按其质量特性和优劣程度或强度排列出等级或名次，不估计样品间差别大小的一种方法。

（2）量值估计法。该方法是指使用比率标度建立物理量与心理感官量之间对应关系的一种方法。

（3）评分法。该方法是指使用等距标度或比率标度评定出每个检验商品或项目的分数，以区别其质量好坏的一种方法。

（4）评估法。该方法是指采用顺序标度，将商品质量分为很好、较好、正常、较差、很差等的一种方法。

（5）分类法。该方法是指采用名义标度，对每个检验对象按某一感官质量特性分成预先定义的几个不同类别的方法。

4. 敏感性检验

敏感性检验具体有阈检验和稀释检验两种类型。阈检验用于确定评价员感觉的不同阈值，如刺激阈、识别阈、差别阈和最大阈。稀释检验用于确定可感觉到的混入食品中的其他物质的最低量。

三、理化检验法

理化检验法是在实验室的一定环境条件下，利用各种仪器、器具和试剂等手段，运用物理、化学方法来测试货物质量的方法。

理化检验的特点是可用数据定量表示测定的结果，较感官检验客观和精确。但同时它对检验设备、仪器和检验人员素质有较高的要求。

理化检验主要用于检验货物成分、结构、物理性质、化学性质、安全性、卫生性以及对环境的污染和破坏性等。

（一）物理检验法

物理检验法是运用各种仪器、量具对货物的各种物理性能和指标进行测试检验，以确定货物质量的方法。根据测试检验所用仪器的不同，物理检验法可分为以下几种。

1. 度量衡检验法

度量衡检验法主要是通过各种量具、量仪、天平称或专业仪器来测定商品的一些基本物理量。如长度、细度、面积、体积、厚度、重量（质量）、密度、容重、粒度、表面光洁度等，这些基本的物理量指标往往是商品贸易中的重要交易条件。商品检验中度量衡检验法应用广泛，测定商品的某些物理量如棉花的长度、羊毛的细度等时一般用度量衡检验法。

2. 力学检验法

力学检验法是通过各种力学仪器测定货物的力学（机械）性能的检验方法。这些性能包括抗拉强度、抗压强度、抗冲击强度、抗剪切或弯曲强度、抗疲劳强度、耐磨强度、硬度、弹（塑）性等。例如纤维、纱、纺织品、纸张、橡胶、金属的抗拉强度；钢材、水泥、橡胶、矿物的硬度；橡胶、皮革的耐磨性；热水瓶胆的耐压性等都是力学性能检验。

货物的力学性能与货物的耐用性密切相关。如水泥的抗压强度是用水泥试样被压碎时试样单位面积（平方厘米）所承受的外力表示的，其计量单位是千克/平方厘米。水泥标号表示水泥具有的抗压强度，如普通水泥有 325、425、525、625 等标号。

3. 热学检验法

热学检验法是使用热学仪器测定货物热学特性的方法。货物的热学特性包括熔点、沸点、凝固点、燃点、闪点、耐热性、耐寒性、抗冻性、导热性和保温性等。

金属制品、化工制品、皮革制品、橡胶、塑料制品、搪瓷制品、建筑材料、石油产品、部分食品等，其热学性质都与货物的质量和品种有关。如搪瓷制品的耐热性测定，是将搪瓷制品加热到规定温度后迅速投入冷水中，以珐琅层在突然受冷时不炸裂和脱落的温度为其品质指标，温度差越大，说明耐热性越好。

4. 光学检验法

光学检验法是利用光学仪器（如光学显微镜、X射线机、折光仪、旋光仪等）来检验货物的光学特性的方法。检验的主要内容包括货物的微观结构、物理性质以及品质缺陷等。

光学显微镜主要是用来观察、测量货物的细微结构，并根据这些形态结构特性进一步鉴定货物的种类和使用性能，如观察纺织品中各种纤维的纵向及横截面形状，从而判断其性质。

X射线机可不用破坏货物就能鉴定货物的内部结构，如可观察金属制品内部是否有裂痕，这被称为无损检验法。

使用折光仪测定液体的折射率，在中间产品的质量控制和成品的质量分析中具有重要的作用，如鉴定植物油是否变质或掺假。

旋光仪通过对旋光性物质（分子中含有不对称碳原子的有机物，如蔗糖、葡萄糖、薄荷脑等）的旋光度进行测定，可鉴定旋光性物质的纯度。旋光法广泛用于对食品、化工品、药品和化妆品的鉴定。

5. 电学检验法

电学检验法是利用电学仪器和适当的测量方法来测定货物的电学性质的方法。电学性质包括电流、电压、电阻、电功率、电导率、介电常数、磁性、电击穿性能、损耗角正切值等。可通过电阻、电容的测定来间接测定货物的其他质量特性，如吸湿性、材质的不匀率等。

6. 其他检验法

其他检验法是利用一些专门的仪器检验货物某种物理性能的方法。如检测纺织品、塑料、橡胶、纸张等的透气性、透水性等，纺织品的缩水率、染色牢度，建筑材料的防水性，货物的耐酸碱性、耐溶剂性、耐老化性，化工品、石油产品的黏度、沸程、蒸气压，以及振动测试、噪声测试等，都要运用此类方法。

（二）化学检验法

化学检验法是运用各种化学试剂和仪器，通过观察、分析化学反应现象来测定货物的化学成分及其含量，进而判定货物品质是否合格的方法。

按具体操作方法的不同，化学检验法可分为化学分析法和仪器分析法两类。

1. 化学分析法

化学分析法是根据检验过程中试样和试剂所发生的化学反应，以及在化学反应中试样和试剂的用量，来测定货物的化学组成成分及各成分所占比例的相对含量的方法。以物质的化学反应为基础的化学分析法是一种传统的化学分析方法，是其他化学分析方法的基础，也称为常规分析法。其特点是设备简单、准确度高。

化学分析法适用于食品检验，包括营养素、食品添加剂、有毒有害物质的测定及发酵、酸败、腐败等食品变质过程中成分变化的指标测定。在用于纺织品与工业品检验时，主要有分析有效成分、杂质成分、有害成分的含量，以及耐水、耐酸碱、耐腐蚀等化学稳定性质方面的测定。

依据化学分析所用的测定方法的不同，化学分析法又可分为重量分析法、滴定分析法、气体分析法。

（1）重量分析法是一种较准确的分析方法，它选择某种试剂与被测定成分反应，生成一种难溶的沉淀物，再经过过滤、洗涤、干燥、灼烧等过程，使沉淀物与其他成分分离，然后根据沉淀物的重量来计算测定该成分的含量。根据分离方法的不同，重量分析法还可细分为沉淀法、气化法、提取法、电解法。

（2）滴定分析法是指在被测定成分溶液中，滴加一种已知准确浓度的试剂（标准溶液），根据它们反应完全时所消耗标准溶液的体积计算出被测成分的含量。根据化学反应的不同，滴定分析法又可分为酸碱滴定法、氧化还原滴定法、络合滴定法和沉淀滴定法。滴定分析法操作简便，并能达到一定的准确度，应用非常广泛。

（3）气体分析法。它是用适当的吸收剂吸收试样（混合气体）中的被测成分，根据气体体积的变化来确定被测成分的含量。

2. 仪器分析法

仪器分析法是采用光学、电学方面比较特殊或复杂的仪器，通过测量商品的物理性质或化学性质来确定商品的化学成分的种类、含量和化学结构以判断商品质量的检验方法。它包括光学分析法和电学分析法。

（1）光学分析法是通过被测成分吸收或发射电磁辐射的特性差异来进行化学鉴定，具体有比色法、分光光度法（原子吸收光谱、红外光谱等）、荧光光度法等。例如，用光谱仪可在 1～2 分钟内分析出钢中 20 多种合金元素的含量。

（2）电学分析法是利用被测物的化学组成与电物理量（电极电位、电流等）之间的定量关系来确定被测物的组成和含量，具体有光谱法、电位滴定法、电解分析法等。

仪器分析法适用于微量成分含量分析。仪器分析法因具有测定的灵敏度高、选择性好、操作简便、分析速度快的特点而应用广泛。但由于样品前处理费时、仪器价格昂贵、对操作人员要求高，故其应用也受到一定的局限。

四、生物学检验法

生物学检验法是对食品类、动植物及其制品、医药类和日用工业品类货物等进行质量检验的常用方法之一，它包括微生物学检验法和生理学检验法。

（一）微生物学检验法

微生物学检验法是采用微生物技术手段，检测商品中的有害微生物存在与否以及数量多少的方法。在各类食品的卫生指标中，总含有微生物指标，如真菌、菌落总数、大肠菌群、致病菌等细菌指标，有时还含有霉菌指标。通过检验，可以判断食品被细菌、真菌污染的程度，并预测食品的保质期。

微生物学检验法包括培养基的制备、灭菌、接种、培养和检验等基本环节。培养基制备是用人工的方法将多种营养物质按微生物生长的需要调制成营养基质的过程，培养基供微生物生长利用；灭菌是指完全杀死检验所用器具上和检验场所所有微生物的过程，包括加热灭菌、紫外线灭菌等方法；接种是将食品等商品样品经破碎或稀释等处理后移植到培养基上的过程，这是微生物检验工作中的重要操作，整个过程要求在无菌条件下进行；培养是将接种好的培养基在一定温度、湿度和空气条件下放置一定的时间，使微生物生长、繁殖，以便识别、检验；检验是微生物检验法的最后环节，它将培养后的微生物经涂片或染色后借助显微镜进行形态观察、检验，确定微生物的种类、数量。需要进行微生物检验的商品有食品及其包装物、化妆品、卫生用品等。

（二）生理学检验法

生理学检验法用于检验食品的可消化率、发热量、维生素和矿物质对机体的作用以及食品和其他货物中某些成分的毒性等。该法一般用活体动物进行试验。

五、实际试用观察法

实际试用观察法是观察商品在实际使用条件下商品的性状及使用功能的变化，从中取得数据来判定商品质量的方法，一般用于对耐用消费品的检验。广大消费者对商品所做的评价是对商品质量最重要的评定，是真正的质量评定，也是理化仪器所代替不了的综合因素检验。技术商品、信息商品同样也要通过实际应用评价其经济效果。这是经营部门通常采用的一种有效方法。实际试用观察法通常有质量跟踪、销售部门调查、用户访问等方式。

由于实际试用检验周期长、费时久，而且要经过反复比较才能取得正确的结果，因此在商品检验中，为了缩短检验时间，尽快取得结果，在摸清环境对商品影响的基础上，对某些商品往往采用强化或加速的人工模拟试验方法。对商品在自然环境或模拟的工作条件下进行的试验称为环境试验。常用的环境试验方法有高低温试验、耐潮及防腐试验、防霉试验、防尘试验、密封试验、振动试验、冲击试验和碰撞试验、恒加速试验、寿命试验等。

第三节 进出口货物的检验

一、进出口货物检验条款的主要内容

检验条款是开展检验工作的依据，在国际贸易中，买卖双方应注意签订好检验条款以维护双方的利益。一般来说，国际货物买卖合同汇总的商检条款包括下列内容：检验时间和地点、检验机构、检验证书等。

（一）检验时间和地点

检验时间和地点是指在何时、何地行使对货物的检验权。所谓检验权，是指买方或卖方有权对所交易的货物进行检验，其检验结果即作为交付与接受货物的依据。确定检验的时间和地点，实际上就是确定买卖双方中的哪一方行使对货物的检验权，也就是确定检验结果以哪一方提供的检验证书为准。谁享有对货物的检验权，谁就享有了对货物的品质、数量、包装等项内容进行最后评定的权利。由此可见，如何规定检验时间和地点是直接关系到买卖双方切身利益的重要问题，因而是交易双方商定检验条款时的核心所在。

在国际货物买卖合同中，根据国际贸易习惯做法和我国的业务实践，有关检验时间和地点的规定办法可归纳为以下几种。

1. 在出口国检验

此种方法又包括产地（工厂）检验和装运港（地）检验两种。

（1）产地（工厂）检验。产地（工厂）检验是指货物在产地出运或工厂出厂前，由产地或工厂的检验部门或买方的验收人员进行检验和验收，并由买卖合同中规定的检验机构出具检验证书，作为卖方所交货物的品质、数量等项内容的最后依据。卖方只承担货物离开产地或工厂前的责任，对于货物在运输途中所发生的一切变化，卖方概不负责。

（2）装运港（地）检验。装运港（地）检验又称“离岸品质、离岸重量（shipping quality and weight）”，是指货物在装运港或装运地交货前，由买卖合同中规定的检验机构对货物的品质、重量（数量）等项内容进行检验鉴定，并以该机构出具的检验证书作为最后依据。卖方对交货后货物所发生的变化不承担责任。

采用上述两种方法时，即使买方在货物到达目的港或目的地后，自行委托检验机构对货物进行复验，也无权对货物的品质和重量向卖方提出异议，除非买方能证明其所收到的与合同规定不符的货物是由于卖方的违约或货物的固有瑕疵所造成的。因此，这两种规定办法从根本上否定了买方的复验权，对买方极为不利。

2. 在进口国检验

此种方法又分为目的港（地）检验和买方营业处所（最终用户所在地）检验。

（1）目的港（地）检验。目的港（地）检验称为“到岸品质，到岸重量”（landed quality and weight），是指货物运达目的港或目的地时，由合同规定的检验机构在规定的时间内，就地对货物进行检验，并以该机构出具的检验证书作为卖方所交货物品质、重量（数量）的最后依据。采用这种方法时，买方有权根据货物运抵目的港或目的地时的检验结果，对属于卖方责任的品质、重量（数量）不符点，向卖方索赔。

（2）买方营业处所（最终用户所在地）检验。对于一些因使用前不便拆开包装，或因不具备检验条件而不能在目的港或目的地检验的货物，如密封包装货物、精密仪器等，通常都是在买方营业处所或最终用户所在地，由合同规定的检验机构在规定的时间内进行检验。货物的品质和重量（数量）等项内容以该检验机构出具的检验证书为准。

采取上述两种做法时，卖方实际上须承担到货品质、重量（数量）的责任。如果货物在品质、数量等方面存在的不符系卖方责任所致，买方则有权凭货物在目的港、目的地、买方营业处所或最终用户所在地经检验机构检验后出具的检验证书，向卖方提出索赔，卖方不得拒绝。由此可见，这两种方法对卖方很不利。

3. 出口国检验、进口国复验

出口国检验、进口国复验是指卖方在出口国装运货物时，以合同规定的装运港或装运地检验机构出具的检验证书，作为卖方向银行收取货款的凭证之一，货物运抵目的港或目的地后，由双方约定的检验机构在规定的地点和期限内对货物进行复验。复验后，如果货物与合同规定不符，而且属于卖方责任所致，此时，买方有权凭该检验机构出具的检验证书，在合同规定的期限内向卖方索赔。由于这种做法兼顾了买卖双方的利益，较为公平合理，因而它是国际货物买卖中最常见的一种规定检验时间和地点的方法，也是我国开展进出口业务时最常用的一种方法。

4. 装运港（地）检验重量、目的港（地）检验品质

在大宗货物交易的检验中，为了调和买卖双方在货物检验问题上存在的矛盾，常将货物的重量检验和品质检验分别进行，即以装运港或装运地验货后检验机构出具的重量检验证书作为卖方所交货物重量的最后依据，以目的港或目的地检验机构出具的品质检验证书作为货物品质的最后依据。货物到达目的港或目的地后，如果货物在品质方面与合同规定不符，而且该不符点是卖方责任所致，则买方可凭品质检验证书，就货物的品质向卖方提出索赔，但买方无权对货物的重量提出异议。这种规定检验时间和地点的方法就是装运港（地）检验重量、目的港（地）检验品质，又称“离岸重

量、到岸品质（shipping weight and landed quality）”。

需要指出的是，由于实际业务中检验时间和地点的规定常常与合同中所采用的贸易术语、货物特性、检测手段、行业惯例以及进出口国的法律、法规密切相关，因此，在规定货物的检验时间和地点时，应综合考虑上述因素，尤其要考虑合同中所使用的贸易术语。通常情况下，货物的检验工作应在货物交接时进行，即卖方向买方交付货物时，买方随即对货物进行检验。货物经检验合格后，买方即受领货物，卖方在货物风险转移之后，不再承担货物发生品质、数量等变化的责任。这一做法特别适用于以E组和D组实际交货的贸易术语达成的交易。但如果按装运港交货的FOB、CFR和CIF贸易术语成交时，情况则大不相同。由于在采用上述三种术语成交的情况下，卖方只要按合同规定在装运港将货物装上船舶，并提交符合合同规定的单据，就算完成了交货义务，货物风险也自货物越过装运港船舷开始由卖方转移给买方。但此时买方却并没收到货物，自然更无机会检验货物。因此，按装运港交货的贸易术语达成的买卖合同，在规定检验时间和地点时采用“出口国检验、进口国复验”最为适宜。

（二）检验机构

在国际货物买卖中，交易双方除了自行对货物进行必要的检验外，通常还要委托独立于买卖双方之外的第三方对货物进行检验。有时，虽然买卖双方未要求对所交易的货物进行检验，但根据有关法律或法规的规定，必须由某机构进行检验，经检验合格后方可出境或入境。这种根据客户的委托或有关法律、法规的规定对进出境货物进行检验、鉴定和管理的机构就是货物检验机构，简称检验机构或商检机构。

国际上货物检验机构的类型

我国的货物检验机构

（三）检验证书

检验证书（Inspection Certificate）是检验机构对进出口货物进行检验、鉴定后签发的书面证明文件。

1. 检验证书的种类

国际货物买卖中的检验证书，其种类繁多，卖方究竟需要提供哪种证书，要根据货物的特性、种类、贸易习惯以及政府的有关法令而定。在实际业务中，常见的检验证书主要有以下几种：

（1）品质检验证书（Inspection Certificate of Quality）。即证明进出口货物品质、

规格的证书。

(2) 数量检验证书（Inspection Certificate of Quantity）。即证明进出口货物数量的证书。

(3) 重量检验证书（Inspection Certificate of Weight）。即证明进出口货物重量的证书。

(4) 价值检验证书（Inspection Certificate of Value）。即证明出口货物价值的证书，通常用于证明发货人发票所载的货物价值是否正确、属实。

(5) 产地检验证书（Inspection Certificate of Origin）。即用于证明出口货物原生产地的证书，通常包括一般产地证、普惠制产地证、野生动物产地证等。

(6) 卫生检验证书（Sanitary Inspection Certificate）。即证明食用动物产品、食品在出口前已经过卫生检验、可供食用的证书。

(7) 兽医检验证书（Veterinary Inspection Certificate）。即证明动物产品在出口前已经过兽医检验、符合检疫要求的证书。

(8) 消毒检验证书（Inspection Certificate of Disinfection）。即证明动物产品在出口前已经过消毒处理、符合安全及卫生要求的证书。

(9) 残损检验证书（Inspection Certificate on Damaged Cargo）。即证明进口货物残损情况、估算残损贬值程度、判定致损原因的证书。

(10) 货载衡量检验证书（Inspection Certificate on Cargo Weight & Measurement）。即证明进出口货物的重量、体积吨位的证书，可作为计算运费和制订配载计划的依据。

此外，常见的检验证书还有植物检疫证明、积货鉴定证书、船舱检验证书等。

2. 货物检验证书的作用

货物检验证书主要有以下作用：

(1) 检验证书是证明卖方所交货物符合合同规定的依据。在国际货物买卖中，交付与合同规定相符的货物是卖方的基本义务之一。因此，合同或信用证中通常都规定，卖方交货时必须提交规定的检验证书，以证明所交货物是否与合同规定一致。如检验证书中所列结果与合同或信用证规定不符，银行有权拒绝议付货款。

(2) 检验证书是报关验放的有效证件。许多国家都对某些进出口货物的品质，数量、包装、卫生、安全、检疫制定了严格的法律法规，凡属法定检验范围的货物，在办理进出口清关手续时，必须向海关提供商检机构签发的检验证书，否则，海关不予放行。

(3) 检验证书是买卖双方办理货款结算的依据。当合同或信用证中规定在出口国检验，或规定在出口国检验、进口国复验时，一般合同中都规定，卖方须提交规定的检验证书。此种情况下，卖方在向银行办理货款结算时，在所提交的单据中，必须包括检验证书。此外，在某些特定货物的交易中，为充分体现公正合理的原则，买卖双方往往以检验证书中所确定的货物等级、规格、重量、数量等来计算货款。此时，检验证书是卖方向银行办理货款结算时必须提交的文件。

（4）检验证书是明确责任归属、办理索赔和理赔的依据。当报验货物与合同规定不符时，买方必须在合同规定的索赔有效期内，凭指定的商检机构签发的检验证书向有关责任方提出索赔或要求解除合同，有关责任方也需根据商检机构出具的检验证书办理理赔。

（5）检验证书是解决争议的依据。国际货物买卖中，当交易双方发生争议未能协商解决而提交仲裁或进行司法诉讼时，检验证书是当事人向仲裁机构或法院举证的重要凭证，也是仲裁机构或法院进行裁决的重要依据。

（6）检验证书是计算关税的依据。出入境检验检疫机构出具的重量、数量证书是海关核查征收进出口货物关税时的重要依据。例如残损证书所标明的残损、缺少货物可以作为向海关申请退税的有效凭证。

在我国，法定检验货物的检验证书由国家出入境检验检疫局及其设在各地的分支机构签发；法定检验以外的货物，若合同或信用证中无相反规定，也可由中国对外贸易促进委员会或中国进出口货物检验总公司或生产企业出具。在填制检验证书时，应注意证书的名称和具体内容必须与合同及信用证的规定一致。另外，检验证书的签发日期不得迟于提单签发日期，但也不宜比提单日期提前过长。

二、进出口货物的检验程序

各个国家进出口货物的检验工作都是按一定程序进行的。以我国为例，进出口货物检验要经过以下基本步骤。

（一）申请检验

若申请对出口货物进行检验，出口商一般应在货物发运前7～10天（鲜活品为3～7天，如果商检机构不在出口商所在地，则为货物发运前10～15天）填写“出口检验申请单”，写明申请检验或鉴定的内容，并要提供合同、信用证、往来函电等相关文件。若申请对进口货物进行检验，进口商应于最迟不少于对外索赔期1/3的时间内，填写“进口检验申请单”，说明申请检验或鉴定的内容，并要提交合同、商业发票、货运单据、品质证书、装箱单、外运通知单、接用货部门已验收记录等资料；如果已发现货物有残损、缺少现象，还要附上理货公司与轮船大副共同签署的“货物残损报告单”及其他相关证明材料。商检机构收到进出口货物的报验申请后，要对申请单中所填内容逐项审核，与各种附带文件相核对。一旦审核通过，便对报验申请单登记、编号，并将全套单证交检验部门安排检验。

（二）实施检验

实施检验是指商检机构采取随机抽样的方法，在整批货物中抽取一定数量的有代表性的样品，按国家规定或合同规定的技术标准，对样品的有关特性进行检查、试验、测量或计量的过程。进出口货物的检验包括商检自检与共同检验两种方式。商检自检是指商检机构在受理了进出口货物的检验申请后，自行派出检验技术人员对货物进行抽样、检验，出具商检证书。共同检验则是指商检机构在受理了进出口货物的检验申请后，与有关单位商定，由双方各派人员共同检验，并出具商检证书，或商检机构与有关单位就检验内容进行分工，各承担某一部分检查项目，最后共同出具商检证书。

（三）签发证书

出口货物通过检验后，商检机构可按合同、信用证或进口方的要求，签发商检证书。若合同、信用证、进口方未要求正式的商检证书，商检机构签发“商检放行单”或在“出口货物报关单”上加盖放行章即可。进口货物通过检验后，商检机构可根据需要签发“检验情况通知单”或相关商检证书。但若是收货、用货单位验收进口货物时发现问题，向商检机构申请复验，而复验不合格时，商检机构必须签发正式的商检证书，作为进口方对外索赔的依据。

另外应注意，相当一部分发展中国家出于全面监管本国进口货物的目的，规定凡对该国出口的货物，都要在出口国进行装运前检验，并由 SGS 出具检验证书。但根据我国法律规定，外国公证鉴定机构不得在华设立办事处或分公司，因此在国外信用证要求由 SGS 或其代理在装运港（地）出具清洁检验报告时，出口方可请国外客户向当地的 SGS 机构提出申请，然后由 SGS 将客户申请电告我国商检机构，由我国商检机构代 SGS 对货物进行检验，并出具检验报告。

本章思考题

一、名词解释

1. 生产检验
2. 第三方检验
3. 差别检验法
4. 敏感性检验
5. 微生物学检验法

二、简答

1. 货物检验的内容是什么？

2. 随机抽样法的类型包括哪些？

3. 感官检验的基本方式有哪些？

4. 听觉检验的适用范围是什么？

5. 进出口货物检验条款的主要内容包括哪些？

三、案例分析

2021 年 7 月 2 日，国家市场监督管理总局发布《市场监管总局关于 18 批次食品抽检不合格情况的通告》。该通告称：近期，市场监管总局组织食品安全监督抽检，抽取粮食加工品、食用农产品、食糖、茶叶及相关制品、乳制品等 29 大类食品 584 批次样品，检出其中食用农产品、酒类、炒货食品及坚果制品、淀粉及淀粉制品、方便食品、薯类和膨化食品、水果制品、肉制品、水产制品、调味品等 10 大类食品 18 批次样品不合格。发现的主要问题是，微生物污染、兽药残留超标、重金属污染、食品添加剂超范围超限量使用、质量指标不达标、质量指标与标签标示值不符等。

监督抽检不合格食品具体情况如下：

一、微生物污染问题

天猫云吉食品专营店（经营者为宁夏回族自治区银川云吉商贸有限公司）在天猫（网店）销售的、标称宁夏宁安堡土特产品有限公司委托甘肃省兰州佳旺奇食品有限责任公司生产的甘草杏，其中菌落总数不符合食品安全国家标准规定。检验机构为广电计量检测（湖南）有限公司。

二、兽药残留超标问题

河南省商丘市永城市绿谷家园购物中心销售的、来自河南省商丘市永城市天亿有限公司屠宰场的牛肉，其中克伦特罗残留量不符合食品安全国家标准规定，河南省永城市市场监管局已依法移送公安机关立案侦查。检验机构为安徽省食品药品检验研究院。

三、重金属污染问题

西藏自治区林芝市巴宜区左记牛羊肉店销售的韭菜，其中镉（以 Cd 计）检测值不符合食品安全国家标准规定。检验机构为长春海关技术中心。

四、食品添加剂超范围超限量使用问题

淘宝网李渡高粱江西名酒汇（经营者为江西省南昌市进贤县李渡孺道理超市）在淘宝网（网店）销售的、标称江西全良液酒业有限公司生产的全良液酒，经长春海关技术中心检验发现，其中甜蜜素（以环己基氨基磺酸计）检测值不符合食品安全国家标准规定。江西全良液酒业有限公司对产品真实性提出异议。经江西省市场监管局核实，对其提出的异议予以认可。该批次产品系经营者江西省南昌市进贤县李渡孺道理超市销售假冒江西全良液酒业有限公司的产品。

五、质量指标不达标问题

甘肃省甘南藏族自治州合作市信信超市销售的、标称甘肃临夏法利德清真食品有限责任公司生产的酿造食醋，其中总酸（以乙酸计）含量既不符合食品安全国家标准规定，也不符合产品标签标示要求。检验机构为广州检验检测认证集团有限公司。

六、质量指标与标签标示值不符问题

淘宝网三晋老酒行（经营者为山西省太原市杏花岭区利佑粮油经销部）在淘宝网（网店）销售的、标称山西杏家春酒业有限公司委托山西晋川酒业有限公司生产的山西杏花酒，其中酒精度含量不符合产品标签标示要求。检验机构为哈尔滨海关技术中心。

资料来源：市场监管总局关于18批次食品抽检不合格情况的通告〔2021年第27号〕.（2022-03-07）[2021-07-05]. 中国质量新闻网.

思考：

1. 上述案例中使用的货物检验方法有哪些？请再列举出你熟悉的其他检验方法。
2. 你认为应该如何避免出现这些食品问题？

第四章 货物运输

◆ **知识目标**

1. 掌握货物运输的概念和运输方式的分类、各种运输方式的特点。
2. 熟悉常见的不合理货物运输，重点掌握运输合理化的基本措施。
3. 掌握集装箱运输的特点，熟悉集装箱货物分类、适箱情况分析、装箱方法。
4. 掌握国际多式联运的条件、作用。
5. 了解国际货物运输的概念，掌握国际货物运输的主要方式。
6. 熟悉国际货物买卖合同中关于货物装运各项条款的解释和运用。

◆ **思政目标**

1. 通过对各种运输方式的介绍，培养学生的社会主义核心价值观，引导学生把国家、社会、公民的价值要求融为一体。
2. 通过对我国运输业飞速发展态势的介绍，激发学生的爱国热情和自豪感。

第一节 货物运输概述

一、货物运输的概念

国家标准《物流术语》（GB/T 18354—2021）中对货物运输的定义为：“利用载运工具、设施设备及人力等运力资源，使货物在较大空间上产生位置移动的活动。”

所谓运输，通常是指人和物的载运及输送。货物运输则专指“物”的载运及输送，是指在不同地域范围间（如两个城市、两个工厂之间，或一个大企业内相距较远的两个车间之间），以改变“物”的空间位置为目的的活动，即对“物”进行空间位移。

货物在从生产领域转移到消费领域的整个流通过程中，都要经过一次或几次运输。货物运输，特别是商品运输，不仅是商品流通中不可缺少的重要环节和手段，而且是商品生产在流通领域的继续，是生产性的劳动。其原因如下：

（1）生产和消费在时间上的分离。由于生产和消费在时间上往往是不同步的，要使两者在时间上一致，就需要商品储存。商品从生产地转移到储存场所，要通过运输才能实现。如有的日用工业品的生产是全年性、均衡连续性的，消费却是季节性、间断性的；大部分农副产品的生产是季节性、间断性的，消费却是全年性、连续性的。

（2）生产和消费在空间上的分离。商品的生产和消费往往不在同一地点，如城市的日用工业品要运往农村，农村的农副产品要运往城市。地区与地区之间、国与国之间也有物资交流。由于商品的生产地和消费地之间有一定的距离，要进行商品交换，就必须借助于运输。

因此，运输连接了社会再生产过程中的生产、分配、交换、消费四个环节，货物运输是社会再生产过程中的一个生产过程，是商品生产在流通领域的继续。从一定意义上来说，货物运输是社会经济发展的一个重要因素。

二、货物运输的地位与作用

（一）货物运输的地位

货物运输是联系社会生产、分配、交换和消费的纽带，是沟通城乡、促进生产、搞活流通、繁荣经济的重要环节。货物运输在商品流通中有着至关重要的地位，具体表现如下：

（1）货物运输是商品流通的关键要素之一。商品流通是“物”的客观性运动，这种运动不但改变了物的时间状态，而且改变了物的空间状态。货物运输是改变物体空间状态的主要手段，再配以搬运、配送等活动，它就能圆满地完成改变物体空间状态的任务。

（2）货物运输是商品流通过程中各项环节的中心。货物运输条件是企业在选择工厂、仓库、配送中心等地点时需要考虑的主要因素之一；货物运输方式决定了物品运输包装的要求；运输工具决定了配套使用的装卸、搬运设备以及运输节点的设置；运输状况影响着库存储备量的大小，发达的运输系统能够适量、快速和可靠地补充库存，从而减少库存量。

（3）货物运输是实现商品流通的全过程的重要保障。随着商品生产的迅速发展与商品流通体制的改革，货物运输的地位越来越重要。货物运输在商品流通中的重要地位，决定了它在国民经济中的作用。如果没有货物运输，就不可能完成商品流通的全过程，也就不可能实现社会主义商业的基本职能。

（二）货物运输的作用

概括起来，货物运输在商品流通过程中的作用主要有以下几点：

（1）货物运输是组织商品经营活动和实现购销任务的必要条件。通过货物运输把商品从生产地运达消费地，对于实现商品的价值和使用价值、促进社会再生产的发展起着重要作用。

社会再生产过程是由生产、分配、交换和消费四个既相对独立又相互联系、相互制约的环节组成的统一体。在这个统一体内，商品总是从生产开始，经过分配、交换，最后进入消费。在这个过程中，必须经过运输，才能把商品从生产地运到消费地。运输的作用，就是通过做好货物运输的组织工作，实现城乡之间、工业与农业之间以及产、供、销之间的联系，及时发运货物，加速商品流转，以促进商品经济的发展，实现商品的价值和使用价值。

（2）货物运输可以改善企业经营管理，降低流通费用，提高经济效益。做好货物运输工作，可以加速货物调运，减少货物待运时间和在途时间，对促进购销业务的发展、减少资金占压、降低流通费用、提高经济效益等有十分重要的作用。

（3）货物运输加强了地区之间、国民经济各部门之间的经济联系，有助于搞活流通，促进商品经济的发展。把大量的货物及时运到消费地，才能促进各地区、各部门之间的经济联系，促进国民经济的发展。我国地域辽阔，各个地区的生产和消费又有着密切的经济联系，遍布全国各个角落的商业网点，都要依靠运输来连接。

三、货物运输的特征

交通运输是国民经济的一个重要部门，是发展国民经济的基础设施。

货物运输是整个交通运输的重要组成部分，它在社会再生产过程中具有如下基本特征。

（一）货物运输需求的派生性

若一种产品的需求是由另一种或几种产品的需求衍生出来的，这种需求就称为派生需求，衍生派生需求的需求则称为本源需求。

派生性是货物运输需求的一个主要特征。一般情况下，货物在空间上的位移不是目的而是手段，是为实现生产或生活中的某种其他目的而必须完成的一项中间过程。生产所用原材料的运输以及产成品抵达销售地的运输都是基于生产或消费的需要。

（二）货物运输服务的公共性

货物运输服务的公共性指的是运输服务在全社会范围内与公众有利害关系的特性。

货物运输服务主要是在生产和流通过程中为社会物质提供运输服务。由于社会物质包括生产过程中的原材料、半成品、成品以及流通过程中的商品、生活必需品等，涉及企业的生产和人们的日常生活等各个方面，因而此类运输服务的需求十分广泛。货物运输参与社会总产品的生产和国民收入的创造，但并不增加社会产品实物总量。

（三）货物运输的生产和消费不可分割

货物运输生产必须在用户需要时及时进行，生产的过程即消费的过程。运输业创造的使用价值依附在所运输商品使用价值的固定形态上，生产过程开始，消费过程也随之开始；生产过程结束，消费过程也结束，与运输过程同始同终。因此，货物运输产品的生产过程与消费过程是不可分割的，在空间上和时间上是结合在一起的。当运输需求不足时，货物运输的供给也相应减少，否则会造成浪费。运输是劳动力与生产资料的结合，属于生产性的劳动。货物运输会耗费社会劳动，实质上它是在流通领域对社会生产费用的一种追加，这要求我们在组织货物运输时提高劳动生产率，充分发挥运输设备的效能，用最小的劳动消耗取得最大的经济效益。运输业的产品不能储存、不能调配，生产出来的产品若不及时消费便会消失。

（四）货物运输产品具有无形性

运输业的劳动对象是货物，与一般生产过程中的劳动对象不同，货物进入运输过程，没有经过物理的或化学的变化从而取得新的使用价值形态，即运输不增加劳动对象的数量，也不会改变劳动对象的固有属性，它只是通过改变劳动对象的空间位置来改变其使用价值的形态，为消费做好准备。因此，货物运输的对象只发生空间位置和时间的变化，而本身没有产生实质性变化。货物运输是为社会提供效用而不是生产实物形态的产品，因此，运输生产属于服务性生产，其产品是无形产品。货物运输提供的是一种运输服务，它对劳动对象只有生产权（运输权），不具有所有权。货物运输通过改变劳动对象的空间位置，使其价值和使用价值发生了变化。货物运输在开拓市场过程中不仅能创造出明显的“空间效用”，同时也具有明显的“时间效用”。高效率的货物运输能够保证商品在市场需要的时间内适时运到，从而创造出一种“时间效用”，以繁荣市场。与运输的“时间效用”一样，运输的“空间效用”同样可以开拓市场。

（五）货物运输产品具有同一性

不同运输方式的差别在于使用不同的运输工具承载运输对象，从而产生不同的技术经济特征。在不同的运输线路上进行的运输生产活动，对社会的效用却是相同的，即各种运输方式生产的是同一种产品即运输对象的位移。运输产品的同一性使多种运输方式之间得以相互补充、协调、代替，从而形成一个有效的综合运输系统。

（六）货物运输产品具有非储存性

工农业产品的生产和消费，使得产品在时间上和空间上表现为两种完全分离的行为。例如，一个时间生产的产品可以在另一个时间消费，某个城市生产的产品可以在另一个城市消费，淡季生产的产品可以在旺季销售。然而，货物运输的生产过程和消费过程，无论是在时间上还是在空间上都是不可分离地结合在一起的，货物运输的产品不可能被储存用来满足其他时间和空间发生的运输需求。只有在货物运输生产能力上作出储备，才能满足国民经济增长和人民生活改善对货物运输需求增加的需要。

因此，为了适应其他经济部门的需要，交通运输必须成为一个“先行”部门，新开发地区必须首先建成必要的交通线网，且无论是在新地区还是在旧地区，运输能力都应有一定的储备，以适应运量变化的要求，否则交通运输就会阻碍其他部门的发展。

四、货物运输方式的分类

（一）按运输设备及运输工具的不同分类

按照运输设备及运输工具的不同，货物运输方式可分成公路运输、铁路运输、水路运输、航空运输、管道运输五种。它们在运载工具、运速、运量及运价等方面的比较如表 4－1 所示。

表 4－1　运输方式比较

比较项	公路	铁路	水路	航空	管道
运载工具	汽车	火车	船舶、海轮	飞机	管道
运速	较快	较快	最慢	最快	—
运量	较小	较大	大	最小	大
运价	较低	较低	最低	最高	—
货运的最佳选择	各种量小的短途货运和客运	大宗货物	运输时间不受限制的大宗或笨重货物，客运	客运为主，运输轻型的、贵重的物品或急需的药品	运输液体和气体，另外，粉末状和颗粒状货物也适宜
其他	机动性强，可以实现“门到门”的服务，比铁路运输要灵活	连续运输，运货量大	受自然条件影响大	运价高，设备、技术条件要求高，受气候影响大	连续工作，安全可靠，但设备投资高，灵活性差

（二）按运输线路的不同分类

按照运输线路的不同，货物运输方式可分为干线运输、支线运输、二次运输、厂内运输。

(1) 干线运输。这是指利用铁路、公路的干线和大型船舶的固定航线进行的长距离、大批量的运输。干线运输比其他运输方式速度快，成本也较低。

(2) 支线运输。这是指与干线相接的分支线路上的运输。支线运输是干线运输与收、发货地点之间的补充性运输形式，路程较短，运输量相对较小。

(3) 二次运输。这是一种补充性的运输形式，指的是干线、支线运输到站后，站与用户仓库或指定地点之间的运输。由于是单个单位的需要，所以运量较小。

(4) 厂内运输。这是指在大型工业企业范围内，直接为生产过程服务的运输。小企业内的这种运输称为“搬运”。从工具上讲，厂内运输一般使用卡车，而搬运则使用叉车、输送机等。

(三) 按运输的作用不同分类

按照运输作用的不同，运输方式可分为集货运输和配送运输。

(1) 集货运输。这是指由几个物流部门组成的共同配送联合体的运输车辆，采用“捎脚”的方式向各货主取货（共同集货）。这种方式可以减少或避免车辆轻载现象，提高车辆的运输效率，降低运输成本，但这种模式的发货仍采取分散向各客户送货的方式。

(2) 配送运输。这是指将顾客所需的货物通过运输工具及一定的运输路线和其他基础设施送达顾客手中的活动过程。配送运输属于较小批量、较短距离、运送次数多的一种运输形式，它是运输中的末端运输、支线运输，可能是从生产厂家直接到客户或其间再经过批发商、零售商，也可能是由配送中心送至客户。配送运输主要是由汽车进行的，具有轨道货运条件的城市可以采用轨道运输，对于跨城市的地区配送，可以采用铁路运输进行，或者在河道水域通过船舶进行。

(四) 按运输的协作程度不同分类

按照协作程度的不同，运输方式可分为一般运输、联合运输、国际多式联运。

1. 一般运输

一般运输是指孤立地采用不同运输工具或同类运输工具而没有形成有机协作关系的运输。

2. 联合运输

联合运输是指联运经营人根据单一的联运合同，完成两程以上的运输衔接，或使用两种以上的运输方式，负责将货物从指定地点运至交付地点的运输。联合运输是综合性的运输组织工作。这种综合组织是指在一个完整的货物运输过程中，不同运输企业、不同运输区段、不同运输方式和不同运输环节之间的衔接和协调。对用户来说，采用联合运输方式可以简化手续，同时可以加快运输速度、节省运费。

3. 国际多式联运

国家标准《物流术语》（GB/T 18354—2021）对国际多式联运（International multimodal transport）的定义为："按照多式联运合同，以至少两种不同的运输方式，由多式联运经营人将货物从一国境内的接管地点运至另一国境内指定交付地点的货物运输方式。"

（五）按运输的速度快慢分类

按照运输速度快慢的不同，运输方式可分为普通货物运输、快件货物运输和特快专运。

（1）普通货物运输。它是指按照各种交通运输方式的正常运输程序、运输组织和运送速度进行的货物运输。

（2）快件货物运输。它是指货物在送达速度（时间）上有严格要求的运输。各种交通运输方式有不同的规定。以公路为例，根据《道路零担货物运输管理办法》的规定，快件货运是指从受理的当天 15:00 起算，300km 运距内，24h 以内运达；1 000km 运距内，48h 以内运达；2 000km 运距内，72h 以内运达。快件货物运输一般是由专门从事该项业务的公司和运输公司、航空公司合作，派专人以最快的速度在发件人、货运中转站或机场、收件人之间递送急件。

（3）特快专运。特快专运是指应托运人要求即托即运，在约定时间内运达。

第二节 货物运输的主要方式

一、铁路运输

（一）铁路运输的概念

铁路运输是指利用机车作为动力牵引车辆，沿着轨道行进的运输。这种轨道设在轨枕上，保持不变的轨距，在轨道上运行的车辆借助轮轨接触面产生的蠕滑力行进。

铁路运输是一种适宜远距离的大宗客货运输的重要运输方式。在我国这样一个幅员辽阔、人口众多、资源丰富的大国，铁路运输无论是在目前还是在可预见的将来，都是运输网络中的主力军。

（二）铁路运输的特点

（1）铁路运输的准确性和连续性强。铁路运输几乎不受气候影响，一年四季可以不分昼夜地进行定期的、有规律的、准确的运转。

(2) 铁路运输速度比较快。铁路货运速度较快，一般货车可达 100km/h，远远高于海上运输。

(3) 运输量比较大。一列货物列车一般能运送 3 000～5 000t 货物，远远超过航空运输和汽车运输。

(4) 铁路运输成本较低。铁路运输费用仅为汽车运输费用的几分之一到十几分之一，运输耗油约是汽车运输的 1/20。

(5) 铁路运输安全可靠，风险远比海上运输小。

(6) 初期投资大、建设周期长。铁路运输需要铺设轨道、建造桥梁和隧道，建造工程艰巨复杂，需要消耗大量钢材，需要占用土地，其耗资巨大，建设时间远长于其他运输方式。

(7) 机动性差。铁路运输线路固定，不能灵活改变。

(三) 铁路运输的工具

1. 铁路机车

机车（俗称火车头）是铁路运输的动力。列车的运行和机车车辆在轨道上的移动均依靠机车牵引或推送。从原动力看，机车可分为蒸汽机车、内燃机车、电力机车。

2. 铁路车辆

(1) 平车。它是铁路上大量使用的通用车型，无车顶和车厢挡板，车体自重较小，装运吨位较高，因无车厢挡板的制约，装卸较方便，必要时还可装运超宽、超长的货物。平车主要用于装运大型机械、集装箱、钢材、大型建材等。在平车的基础上采用相应技术措施，可将其发展为集装箱车等。

(2) 罐车。它是铁道上用于运送气、液、粉类货物的专用车型，有横卧圆筒形，也有立置筒形、槽形、漏斗形，具体分为轻油罐车、黏油罐车、酸类罐车、水泥罐车、压缩气体罐车等多种类型。

(3) 棚车。它是铁路上主要的封闭式车型，较多采用侧滑开门式，可采用小型叉车、手推车进入车厢内装卸；也有滑动顶棚式，拉开后与敞车类似，可采用吊车从上部装卸。棚车主要装运需要防雨、防潮，防止丢失、散失的较贵重的物品。

(4) 敞车。它是无车厢顶的一种车型，设有车厢挡板，分高挡板、低挡板等不同类型，主要装运建材，木材，钢材，袋装、箱装杂货，散装矿石、煤炭等货物。

(5) 保温及冷藏车。它是指能保持一定温度，可调温及能进行冷冻运输的车型，适宜冬、夏季节生鲜食品的运送。

(6) 漏斗车。它主要适用于散装货物的机械化装卸。

(7) 特种车。它是指装运特殊货物的车型，如长、大货物车，牲畜装运车等。

按照有关规定而编挂在一起的若干车辆称车列。车列挂上机车，并配备列车乘务员和列车标志，就是列车。由大功率机车或多机车牵引编成 5 000t 以上的列车，称为重载列车。为了提高运输能力，有时人们将两列或两列以上的普通列车合并运行，以减少运行线路，这种列车称为组合列车。

（四）铁路运输线路

铁路线路是由路基、桥隧建筑物（桥梁、涵洞、隧道等）和轨道（主要包括钢轨、连接零件、轨枕、道床、道岔等）组成的一个整体工程结构。铁路线路承受机车、列车的重量，并且引导它们的运行方向，所以它是机车和列车运行的基础。

轨距是指铁路轨道两条钢轨之间的距离（以钢轨的内距为准）。我国《铁路法》规定，铁路的标准轨距为 1 435mm，这也是国际上多数国家通用的轨距，称为标准轨距。个别国家（地区）采用的轨距略有不同，有的采用 1 500mm 轨距，也有的采用 1 000mm 轨距。

在轨道上，钢轨是直接承受车轮压力并引导车轮运行方向的，所以，它必须具有足够的刚硬性和柔韧性。采用重轨有助于增加线路的强度与稳定性，减少维修量，提高通过能力。一般线路上铺设的钢轨长度为 12.5m 或 25m。钢轨连续铺设时，相邻钢轨之间留有轨缝，以便适应温度变化时的胀缩。

为了减少列车对钢轨接头的冲击振动，增加列车运行的平稳性，减少维修，各国正在迅速推广无缝轨道。无缝轨道一般由 25m 长的钢轨连接而成，用高强度螺栓、扣板式扣件或弹条扣件“锁定”在轨枕（木枕或钢筋混凝土枕）上，以控制钢轨的热胀冷缩。

二、公路运输

（一）公路运输的概念

广义的公路运输是指利用人力车、畜力车、拖拉机、汽车等载运工具沿公路（包括一般土路、有路面铺装的道路、高速公路）实现旅客或货物空间位移的过程。狭义的公路运输是指汽车运输。

（二）公路运输的特点

公路是国民经济的大动脉，公路运输是现代化运输业的主要运输方式之一。与其他运输方式相比，公路运输具有以下特点：

（1）机动灵活，简捷方便，应急性强。

（2）适用于点多、面广、零星、季节性强的货物运输。

(3) 运距短，单程货多。

(4) 汽车投资少、收效快。

(5) 港口集散可争分夺秒，突击抢运。

(6) 它是空运班机、船舶、铁路衔接运输不可缺少的运输形式。

(7) 随着公路现代化、车辆大型化，公路运输是实现集装箱在一定距离内“门到门”运输的最好的运输方式。

(8) 汽车的载重量小，车辆运输时震动较大，易造成货损事故，费用和成本也比海上运输方式和铁路运输方式高。

(9) 安全性较低，污染较严重。据统计，全世界每年因道路交通事故死亡人数约为 130 万。同时，汽车所排出的尾气和引起的噪声也严重地威胁着人类的健康，是城市环境污染的最大污染源之一。

(三) 公路运输的工具

汽车是公路运输的核心工具，它可分为很多种类。

1. 普通货车

按载货量的不同，普通货车可分为轻型货车、中型货车、重型货车三种。

(1) 轻型货车：一般载货吨位在 2t 以下，多为低货台，人力装运较方便，主要用于市内集货、配送、宅配运输。

(2) 中型货车：一般载货吨位为 2～8t，主要用于市内运输，在我国城乡之间、乡村地区较多使用。

(3) 重型货车：载货吨位在 8t 以上，一般是高货台，主要用于长途干线运输。

2. 厢式货车

国家标准《物流术语》(GB/T 18354—2021) 中对厢式货车的定义为：“载货部位的结构为封闭厢体且与驾驶室各自独立的道路货运车辆。”厢式货车具有载货车厢，且有防雨、隔绝等功能，安全性好，可防止货物散失、失窃等，但由于其自身较重，因此无效运输比例较高。

按开门方式，厢式货车分为后开门式，侧开门式，两侧开门式，侧、后双开门式，顶开式和翼式等多种类型。后开门式适于后部装卸，方便手推车等进入装卸，货车与站台接靠，占用站台位置较短，有利于多车辆装卸；侧开门式适于边部叉车装卸，货车侧部与站台接触，占用站台长度较长；顶开式适于吊车装卸；翼式适于两侧同时装卸。

按货厢高度，厢式货车分为低货厢、高货厢两种。低货厢的货车，货台在车轮位置处有凸起，对装车有影响；高货厢的货车，底座为平板，虽不适合人力装卸，但车上堆垛无障碍。

3. 罐式货车

罐式货车是指装有罐状容器的货车，密封性强，常用于运送易挥发、易燃货物，以及危险品和粉状物料等。

4. 自卸车

自卸车力求运输和装卸有机结合，在没有良好的装卸设备的条件下，它依靠本车附设设备进行装卸作业，如随车吊、尾部带自动升降板的尾板车、翻卸车等。

5. 牵引车和挂车

国家标准《物流术语》（GB/T 18354—2021）中对牵引车车的定义为："牵引车是具有牵引装置，用于牵引挂车的商用车辆。"对挂车的定义为："设计和制造上需由汽车或拖拉机牵引，才能在道路上正常使用的无动力道路车辆，包括牵引杆挂车、中置轴挂车和半挂车，用于载运货物和特殊用途。"牵引车可分为全挂式和半挂式两种。挂车本身没有发动机驱动，它是通过杆式或架式拖挂装置，由牵引车或其他的汽车牵引，只有与牵引车或其他汽车一起方能构成完整的运输工具。

牵引车与挂车组合在一起便形成了汽车列车。

6. 冷藏保温车

冷藏保温车是指装有冷冻或保温设备的货车，通过制冷或保温装置为货物提供最适宜的温度和湿度条件，用来运输对温、湿度有特殊要求的货物。

7. 集装箱运输车

集装箱运输车是指专门用来运输集装箱的货车，常用于港口、码头、铁路货场与集装箱堆场之间的运输过程中。

（四）公路运输线路

公路主要承受汽车荷载的重复作用和经受各种自然因素的长期影响。因此，对于公路，不仅要求有和缓的纵坡、平顺的线形，而且要求有牢固可靠的人工构造物、稳定坚实的路基、平整光滑的路面，以及其他必要的防护工程和附属设备。

公路的基本组成部分包括：路基、路面、桥梁、涵洞、隧道、防护工程（护栏、挡土墙、护脚）、排水设备（边沟、截水沟、盲沟、跌水、急流槽、渡水槽、过水路面、渗水路堤）、山区特殊构造物（半山桥、路台、明洞）。此外，为适应行车还需要设置行车标志、加油站、路用房屋、通信设施、附属工厂及绿化栽植等。

我国公路常用的路面主要有沥青混凝土路面、水泥混凝土路面、沥青灌入式路面、沥青碎石路面、沥青表面处治路面、泥结或级配碎（砾）石路面、粒料加固土路面。不同的面层类型适合于不同等级的路面。

桥隧是桥梁、涵洞和隧道的简称，都是为车辆通过自然障碍（河流、山岭）或跨越其他立体交叉的交通线而修建的建筑物。桥梁和涵洞的共同点在于车辆在其上面运行，主要用来跨越河流。一般桥梁的单跨径较涵洞大，总长较涵洞长。隧道与涵洞相似，但隧道主要用于穿越山丘，车辆是在隧道内运行的。根据公路的有关规定，凡单孔标准跨径小于 5m 的或多孔跨径总长小于 8m 的是涵洞，大于上述规定的为桥梁。

三、水路运输

（一）水路运输的概念

水路运输是指用船舶通过江、河、湖、海运输货物的形式。水运是船舶运送客、货的一种运输方式，主要承担大批量、长距离的运输。在内河及沿海，水运也常作为小型运输工具使用，承担补充及衔接大批量干线运输的任务。

（二）水路运输的特点

1. 运输量大

国际货物运输是在全世界范围内进行商品交换的运输形式，地理位置和地理条件决定了水路运输是国际货物运输的主要手段。无论是远洋运输、沿海运输还是内河运输，水路运输的运输能力都很强。船舶货舱与机舱的比例比其他运输工具都大，因此，可以供货物运输的舱位及载重量均比陆上运输或空运大。世界上最大的石油船装载量达 820 000t，巨型客轮已达 158 000t，集装箱船已达 190 000t，每次集装箱载运量为 21 413 个标准箱。

2. 通过能力强、通达性好

水路运输可利用的天然航道四通八达，不像火车、汽车要受轨道和道路的限制，因而其通过能力要超过其他各种运输方式。遇有政治、经济、军事等条件的临时变化时，还可随时改变航线驶往有利于装卸的目的港。尤其是海上航道，通过能力几乎不受限制。

3. 运费低廉

船舶的运量大、经久耐用、节省燃料，所以货物的单位运输成本相对低廉。据统计，水运运费一般为铁路运费的 1/5、公路汽车运费的 1/10、航空运费的 1/30。运费低是水路运输有利的竞争条件，适宜低值、大宗货物的运输。

4. 对货物的适应性强

水路运输适用于多种货物的运输。如石油井台、火车、机车车辆等超重、超大货物，用其他运输方式是无法装运的，而船舶一般都可以做到。

5. 运输的速度慢

因为船舶的体积大，水流的阻力大，加之装卸时间长等，所以水运的运输速度比其他运输方式慢。较快的班轮航行速度也仅为 30kn 左右。

6. 风险较大

船舶在海上航行，受自然气候和季节影响较大，海洋环境复杂，气象多变，随时都有遇上狂风、巨浪、暴风、雷电、海啸等海洋自然灾害的可能，遇险的可能性比陆地要大。同时，海上运输还存在社会风险，如战争、罢工、贸易禁运等。为转嫁损失，海上运输的货物、船舶保险尤其应引起重视。

（三）水路运输的工具

水路运输工具也称浮动工具或浮动器，包括船、驳、舟、筏。物流领域使用的货船主要有以下几种。

1. 杂货船

杂货船又分为普通型杂货船和多用途杂货船。普通型杂货船主要用于装载经过包装、袋装、箱装以及桶装的一般货物。杂货船所运送的单件货物，小的为几十千克，大的可达几百吨；它的航线遍布内河和大海，到达的港口也大小不等；排水量从几吨到 50 000t。海上杂货船载重量在 2 000～15 000t；航速为 12～18kn；货舱通常分为 2～3 层，便于装货分票以及避免挤压；货舱按船的大小和为装货方便需要设置 1～6 个。每个货舱的甲板上有舱口以及吊杆，吊杆起重能力为几吨，吊大件货的重型吊杆负荷可达 500t。机舱一般设在船的中后部。由于普通型杂货船装卸效率低，逐渐出现了一些多用途杂货船，它可装杂货，也可装散货、集装箱甚至滚装货，提高了揽货能力及装卸效率，从而提高了货船的营运经济性。

2. 散货船

散货船是专门运输谷物、矿砂、煤炭和散装水泥等大宗散装货物的船舶。它具有运量大及运价低的特点，目前在各类船舶的总吨位中占据第二位。散货船的特点是：单层甲板，尾机型，船体宽大，航速较低，为 11～18kn。为了提高船的装卸效率，散货船通常采用码头专用设备装卸，所以较大的散货船上一般不设装卸设备。散货船的货舱口尺寸都很大，舱口宽度可占船宽的 70%甚至更大。散货船载重吨位约为 30 000t，而满足通过巴拿马运河限制条件的巴拿马型船，载重量为 50 000～80 000t，最大载重量也有近 400 000t 的船。散货船按货种可分为运煤船、散粮船、矿砂船、散装水泥船及多种其他专用船等。散装船按载重量的大小分为三个等级：约 30 000t 的方便型、60 000t 的巴拿马极限型及 100 000t 以上的海峡型。通常情况下，散货船的吨位越大，单位运费越低。

3. 集装箱船

集装箱船是用来载运集装箱的专门运输船舶。根据国际标准化组织公布的统一规格，集装箱一般按长度分为 20ft 和 40ft 两种，其中 20ft 集装箱被定为统一标准箱（twenty-foot equivalent unit，TEU）。集装箱船可分为全集装箱船和半集装箱船两种，其中全集装箱船是将全部货舱以及上甲板都用于装载集装箱；半集装箱船只有部分舱室用于装载集装箱，其余货舱则用来装运件杂货。

集装箱船在结构与船型上与杂货船有明显的不同，它的特点是船型尖而窄，航速高，一般在 20～37kn；舱口尺寸大，舱口宽度占船宽的 70%～80%，便于装卸；机舱及上层建筑位于船尾，以便有更多的甲板及货舱面积用来堆放集装箱，主甲板下的船舱内一般可堆码 3～9 层集装箱，主甲板上可堆码 2～4 层集装箱；船上通常不设装卸设备，而是由码头上的专用机械设备操作，用来提高装卸效率。集装箱船按载箱数量可分为第一代、第二代、第三代等，载箱数一般分别为 1 000TEU、2 000TEU、3 000TEU，现在已发展到第五代、第六代集装箱船，载箱数为 5 000TEU 以上。

4. 冷藏船

冷藏船是使鱼、肉、水果以及蔬菜等易腐食品处于冻结状态或者某种低温条件下进行载运的专用运输船舶。冷藏船的外形与杂货船相似，只是船舱口尺寸较小，目的是防止传热。冷藏船上有制冷装置，包括制冷机组以及各种管道系统。根据货物所需温度，冷藏船的制冷装置一般可将冷藏舱温度控制在－20℃～－15℃。因冷藏货物一般批量不多，所以冷藏船的吨位较小，通常在百吨至数千吨；专用的冷藏船航速较高，一般在 22kn 以上。

5. 滚装船

滚装船是专门用来装运以载货车辆为货物单元的运输船舶。装卸时类似于汽车与火车渡船，载货车辆从岸上通过滚装船的跳板开到船上，到港后再从船上经跳板开到岸上。

滚装船的最大优点是船和码头都不需要设置装卸设备，载货汽车可以自行上下船进行装卸，所以速度快、效率高。另外，滚装船对货种的适应性强，除可装运各种车辆外，还可装运集装箱、钢材、管材以及重型机械设备等长大件货物。这种船适用于装卸繁忙的短程航线，也可以向远洋运输发展。滚装船的载重量一般为 6 000～26 000t，航速一般为 18～20kn，最高航速可达 25kn。

6. 拖船和推船

拖船和推船是专门用来拖曳及顶推其他船舶、驳船队、木排以及浮动建筑物的机动船。它是一种多用途的工作船，本身不用来载运旅客和货物。目前我国长江干线上最常见的推船的功率为 1 940kw。

7. 驳船

驳船是指自身没有动力推进装置，只能依靠机动船（拖船或推船）带动的单甲板船。驳船可以单只或者编列成队后由拖船拖带或由推船顶推航行。驳船通常没有锚、舵等设备，也不设装卸机械和上层建筑。驳船主要用于在沿海、内河或港内驳运货物，往往用于转驳那些因吃水等原因不便进港靠泊的大型船舶的货物，或组成驳船队运输货物。驳船有结构简单、造价低廉、管理维护费用低、可航行于浅狭水道、编组灵活等优点，因此，它在内河运输中占有重要地位。驳船载重量一般可从数百吨到 75 000t。

8. *载驳船*

载驳船也称子母船，是专门用来装运以载货驳船为货物单元的运输船舶。其运输方式是先将货物或集装箱装载在规格统一的驳船（子船）上，再把驳船装到载驳船（母船）上。在到达目的港后，将驳船卸到水中，由拖船或者推船将其分送至内河各地，载驳船则再装载另一批等候在锚地的满载货驳驶向新的目的港。载驳船的装卸方式有三种，分别是利用尾部门式起重机装卸驳船、利用尾部驳船升降平台装卸驳船和利用浮船坞原理装卸驳船。目前，比较常见的载驳船有“拉希”（lighter aboard ship，LASH）型和“西比”（seabee）型两种。“拉希”型载驳船的载重吨位为 30 000～40 000t，航速为 18kn；“西比”型载驳船的载重吨位为 38 000t，航速为 20kn。载驳船的优点是装卸效率高、运输成本比其他货船低。载驳船不受港口水深影响，不需要占用码头泊位并且不需要装卸机械，是实现海河直达运输的有效方式。

9. *液货船*

用来运送散装液体的船统称液货船，包括油船、液化气船以及液体化学品船。因液体散货的理化性质差别较大，所以运送不同液货的船舶，其构造与特性都有很大的差别。

（1）油船。

油船一般只设有一层甲板。根据防污染的要求，国际海事组织明确规定：1996 年 6 月 6 日以后交付使用的载重吨为 5 000t 以上的油船，要求具有双船壳与双层底；载重吨在 600～5 000t 的油船要求有双层底，每舱容积不得超过 700m^3。油船没有大货舱口，只有油气膨胀舱口，并且设有水密舱口盖。油船上不设吊货杆等其他装卸设备，石油通过油泵以及输油管进行装卸。

油船载重吨位是各种类船舶中最大的，一般在 200 000～300 000t，最大的油轮可达 700 000t。装原油的油船载重吨位一般比装成品油的船大。沿海油轮航速一般为 12～15kn，远洋油轮可达 15～17kn。

（2）液化气船。

液化气船可以分为液化石油气（LPG）船、液化天然气（LNG）船以及液化化学气（LCG）船。液化气船的液舱结构与其他货船的货舱结构不同，它是采用全封闭的金属罐。液化气船的吨位可达 60 000～130 000m^3。大型远洋液化气船的航速可达 19～20kn，近海液化气船的航速一般为 15～18kn。

（3）液体化学品船。

液体化学品船是用来载运各种液体化学品（如醚、苯、醇、酸等）的专用运输船舶。液体化学品通常具有剧毒、易燃、易挥发以及腐蚀性强等特点，因而液体化学品船对防火、防爆、防毒及防腐蚀等有很高的要求。

根据所运载货物危险性的大小，液体化学品船通常分为Ⅰ、Ⅱ、Ⅲ级。Ⅰ级船为危险性最大的一级，其货舱容积要求小于1 250m^3。Ⅱ级船的货舱容积应小于3 000m^3。Ⅲ级船装载危险性较小的液体化学品。

（四）水路运输线路

水路运输线路是指船舶在两个或多个港口之间从事客货运输的线路，它由航道、航标和灯塔构成。航道是以水上运输为目的而规定或设置（包括建设）的船舶航行通道。航道的航运条件由深度、宽度、曲度、流速、流向和流态六个因素组成。航标是河流、湖泊、运河、水库等水域中的导航设施，能准确标示航道的方向、界线，以及航道附近的水下障碍物和建筑物，显示航道的最小深度及供船舶测定方位之用。灯塔是航标中功能最为丰富的一种，一般有人看守，主要用于海上航运，以供船舶测定方位及向船舶提供即时航运环境信息。

水运航线按自然地理环境可分为海运航线和内河航线。海运航线大致可进行以下分类：

（1）按航运的范围可分为国际大洋航线、地区性国际航线和沿海航线。

（2）按船舶运行的形式可分为定期航线和非定期航线。

（3）按海运的航程可分为近洋航线和远洋航线。

四、航空运输

（一）航空运输的概念

航空运输是使用飞机或其他航空器进行运输的一种形式。航空运输的单位成本很高，主要适合运载的货物有两类：一类是价值高、运费承担能力强的货物，如贵重设备的零部件、高档产品等；另一类是紧急需要的物资，如救灾抢险物资等。

（二）航空运输的特点

现代航空运输是社会生活和经济生活的一个重要组成部分，是目前发展最快的一种运输方式。航空运输的快速发展与它自身的特点密切相关，其特点如下：

（1）运送速度快。现代飞机的航行速度快，航空线路不受地面条件限制，一般可在两点间直线飞行，航程比地面短得多，而且运程越远，快速的特点就越显著。

（2）安全准确。航空运输管理制度比较完善，货物的破损率低，可保证运输质量，如使用空运集装箱，则更为安全。飞机航行有一定的班期，可保证按时到达。飞机飞行的高度一般在 10km 左右，在这个环境下，气流相对稳定，飞行较平稳，颠簸很小，航空运输的安全性较高。统计结果表明，航空运输发生严重事故的概率约为三百万分之一。航空公司运输管理制度完善，地面操作流程十分严格，这使货物在航空运输中的破损率大大降低。

（3）手续简便。航空运输为了体现快捷便利的特点，为托运人提供了简便的托运手续，还可以由货运代理人上门取货并为其办理一切运输手续。

（4）节省包装、保险、利息和储存等费用。由于航空运输速度快，商品在途时间短、周期短，存货可相对减少，资金可迅速回笼。

（5）运量小、运价较高。受到重量和舱容舱位的限制，航空运输载货量十分有限。常见的 B747－400ERF 全货机的最大载货量仅 123t。航空运输的载货量与海运几万吨、几十万吨的载货量相差很大。和其他运输方式相比，航空运输运价较高。从中国到美国，空运价格至少是海运价格的 10 倍以上。因此，航空运输不适合低价值和短途货物的运输。

（6）基础建设周期短、投资少、见效快。航空运输除飞机外的基础技术设备主要是飞机场和必要的导航点，因此，它不同于地面运输要在线路建设上花费大量资金，其筹备开航时间较短。若投资额为 3 亿～5 亿元，两年内可以建一个约 3km 长的跑道和机场；同样的资金若用于修建高速公路或铁路，其里程长度仅为 3～5km。

（三）航空运输的工具

用于物流领域的航空运输设备主要有货机和客货机两类。货机专门用于运送各类货物。客货机以运送旅客为主、运送货物为辅。

世界上主要的飞机机型有空客系列、波音系列、麦道系列。除这些主要机型外，我国还有运系列（Y-7）、安系列（AN4）、雅克系列（YK2）等机型。

（四）航空运输线路

空运航线是地球表面的两个点之间的连线相对应的空中航行线路，是对飞机飞行规定的线路，也称航空交通线。它规定了飞机飞行的具体方向、起讫与经停地点及所使用的航路。

航路是一条特别规划的飞行通道，即以空中走廊形式划定的飞行管制区，它有一定的宽度（一般为 15km）和飞行高度层，其中设有无线电导航设备。每架飞机都在自己专用的空中走廊飞行，与其他的飞机保持一定的空间距离。

我国空运航线有固定航线和非固定航线两类。固定航线包括国内航线和国际航线。国内航线是指飞机飞行的线路起讫地点均在本国国境以内的航线，它又分为两类：一类是连接首都北京和各省（自治区、直辖市）以及连接两个省（自治区、直辖市）或几个省（自治区、直辖市）的航线，称为国内干线；另一类是在一个省（自治区、直辖市）以内的航线，称为省（自治区、直辖市）内航线或地方航线。国际航线是指飞机飞行的线路跨越本国国境，通达其他国家的航线。

国内运输主要在国内航线上进行，国际运输多在国际航线上进行，但是国内航线的航班也载运属于国际运输性质的联程客货。若国际航线包含国内航段，则在这个航线上也可以从事国内运输。例如我国民航企业可以在本国经营的北京—上海—东京国际航线上的北京—上海航段载运国内客货。在国际民航法上，这种经营权称作境内业务权（或国内载运权），一般是不给予外国民航的。

五、管道运输

（一）管道运输的概念

管道运输是由地下管线和地面的有关设备构成管道网运输货物的形式。

世界上第一条原油管道于 1865 年建于美国宾夕法尼亚。我国的管道网建设始于 20 世纪 50 年代末期，新疆建成了全长为 147km、管径为 150mm 的克拉玛依—独山子输油管道。20 世纪 60 年代以后，随着我国石油工业的蓬勃发展，管道运输得到了较快发展。截至 2020 年底，我国油气管道总里程达到 16.5 万千米，其中原油管线为 3.1 万千米，成品油管线 3.2 万千米，天然气管道 10.2 万千米。

（二）管道运输的特点

管道运输具有以下特点：

（1）运量大。一条管径为 720mm 的管道每年可以运送易凝高黏原油 2 000 多万吨，管径为 1 200mm 的管道年运输量可达上亿吨。

（2）占地面积小。管道埋于地下，除首站、中间泵站、末站外，基本不占用地面土地。

（3）不受地形限制。管道埋于地下，可以穿过河流、湖泊、铁路、公路等，一般不受地形与坡度的限制。

（4）基本不受气候影响，可以长期稳定运行。

（5）运输能源主要依靠每 60～70km 设置的增压站提供压力能，设备运行比较简单，易于就地自动化控制和进行集中遥控。

（6）管道运输用人力较少，运输成本较低。

（7）沿线不产生噪声，污染小，有利于环境保护。

（8）只能运输流体。

（三）管道运输的工具

按输送的货物形态分类，管道运输有气体输送管道（如煤气输送管道）、液体输送管道（如自来水、石油输送管道）和固体输送管道（如煤炭、砂石等输送管道）。

（四）管道运输线路

管道运输线路主要是指长距离输送管道，有干管，沿线阀室，通过河流、铁路、公路、峡谷等的穿（跨）越结构物，管道防腐用的阴极保护设施等。

第三节 货物运输合理化

一、合理运输的概念

合理运输，是指在实现商品从生产地至消费地转移的过程中，充分有效地运用各种运输工具的运输能力，以最少的人、财、物消耗，及时、迅速、按质、按量和安全地完成运输任务。其标志是：运输距离最短、运输环节最少、运输时间最短、运输费用最省和运输效益最高。

二、不合理运输的表现形式

不合理运输是指在现有条件下原本可以达到的运输水平而未达到，从而造成了运力浪费、运输时间增加、运费超支等问题的运输。目前，我国存在的不合理运输的形式主要有如下几种。

（一）空驶

返程、起程空驶或者空车无货载行驶是不合理运输表现形式中最严重的一种。造成空驶的不合理运输主要有以下几种原因：

（1）本可利用社会化的运输体系而没有利用，却依靠自备车送货、提货，这往往就会造成单程重车、单程空驶的不合理运输。

（2）由于工作失误或计划不周导致货源不实，车辆空去空回，造成双程空驶的不合理运输。

（3）由于车辆过分专用，无法搭运回程货，只能单程实车、单程回空周转。

在实际运输组织中，有时候必须调运空车，从管理上不能将其看成不合理运输。但是，因调运不当、货源计划不周、不采用社会化运输而形成的空驶，是不合理运输的表现。

（二）对流运输

对流运输也称相向运输或者交错运输，是指同一种货物，或彼此间可以互相代用而又不影响管理、技术及效益的货物，在同一线路上或平行线路上做相对方向的运送，而双方运程的全部或一部分发生重叠交错的运输。已经制定了合理流向图的产品，一般必须按合理流向图运输。与合理流向图指定的方向相反的运输也称对流运输。

需要注意的是，有的对流运输是不明显的隐蔽对流，例如不同时间的相向运输，从发生运输的那个时间来看并未出现对流，因而可能作出错误的判断，所以要注意隐蔽的对流运输。

（三）迂回运输

迂回运输是舍近求远的一种运输，是可以用短距离运输而不选择，却选择路程较长的路线进行运输的一种不合理运输形式。

只有因计划不周、路径不熟、组织不当而发生的迂回，才属于不合理运输。当最短距离有交通阻塞、道路情况不好或有对噪声、排气等的特殊限制而不能使用时发生的迂回，不能称为不合理运输。

（四）重复运输

重复运输通常有两种形式：一是本来可以直接将货物运到目的地，但是在未达目的地之处或目的地之外的其他场所将货卸下，再重复装运，送达目的地；二是同品种货物在同一地点同时运进运出。

重复运输增加了不必要的中间环节，从而延缓了流通速度，增加了费用，加大了货损。

（五）倒流运输

倒流运输也可以看成隐蔽对流的一种特殊形式，是指货物从销地或中转地向产地或起运地回流的一种运输现象。因为往返两程的运输都是不必要的，形成了双程的浪费，所以倒流运输的不合理程度要甚于对流运输。

（六）过远运输

过远运输是指调运物资舍近求远，近处有资源不调运而从远处调运，这就造成可采取近程运输而未采取，拉长了货物运距，造成浪费。

过远运输占用运力时间长、运输工具周转慢、物资占压资金时间长，加上远距离自然条件相差大，易出现货损，从而增加费用支出。

（七）运力选择不当

常见的运力选择不当的运输有以下几种形式。

1. 铁路、大型船舶的过近运输

铁路、大型船舶的过近运输是指不在铁路及大型船舶的经济运行里程范围内却利用这些运力进行运输的不合理的做法。

它的不合理之处主要在于：火车及大型船舶起运及到达目的地的准备和装卸时间长，且机动灵活性不足，在过近距离中利用，发挥不了运速快的优势。相反，由于装卸时间长，运输时间会延长。另外，火车及大型船舶与小型运输设备相比费用较高、装卸难度大。

2. 弃水走陆

弃水走陆是指在既可以利用水运，又可以利用陆运时，不利用成本较低的水运或水陆联运，而选择成本较高的铁路运输或汽车运输，使得水运优势未能发挥。

3. 运输工具承载能力选择不当

运输工具承载能力选择不当是指不依据承运货物的数量及重量而盲目选择运输工具，造成过分超载、损坏车辆或货物不满载、浪费运力等现象，尤其是发生较多的“大马拉小车”现象，造成单位货物运输成本的增加。

（八）托运方式选择不当

托运方式选择不当是对于货主而言的，即货主在可以选择最好的托运方式时却未选择，因而造成了运力浪费及费用支出加大的一种不合理运输。例如，应选择整车而选择了零担托运，应当直达而选择了中转运输，应当中转运输而选择了直达运输等，都属于这一类型的不合理运输。

（九）超限运输

超限运输是指超过规定的长度、宽度、高度和重量的运输，超限运输容易引起货损、车辆损坏和公路路面及公路设施的损坏，甚至还会造成严重的事故。

（十）无效运输

无效运输是指在运输货物中无使用价值的杂质（如煤炭中的矸石、原油中的水分、矿石中的泥土和沙石）含量过多或含量超过规定的标准的运输。运输时应该尽量减少无效运输，做到定期清扫车底、加强装车人员教育，保证装满车。

上述不合理的运输形式都是在特定的条件下表现出来的，在判断不合理的运输形式时，必须注意其不合理的前提条件，否则就容易出现判断失误。例如，同一种产品，商标不同，价格不同，这种情况下所发生的对流，不能绝对看成不合理，因为其中存在市场机制引导的竞争，优胜劣汰，如果因为强调表面的对流而不允许运输，就会起到保护落后、阻碍竞争，甚至导致地区封锁的反作用。

这些不合理的运输形式，主要是通过微观观察得出的结论，是就形式本身而言的。在实践中，必须将其放在物流系统中做综合判断，在不做系统分析和综合判断时，很可能出现“效益悖反”现象。只有从系统角度综合进行判断，才能有效地避免“效益悖反”现象，从而优化全系统。

三、运输合理化的影响因素

运输合理化的影响因素中，起决定性作用的有五个方面，被称作合理运输的“五要素”。

（一）运输距离

在运输时，运输距离长短是判断运输是否合理的一个最基本的因素，缩短运输距离对宏观、微观两方面都会带来好处。运输时间、运输货损、运费、车辆或船舶周转等运输的若干技术经济指标，都与运距有一定的比例关系。

（二）运输环节

增加一次运输，不但会增加起运的运费和总运费，而且会增加如装卸、包装等运输的附属活动，各项技术经济指标也会因此下降。所以，减少运输环节，尤其是同类运输工具的环节，对合理运输具有促进作用。

（三）运输工具

各种运输工具都有其优势领域，对运输工具进行优化选择，按运输工具特点进行装卸运输作业，发挥所用运输工具的最大作用，是运输合理化的重要一环。

（四）运输时间

缩短运输时间对缩短货物的整个流通时间有决定性的作用。运输是物流过程中花费时间较多的一个环节，尤其是远程运输，在全部物流时间中，运输时间占绝大部分。运输时间短，有利于加速运输工具的周转，充分发挥运力的作用，有利于货主资金的周转，有利于运输路线通过能力的提高，对运输合理化有很大的促进作用。

（五）运输费用

运输费用也是运输是否合理的最终判断依据之一。运费在全部物流费用中占很大比例，运费高低在很大程度上决定着整个物流系统的竞争能力。实际上，运输费用低廉，无论是对货主企业来讲，还是对物流经营企业来讲，都是运输合理化的一个重要目标。

四、运输合理化的实现途径

合理组织货物运输，就是要采用最合理的运输路线、运输方式和运输工具，花费最少的费用，使货物尽快运达目的地，取得最佳的经济效益和社会效益。为达到合理运输的目标，我们首先应该针对上述各种不合理运输现象，结合成本和资源的约束，制订一个切实可行的计划。在实践中，我们可以采取以下措施来实现运输合理化。

（一）合理选择运输工具，提高运输工具的实载率

1. 合理选择运输工具

货物的运输路线与方式确定以后，就要根据不同运输工具的特点，结合商品供需缓急以及货物的性能，分别选择不同的运输工具，使货物运输做到经济合理、快速及时。在货物运输中，既有火车、轮船、汽车、飞机等现代运输工具，又有机帆船、畜力车、人力车等古老的民间运输工具。这些运输工具各有特点，作用各异，可以互相取长补短，从而获得最大的经济效益。

2. 提高运输工具的实载率

应提高运输工具的技术装载量，节约运力；提高装卸效率，加速车船周转；合理安排货源，消除或减少空驶里程。提高实载率的意义在于充分利用运输工具的额定能力，减少车船空驶和不满载行驶的时间，减少浪费，从而求得运输的合理化。

实载率有两种含义：一是单车实际载重与运距之乘积和标定载重与行驶里程之乘积的比率，这是在安排单车、单船运输时判断装载合理与否的重要指标；二是车船的统计指标，即一定时期内车船实际完成的货物周转量（以吨千米计）占车船载重吨位与行驶里程之乘积的百分比。所计算的车船行驶的里程数，不但包括载货行驶的里程数，也包括空驶的里程数。

当前国内外广泛开展的“配送”形式，其优势之一就是将多家需要的货和一家需要的多种货实行配装，以达到容积和载重的充分合理利用，比起以往自家提货或一家送货车辆大部分空驶的状况，这是运输合理化的一种进步。在铁路运输中，采用整车

运输、合装整车、整车分卸及整车零卸等，都是提高实载率的有效措施。

（二）合理组织运输路线

合理组织运输路线的原则就是在满足市场需要的前提下，从现有运输路线的实际状况出发，选择货物从进货地到运达地之间运程最短的路线，杜绝对流、迂回、倒流、过远等不合理运输路线，最大限度地缩短货物运输路程，力求做到加快货物流通速度、降低货物流通费用，并确保货物安全。

（三）采取有效措施减少动力投入、增加运输能力

运输的投入主要是能耗和基础设施的建设，在基础设施建设已完成的情况下，应尽量减少能源投入，这是少投入的核心。做到了这一点，就能大大节约运费，降低单位货物的运输成本，实现合理化运输。

我国在这方面的有效措施如下：

（1）在机车能力允许的情况下多加挂车皮。我国在运力紧张时，常采取加长列车、多挂车皮等办法，在不增加机车的情况下增加运输量。

（2）水运拖排和拖带法。竹、木等物资的运输，可利用竹、木本身浮力，不用运输工具载运，采取拖带法运输，从而省去运输工具本身的动力消耗，实现运输合理化；将无动力驳船编成一定队形，一般为“纵列”，用拖轮拖带行驶，这样比船舶载乘运输运量大，可求得运输合理化。

（3）汽车挂车。汽车挂车和船舶拖带、火车加挂的原理基本相同，都是在充分利用动力的基础上，增加运输能力。

（4）顶推法。即将内河驳船编成一定的队形，由机动船顶推前进。其优点是航行阻力小，顶推量大，速度较快，运输成本很低。顶推法是我国内河货物运输采取的一种有效方法。

（四）发展社会化的运输体系

运输社会化的含义是发展运输的大生产优势，实现专业分工，打破一家一户自成运输体系的状况。一家一户的运输小生产不能形成规模，且运量需求有限，难以自我调剂，容易出现空驶、运力选择不当、不能满载等浪费现象，且配套的接、发货设施以及装卸搬运设施也很难有效地运行，浪费较大。

实行运输社会化，就可以统一安排运输工具，避免对流、倒流、空驶、运力选择不当等多种不合理运输，从而实现组织效益和规模效益，所以发展社会化的运输体系是运输合理化非常重要的措施。当前火车运输的社会化运输体系较完善，而在公路运输中，小型生产方式仍旧非常普遍，这将是建立社会化运输体系过程中要重点解决的

问题。在社会化运输体系中，各种联运体是社会化水平较高的形式，联运方式充分利用面向社会的各种运输系统，通过协议进行“一票到底”的运输，有效地打破了一家一户的小生产，受到了商家欢迎。

我国在利用联运这种社会化运输体系时，创造了“一条龙”货运方式。对产、销地及产、销量都较稳定的产品，通过事先与铁路、交通等社会运输部门签订协议，规定专门航线及运输路线、专门船舶和泊位等，有效地保证了许多工业产品的稳定运输。

（五）开展中短距离铁路、公路分流，“以公代铁”的运输

这一措施的要点，是在公路运输经济里程范围内，或者经过论证，超出平均经济里程范围，都尽量利用公路。这种运输合理化的表现主要有以下两点：

(1) 用公路分流后，比较紧张的铁路运输可以得到一定程度的缓解，从而加大这一区段的运输通过能力。

(2) 充分利用公路从门到门和在途运输速度快且灵活机动的优势，实现铁路运输服务难以达到的水平。

（六）大力发展直达运输

直达运输对运输合理化的追求要点是：通过减少中转站换载，提高运输速度，省去装卸费用，减少货损。直达运输是追求运输合理化的重要形式，其直达的优势在一次性运输批量货物和用户一次需求量达到一整车时表现得最为突出。此外，在生产资料、生活资料运输中，通过直达，建立稳定的产销关系和运输系统，也有利于提高运输的计划水平，从而大大提高运输效率。

但是，如同其他合理化措施一样，直达运输的合理性也是在一定条件下才会有所体现的，不能绝对地认为直达一定优于中转。从用户需要量看，批量大到一定程度，直达是合理的，批量较小时则中转是合理的。也就是说，要根据用户的要求，从物流总体成本出发进行综合判断。

（七）配载运输

配载运输是充分利用运输工具的载重量和容积，合理安排装载的货物及载运方法以求得合理化的一种运输方式。配载运输也是提高运输工具实载率的一种有效形式。

配载运输往往是轻、重商品混合配载，在以重质货物运输为主的情况下，同时搭载一些轻泡货物，如海运矿石、黄沙等重质货物，可在舱面捎运木材、毛竹等，铁路运矿石、钢材等重物，上面搭运轻泡农副产品等，在基本不增加运力投入、基本不减少重质货物运输的情况下，解决轻泡货的搭运问题，因而效率显著。

（八）发展“四就”直拨运输

一般批量到站或到港的货物，首先要进分配部门或批发部门的仓库，然后按程序分拨或销售给用户，这样一来就会出现不合理运输。“四就”直拨，是指首先由管理机构预先筹划，然后就厂或就站（码头）、就库、就车（船）将货物分送给用户，而无须再入库。“四就”直拨是减少中转运输环节，力求以最少的中转次数完成运输任务的一种形式。

（九）发展特殊运输技术和运输工具

依靠科技进步是实现运输合理化的重要途径。如集装箱船比一般船能容纳更多的箱体，集装箱高速直达车船加快了运输速度；专用散装车及罐车解决了粉状、液态物运输损耗大、安全性差等问题；袋鼠式车皮、大型半挂车解决了大型设备整体运输问题；滚装船解决了车载货的运输问题。

（十）通过流通加工，使运输合理化

有不少产品，由于其本身形态及特性的缘故，很难实现运输的合理化，但经过适当加工，也能够有效解决运输不合理问题。如将造纸材料在产地预先加工成纸浆，然后压缩体积运输，就能解决造纸材料运输不满载的问题；轻泡产品预先捆紧，包装成规定尺寸装车，有助于提高装载量；水产品及肉类预先冷冻，就可提高车辆装载率并降低运输损耗。

（十一）采取分区产销，优化运输资源

分区产销是指对品种单一、数量较大、多地生产、调运面广的大宗商品，按照近产近销的原则，在平衡资源的基础上，划定商品调运区域，制定商品合理流向。商品流向就是把商品的生产、分配、调拨、仓储和运输路线，以及运输工具等固定下来，防止商品盲目乱流，消除不合理的对流运输、迂回运输和过远运输。在开展合理运输时，既要坚持近产近销的原则，又要根据市场需要，注意搞好商品的品种调剂，更好地满足消费者的需求。

第四节 货物集装箱运输

一、集装箱运输的特点

集装箱运输（container transportation）是以集装箱作为运输单位进行货物运输的

现代化运输方式，是成组运输的一种高级运输形式，也是国际贸易货物运输高度发展的必然产物。目前，集装箱运输已成为国际上普遍采用的一种重要的运输方式。集装箱运输具有以下优点。

（一）有利于提高装卸效率和加速船舶的周转

在一些港口吞吐能力比较低的情况下，使用集装箱运输具有很大的普适性，不仅提高了港口的吞吐能力，而且还加速了船舶的周转与港口的疏港工作，很大程度上提高了港口的效率。

（二）有利于提高运输质量和减少货损货差

就对装卸次数要求比较严格的港口而言，使用集装箱运输可以大大减少货物的装卸次数，可以做到符合港口的硬性标准，因而对货损货差的减少具有极大的意义，同时运输的质量还可以得到进一步的提高。

（三）有利于节省各项费用和降低货运成本

一些港口对费用有着严格要求，采用集装箱运输可以节省货物产品的包装费用和相关机器调度作业的费用以及其他环节流程的各项费用，降低货物运输的成本。

（四）有利于简化货运手续和便利货物运输

由于集装箱实行“门到门”运输，货物自发货人仓库装箱至到达站收货人仓库掏箱，一直保持着原始装载状态，中途不发生货物倒搬问题，而且在装卸时都使用机械作业，大大减少了货物因人工搬运而造成的破损，大大简化了货物运输的手续。

（五）把传统单一运输串联为连贯的成组运输，促进了国际多式联运的发展

国际多式联运一般是集装箱货物或者是其他成组化的货物，加上集装箱运输自身具备的特征，很大程度上促进了国际多式联运的发展。

二、集装箱货物分类

各类货物适箱情况

目前，利用集装箱装运的货物包括清洁货物污染性货物、贵重货物、易腐性冷藏货物、重件货物、有生命的动植物、危险货物、干散货物和散装液体货物等。但是，集装箱并不是一种可以用来载运所有种类货物的运输设备。适合集装箱运输的是货价较高、具有承担较高运费能力的货物；不适合集装箱运输的是货价很低，或者是根据货物

特性不应该或不能用集装箱运输的货物。因此，根据集装箱货物的特点，可将集装箱货物分为四种类型：最适合于装集装箱的货物，也称最适合集装箱化的货物；适合于装集装箱的货物，也称适合集装箱化的货物；边缘集装箱货物，也称边缘集装箱化的货物；不适合于装集装箱的货物，也称不适合集装箱化的货物。

三、集装箱货物的装箱方法

随着集装箱货物国际多式联运的发展，种类繁多，性质、形状、包装各异的货物进入了集装箱运输领域。与此同时，从事集装箱运输的管理人员以及操作人员不断增多，为确保货运质量的安全，做好箱内货物的积载工作是很重要的，许多货损事故的发生都系装箱不当所致。货物在集装箱内的堆装、系固等工作看起来似乎比较简单，但由于集装箱货物在整个运输过程中涉及多种运输方式，特别在海上运输区段风险更大，难免发生货损事故。货物在箱内积载、装箱不当不仅会造成货损，而且会给运输及装卸机械等设备造成损坏，甚至造成人身伤亡事故。因此，必须熟悉不同种类货物的装箱方法。

（一）杂货的装箱方法

杂货装箱时堆装必须整齐紧密，以充分利用箱容和防止货物移动，同时可以减少货损和节省加固材料。在无法紧密堆装而出现空隙时，要使用适当的衬垫材料加以填塞，以稳定货物，防止因货物移动造成货损及其他危险。如果打开箱门时货堆可能会向外倒塌，则箱门部位的货物应专门加以稳固。通常可利用箱门内侧的环扣进行绑扎，也可以使用垫板、网络等属具约束可能向外倾出的货物。货件重量在箱底板上的分布必须均匀，除重心不能过度偏离箱体中心外，当重量过于集中在某些部位时，应有足够的铺垫面积以分散对箱底板的压力。箱内货物的堆装须考虑到货件的包装强度，必要时应在堆层之间加设铺垫。装箱作业及货件在箱内的堆积应符合货件有关指示标志的要求，如遵守“禁用手钩”“勿倒置”等规定。当同一个集装箱要装载多种货物时，应注意以下几点：重货在下，轻货在上；不同包装形式的货物分堆积载；污染性货物与清洁货物同装时（原则上应避免），应设有完整的防水布或其他防水织物遮盖分隔；某些货物有尖锐的棱角或突出物，应注意它们对其他货物的影响（应防止由此引起货损）；配装危险货物时，应按《国际海运危险货物规则》的隔离要求处理。

（二）纸箱货件的装箱方法

纸箱货件外形整齐，可以紧密堆装而无须另行加固。由于纸箱外形尺寸规格众多，因此应按集装箱内部尺寸事先做出堆装计划，使箱内的纵向、横向以及垂直方向所出现的空隙为最小。在实际工作中，各个方向上出现空隙是难免的，这些空隙部位应使用气垫、泡沫塑料、预制的框架或通常所使用的衬垫木料加以填塞。当集装箱内的纵向有较多的空隙时，为防止货物移动，可利用网络或绳索将货堆稳定在一定的位置上。

（三）捆装货件的装箱方法

由于货种不同，捆包的外形尺寸有很大的差异。装箱的捆包单位体积一般不宜超过 0.566 立方米，否则装箱及由箱内取出都有一定困难。捆包的堆积不受方向限制，在箱内可做出纵向或横向堆积，也可竖向堆积，堆积方式的选定也可以最终出现的空隙最小为原则。一般而言，捆包在箱内堆装可以保持稳固，但腹部较大的捆包在箱门处可能倒塌，所以对这种捆包在箱门内 0.3m 处要利用环扣和绳索加以绑扎。捆包货件装箱时，应注意集装箱内可能有棱角、突出物（螺丝钉等），会损坏货件包皮，所以这些部位应加以适当的衬垫。此外，大多数捆包利用金属钢皮带捆扎，应注意这些钢带相互摩擦会生热和产生火花，尤其是当捆包货件为易燃性纤维材料时，或集装箱内混装有其他易燃性货件时，就会构成着火燃烧等危险。所以，对于捆装货件而言，在装箱前仔细检查箱内清洁情况（是否残留易燃性、自燃性物质），以及选择合适的同箱货种都是十分重要的。

（四）袋装货件的装箱方法

袋装货件的货种繁多，如食品原料、化学药品、化工原料、化肥、水泥、树脂以及塑胶原料等。除某些袋装货物需使用通风集装箱等外，一般都使用杂货集装箱。在使用杂货集装箱时，尤其应注意根据货物性质选择混装对象，以防止发生货物质量上的事故。袋装货件有利用麻袋、布袋、塑料袋或纸袋包装的，它们都比较容易滑动，所以通常都采用压缝方式堆积。现在袋装货物装箱常采用货板成组方式，作业十分简便，但货板占据一定的载货空间，使货物装箱数量有所减少。根据经验，将袋装货件装箱以使用两层货板组件为宜。因为较多的层次会使货板占据更多箱容，从而减少载货的数量。另外，由于集装箱箱容有限，货板的尺度除应适合袋装货件的外形尺寸外，还应与集装箱的箱内尺度相协调。这样既能充分利用箱容，又能直接运用小型叉车进行装拆箱作业。

（五）桶装货件的装箱方法

桶装货件，除那些桶口在腰部的传统鼓形木桶以外，在集装箱内均以竖立方式（桶口向上）堆装。由于桶体呈圆柱形，在长方形箱体内堆装和加固均有一定困难，因此，在集装箱内堆装桶装货件时，在层与层之间应加设平整的铺垫木板。此外，堆装后的最上层有时会留出一些无法用来装载桶装货件的空间，可在此空间内配装一些适宜的小件包装货，以充分利用箱容。运输中的桶包装有多种形式，运用最广泛的是铁桶、塑料桶和胶合板桶，它们的容量大小也有多种规格。在桶装货件装箱时，应充分注意桶的外形尺寸，并根据具体尺寸决定堆装方法，以使之与箱形尺度相协调。

（六）平板玻璃的装箱方法

易碎物品利用集装箱装运可以大幅度地降低货损率，所以平板玻璃一般会采用集装箱运输。平板玻璃以竖立方式堆装，其底面积很小，但是高度较高，重量较重，极不稳定，所以，积载时应设法堆装稳固，保证装卸搬运时货件不动摇翻倒。平板玻璃货件之间应加设立柱或其他衬垫材料，装箱时货件由箱侧向中央堆装，最后在中部必然会形成一些空位，这些空位处应使用衬垫材料填塞，当空位较大时，应使用硬性的横撑，使空位两侧的货件不能松动，达到加固的目的。由于平板玻璃极易破碎，以及这种货件在箱内操作很不方便，因此作业时应十分谨慎，尤其要严防货件翻倒和货件受到起吊等作业的工具、索具的敲击。

（七）超尺度和超重货的装箱方法

所谓超尺度和超重货，是指货物的尺度超过了国际标准集装箱的尺寸而装载不下的货物，以及单件货物重量超过了国际标准集装箱的最大载货总量而不能装载的货物。集装箱是可国际通用的，具有统一的标准，集装箱船的箱格结构和装卸集装箱的机械设备也都是根据这一标准来设计的。因此，如货物的尺寸、重量超过了这一标准规格，则对于集装箱船的装载和集装箱的装卸作业，都会造成一定的困难。但从另一方面来说，由于集装箱运输的不断发展，货主方面不断提出将这些非标准的货物装载集装箱运输的要求，这就迫使有关方研究如何运输这些超尺度和超重货的方法，以满足货主的要求。装载超尺度和超重货应选用敞顶集装箱、台架式集装箱和平台集装箱。对超尺度和超重货的装载除应注意以上各项要求外，还应注意确保其绑扎牢固，重心不能偏离集装箱中心过大，保证重件货与箱底板接触面积足够，从而使箱底强度不受损伤。

（八）液体货物的装箱方法

液体货物也可看作散装货物的一种。利用罐式集装箱运输液体货物可大大减少包装费和装卸费。运输液体货物的集装箱主要有两种，一是用罐式集装箱运输，二是液体货物装入其他容器后再装载集装箱。在采用罐式集装箱运输液体货物时应注意以下几点：罐式集装箱本身结构、性能，箱内面的涂料是否满足货物的运输要求；查明集装箱的容量和所允许的载重量的比例与货物比重是否接近一致。当货物比重较大装载半罐的情况下，在装卸和运输过程中有损罐的危险；查明排罐时是否具有必要的设备，这些设备是否适用于箱子的阀门等；检查安全阀是否有效；了解货物的特性，在运输和装卸过程中是否需要加温，以及装卸地是否具有蒸汽源和电源；了解是否受有关法规制约等。

利用罐式集装箱装载运输液体货物虽然在经济上有较大收益，但其发展较慢，其主要原因有以下几点：制造罐式集装箱工艺要求高，生产成本也高；由于液体货物的特性各异，其物理性能和化学性能不同，制造多种液体货物集装箱在技术上有困难；食品货物存在受污染的问题，而有些食品则存在受有关法规制约的问题；清扫该种集装箱的场所和污水处理有困难；国际上对该种集装箱的运输、装载缺乏明确规定。

（九）冷藏货物的装箱方法

冷藏货物集装箱装载可分为冷却货物（Chilled Cargo）和冷冻货物（Frozen Cargo）两种。前者是指一般选定不冻结的温度，或是货物表面有轻微结冻以上的温度，其温度范围在0℃～11℃，冷却货物的目的是维持货物的呼吸和防止箱内出汗。后者是指将货物冻起来运输，其温度范围通常在－20℃～－11℃。对于冷藏货物在运输途中应保持的温度，货主在托运时都有要求，对承运人来说必须严格遵照执行。同时，承运人要把货主签发的有关该票货物在运输途中所需要的文件保存好，避免一旦发生纠纷后与货主就温度问题引起争执。冷藏货在装箱前，对集装箱和货物都应做以下检查：冷冻装置的启动、运转、停止的状况是否符合要求；通风孔处于何种状态（开启或关闭）；泄水管是否堵塞；集装箱本身的气密性；冷藏货是否达到规定的温度；装箱时，应注意货物不要堵塞冷气通道，天棚部分留有一定间隙；装载期间，冷冻装置应停止运转。

（十）动、植物的装箱方法

一般来说，动、植物的检疫应根据出口国的规定，但也有部分国家规定动、植物的进口一定要经过检疫人员的检查，并得到许可后才能进口，如得不到许可，则进行处理（杀死、烧毁等）。运输该类货物的集装箱有两种，一种是密闭性的，另一种是非密闭性的。

（十一）散装货的装箱方法

用集装箱装载运输散装货可节省包装费、装卸费。散装集装箱主要用于装载运输小麦、麦芽、谷物、树脂和铝渣等。在装载该类货物时应注意：装卸地的装卸设施；箱型的选定及清扫；防止因出汗而造成的货损；不同货物的自然特性；箱子应清洁、干燥、无味。

第五节 货物多式联运

一、国际多式联运的定义

《物流术语》中规定，多式联运是指货物由一种运载单元装载，通过两种或两种以上运输方式连续运输，并进行相关运输物流辅助作业的运输活动。国际多式联运是指按照多式联运合同，以至少两种不同的运输方式，由多式联运经营人将货物从一国境内的接管地点运至另一国境内指定交付地点的货物运输方式。

在国际贸易中，由于85%～90%的货物是通过海运完成的，故海运在国际多式联运中占据主导地位。

国际多式联运早在20世纪初就产生了，由于这种不同运输方式的综合组织和多式联运企业能够提供全程所有的运输服务，因此受到货主的欢迎。但由于运输全程覆盖多个运输区段，需要采用两种以上的运输方式，因此途中要经过多次换装作业，包括起运和到达，货物全程有时甚至要经过十余次装卸作业，在集装箱运输兴起前，这很容易造成货物的损坏、灭失和延误送达，给经营多式联运的企业带来极大的风险，这严重地挫伤了企业经营多式联运业务的积极性。集装箱运输自兴起后，以其特有的优势极大地降低了这种风险，国际多式联运才迅速发展起来。目前的国际多式联运基本上是集装箱货物国际多式联运。

二、国际多式联运的条件

进行国际多式联运应具备以下条件：

(1) 多式联运经营人与托运人之间必须签订多式联运合同，以明确承、托双方的权利、义务和豁免关系。多式联运合同是确定多式联运性质的根本依据，也是区别多式联运与一般联运的主要依据。

(2) 必须使用全程多式联运单据。该单据既是物权凭证，也是有价证券。

(3) 必须是全程单一运价。这个运价一次收取，包括运输成本（各段运杂费的总和)、经营管理费和合理利润。

(4) 必须由一个多式联运经营人对全程运输负总责。多式联运经营人是与托运人签订多式联运合同的当事人，也是签发多式联运单据或多式联运提单者，承担自接受货物起至交付货物止的全程运输责任。

（5）必须是两种或两种以上不同运输方式的连贯运输。如为海-海、铁-铁、空-空联运，虽为两程运输，但仍不属于多式联运，这是一般联运与多式联运的一个重要区别。同时，在单一运输方式下的短途汽车接送也不属于多式联运。

（6）必须是跨越国境的国际货物运输。这是区别国内运输和国际运输的标志。

三、国际多式联运的作用

（一）简化托运、结算及理赔手续，节省人力、物力和有关费用

在国际多式联运方式下，无论货物运输距离有多远、由几种运输方式共同完成，且不论运输途中货物经过多少次转换，所有一切运输事项均由多式联运经营人负责办理。而托运人只需办理一次托运，订立一份运输合同，一次支付费用，一次保险，从而省去托运人办理托运手续的许多不便。同时，由于多式联运采用一份货运单证，统一计费，因而也可简化制单和结算手续，节省人力和物力。此外，一旦运输过程中发生货损货差，由多式联运经营人对全程运输负责，从而也可简化理赔手续，减少理赔费用。

（二）缩短货物运输时间，减少库存，降低货损货差事故，提高货运质量

在国际多式联运方式下，各个运输环节和各种运输工具之间配合密切，衔接紧凑，货物所到之处中转迅速及时，大大减少了货物的在途停留时间，从而从根本上保证了货物安全、迅速、准确、及时地运抵目的地，因而也相应地降低了货物的库存量和库存成本。同时，多式联运系通过集装箱为运输单元进行直达运输，尽管货运途中须经多次转换，但由于使用专业机械装卸，因而货损货差事故大为减少，从而在很大程度上提高了货物的运输质量。

（三）降低运输成本，节省各种支出

由于多式联运可实行门到门运输，因此对货主来说，在货物交由第一承运人以后即可取得货运单证，并据以结汇，从而提前了结汇时间。这不仅有利于加速货物所占用资金的周转，而且可以减少利息的支出。此外，由于货物是在集装箱内进行运输的，因此从某种意义上来看，多式联运可相应地节省货物的包装、理货和保险等费用的支出。

（四）提高运输管理水平，实现合理运输

对于区段运输而言，由于各种运输方式的经营人各自为政，自成体系，因而其经营业务范围受到限制，货运量相应也有限。一旦由不同的运输经营人共同参与多式联

运，经营的范围可以大大扩展，同时可以最大限度地发挥其现有设备的性能，选择最佳运输线路组织合理化运输。

（五）其他作用

从政府的角度来看，发展国际多式联运具有以下重要意义：有利于加强政府部门对整个货物运输链的监督与管理；保证本国在整个货物运输过程中获得较大的运费收入分配比例；有助于引进先进的运输技术；减少外汇支出；改善本国基础设施的利用状况；通过国家的宏观调控与指导职能，保证使用对环境破坏最小的运输方式，达到保护本国生态环境的目的。

国际多式联运与一般国际货物运输的区别

第六节　国际货物运输

一、国际货物运输的含义

就运送对象来说，运输可分为货物运输和旅客运输两大类；就起讫点来说，货物运输又可划分为国内货物运输和国际货物运输两类。

国际货物运输，就是货物在国家与国家、国家与地区之间的运输。国际货物运输可分为贸易物资运输和非贸易物资运输两种。国际货物运输主要是贸易物资的运输，非贸易物资的运输往往只是贸易物资运输部门的附带业务，因此国际货物运输通常也被称为国际贸易运输，从一国的角度来说，就是对外贸易运输，简称外贸运输。

在国际贸易中，货物的价格中包含货物的运价。所谓货物运价，就是货物的交换价格。货物运价在货物的价格中占有较大的比重，一般约占10%，有的货物运价要占货物价格的30%～40%。货物运价也和货物的生产价格一样，随着国际市场供求关系的变化而上下波动。货物运价随同货物的物质形态一起进入国际市场中交换，货物运价的变化直接影响到国际贸易货物价格的变化，而国际货物运输的主要对象又是国际贸易货物，因此可以说，国际货物运输也是一种国际贸易，只不过它用于交换的不是物质形态的货物，而是一种无形的、特殊的货物——运力。

二、国际货物运输方式

国际货物运输方式很多，下面介绍几种主要的运输方式。

（一）海洋运输

海洋运输是国际物流中最主要的运输方式。它是指使用船舶通过海上航道，在不同国家或地区的港口之间运送货物的一种方式，在国际货物运输中使用最为广泛。目前，国际贸易总运量的2/3以上、我国进出口货运总量约90%都是利用海上运输。随着经济的快速发展，我国已经成为世界上最重要的海运大国之一。全球目前有19%的大宗海运货物运往我国，有20%的集装箱运输来自我国；新增的大宗货物海洋运输之中，有60%～70%是运往我国的。我国的港口货物吞吐量和集装箱吞吐量均居世界第一位。世界集装箱吞吐量前5大港口中，我国占了3个。随着我国经济影响力的不断扩大，世界航运中心正在逐步从西方转移到东方，我国海运业已经进入世界海运竞争舞台的前列。

目前国际航运中的远洋货物运输船舶，按其结构和载运的货物的种类，可分为干货船和油槽船。干货船又分为杂货船、散装货船、冷藏船、木材船、集装箱船、滚装船和子母船等。

按照船舶的经营方式，海洋货物运输可分为班轮运输和包租船运输。

海洋运输具有以下特点：

1. 天然航道

海洋运输借助天然航道进行，不受道路、轨道的限制，通行能力更强。随着政治、经贸环境以及自然条件的变化，海洋运输船舶可随时调整和改变航线完成运输任务。

2. 载运量大

随着国际航运业的发展，现代化的造船技术日益精湛，船舶日趋大型化。巨型油轮已达60多万吨，第五代集装箱船的载箱能力已超过5 000TEU。

3. 运费低廉

海上运输航道为天然形成，港口设施一般为政府所建，经营海运业务的公司可以大量节省用于基础设施的投资。船舶运载量大、使用时间长、运输里程远、单位运输成本较低，为低值、大宗货物的运输提供了有利条件。

4. 运输的国际性

海洋运输一般都是国际贸易，它的运输过程涉及不同的国家或地区的个人和组织，海洋运输还受到国际法和国际惯例的约束，也受到各国政治、法律的约束和影响。

5. 速度慢、风险大

海洋运输是各种运输工具里速度最慢的运输方式。由于海洋运输是在海上，受自然条件的影响比较大，如台风。此外，还有诸如海盗的侵袭等。

6. 海洋运输的不完整性

海洋运输只是整个运输过程的一个环节，它的两端的港口必须依赖其他运输方式的衔接和配合。海洋运输明显的不足之处是：易受自然条件和气候的影响，航期不易准确，遇险的可能性也大。

（二）铁路运输

铁路运输具有运量较大、运输速度较快、运途风险较小并有高度的连续性等特点。在国际货运总量中，铁路货运量仅次于海洋货运量。铁路货物运输包括国内铁路运输和国际铁路联运两种。

1. 国内铁路运输

国内铁路运输是指进口的货物由港口通过铁路运输转运到国内各地用货部门，出口的货物经铁路运输集中到港口装船出运。

2. 国际铁路联运

国际铁路联运是指使用一份统一的国际铁路联运票据，由跨国铁路承运人办理两国或两国以上铁路的全程运输，并承担运输责任的一种连贯运输方式。

（三）邮政运输

邮政运输是一种较简便的运输方式。国际上邮政部门之间签订有协定和公约，通过这些协定和公约，邮件的递送可互相以最快的方式传送，从而形成一个全球性的邮政运输网。

国际邮政运输具有国际多式联运和门到门运输的性质。托运人只需按邮政部门章程办理一次托运、一次付清足额邮资，取得邮政包裹收据，交货手续即告完成。邮件在国与国之间的传递由各国的邮政部门负责办理，邮件到达目的地后，收件人可凭邮局到件通知单从邮局提取货物。邮政运输手续简便，费用相对较低，适用于重量轻、体积小的货物的传递。

（四）陆桥运输

1. 大陆桥运输

大陆桥运输是指用横贯大陆的铁路或公路作为中间桥梁，将大陆两端的海洋运输连接起来的连贯运输方式。

目前世界上最主要的大陆桥有：美国大陆桥、加拿大大陆桥，这两条是平行的，统称为北美大陆桥；连接太平洋和大西洋、波罗的海以及黑海的西伯利亚大陆桥，因地跨欧亚两洲，又称亚欧大陆桥；新亚欧大陆桥，又名“第二亚欧大陆桥”，是指东起中国连云港西至荷兰鹿特丹的国际化铁路干线，全长 10 900 千米。其中，中国国内部分为陇海兰新线，途经山东、江苏、安徽、河南、陕西、甘肃、青海、新疆 8 个省、自治区，65 个地、市、州的 430 多个县、市，到中哈边界的阿拉山口出国境。出国境后可经 3 条线路抵达荷兰的鹿特丹港。中线与俄罗斯铁路友谊站接轨，进入俄罗斯铁路网，途经阿克斗亚、切利诺格勒、古比雪夫、斯摩棱斯克、布列斯特、华沙、柏林达荷兰的鹿特丹港，辐射世界 30 多个国家和地区。

2. 小陆桥运输

小陆桥运输是指比大陆桥的海-陆-海运输减少了一段海上运输，形成了海-陆或陆-海运输方式。

例如，日本至美国东海岸大西洋港口或美国南部墨西哥湾口岸的货运，由原来的全程海运，改为由日本装船运至美国西部太平洋口岸，转装铁路专用列车运至东部大西洋口岸或南部墨西哥口岸，以陆上铁路为桥梁，把美国西海岸同东海岸与墨西哥湾连接起来。

3. 微型陆桥运输

微型陆桥运输是指比小陆桥运输更短的运输，它没有通过整条小陆桥，而只是利用了一部分小陆桥。

例如，从日本运往美国中、东部内陆城市的货物和运往美国南部内陆城市的货物，即可采用微型陆桥运输，使用联运提单，然后经美国西海岸港口，利用集装箱拖车或铁路运输方式，最后将货物运至美国内陆城市。内陆城市的收货人无须派人去港口办理报关、提货手续及国内运输的托运手续，只要在当地办理海关手续即可提货。

4. OCP 运输

OCP（overland common points）是指美国“内陆地区”，是享受优惠费率、通过陆运可抵达的地区。“内陆地区”以美国西部 9 个州为界，即以落基山脉为界，其以东地区均为内陆地区。按 OCP 运输条款达成的交易，出口商不仅可享受美国内陆运输的优惠费率，而且可以享受 OCP 海运的优惠费率。加拿大受美国的影响，也划有 OCP 地区和实行类似的运费优惠办法。因此，在对美国和加拿大的贸易中，其他国家采用 OCP 运输条款，对进出口双方均有利。

国际货物买卖合同中的装运条款

不过，在采用 OCP 条款时，必须注意下列问题：

（1）货物最终目的地必须属于 OCP 地区范围。

（2）提单上必须标明“OCP”字样，并且要在“提单目的港”一栏中除填明美国西海岸港口名称外，还要加注内陆地区的城市名称。

（3）货物必须经由美国西海岸港口中转。因此，签订 CFR 和 CIF 出口合同时，目的港必须是美国西海岸港口。

本章思考题

一、名词解释

1. 货物运输

2. 国际多式联运
3. 保温及冷藏车
4. 滚装船
5. 驳船
6. 载驳船

二、简答

1. 货物运输的作用是什么?
2. 铁路运输的特点是什么?
3. 公路运输的特点是什么?
4. 造成空驶的不合理运输主要有哪几种原因?
5. 集装箱运输的特点包括哪些?
6. 国际多式联运的条件有哪些?

三、案例分析

我国试点放开国际登记船舶法定检验　支持自贸区多式联运“一单制”改革

2021 年 9 月 3 日，记者从国务院新闻办公室举行的政策例行吹风会上获悉，交通运输部将会同相关部门就国务院出台的《关于推进自由贸易试验区贸易投资便利化改革创新的若干措施》(以下简称《若干措施》)狠抓工作落实，确保各项举措接得住、落得准、推得开。

交通运输部海事局相关人士表示，交通运输部将以推进自由贸易试验区贸易投资便利化为目标，聚焦制度集成创新，强化安全风险防控，构建与高水平自由贸易试验区建设相适应的海事政策制度体系。

据悉，《若干措施》提出 19 条措施，其中包含放开国际登记船舶法定检验、提升航运管理服务效率、推进开放通道建设等多项交通运输措施。《若干措施》支持自贸区所在城市有关国际机场利用第五航权，在平等互利的基础上允许外国航空公司承载该城市到第三国的客货业务；支持自贸区试点多式联运“一单制”改革，鼓励自贸区制定并推行标准化多式联运单证，研究出台铁路运输单证融资政策文件。

允许依法获批的外国船舶检验机构对自贸区国际登记船舶开展法定检验，将进一步丰富服务供给、提升服务水平，促进我国船舶机构提升国际竞争力，为我国船舶制造业的高质量发展提供技术支撑，推动我国从造船大国向造船强国迈进。

对此，交通运输部明确了坚持逐步放开、坚持保证安全、坚持社会公认、坚持对等协商“四个坚持”原则，并在 2020 年 6 月与法国海事部门签订了对等开放协议，下一步将以试点方式推动相关工作，与外国船级社按照国际海事组织相关要求签署授权协议。

近年来，交通运输部深入贯彻落实党中央、国务院关于建设自由贸易试验区的决策部署，积极推动相关政策落地，完善海事配套举措。2021 年 9 月 1 日正式实施的《中华人民共和国海上交通安全法》取消大型设施水上拖带审批等 6 项行政许可，进一步激发了航运市场活力。我国海事业务系统与国际贸易“单一窗口”国家标准版实现了互联互通，船舶进出口岸申请数据和海事许可审批数据可“双向”传输，船舶进出口岸海事审批许可事项全流程在线办理。2021 年 1—8 月，全国海事系统累计办理国际航行船舶进出口岸手续约 25 万艘次，通过“单一窗口”审批率达 100%。

资料来源：http：//www.cinnet.cn/zh—hans/node/6865.

思考：

1. 国际多式联运有什么作用？

2. 我国试点放开国际登记船舶法定检验，支持自贸区多式联运“一单制”改革对国际货物运输有什么意义？

第五章

货物包装

◆ **知识目标**

1. 掌握货物包装的概念和分类，了解货物包装的地位和作用。
2. 熟悉货物包装的要求、材料和分类。
3. 熟悉各种货物包装技术、货物包装标准及标准化和运输包装标志。
4. 熟悉国际货物买卖合同中关于包装的各种规定和注意事项。

◆ **思政目标**

1. 通过对现代包装材料和技术的介绍，帮助学生树立绿色发展理念。
2. 通过对货物包装标准以及国际货物买卖合同中关于包装条款的介绍，普及包装从业者应具备的相关法律法规，帮助学生树立法律意识。

第一节 货物包装概述

一、货物包装的概念

货物包装是指货物流通过程中为保护货物、方便储运、促进销售，按一定技术方法而采用的容器、材料及辅助物等的总体名称，也指为达到上述目的而在采用容器、材料和辅助物的过程中施加一定技术方法等的操作活动。简而言之，包装是包装物及包装操作的总称。

从这个意义上讲，货物包装不仅是一种物质形态，而且是一种技术和一项经济活动。现代货物包装的概念反映了货物包装的货物性、目的性和生产活动性。首先，货物包装是实现货物价值和使用价值的有效组成部分，货物和包装共同组成了统一的货物体。货物包装本身具有价值和使用价值，货物包装的价值包含在货物的价值中，并且在出售货物时得到补偿。其次，使用某种材料，按照一定技术方法形成包装容器是为了在流通和消费领域中实现货物的价值和使用价值，它是一种工具和手段。最后，货物包装是货物生产的一个重要环节，绝大多数货物只有经过了包装工序才算完成了生产过程。

二、货物包装的地位及作用

（一）货物包装的地位

包装处于生产过程的末端和物流过程的开头，既是生产的终点，又是物流的起点。作为生产的终点，产品生产工艺的最后一道工序是包装。因此，包装对生产而言，标志着生产的完成，从这个意义上讲，包装必须根据产品性质、形状和生产工艺来进行，必须满足生产的要求。作为物流的起点，包装完成之后，包装了的产品便具有了物流的能力，在整个物流过程中，包装便可发挥对产品的保护作用，最后实现销售。从这个意义上讲，包装对物流有着决定性的作用。

如果包装仅从生产的终点要求出发，就难以满足流通要求。包装与物流的关系比包装与生产的关系要密切得多，作为物流起点的意义比作为生产终点的意义要大得多，因此包装属于物流系统，这是现代物流的新观念。

（二）货物包装的作用

货物包装是货物生产过程的一个重要组成部分，绝大多数货物只有经过包装，才能进入流通领域。在搬运、装卸、运输、储存、销售等流通领域的各个环节中，货物的包装能够保护内装货物的质量，宣传货物的性能、作用，方便流通，促进销售。

1. 货物包装在运输中的作用

（1）货物包装具有保护货物质量、保证货物安全的作用。

具体来说，包装是要保证货物在复杂的运输环境中的安全，保证货物的质量和数量不受损失。

保护货物使用价值是包装的最重要的作用，货物在运输、储存和销售过程中，会受到各种因素的影响，可能发生物理、机械、化学、生物等变化，造成商品损失、损耗。例如，流通和存储过程中外界温度升高可以使物理变化、化学变化过程加速，造成货物变质；温度过低，会促使货物如塑料制品老化变脆。为了保障所运输货物的品质不受损害和货物数量完整，避免受微生物、虫害的破坏，防止温湿度、光线、有害气体的影响，应根据不同货物的性质、运输和储运条件选择适当的包装。

货物在流通过程中受损的原因还有外力的破坏。如采用火车、卡车等运输工具运送货物，当通过火车的平交道或凹凸不平的路面时，货物会受到剧烈的颠簸、冲击、震动、碰撞、跌落。货物在储存运输过程中的层层堆码，使底层货物承载过重，以及货物在装卸、搬运过程中的意外跌落等因素，都会造成对货物的损害。包装可以在流通过程中保护货物，避免或减轻各种外力的损害。

(2) 货物包装具有方便运输的作用。

包装为货物从生产领域向流通领域和消费领域转移，以及在消费者使用过程中提供一些方便。包装的形状、规格、质量与货物运输关系密切，其尺寸与运输车辆、船舶、飞机等运输工具的容积相吻合，可以提高运输工具的装载能力，降低运输难度，提高运输效率。

货物的形态是千差万别的，但是货物经过包装以后，人们可以使包装件的外形符合一定的规格。例如将液体货物盛桶封装、将小件异形货物装入规则箱体、将零售小件货物集装成箱等，从而使大部分货物的包装件为长方体箱型，为搬运、装卸和储存、堆码提供了方便。此外，液体产品、粉粒状产品、气体产品若没有包装将无法流转。

2. 货物包装在装卸搬运中的作用

(1) 货物包装有利于采用机械化、自动化装卸搬运作业，降低劳动强度和难度，加快装卸搬运速度。

(2) 货物包装使货物能够在装卸搬运中承受一定的机械冲击力，达到保护货物、提高工作效率的目的。

3. 货物包装在储存中的作用

(1) 方便计数。货物自身不易计数，在加了外包装之后可以方便计数。

(2) 方便交接验收。货物包装件外表面印刷的标志能正确指导货物的装卸、搬运，方便货物的清点、验收，减少货损、货差，既缩短了各流通环节的作业时间，加速货物流转，提高工作效率，又降低了产品的流通费用。

(3) 缩短发放时间，提高发放速度及效率。

(4) 便于货物堆、码、叠放。

(5) 节省仓库空间，进而节省仓容。货物包装的规则箱型能提高仓库的利用率，同时也可以增加车、船等运输工具的容纳能力。

(6) 能够抵御储存环境对货物的侵害。

4. 货物包装在销售中的作用

(1) 促销作用。货物包装特别是销售包装，是无声的推销员，在货物和消费者之间起媒介作用。货物包装可以美化货物和宣传货物，使货物具有吸引消费者的魅力，引起消费者对货物的购买欲，从而促进销售。包装的促销功能是因为包装具有传达信息，表现货物和美化货物的功能。传达信息功能是通过包装上的文字说明，向消费者介绍货物的名称、品牌、产地、特性、规格、用途、使用方法、价格、注意事项等，起到广告、宣传和指导消费者的作用。

（2）升值作用。货物包装的升值作用是指货物包装能够有效提升货物价值，促进货物使用价值实现的功能。货物包装本身也是具有价值和使用价值的特别商品。

三、货物包装的要求

根据货物包装的“科学、经济、牢固、美观、适销”的原则，在进行货物包装时应满足以下要求。

（一）包装应符合货物性能的要求

各类货物由于外形、内在性质不同，要求采用不同的包装材料、包装技术和包装方式。例如：对于腐蚀性强的货物，应采用抗腐蚀能力强的包装材料；对于怕振动、易碎的货物，应采用富有弹性的、内加松软衬垫的包装材料；对于液体货物，应采用密闭、牢固的包装材料。

（二）包装应满足物流各个环节的要求

货物在流通过程中往往要经过多次搬运、堆码和装卸，因此，货物的包装应适应这些环节的操作。例如：货物的包装要使装卸、搬运设备的效能得到充分的发挥，使库场和运输工具的容量得到充分的利用；能满足装卸、搬运对货物包装强度的要求。

（三）包装应满足国际市场的销售和消费习惯

随着我国经济的高速发展和国际地位的不断提升，我国的国际贸易趋于频繁，国际交易额不断增长，货物的出口量进一步增加。在这种情况下，货物的包装应符合国外经销商和消费者的习惯。如货物包装上的说明应采用进口国的文字，图案能吸引当地的消费者。

（四）包装应符合物美价廉的要求

作为商品的货物包装，其成本不能过高，人们追求的是既要包装美观，又要商品的价格便宜。因此，包装设计（包括包装材料的选用、图案设计等）已经成为一门重要的学科。

（五）包装应符合科技发展的要求

随着科技的发展，包装的材料、设计理念以及对货物包装加工的方法与技术也在不断改进，谁率先采用新的包装技术，谁就将在货物包装上处于领先地位，从而在商品促销上占据优势。

四、货物包装的分类

由于包装在生产、流通和消费过程中的作用不同，不同的部门对包装有不同的分类。包装生产部门按包装材料、容器和生产条件进行分类；包装使用部门按包装的防护性能和适应性能进行分类；运输部门按不同的运输方式和运输方法进行分类。

对包装进行科学分类，有利于包装标准的制定，便于包装的技术测试和实现包装标准化、规格化与系列化；有利于装卸、搬运和存储作业，便于实现这些作业的机械化、自动化；有利于材料选择、造型结构设计和装潢，促进包装生产的发展；有利于充分发挥包装在流通和消费领域中的作用，便于产品储运和销售；有利于包装行业的经营管理，提高包装的科学管理水平；有利于加强包装技术的研究，提高包装的科学技术水平。

我国对包装的分类，有如下几种方法。

（一）按货物包装形态层次分类

按包装形态层次分类，货物包装可分为逐个包装、内部包装和外部包装三种，即按其层次顺序来说，第一层为逐个包装，第二层为内部包装，第三层为外部包装。当然，并非所有货物都按这三个层次包装，有的只需第一层或第二层即能满足功能要求，具体还要根据货物的性质、形态、种类和销售方式来确定。

1. 逐个包装

逐个包装是指交到使用者手里的最小包装，是把物品全部或一部分装进袋子或其他容器里并予以密封的状态或技术。逐个包装是直接盛装和保护货物的最基本的包装形式，是在货物生产的最后一道工序中形成的，随同货物直接销售给顾客。如汽水、醋、酒、酱油和化妆品所需的瓶、罐，烟所需的盒，牙膏、药膏所需的软管等。

逐个包装上均有印贴商标，介绍货物成分、性质、使用和保存方法等，便于消费者识别、选购、携带和使用，同时还可起到美化、宣传商品及指导消费、促进销售和赢得市场的作用。

2. 内部包装

内部包装又称中包装，是逐个包装的组合形式，即在逐个包装之外再加一层包装，是指将逐个包装的物品归并为一个或者两个以上的较大单位，放进中间容器里的状态和技术，包括为保护里面的物品，在容器内放入其他材料的状态和技术，以便在销售过程中起到保护货物、简化计量和利于销售的作用。

3. 外部包装

外部包装是逐个包装、中包装的进一步组合，是货物的外层包装，又称运输包装。

运输包装一般体积大，外形尺寸标准化程度高，坚固耐用，表面印有明显的识别标志。其目的是在运储过程中保障货物安全，方便运储装卸、搬运和加速交接与点验。合理的运输包装是，在不影响质量的前提下，压缩轻泡货物体积，拆装大型货物，套装形状相似的货物，并加衬垫缓冲材料等。常见的外部包装形式有瓦楞纸箱、木箱、金属桶、钢桶、麻袋、布袋、捆件等。

（二）按货物包装的使用范围分类

1. 专用包装

专用包装是指根据内装物的状态、性质以及技术保护要求、流通条件的需要而专门为某种或某类货物的运输设计制造的一类包装，只适用于某一专门货物的包装。

例如，各种压缩和液化气体本身处于一定的压力状态，在流通环境中又要受热、受震动冲击，气体容易因膨胀而加压，因此，需要用耐压和密封的钢制气瓶装运。又如，茶叶的吸附性很强，混装时容易发生串味，须采用专用箱才能保持其品质。此外，采用专用箱还可以在再次使用时省却清洗扫刷等作业，节省人力和费用的支出。专用包装由于单向货流的原因，会产生空容器回送运输的问题。

2. 通用包装

通用包装是指根据包装标准系列尺寸制造的包装容器，用于无特殊要求的或符合标准尺寸的货物。例如各种瓦楞纸箱、钙塑箱、塑料箱、木箱、木桶、麻袋、布袋等，既可以用来装运日用百货、中西成药，又可以装运各种电器、食品、饮料、化妆品等，可作为多种用途的通用包装。

（三）按经营贸易惯例分类

1. 内销货物包装

内销货物包装是指在国内周转和销售的货物包装。内销货物包装理论上又可分为商业包装和工业包装，但实际操作上则不尽然，通常视包装的状态和流通条件而定，在不损害货物和影响便利流通的原则下，二者可以互相转化和通用。

（1）商业包装是指把货物作为一个销售单位的包装方式，所以也称销售包装。其目的是诱使消费者对货物产生购买欲望和兴趣，促进销售，以实现货物的价值和使用价值。

（2）工业包装是指以便于货物运输和储存为目的的包装形式，其作用是保护货物在流通环节和运输过程中不受损失或减少损耗，所以又称运输包装。

2. 外贸出口货物包装

外贸出口货物包装是指我国销到国外或国际市场上的货物包装。按国际贸易的习惯，外贸出口货物包装又可分为出口货物运输包装和出口货物销售包装。

（1）出口货物运输包装主要考虑远距离运输和不同运输方式换装作业条件的要求，增加包装结构强度和进一步组合成大型的集合包装。

（2）出口货物销售包装除了要考虑货物的性质、气候等自然环境条件外，还要在包装的设计造型、装潢美术、工艺技术等方面，充分考虑不同国家、民族、宗教的习惯和偏好，并根据货物销售所在国的订货要求以及国际市场的特点等因素来实施包装。

3. 特殊货物包装

特殊货物包装是指工艺品、古董文物、科技尖端保密产品、国防保密物资产品以及其他重要的军需品等所需的特定用途包装。为了确保这些物资在运输过程中的绝对安全，需要有特殊的技术保护和安保措施，包装要具有更好的抗压、抗震和抗冲击性能。

（四）按包装在流通领域的作用分类

按在流通领域的作用，货物包装分为物流包装和商流包装两大类。

1. 物流包装

物流包装主要包括运输包装、托盘包装和集合包装。

（1）运输包装。根据国家有关标准，运输包装是指以满足运输储存要求为主要目的的包装。它具有保障货物的安全、方便储运装卸、加速交接和检验的作用。运输包装一般有散装、裸装和包装三种形式。散装是指不需要也不必要进行包装，而直接将货物装载在运输工具内的包装形式，如沙石料、煤炭、原盐等；裸装是指那些自然成件，能抵抗外界作用，在储运过程中可以保持原状的货物，不必包裹的包装方式，如钢板、木材等；包装是指需要外加包裹物，使商品形成包、箱、袋、桶等形状的包装方式。除了可采用散装和裸装的货物外，大多数商品都要经过包装方可运输。

（2）托盘包装。根据国家有关标准，托盘包装是指以托盘为承载物，将包装件或产品堆码在托盘上，通过捆扎、裹包或胶贴等方法加以固定，形成一个搬运单位，以便使用机械设备搬运的包装方式。托盘包装兼备包装容器和运输工具的双重作用，是使静态货物转变为动态货物的媒介物。托盘包装的特点是，使装卸作业化繁为简，完全实现机械化；简化单体包装，节省包装费用，保护货物安全，减少损失和污染；能够进行高层堆垛，合理利用存储空间。托盘按制作材料分类为木托盘、胶合板托盘、钢托盘、铝托盘、塑料托盘和纸托盘等；按组合形式分类为平板式托盘和非平板式托盘两种，非平板式托盘包括箱式托盘、立柱式托盘和框架式托盘等。近些年国际上出现的集装滑片是一种新型托盘，它的作用与一般托盘一样，都是用来集装货物，以便使用机械进行装卸和搬运工作。

（3）集合包装。集合包装是将一定数量的包装件或货物装入具有一定规格、强度，适宜长期周转使用的重、大包装器内，形成一个合适的装卸搬运单位的包装，如集装箱、集装托盘、集装袋等。集合包装的出现，一方面提高了物流效率和服务水平，另一方面也是对传统储运的重大改革，使传统的物流发生了较大的变化。

2. 商流包装

商流包装就是我们所说的销售包装。根据有关国家标准，商流包装是指直接盛装货物并同货物一起出售给消费者或者客户的小型包装。

商流包装在设计时重点考虑的是包装造型、结构和装潢。因为与货物直接接触，商流包装在包装材料的性质、形态、式样等方面要着眼于保护货物，造型和结构要有利于流通，图案、文字、色调和装潢要能吸引消费者，并激发消费者的购买欲，为货物流通创造良好条件。另外，包装单位要适宜消费者的购买量和商店设施条件。总之，这种包装应同时具有一定的保护功能、美化宣传功能，能够为消费者提供方便。

（五）按包装容器分类

按照包装容器使用次数的不同，货物包装可分为一次性使用包装、多次使用包装、固定周转使用包装。

按照包装容器形状的不同，货物包装可分为包装袋、包装箱、包装盒、包装瓶、包装罐等。

按照结构形式的不同，货物包装可分为固定式包装、折叠式包装、拆解式包装。

按照变形能力的不同，货物包装可分为软包装和硬包装。

（六）其他分类

按照包装容器防护技术的不同，货物包装可分为防锈包装、防震缓冲包装、密封包装和保鲜包装等。

按照操作方法的不同，货物包装可分为压缩包装、捆扎包装、收缩包装和拉伸包装等。

按照包装内容物所属品种的不同，货物包装可分为食品包装、纺织品包装、医药品包装、化学品包装及电子电器包装等。

五、货物包装的材料

（一）包装材料的定义

包装材料是指用于制造包装容器和包装运输、包装装潢、包装印刷、包装辅助材料及其他与包装有关的材料的总称。包装材料具有保证产品安全、清洁、卫生，防止产品散失、残缺、变质和损害的作用。

(二) 包装材料的分类

1. 纸包装

纸包装是以纸和纸板为原材料制成的包装。常用的纸包装有纸袋、纸盒、纸桶、纸管、纸箱、纸杯等，主要用于日用百货、纺织品、食品、饮料、医药、家用电器等货物的包装。

纸制品是支柱性的传统包装材料，分一般纸类和纸板两种。一般纸类，是指每平方米重量在200g以下，或厚度在0.1mm以下的纸制品。纸板，是指每平方米重量在200g以上，或厚度在0.1mm以上的纸制品。纸板可作大包装、小包装、包装衬里、商标，也可与其他材料结合形成复合包装。箱板纸、黄板纸、瓦楞纸可以制作大包装用的纸箱，也可以制作各种纸盒、纸筒等。

纸制品具有以下优点：

(1) 具有适宜的强度，耐冲击、耐摩擦。

(2) 密封性好，容易做到清洁卫生。

(3) 具有优良的成型性和折叠型，便于采用各种加工方法，适应机械化、自动化的包装生产。

(4) 具有最佳的可印刷性，便于介绍和美化货物。

(5) 价格较低，且重量轻，可以降低包装成本和运输成本。

(6) 用后易于处理，可回收复用和再生，不会污染环境，并节约资源。

纸制品也有一些严重缺点，如封口困难、受潮后牢度降低，气密性、防潮性、透明性差，这些缺点使它在包装应用上受到限制。

纸包装是一种环保型的“绿色包装”，具有良好的生物天然降解性，是适合大力发展的包装材料。其原料取自木材、稻草、芦苇、麦秸等，资源丰富，因此，纸包装在现代包装领域占有很重要的地位。

目前市场上已出现的新型纸包装材料有激光全息转移纸和合成纸。合成纸多使用于要求较高的场合，但合成纸存在静电问题，任何没有经过处理的塑料层都很容易与周围物体产生静电，在印刷时，塑料层积蓄的静电对以后的工序会产生影响。

2. 塑料包装

塑料在整个包装材料中的应用比例仅次于纸和纸板，包装用塑料的占有量占总消费的1/4，在许多方面已经取代了或逐步取代了传统包装材料。塑料一般是以人工合成树脂为主要原料的各种高分子材料制成的。主要的塑料包装材料有聚乙烯塑料、聚氯乙烯塑料、聚丙烯塑料、聚苯乙烯塑料、聚酯塑料、聚酰胺塑料等。

塑料包装有塑料薄膜袋，塑料编织袋，硬质塑料桶、瓶、箱等，适用于食品、饮料、针织品、服装以及五金交电等货物的包装。塑料的原料来自煤、石油、天然气等。

塑料包装具有以下优点：

（1）物理机械性能良好，具有一定的强度和弹性，耐折叠、耐摩擦、耐冲击、抗震动、抗压、防潮、防水，并能阻隔气体。

（2）化学稳定性能良好，耐酸碱、耐油脂、耐化学药剂、耐腐蚀、耐光照等。

（3）比重小，质量轻，属于轻质材料。

（4）加工成型工艺简单，便于制造各种包装材料和包装容器。

（5）适合采用各种包装新技术，如真空、充气、收缩、贴体等。

（6）具有优良的透明性、印刷性，装饰性强，为包装装潢提供了良好的条件。

塑料包装的缺点有：强度和耐热性能不理想；有些塑料有毒或带有异味；塑料废弃物若处理不当会造成污染。

如今，针对塑料制品应用广泛但是污染严重这一问题，解决这一问题的主要措施概括起来为：塑料包装废弃物的减量化，塑料包装制品的再使用，塑料包装废弃物的回收利用，开发有益于环境的降解塑料。当前，回收利用和开发降解塑料已成为各国防止塑料废弃物污染环境的重要途径。

3. 金属包装

金属的种类很多，包装用金属材料主要是钢材、铝材及其合金材料。包装用钢材包括薄钢板、镀锌低碳薄铁板、镀锡低碳薄钢板（俗称马口铁）。包装用铝材有纯铝板、合金铝板和铝箔。

金属包装材料具有以下优点：

（1）具有良好的机械强度，牢固结实，耐碰撞，不破碎，能有效保护内装物品。

（2）密封性能优良，阻隔性好，不透气。

（3）具有良好的延展性，易于加工成型。

（4）金属表面有特殊光泽，易于涂饰和印刷，具有良好的装潢效果。

（5）易于回收再利用，不污染环境。

金属材料虽然优点很多，但也存在无法避免的缺点，尤其是其化学稳定性较差，在潮湿环境下易发生锈蚀，遇酸、碱易发生腐蚀，因而包装用途受到一定限制。

目前刚性金属材料主要用于制造运输包装桶、集装箱及饮料、食品和其他货物销售包装罐、听、盒，另外还有少量用于加工各种瓶罐的盖底及捆扎材料。

4. 木材包装

在我国很早就使用木材做包装材料。木材包装是指以木板、胶合板、纤维板为原材料制成的包装。常用的木材包装有各种木箱、木桶、纤维板箱等。

木材的特点是强度高、坚固、耐压、耐冲击、化学和物理性能稳定、易于加工、不污染环境等。但是，在包装业中，应积极采取以钢代木、以塑代木、以纸代木和以竹代木的各种措施。因为木材生长期长，加上我国的森林覆盖率小，大量砍伐树木容易造成水土流失，破坏生态平衡。目前，国家已采取限制使用木材的强制措施。

5. 玻陶包装

玻陶包装是指以玻璃、陶瓷为原料制成的包装。常用的玻陶包装有玻璃瓶、玻璃罐、陶瓷瓶、陶瓷坛、陶瓷缸等，主要用于包装液体饮料、药品、调味品、化工原料、化工制品等。

玻璃最突出的优点是：化学稳定性好，耐腐蚀，透明性好，无毒、无味、卫生安全；密封性良好，不透气、不透湿、有紫外线屏蔽性；易于加工成型，原料来源丰富，制作成本低，易回收，能重复使用，利于环保。玻璃最显著的缺点是耐冲击强度低、热稳定性不好和笨重，这些都给运输、装卸、储藏货物带来困难，所以实践中很少以玻璃制成运输包装容器。

陶瓷与玻璃有许多共同之处，而且成本更低廉，具有很好的遮光性。陶瓷常被制成缸、罐、坛等容器，广泛用于包装运输各种化工产品、特色传统食品等。

6. 纤维包装

纤维包装是指以天然、人造与合成纤维为原材料制成的包装。常用的纤维包装有麻袋、布袋、合成纤维编织袋等，主要用于包装粮食、食糖、面粉、淀粉、水泥、陶土、白云石等粉状、颗粒状货物。

由于棉麻属于农作物，资源有限，而且棉麻纤维包装耐冲击强度较低，包装货物易于破损，因此今后也应限制发展这类材料的包装。合成纤维由于其资源丰富、强度大、轻便、耐冲击强度高、耐磨、耐腐蚀、易清洗、不污染环境、便于回收利用，是现代包装的理想材料，具有广泛的发展前景，应大力开发，充分利用。

7. 条编包装

条编包装是指以天然的竹条、藤条、荆条、柳条、芦苇、稻草等材料编织而成的包装。常用的条编包装有各种筐、篓、篮、包、袋等，主要用于盛装水果、蔬菜、薯类、药材等货物。

这种包装虽然耐冲击强度低，容易破损，但其原料均为农副产品，资源丰富，制作简便，是农民可从事的一项重要副业，而且成本也较低，因此应充分利用。发展这类包装也是促进农村经济发展的一种途径。

8. 复合材料包装

复合材料包装是指以两种或两种以上材料紧密复合制成的包装，以纸、塑料、铝箔等薄膜黏合而成为主要材料。近几年发展起来的各种复合材料的袋式、包式和盒式包装，主要用于饮料、果酱、榨菜等液态、糊态和固态食品的包装。

复合材料包装具有良好的机械强度和气密性，防水、防油、耐热或者耐寒，容易加工等，是现代货物包装材料的发展方向。

近年来研制的多功能新型复合软包装材料是一种便于回收的绿色包装材料。它是由无机氧化物涂覆的包装材料，具有与铝蒸镀膜相同的阻隔性且透明度较好，有很好的耐破裂、耐折叠、耐化学药品及耐热性能，将成为铝塑复合材料的替代产品。

第二节 货物包装技术

货物包装技术是指包装操作时采用的技术。只有通过包装技术，才能使包装与商品形成一个整体。包装技术与包装的各种功能密切相关，特别是与保护功能关系密切。采用各种包装技术是为了有针对性地合理保护不同特性商品的质量。有时为了取得更好的保护效果，人们也将两种或两种以上技术组合使用。随着科学技术的进步，货物包装技术正在不断发展完善。

一、针对产品不同形态所采用的包装技术

（一）合理选择外包装形状和尺寸

包装尺寸的合理配合主要指容器底面尺寸的配合，即应采用包装模数系列。至于外包装高度的选择，则应由货物特点来决定，松泡货物可选高一些，沉重的货物可选低一些。在外包装形状尺寸的选择上，要避免过高、过扁、过大、过重包装。过高的包装会重心不稳，不易堆码；过扁的包装则会给标识刷字和标识的辨认带来困难；过大的包装量太多，不易销售，而且体积大也会给运输流通带来困难；过重的包装易导致包装纸破损。

有的货物运输包装件还需要装入集装箱，这就存在包装件与集装箱之间的尺寸配合问题。如果配合得好，就能在装箱时不出现空隙，有效地利用集装箱容量，并有效地保护货物。包装件装入集装箱只能平放，不能立放或侧放。

（二）合理选择内包装形状和尺寸

在选择内包装形状和尺寸时，要与外包装形状和尺寸相配合，即内包装的底面尺寸必须与包装模数相协调。当然，内包装主要是作为销售包装，更重要的是要有利于货物的销售，有利于货物的展示、装卸、购买和携带。

（三）外包装的捆扎

捆扎的直接目的是将单个物件或数个物件捆紧，以便于运输、储存和装卸。此外，捆扎还能防止失窃、保护内装物，能压缩容积而减少保管费和运输费，能加固容器，

一般合理捆扎能使容器的强度增加20%～40%。外包装捆扎对包装起着重要作用，有时甚至还能起到关键性作用。

捆扎的方法有多种，一般根据包装形态、运输方式、容器强度、内装物重量等不同情况，分别采用“井”字、“十”字、双“十”字和平行捆扎等不同方法。对于体积不大的普通包装，一般在打包机上进行捆扎。

对于集合包装，用普通捆扎方法费工费力，一般采用收缩薄膜包装技术和拉伸薄膜包装技术。收缩薄膜包装技术是用收缩薄膜裹包集装的物件，然后对裹包的物件进行适当的加热处理，使薄膜收缩而紧贴于物件上，将集装的物件固定为一体。拉伸薄膜包装技术是在20世纪70年代开始采用的一种包装技术。运用拉伸薄膜技术时不需要加热，所消耗的能量只有收缩薄膜包装技术的1/20。它是依靠机械装置，在常温下将弹性薄膜围绕包装件拉伸、裹紧，最后在薄膜末端进行封合，薄膜的弹性使集装的物件紧紧地固定在一起。

（四）对内装物的合理放置和加固

在运输包装体中装进形态各异的产品需要一定的技巧，只有对产品进行合理放置、固定和加固，才能达到缩小体积、节省材料、减少损失的目的。例如，对于外形规则的产品，要注意套装；包装内重量要均匀；产品与产品之间要注意隔离和固定；薄弱部件要注意加固。

（五）对松泡产品进行压缩

一些松泡产品在包装时所占用容器的容积太大，相应地也就多占用了运输空间和储存空间，增加了运输储存费用，所以对松泡产品要压缩体积，一般采用真空包装技法压缩松泡产品的体积。

二、针对产品的不同特性所采用的包装技术

由于产品特性不同，在流通过程中受到各种内外因素影响，货物的某些性能会发生变化，如受潮变质、受震动冲击而损坏等，因此需要采用一些特殊的技术来保护产品免受流通环境各因素的影响，此类技术也称特殊包装技法。它所包括的范围极为广泛，有无菌包装、收缩包装、防锈包装、防霉包装、防潮包装、保鲜包装、缓冲包装、脱氧包装、特种包装等。

（一）无菌包装

无菌包装是将食品填充并密封于由复合材料制成的包装内，然后使其在短时间内

保持135℃左右的高温，以杀灭包装容器内细菌的包装方法。无菌包装适用于液体食品，是在罐头包装基础上发展起来的一种新技术。和罐头包装相比，无菌包装的特点是：能较好地保存食品原有的营养素、色、香、味和组织状态；杀菌所需热能要少25%～50%；因冷却后包装可以使用不耐热、不耐压的容器，如塑料瓶、纸板盒等，既可降低成本，又便于消费者开启。

（二）收缩包装

收缩包装是以收缩薄膜为包装材料，包裹在货物外面，通过适当温度加热，使薄膜受热自动收缩紧包货物的一种包装方法。收缩薄膜是一种经过特殊拉伸和冷冻处理的聚乙烯薄膜，内含有一定的收缩应力，这种应力重新受热后会自动消失，使薄膜在其长度和宽度方向急剧收缩，厚度加大，从而使内包装货物被紧裹，起到良好的包装效果。收缩包装具有透明、紧凑、均匀、稳固、美观的特点。收缩包装密封性好，具有防潮、防尘、防污染、防盗窃等保护作用。收缩包装适用于食品、日用工业品和纺织品的包装，特别适用于形状不规则货物的包装。

（三）防锈包装

防锈包装是为防止金属制品锈蚀而采用一定防护措施的包装方法。防锈包装可以采用在金属表面进行处理的化学防护方法，如镀锌、镀锡、镀铬等，镀层不但能阻隔钢铁制品表面与大气接触，且发生电化学反应时镀层先受到腐蚀，保护了钢铁制品的表面；也可采用氧化处理（俗称发蓝）或磷化处理（俗称发黑）的化学防护方法；还可采用涂油防锈、涂漆防锈和气相防锈等方法。如轴承包装就是对经表面清理后的轴承用黄油涂覆，然后用防水蜡纸进行裹包后放在内包装中；在采用容器包装时，还可采用在容器内或周围放入适量吸潮剂的做法，以吸收包装内部残存的或由外部进入的水分，使其相对湿度下降，从而达到防锈的目的。

（四）防霉包装

防霉包装是为了防止因真菌侵袭内装物而采取一定防护措施的包装方法。目前常采用的是耐低温包装、防潮包装和高密封容器包装。

耐低温包装一般是用耐冷耐潮的包装材料制成。经过包装的物品能较长时间在低温下存放，以低温抑制微生物的生理活动，达到内装物不霉腐的目的；防潮包装可以防止包装内的水分增加，达到抑制微生物生长和繁殖的作用，延长内装物品的储存期；采用陶瓷、金属、玻璃等高密封容器进行真空和其他防腐处理（如加工食品防腐剂），是食品防腐中常用的防霉包装技术。

采用防霉包装还应注意以下几点：

（1）密封包装是防霉的重要措施，要求容器有较好的密封性。如采用泡罩、真空或充气等严密封闭的包装，既可阻隔外界潮气侵入包装，又可抑制真菌的生长和繁殖。

（2）要尽量选用铝箔、玻璃和高密度聚乙烯塑料、聚丙烯塑料、聚酯塑料及其复合薄膜等耐霉腐和结构紧密的材料，这些材料具有微生物不易透过的性质，有较好的防霉性能。

（3）采用药剂防霉的方法，如在生产包装材料时添加防霉剂，或用防霉剂浸泡包装容器，或在包装容器内喷洒适量多菌灵（BCM）、百菌清、水杨酰苯胺、菌舀净、五氯酚钠等防霉剂。这种方法多用于纸及纸制品、皮革、棉麻织品、木材等包装材料的防霉。

（4）气相防霉处理也具有良好的效果。常用的气相防霉剂有多聚甲醛、环氧乙烷。

（五）防潮包装

防潮包装是为了防止潮气侵入包装件，影响内装物的质量而采取的包装方法。采用具有一定隔绝水蒸气能力的材料制成密封容器，运用各种技术阻隔水蒸气对内装货物的影响。一定厚度和密度的包装材料可以阻隔水蒸气的透入，其中金属和玻璃的阻隔性更佳，防潮性能较好；塑料次之，纸板、木板最差。常用的防潮技术有多层密封、容器抽真空或充气、加干燥剂等。

（六）保鲜包装

保鲜包装是采用固体保鲜剂（将沸石、膨润土、活性炭、氢氧化钙等原料按一定比例组合）和液体保鲜剂（如以椰子油为主体的保鲜剂，以碳酸氢钠、过氧乙酸溶液、亚硫酸与酸性亚硫酸钙、复方卵磷脂为主体的保鲜剂等）进行果实、蔬菜的保鲜。保鲜包装的方法有以下几种：

（1）固体保鲜剂法。这种保鲜包装方法是将保鲜剂装入透气小袋，封口后再装入内包装，以吸附鲜果、鲜菜散发的气体而延缓后熟过程。

（2）液体保鲜剂法。这种保鲜包装方法是把鲜果浸入涂液后取出，在鲜果的表面形成一层极薄的可食用保鲜膜，既可堵塞果皮表层呼吸气孔，又可起到防止微生物侵入和隔温、保水的作用。

（3）硅气窗转运箱保鲜包装。这种保鲜包装方法是采用塑料密封箱加盖硅气窗运输鲜果、鲜菜、鲜蛋。硅气窗又称人造气窗，是在塑料箱、袋上开气窗，以调节氧气、二氧化碳浓度，抑制鲜菜、鲜果和鲜蛋的呼吸作用，延长储存期。

（七）缓冲包装

缓冲包装是指为了减缓货物受到的冲击和震动，确保其外形和功能完好而设计的具有缓冲减震作用的包装。一般的缓冲包装有三层结构，即内层货物、中层缓冲材料和外层包装箱。缓冲材料在遇到外力作用时能有效地吸收能量，及时分散外力作用而保护货物。依据货物性能特点和运输装卸条件，缓冲包装方法可分为全面缓冲法、部分缓冲法和悬浮式缓冲法。全面缓冲法是在货物与包装之间填满缓冲材料，对货物所有部位进行全面缓冲保护。部分缓冲法是在货物或内包装件的局部或边角部位施用缓冲材料衬垫。这种方法对于某些整体性好或允许加速度较大的货物来说，既不降低缓冲效果，又能节约缓冲材料，降低包装成本。对于允许加速度小的易碎或贵重货物，为了确保安全，可以采用悬浮式缓冲法。这种方法采用坚固容器包装，将货物或内包装（包括货物与内包装之间的合理衬垫）用弹簧悬吊固定在外包装容器中心，通过弹簧的缓冲作用保护货物，以求万无一失。

常用的缓冲包装材料有泡沫塑料、木丝、弹簧等。发泡包装是缓冲包装的较新方法，它是通过特制的发泡设备，将能产生塑料泡沫的原料直接注入内装物与包装容器之间的空隙处，经几十秒即引起化学反应，进行 50～200 倍的发泡，形成紧裹内装物的泡沫体。

（八）脱氧包装

脱氧包装又称除氧封存剂包装，即利用无机系、有机系、氢系三类脱氧剂，除去密封包装内的游离态氧，降低氧气浓度，从而有效地阻止微生物的生长繁殖，起到防霉、防褐变、防虫蛀和保鲜的目的。脱氧包装适用于某些对氧气特别敏感货物的包装。

（九）特种包装

1. 泡罩包装与贴体包装

泡罩包装是将货物封合在透明塑料薄片形成的泡罩与底板之间的一种包装方法。贴体包装是将货物放在能透气的、用纸板或塑料薄片制成的底板上，上面覆盖加热软化的塑料薄片，通过底板抽真空，使薄片紧密包贴货物，且四周封合在底板上的一种包装方法。泡罩包装和贴体包装多用于日用小商品的包装，其特点是透明直观，保护性好，便于展销。

2. 真空包装与充气包装

真空包装是将货物装入气密性包装容器，抽去容器内部的空气，使密封后的容器内达到预定真空度的一种包装方法。这种方法一般用于高脂肪、低水分食品的包装，其作用主要是排除氧气，减少或避免脂肪氧化，抑制真菌或其他好氧微生物的繁殖。真空包装用于轻纺工业品时，能缩小包装货物的体积，降低流通费用，同时还能防止虫蛀、霉变等。

充气包装是在真空包装的基础上发展起来的，它是将货物装入气密性包装容器中，用氮、二氧化氮等惰性气体置换容器中原有空气的一种包装方法。它通过改变包装容器中的气体组成成分，降低氧气浓度，达到防霉腐和保鲜的目的。充气包装主要用于食品类货物的包装，其作用是减缓或避免食品的氧化变质，亦可防止金属包装容器由于罐内外压力不同而发生瘪罐问题。另外，充气包装技术还用于日用工业品的防锈和防霉。

第三节 货物包装标准及标准化

一、货物包装标准

货物包装标准就是规定货物包装方式，包装标志，包装技术要求，包装名词术语，包装的尺寸系列，对储存、运输、装卸的要求，包装材料及其质量，根据需要，有的还规定试验方法等。货物包装标准的完整定义是：为保障货物在储藏、运输和销售中的安全和科学管理，以包装的有关事项为对象所制定的标准。

包装标准是对包装标志，包装所用的材料规格、质量，包装的技术要求，包装件的检验方法等的技术规定。

货物包装标准的范围大致可分为三个层次：包装综合基础标准、专业基础标准、产品包装标准。

（一）包装综合基础标准

包装综合基础标准是所有包装须共同遵守的，同时也是跨行业、跨部门、跨专业，凡是与包装有关的经济技术和科研活动都应该遵守的标准。它包括包装术语、包装层次、包装尺寸、包装标志、包装单件试验方法、包装技术方法、包装管理等标准。

（二）专业基础标准

专业基础标准是针对包装的某个方面制定的标准，例如包装材料、包装容器、包装机械、包装技术等标准。

包装材料标准的主要内容有：适用范围、种类、质量要求、形状尺寸、制造方法、检验方法、包装标志。

包装容器标准的主要内容有：适用范围、种类、结构尺寸、材料、使用方法、检验方法。

（三）产品包装标准

产品包装标准是针对产品包装的科学合理性而制定的标准，它是整个包装标准化工作为之奋斗的最终目标。

1. 产品包装标准的适用范围

产品包装标准的适用范围极其广泛，包括农业、建材、轻工、机械、兵器、医药、邮电等24大类。

2. 产品包装分级

产品包装分级可根据下列情况确定：

（1）物流包装所经受的环境条件、运程、周转次数、储存时间及装卸搬运方式。

（2）产品贵重程度、精度、危险程度等。

产品分级的内容包括以下方面：

（1）分级档次，例如一级防潮包装、二级防潮包装等。

（2）不同等级对包装试验项目和定量值的要求。

（3）不同等级对包装容器、包装材料和包装方法的要求。

3. 包装技术要求

包装技术要求一般是指根据产品包装等级和用户要求，对包装环境、包装产品、包装材料、包装容器提出的要求。

4. 包装件运输

包装件运输主要是指根据物流环境和有关规定，对运输方式、运输条件、在途时间、装卸搬运方式等提出的要求。

5. 包装件储存

这是指对包装件的库存管理与养护，在必要的情况下做出的规定和要求。

6. 试验方法

这是指对物流包装件、包装材料、包装容器的试验方法。

7. 检验规则

检验规则包括检验分类、批次与抽样、判定规则等方面的规定。

二、货物包装的标准化

标准化是组织现代化生产的重要手段，是解决产品生产和使用过程中各种矛盾和保证产品质量的有效措施。通过制定和贯彻各种技术标准，以保证现代化生产有条不紊地进行。标准化也是衡量一个国家生产技术水平和管理水平的重要尺度，是现代化的重要标志之一。推行标准化在任何国家都是一项重要的技术经济政策，它能够适应日益扩大的国际贸易发展的需要，成为产品走出国门、走向国际市场的重要条件和有力保证。

货物包装标准化是以物流包装为对象，对包装规格、类型、容量、使用材料、包装容器的结构造型、印刷标志以及产品的盛放、衬垫、封装方法、名词术语、检验要求等规定统一的政策和技术措施。

(一) 包装标准化工作的任务

包装标准化工作是围绕着制定包装标准、组织实施标准和标准实施的监督这三个方面开展的。

1. 制定包装标准

制定包装标准是包装标准化工作的首要任务。包装标准就是对产品的包装方式、包装标志、包装技术要求、包装名词术语、包装尺寸系列、包装材料及其质量的检测等的技术规定。

2. 组织实施标准

实施标准是指将国家标准、行业标准和企业标准通过具体措施贯彻到生产中去，以取得标准化的最佳经济效益。一项包装标准制定后，首先是要通过各种形式（编写资料、录入国家标准系统、举办学习班等）进行宣传，使这项标准被广大使用者理解和掌握；其次要按照标准的要求组织生产、改进工艺、协调解决各方面的矛盾，提高产品的包装质量，以达到标准的要求；最后还要通过质量鉴定来评价质量和生产率，减少包装材料的消耗和降低生产成本，从而体现贯彻这项标准获得的经济效益。

3. 标准实施的监督

标准实施的监督主要采取两种形式：产品包装质量检验和产品质量认证。组织有关部门监督检验产品标准执行情况，将质量检验和专职检验机构认证相结合，不合格的产品坚决不予出厂，使标准真正得以贯彻实施。

(二) 包装标准化的重要意义

1. 包装标准化是提高包装质量的技术保证

任何包装标准都是从实践经验和技术研究成就中总结出来的，代表着当前较好的、普遍的生产水平。因此，包装质量的好坏与是否实行标准化是紧密相关的，如包装容器的使用效果和价值一般与结构形式、物理和力学性能等因素密切相关，对包装容器性能的这些最低要求，在标准中均作出具体的规定，可作为生产过程中控制质量、评价和检验质量好坏的依据，从而保证包装的质量。

2. 包装标准化是实现企业间经济横向联合的纽带

随着科学技术的发展，生产的社会化程度越来越高，生产规模越来越大，技术要求越来越高，生产协作越来越广泛。包装这一既简单又复杂的事物，不但涉及被包装对象，还涉及仓储、装卸、运输等物流的各部门。要实现这些部门之间在技术上的统一和协调，就要制定和执行许多包装标准和相关标准，使各生产部门和生产环节有机地联系起来，保证生产和流通有条不紊地进行。

3. 包装标准化有利于包装工业的发展

包装标准化是有计划发展包装工业的重要手段，是保证国民经济各部门生产活动高度统一、协调发展的有效措施。货物质量与包装设计、包装材料或容器、包装工艺、包装机械等有着密切关系。由于货物种类繁多、形态各异，为了保证货物质量，减少不确定性事件的发生，根据各方面的需要，制定行业标准及互相衔接的标准，逐步形成包装标准化体系，有利于货物运输、装卸和储存，有利于各部门、各生产单位有机地联系起来，协调相互关系，促进包装工业的发展。

4. 包装标准化有利于提高生产效率，保证货物安全可靠

根据不同货物类别的特点，制定相应的标准，使货物包装在尺寸、质量、结构、用材等方面都有统一的标准，能使货物在运转过程中免受损失，同时也为货物储存提供良好条件，使货物质量得到保证。

5. 包装标准化有利于合理利用资源、减少材料损耗、降低货物包装成本

标准化的重要功能就是对重复发生的事物尽量减少或消除不必要的劳动耗费，并促使以往的劳动成果重复利用。包装标准化可使包装设计科学合理，包装型号规格统一。过去，纸箱规格参差不齐，质量不好，实行包装标准化以来，纸箱统一简化为 27 种规格，半成品损耗降低了 0.5%。

6. 包装标准化有利于包装材料和包装制品的回收复用

包装标准化使各地区、各组织的包装容器互通互用，便于就地组织包装回收复用，节省了空包装容器在地区间的往返运费，降低了包装储存费用。如对大部分啤酒瓶的高度、外径、瓶口尺寸进行统一，瓶盖和灌装机械就能通用，大大降低了啤酒生产企业的成本，提高了企业的生产能力。

国际货物买卖合同中的包装条款

7. 包装标准化便于识别和计量

包装标准化简化了包装容器的规格，统一了包装的容量，明确规定了标志与标志书写的部位，便于从事货物流通的工作人员识别和分类。同时，整齐划一的包装使每箱中或者每个容器中的货物质量一样、数量相同，方便了货物的计量。

第四节 货物的运输包装标志

运输包装标志，是指为了防止损坏货物，便于在装卸、运输、仓储、交接等贸易环节中识别货物而在货物外包装上刷制的标志。

货物运输包装标志是由简单醒目的文字和数字或图形组成的，在运输包装外面明显的位置上涂刷、粘贴或拴挂的特定记号、说明。

包装好的货物，只有标志齐全才能进入物流环节；货物要经过多环节的流通和中转，需要依靠标志来识别和判断内装物的性质。运输包装标志的重要作用是便于货物在运输中的识别，从而将货物准确地运送到指定地点或收货单位，顺利完成交接，防止发生错发错运；便于在货物装卸、运输、储存过程中采取正确措施，确保货物的质量安全。

货物运输包装标志按作用可分为运输标志、指示性标志和警告性标志三种。

一、运输标志

运输标志（shipping mark）又称唛头，是由一个简单的几何图形和一些字母、数字及简单的汉字组成的，其作用在于使有关人员在运输过程中易于辨认货物，便于核对单证，避免错发错运。

此外，运输标志在国际贸易中还有其特殊的作用。按《联合国国际货物销售合同公约》的规定，在商品特定化以前，风险不转移到买方。商品特定化最常见的有效方式，是在商品外包装上标明运输标志。此外，国际贸易主要采用的是凭单付款的方式，而出口单据如发票、提单、保险单上，都必须显示运输标志。货物以集装箱方式运输时，运输标志可被集装箱号码和封口号码取代。

（一）传统运输标志

在过去的贸易实践中，运输标志繁简不一。传统的运输标志中包括几何图形、收货人代号、参考号码、原产地、目的地、体积、重量、件号等，由买卖双方根据商品特点和具体要求商定。

（二）标准运输标志

标准运输标志是联合国欧洲经济委员会简化国际贸易程序工作组在国际标准化组织和国际货物装卸协调协会的支持下制定的，目的是便于电子计算机技术在运输和单证流转方面的应用，避免运输标志内容差异过大造成的差错与困难。标准运输标志由 4 行组成，每行不得超过 17 个英文字母。该标准化运输标志包括以下要素：收货人或买方名称的英文缩写字母或简称；参考号，如运单号、订单号或发票号；目的地；件号。

至于根据某种需要而须在运输包装上刷写的其他内容，如许可证号等，则不作为运输标志必要的组成部分。

标准运输标志范例如下：

TMCO——收货人

NEWYORK——目的港（地）

2021/CNO. 56——合同号（或订单号、发票号等）

NO. 1 - 20——件号

二、指示性标志

指示性标志（indicative mark）又称操作标志，是根据货物的某些特性，如忌湿、忌震、忌热、忌冻等，在搬运、装卸操作和保存条件下所提出的要求和注意事项，如“向上”“小心轻放”等图形或文字。其目的是明示物流或保存中应采取的防护措施。

参照国际标准《包装——货物搬运图示标志》（ISO 780—1997），我国的国家标准《包装储运图示标志》（GB/T 191—2008）规定了 17 种指示标志，如表 5 - 1 所示。

表 5 - 1　包装储运图示标志

序号	标志名称	标志图形	含义
1	易碎物品		运输包装件内装易碎品，因此搬运时应小心轻放
2	禁用手钩	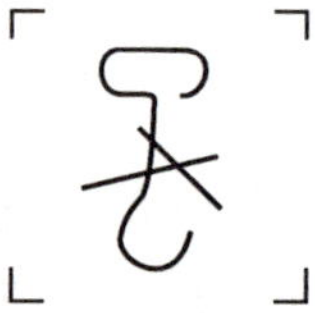	搬运运输包装时禁用手钩
3	向上		运输包装件的正确位置是竖直向上
4	怕晒	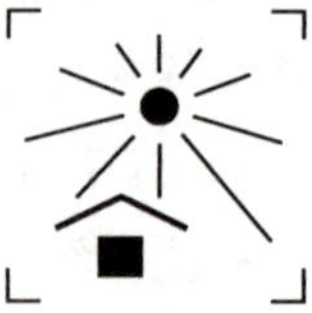	运输包装件不能直接照射

续表

序号	标志名称	标志图形	含义
5	怕辐射		包装物品一旦受辐射便会完全变质或损坏
6	怕雨		包装件怕雨淋
7	重心	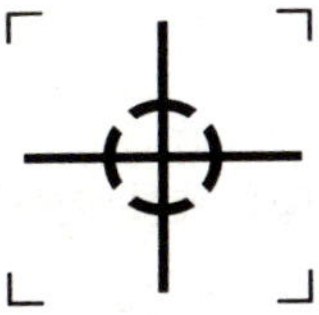	表明一个单元货物的重心
8	禁止翻滚	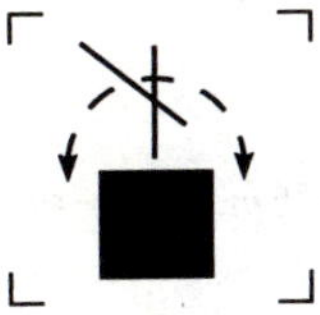	不能翻滚运输包装
9	此面禁用手推车	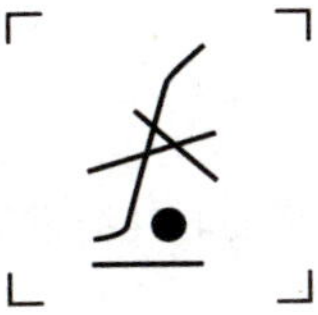	搬运货物时此面禁放手推车
10	禁用叉车	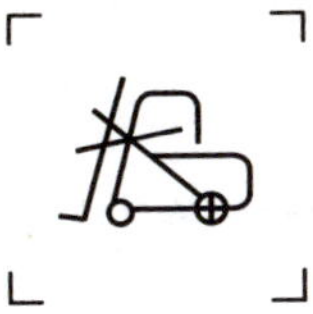	不能用升降叉车搬运的包装件
11	由此夹起	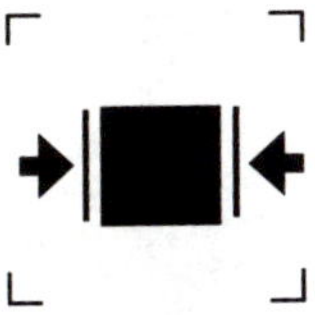	搬运货物时可夹持的面

续表

序号	标志名称	标志图形	含义
12	此处不能卡夹		搬运货物时不能夹持的面
13	堆码层数极限	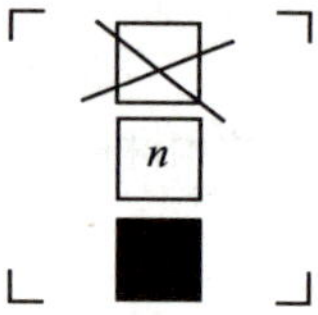	相同包装的最大堆码层数，n 表示层数极限
14	堆码重量极限	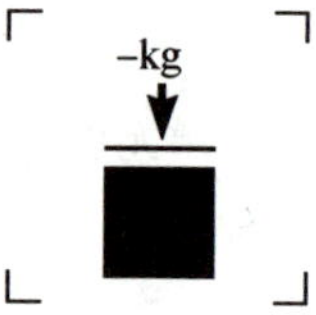	该运输包装件所能承受的最大重量
15	禁止堆码	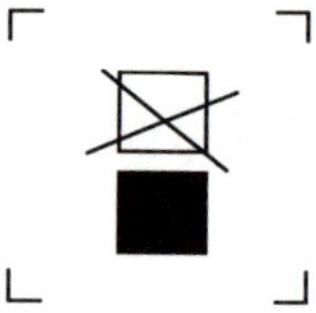	该包装件不能堆码并且其上也不能有其他负载
16	由此吊起	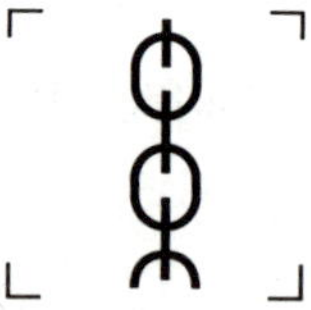	起吊货物时挂绳索的位置
17	温度极限		该运输包装件应保持的温度范围

三、警告性标志

警告性标志（warning mark）又称危险货物运输标志，是指在装有爆炸品、易燃物品、腐蚀物品、氧化剂和放射性物质等危险货物的运输包装上，用鲜明清楚的图形或文字表示各种危险品的标志。为了能使人们特别警惕，此类标志采用特殊的色彩和菱形图示。

警告性标志是用来标明对人体和财产安全有严重威胁的货物的专用标志，其目的是识别危险货物，以警告有关装卸、运输和保管人员按各类危险货物特性采取相应措施，以保障人身和物资安全。这类标志应按规定打标。

我国国家标准《危险货物分类和品名编号》（GB 6944—2012）把危险货物分为九类：第一类是爆炸品；第二类是气体；第三类是易燃液体；第四类是易燃固体、易于自燃的物质、遇水放出易燃气体的物质；第五类是氧化性物质和有机过氧化物；第六类是毒性物质和感染性物质；第七类是放射性物质；第八类是腐蚀性物质；第九类是杂项危险物质和物品，包括危害环境物质。

我国国家标准《危险货物包装标志》（GB 190—2009）规定了 26 种危险货物包装标志。这 26 种危险货物包装标志的名称及图形如表 5－2 所示。

表 5－2　危险货物包装标志

标志号	标志名称	标志图形	对应的危险货物类项号
1	爆炸性物质或物品	 （符号：黑色；底色：橙红色）	1.1 1.2 1.3
		 （符号：黑色；底色：橙红色）	1.4
		 （符号：黑色；底色：橙红色）	1.5

续表

标志号	标志名称	标志图形	对应的危险货物类项号
		 （符号：黑色；底色：橙红色） **项号的位置——如果爆炸性是次要危险性，留空白 *配装组字母的位置——如果爆炸性是次要危险性，留空白	1.6
2	易燃气体	 （符号：黑色；底色：正红色）	2.1
		 （符号：白色；底色：正红色）	
	非易燃无毒气体	 （符号：黑色；底色：绿色）	2.2
		 （符号：白色；底色：绿色）	
	毒性气体	 （符号：黑色；底色：白色）	2.3

续表

标志号	标志名称	标志图形	对应的危险货物类项号
3	易燃液体	 （符号：黑色；底色：正红色）	3
		 （符号：白色；底色：正红色）	
4	易燃固体	 （符号：黑色；底色：白色红条）	4.1
	易于自燃的物质	 （符号：黑色；底色：上白下红）	4.2
	遇水放出易燃气体的物质	 （符号：黑色；底色：蓝色）	4.3
		 （符号：白色；底色：蓝色）	

续表

标志号	标志名称	标志图形	对应的危险货物类项号
5	氧化性物质	 （符号：黑色；底色：柠檬黄色）	5.1
	有机过氧化物	 （符号：黑色；底色：红色和柠檬黄色）	5.2
		 （符号：白色；底色：红色和柠檬黄色）	
6	毒性物质	 （符号：黑色；底色：白色）	6.1
	感染性物质	 （符号：黑色；底色：白色）	6.2
7	一级放射性物质	 （符号：黑色；底色：白色，附一条红竖条）黑色文字，在标签下半部分写上：“放射性”“内装物________”“放射性强度________”，在“放射性”字样之后应有一条红竖条	7A

续表

标志号	标志名称	标志图形	对应的危险货物类项号
7	二级放射性物质	 （符号：黑色；底色：上黄下白，附两条红竖条）黑色文字，在标签下半部分写上："放射性""内装物________""放射性强度________"，在黑边框内写上："运输指数"，在"放射性"字样之后应有两条红竖条	7B
	三级放射性物质	 （符号：黑色；底色：白色，附三条红竖条）黑色文字，在标签下半部分写上："放射性""内装物________""放射性强度________"，在黑边框内写上："运输指数"，在"放射性"字样之后应有三条红竖条	7C
	裂变性物质	 （符号：黑色；底色：白色，黑色文字）在标签上半部分写上："易裂变"，在标签下半部分的黑色边框内写上"临界安全指数"	7E
8	腐蚀性物质	 （符号：黑色；底色：上白下黑）	8
9	杂项危险物质和物品	 （符号：黑色；底色：白色）	9

一些国家对进口商品包装的规定

本章思考题

一、名词解释

1. 包装
2. 外部包装
3. 专用包装
4. 特殊货物包装
5. 缓冲包装
6. 运输标志

二、简答

1. 货物包装在流通中的作用是什么？
2. 货物包装应满足什么要求？
3. 包装标准化有什么重要意义？
4. 运输标志包括哪些？
5. 中性包装要注意哪些问题？

三、案例分析

创意包装改变品牌形象

作为一家有着70多年历史的酿酒企业，北京红星股份有限公司（以下简称“红星公司”）生产的红星二锅头历来是北京市民的餐桌酒，一直受到老百姓的喜爱。然而，由于在产品包装上一直是一副“老面孔”，使得红星二锅头始终无法走在白酒高端市场，无法获得更高的经济收益。

随着红星青花瓷珍品二锅头的推出，红星二锅头第一次走进了中国的高端白酒市场。红星青花瓷珍品二锅头在产品包装上融入中国古代文化的精华元素。酒瓶采用仿清乾隆青花瓷官窑贡品瓶型，酒盒图案以中华龙为主体，配以紫红木托，整体颜色构成以红、白、蓝为主，具有典型中华文化特色。该包装在中国第二届外观设计专利大赛颁奖典礼上荣获银奖。国家知识产权局相关人士看了此款包装以后表示，“这款产品很有创意，将中国的传统文化与白酒文化结合在一起，很成功。”

红星青花瓷珍品二锅头酒是红星公司70多年发展史上具有里程碑意义的一款重要产品。它的推出，使得红星二锅头单一的低端形象得到了彻底的颠覆。不但创造了优益的经济效益，还提高了公司形象、产品形象和品牌形象。红星青花瓷珍品二锅头在市场上的销售价格高达200多元，而普通的红星二锅头酒仅为五六元。

资料来源：https：//wiki. mbalib. com/wiki/包装营销.

思考：

1. 商品包装为红星二锅头酒创造了哪些价值？
2. 包装的重要性体现在哪些方面？

第六章

货物储存与保管

◆ **知识目标**

1. 了解货物储存保管的重要性和基本任务，掌握货物储存与保管的基本要求及意义。

2. 熟悉货物储存的原则和方式。

3. 重点掌握货物在储存保管中质量变化的现象、影响因素及相应措施。

4. 熟悉普通货物、金属货物和危险货物储存保管的基本措施。

5. 能够运用所学的储存与保管知识进行储存管理工作。

6. 能够运用各种养护技术对货物进行维护保养。

7. 了解货物智能化仓储的概念、智能化仓储的相关技术与应用。

◆ **思政目标**

1. 通过对各种货物养护技术和措施的介绍，开拓学生视野，增强学生的社会责任。

2. 通过对智能仓储设施与设备的介绍，使学生体会仓储管理中传统与先进的结合，激发学生的创新精神和民族自豪感。

第一节 货物储存概述

货物储存是指货物在离开生产领域但尚未进入消费领域的间隔时间内的停留，即货物在流通领域暂时性的存放。货物储存起着保证市场供应、满足消费者需求的重要作用。货物储存发挥着商品“蓄水池”的作用。货物在储存过程中，由于货物的成分、结构、性质等方面都存在差异，在外界因素的影响下，会产生各种各样的变化，使货物的数量或质量受到损失。因此，针对各种货物的不同特性，研究和探索各类货物在不同环境条件下质量变化的规律，减少货物损耗，创造优良的储运条件，是货物养护工作的主要目的和任务。做好货物储存，可保证商品流通不致中断和社会再生产的持续进行，能够降低商品的流通费用，使商品使用价值得以充分实现。

一、货物储存保管的重要性、作用及基本任务

（一）货物储存保管的重要性

货物的储存保管是物流活动的重要环节之一，也是仓储活动的中心环节。其基本工作内容主要包括两个方面：一方面是货物的保管，即将货物在适宜其储存的环境、场所进行合理堆放和看管的作业活动，其作业的目的是，在规定的储存期限内保证货物安全可靠、数量无差错、质量无变化；另一方面是货物的保养，这是为了延续和恢复储存货物的原有质量而追加的一种养护作业活动，其作业的目的是，通过采取有针对性的技术养护手段，提高货物对大自然中不利因素的抵抗能力，继续维持货物原有质量，以及在货物质量稍有变化时及时进行修复，尽可能地保持其原有使用价值不受损害。可见，货物保管是根据货物的保管要求安排适当的场所，合理堆放并进行管理；货物保养则是采取措施对货物质量进行维护。

货物保管是货物储存阶段最基本的作业，货物保管工作的好坏，直接影响到储存货物的安全、数量与质量，因此仓储货物的质量首先应由良好的保管条件来保证。但仅有良好的保管条件而没有特定的养护措施，货物质量也难以得到长久的维持和及时的恢复。因此，货物的保管与保养是相互联系、相辅相成的，是根据各种货物的性能特点，结合当地的自然条件，对货物采取有利的、科学的保管和维护保养方法，以确保库存货物的完好。

（二）货物储存保管的作用

1. 货物的储存保管是仓储管理工作的核心，也是物流过程的重要环节

仓储管理的基本任务是为客户提供优质的货物储存服务，这种储存服务除包括收、发作业活动外，还包括对货物的保管保养作业活动。

仓储管理的作用主要是依靠货物储存阶段对货物的保管保养作业来实现的。货物的储存，就是对物流活动处于停滞状态的货物的保管。在正常情况下，货物的保管时间，正是对生产与消费的时间差异所进行的补偿。因此，仓储货物的保管保养在社会再生产过程中具有重要的作用。

2. 货物的储存保管是保持储存货物质量和数量的重要措施

货物在储存过程中，由于受各种因素的影响，必然发生质量上的变化，因此，必须掌握货物质量变化的规律，采取相应的措施，有效地抑制外界因素对货物质量的影

响。货物的储存保管，首先就是按照货物的性质，将货物存放于适宜的环境中，对其进行必要的技术性养护，使其原有质量得以保持。同时，货物的合理堆放和认真看管，则是保证货物不变形、不受损、不丢失，以及避免数量差错，保证账、卡、物相符的重要措施。由此可见，货物储存保管对保持货物原有质量和应有数量起着重要的作用。

3. 货物的储存保管有利于货物配送和出库作业

为了能按订单准时出货和配送，企业要事先储存可能会有客户订购的货物，再按订单取出在库货物（出库/分拣），并按送货地点分开，以便于装车，从而进行及时配送。

4. 做好货物的储存保管是赢得更多客户的保证

无论哪一种类型的仓库，都必须做好货物的保管保养工作，保证储存货物质量与数量的完好，即通过货物的定置管理、科学堆码、严格看管和适时养护，尽可能地避免货物质量和数量的损失。同时，加强货物的保管保养工作可以减少有关费用支出，降低仓储成本，从而在激烈的市场竞争中赢得更多的客户。

（三）货物储存保管的基本任务

由于货物的组成成分会随着环境的变化而发生改变，因此在储存过程中，由于储存环境的改变，货物可能发生各种质量变化。为了实现货物的安全储存，在储存货物的质量管理方面，必须贯彻“预防为主”的指导思想，采取有效的综合技术措施，科学管理影响货物质量的各种外界因素。

货物储存保管是仓库技术作业的中心环节，为了搞好货物的保管保养，应做好以下几个方面的工作。

1. 合理安排储存场所

货物的储存场所主要包括货场、货棚和库房。由于各种货物的自然属性、尺寸、包装等不同，其要求的保管条件也不同。货物在储存时，应根据其特性来选择合适的储存场所，以保证货物的在库安全。与此同时，货物应分类、分区存放，进行货位编号，做到零整分存、品种分开、干湿分开、新陈分开，对货物性质相抵或易串味以及消防要求不同的货物，不得同库存放。选择货物储存场所时应做到物尽其用、库尽其用、地尽其利。例如，怕潮湿、易霉变、易生锈的货物应存放在干燥的库房内；易溶化、发黏、易挥发、遇热易变质的货物应存放在阴凉场所；一些既怕热又怕冻且需要较大湿度的货物，应存放在冬暖夏凉的楼下库房或地窖里；性能相互抵触或易串味的货物不能在同一库房混存；化工危险品必须严格按照有关部门的规定分区分类，合理安排存放地点。

2. 妥善进行堆码苫垫

货物堆码是指货物的堆放形式和方法。堆码苫垫是货物保管保养工作的一个重要环节，合理的堆码苫垫不仅是保证货物不变形、不受损、不变质和整齐有序的重要条件，而且也是充分利用仓容和提高仓储作业效率的重要措施之一。在选择货场堆码苫垫的形式和方法时，要根据商品的种类、性能、数量、包装等情况及库房高度、储存季节等条件来确定，并能保证储运商品安全、方便、量大。货物堆码的主要工作包括分区、分类、货位编号、分层标量、空底堆码、零整分存等。例如，地面潮气对商品质量影响很大，要切实做好货垛下垫的防潮工作。货场四周要有排水沟，以防积水流入货物垛下，货垛周围要遮盖严实，以防日晒雨淋。货垛的垛型与高度，应根据各种货物的性能和包装材料，结合季节、气候等情况妥善安排。

3. 保持仓库整齐、清洁

仓库的卫生条件会影响储存货物的质量。仓库中环境有害物一般包括有害生物（仓虫、老鼠等）、化学活性物质（有害气体，如二氧化硫、硫化氢、一氧化氮等）和机械活性颗粒（灰尘、工业粉粒），还有垃圾、杂草等，可能导致仓储货物发生霉烂、变质、污染、虫蛀、鼠咬等。因此，对仓库内外环境应经常清扫，对易遭受虫蛀、鼠咬的货物，要根据货物的性质、鼠虫类的生活习性及危害程度，及时采取有效的防治措施。

4. 严格执行货物的盘点和检查工作

货物在储存期间，质量会不断发生变化，特别是在不利环境因素的作用下，劣变的速度会加快，如不能及时发现和处理，会造成严重损失。因此，应对在库房存储的货物加强质量检查，及时掌握在库货物的变化情况，了解货物产生质量变化和数量差异的原因，这对确保货物安全具有重要作用。如果不能及时发现在库货物质量变化并采取措施进行补救，就会造成或扩大损失。

5. 加强货物的日常维护保养工作

货物的维护保养工作一般包括仓库的温湿度管理、防锈、防腐、防霉、防虫、防老化等。这是一项经常性的工作，并且技术性较强。要做好维护保养工作，不仅要掌握货物本身的性质特点及变化规律，而且要了解和掌握各种有害因素对货物的影响程度。

6. 做好季节性的预防工作

台风、暴雨、洪水等的侵袭，均能造成货物的巨大损失。必须根据季节的变化和天气预报做好相应的预防措施，如洪水到来前应做好防洪工作，疏通排水沟；梅雨季节应做好防潮防霉工作，注意通风，需倒垛晾晒的货物应抓紧有利时机进行；寒冷季节应做好防冻保温工作等。

二、货物储存保管的要求

货物储存保管的要求主要包括四个方面，即定置管理、科学堆码、适时养护、账物相符。

（一）定置管理

定置管理就是按照储存规划和定置管理的原则，将库存货物分区定置、系列存放。分区定置，就是依照货物自身的物理化学特性与存储要求，根据分库、分区、分类原则，将货物在固定区域与位置存放。系列存放，是指在定置区域内，依货物材质、形态和型号规格等系列，按一定顺序存放货物，并进行分号定位（库号、货架号、层数、位号），以便做到规格不串、材质不混及易于收货、发货。此外，还要做到库容整洁、标志清楚醒目，坚持货物基本性质一致、消防方法一致、养护措施一致的原则，使货物在储存过程中能够有针对性进行保管和养护。

（二）科学堆码

科学堆码就是根据货物的包装、外形、性质、特点、重量和数量，结合季节和气候情况、存储时间长短，将货物按一定规律码成各种形状的货垛。科学堆码有助于保证货物安全、数量准确，并达到堆码有序、充分利用仓库容积的目的。堆码应有利于先进先出，有利于收货、发货。对于堆码的货物，应经常清理货垛，及时归并垛底，提高库容利用率。

货物堆码的方式有散堆方式、垛堆方式、架堆方式和集合方式。

（1）散堆方式适用于存放不怕摔、碰的颗粒状或块状大宗货物，如矿石、煤炭、食盐、建材等。这种堆码方式作业简便、装卸迅速、节省费用，其缺点是不利于通风、散热，容易造成货物变质或引起火灾。

（2）垛堆方式是指直接利用货物或其包装外形进行堆码的方法，这种堆码方式能够增加货垛高度，提高仓容利用率。采用该方法时应保持适当的高度，注意货垛的稳固性，防止压坏货物。垛堆方式的主要样式有：重叠式、压缝式、通风式、缩脚式等。

（3）架堆方式是指使用通用和专用货垛进行货物堆码的方法，适用于存放不宜堆高、需要特殊保管养护的零星小件包装货物，以及怕压的货物，如小百货、小五金、药品等。

（4）集合方式是指利用托盘、集装袋、集装箱等各种可以反复使用的货物运输工具，进行货物堆码的方法。该方法适用于易损、贵重、中小仓装的各种货物的堆码，能够减少运杂费用，提高劳动效率，降低货物破损率。

（三）适时养护

在严格看管的前提下，对容易产生质变和需要长期保存的货物，要适时采取有针对性的养护措施。如对金属材料进行除锈、喷涂保护层；对木材进行浸渍处理或喷涂防腐剂，以防腐蚀和虫蛀，涂敷胶结剂以防干裂；对水泥要防雨防潮，以免变质；对桶装油漆要注意定时翻垛，以免表面结皮。

（四）账物相符

要做到动态盘点，日清月结，保证账、卡、物相符，保持库内外清洁，时刻监视货物质量与外界情况变化，并且做好防潮、防锈、防腐以及防火防盗等预防工作。

三、货物仓储的分类和意义

（一）仓储的分类

仓储的本质都是储藏和保管货物，但由于经营主体、仓储对象、储存货物的处理方式、仓储功能不同，不同的仓储活动具有不同的特性。

1. 按经营主体分类

（1）自营仓储。自营仓储包括生产企业的自营仓储和流通企业的自营仓储。自营仓储的优点在于能更大程度地控制仓储，可以按照产品特点对仓库进行设计和布局，具有灵活性；长期仓储时，自营仓储的成本低于公共仓储，并给客户一种企业持续经营的良好印象。自营仓储的缺点在于需要长期占用一部分资金，而且建设自营仓库是一项长期的、有风险的投资，不能根据仓储空间、客户需求、市场战略的实际需要及时调整，具有一定的局限性。

（2）公共仓储。公共仓储是企业利用给一般公众提供营业性服务的公共仓库进行货物的储存。其优点在于企业不需要花费资本建设仓库；在库存高峰时大量额外的库存需求能够得到满足，避免管理上的困难；公共仓储的规模效益有助于货主仓储成本的降低。采用公共仓储的缺点在于：由于公共仓库中存储了不同种类的货物，为了避免其他货物的影响，必须对企业货物进行保护性包装，由此增加了包装成本。此外，在控制库存方面，使用公共仓库比使用自营仓库要承担更大的风险。

（3）第三方仓储。第三方仓储不同于一般的公共仓储。第三方仓储公司能够提供专业、高效、经济和准确的分销服务。从本质上说，第三方仓储表现为生产厂商和仓储企业之间的伙伴关系，它为数量有限的货主提供专门物流服务，包括存储、卸货、拼箱、订货分类、现货库存、在途混合、库存控制、运输安排、提供信息和货主要求的其他服务。因此，第三方仓储不仅仅提供存储服务，还可为货主提供一整套物流服务。通过利用第三方仓储服务，客户企业可以将物流活动转包出去，集中精力搞好生产和销售。

2. 按仓储对象分类

（1）普通货物仓储。普通货物仓储是指不需要特殊保管条件的货物的仓储。一般的生产物资、生活用品、普通工具等杂货类货物不需要特殊的保管条件，可采用无特殊装备的通用仓库或货场存放货物。

（2）特殊货物仓储。特殊货物仓储是指在保管中有特殊要求和需要满足特殊条件的货物的仓储，如危险货物仓储、冷库仓储、粮食仓储等。特殊货物仓储一般为专用仓储，应按照货物的物理、化学、生物特性以及法规规定进行仓库建设和业务管理。

3. 按仓储功能分类

（1）储存仓储。储存仓储是指对货物进行较长时期存放的仓储。储存仓储的货物种类较为单一，数量较大。由于货物储存的时间长，此类仓储应特别注重对储存品的保管和保养。

（2）物流中心仓储。物流中心仓储是以物流管理为目的的仓储活动，是为了实现有效的物流管理，对物流的过程、数量、方向进行控制，以实现物流时间价值的环节。一般在经济区域的中心或交通较为便利、储存成本较低的地方会采用物流中心仓储。物流中心仓储的货物品种较少，进库批量大，按批量分批出库，货物进出库吞吐能力强。

（3）配送仓储。配送仓储是对商品在配送交付消费者之前所进行的短期仓储，一般在商品的消费经济区内进行，以便迅速地送达消费者和销售者。配送仓储货物品种繁多、批量少，需要一定量进货、分批少量出库操作，为了支持销售，往往需要进行拆包、分拣、组配等作业，并注重对货物存量的控制。

4. 按储存货物的处理方式分类

（1）保管式仓储。保管式仓储是对被保管货物以保持原样不变的方式进行的仓储，也称纯仓储。被保管货物除了发生自然损耗和自然减量外，数量、质量、件数不发生变化。保管式仓储又可分为仓储物独立保管式仓储和将同类仓储物混合在一起的混藏式仓储。

（2）加工式仓储。加工式仓储是保管方根据存货方的要求，在仓储期间对所保管货物进行一定加工的仓储方式，即保管人根据委托人的要求对保管货物的外观、形状、成分、尺寸等进行加工，使储存货物发生委托人所希望的变化。

（3）消费式仓储。消费式仓储是保管人在接受保管货物的同时接受保管货物的所有权，并在仓储期间有权对仓储货物行使所有权；仓储期满，保管人将相同品种和数量的替代物交还给委托人的仓储。消费式仓储特别适合于保管期较短、市场供应（价格）变化较大的商品的长期存放，具有一定的商品保值和增值功能。

（二）仓储的意义

货物的仓储活动是由货物生产和消费之间的客观矛盾所决定的，由于两者在时间、空间以及货物的品种和数量等方面不同步，因此货物在从生产领域向消费领域转移的过程中一般要经过货物的仓储阶段。

1. 仓储活动是实现社会再生产过程顺利进行的必要条件

（1）仓储克服了生产与消费在地理上的分离。社会化生产的规律决定了生产与消费之间的矛盾不是逐渐缩小而是逐渐扩大。随着生产力的发展，不但需要运输的货物品种、数量在增加，而且运输的距离也在不断增加。货物仓储活动的重要意义之一就是通过仓储活动平衡运输的负荷。

（2）仓储衔接了生产与消费在时间上的背离。货物的生产和消费之间有一定的时间间隔，造成了货物流通的暂时停滞。货物在流通领域的这种暂时停滞，形成了货物的仓储需求。同时，许多货物在最终销售之前，要经过挑选、整理、分类、组配等程序，这样便有一定量的货物暂时处于停滞状态，这也要求对货物进行储存。

（3）仓储调节了货物在生产与消费中品种与数量的矛盾。生产与消费的矛盾还表现在品种与数量方面。货物的仓储活动不是简单地把生产和消费直接联系起来，而是要经过一个复杂的组织过程，对货物在品种和数量上进行调整。只有经过一系列调整之后，才能保证遍及全国各地的零售商店向消费者及时提供品种、规格、花色齐全的商品。

2. 仓储活动是保持货物原有使用价值和合理使用货物的重要手段

货物在生产之后到消费之前，其本身的性质、所处的条件等因素都有可能导致其在数量上减少、质量上降低，因此，对其必须进行科学管理，加强养护，搞好仓储活动，以保持处于暂时停滞状态的货物的使用价值。同时，在货物仓储过程中，要努力做到流向合理，加快货物流转速度，注意货物的合理分配、合理供应，使有限的货物能及时发挥最大的效用。

3. 做好仓储活动是提高经济效益的有效途径

仓储活动必然要消耗一定的物化劳动和活劳动，但由于这些劳动不能创造使用价值，因此在保证货物使用价值得到有效的保护，有利于社会再生产顺利进行的前提下，费用支出越少越好。做好货物仓储，可以减少货物在仓储过程中的物质耗损和劳动消耗，可以加速货物的流通和资金的周转，从而节省费用支出，降低物流成本，开拓“第三利润源泉”，提高经济效益。

4. 仓储活动是物资供销管理工作的重要组成部分

仓储活动在物资供销管理工作中有特殊的地位和重要的作用。从物资供销管理工作的全过程来看，它包括供需预测、计划分配、市场采购、订购衔接、货运组织、储存保管、维护保养、配送发料、用料管理、销售发运、货款结算、客户服务等主要环节。各主要环节之间相互依存、相互影响，关系极为密切。其中许多环节属于仓储活动，它们与属于“商流”活动的其他环节相比，所消耗和占用的人力、物力、财力更多，受自然的、社会的各种因素影响更大，组织管理工作有很强的经济性。这些环节既涉及政治经济学、物理、化学、机械、建筑、气象等方面的知识，又涉及物资流通的专业知识和专业技能，与物资经济管理专业的其他课程，例如产品学、物资经济学、物资计划与供销管理、物资统计学、会计学等都有密切的联系。因此，仓储活动直接影响到物资管理工作的质量，也直接关系到物资从实物形态到分配、供销经济关系的实现。

四、货物储存的原则与方式

（一）货物储存的原则

货物储存是货物流通中的重要环节，必须贯彻“安全、及时、方便、经济”的方针，在保证货物质量和数量的前提下，坚持“按需储存、方便进出、节约费用、减少损耗”的原则。货物储存对调节社会生产和消费的矛盾、促进货物生产和流通、保证市场供应具有十分重要的意义。

货物储存应坚持以下原则：

（1）减少货物损耗，确保货物安全的原则。货物储存的根本目的是保证货物安全。防止货物在外界条件的影响下发生霉腐、变质、锈蚀、老化；防止鼠咬、虫蛀等情况的发生，力求减少货物损耗。

（2）简化手续、出入库方便的原则。货物储存要求堆码整齐、排列有序、标志明显、出入库手续简便，以提高周转效率，同时依据“先进先出”的原则，保证货物质量。

（3）确保生产稳定和市场供应原则。如工业企业原材料的储存量应能满足生产的正常需要；商业企业的储存量应与市场需求量相一致，并与货物的销售量保持一定的比例。

（4）贯彻节约，降低储存费用的原则。在货物储存过程中应树立成本观念，合理利用库房空间，有效利用设备设施，最大限度地提高资源利用率，减少人力、物力、财力的消耗，努力降低储存费用，提高储存的经济效益。

（二）货物储存的方式

按照储存的目的和作用，货物储存可分为季节性储存、周转性储存和储备性储存三种。

（1）季节性储存。根据货物季节性生产、消费的时间差异，为实现货物的常年供应而实行的货物储存称为季节性储存。季节性储存由生产季节与消费时间不一致引起，这种不一致包括全年生产季节性消费、季节性生产全年消费和季节性生产季节性消费三种情形，如水果在旺季生产、全年消费，因此就必须保证淡季储存。

（2）周转性储存。由于货物生产、货物消费的异地性，货物运输的间断性，为实现商品消费，完成货物空间位置的转移，保证商品市场均衡供应，在流通领域实施的商品储存称为周期性储存。

（3）储备性储存。又称国家储备，指防备灾荒、战争或其他应急情况而进行的物资储备，一般是涉及国计民生的物资，如粮食、棉花、石油、药品、战备物资等。

五、货物储存的场所

货物储存的场所一般称为仓库。仓库通常分为库房、货棚和货场三大类。

（一）库房

库房是指专门用来储存货物的房屋，一般用于存放不能受雨雪浸淋、风吹日晒，对保管条件要求较高的货物。库房有以下不同的种类：

（1）按建筑形式分为平房、多层式库房、地下库房和高层库房等。平房具有搬运方便、库房利用率高、造价低等优点，但占地较多；多层式库房则与之相反；地下库房具有隐蔽、安全等特点；高层库房占地少，但造价较高。

（2）按库房的建筑材料分为砖木结构库房、钢筋混凝土结构库房、砖木与钢筋混凝土结构库房以及钢结构库房等。

（3）按库房的功能分为普通仓库、专用仓库和特种仓库等。普通仓库无特殊的设备要求，用于一般工业品的储存，又称通用仓库；专用仓库是用于储存某类货物的仓库，如茶叶仓库、卷烟仓库、化肥仓库、农药仓库等，以防止货物相互串味和影响；特种仓库是储存特殊货物的专用仓库，如保温仓库、冷藏库、石油库、氮气仓库、危险品仓库等。

（二）货棚

货棚是用来存放货物的棚子，它是一种简易的仓库，其特点是不需要配备养护设施，适用于存放受自然温湿度影响较小的货物，或不能被雨雪浸淋，但能经受风吹日晒的货物。货棚一般用于货物的中转或加工中的临时存放。

货棚应防止雨雪渗透，两侧或四周必须有排水沟或管道，货棚内的地坪应该高于货棚外的地面，最好铺垫沙石并夯实，一般应该垫高30～40cm。按封闭的程度，货棚又分为敞棚（四面无墙）、半敞棚（一面有墙）和有墙棚（三面有墙）。

（三）货场

货场一般是指露天堆放货物的场地，也称露天仓库，多用于煤炭、砖瓦、沙石、原木、粗制瓷器、金属坯锭等货物的存放。货场地面应该坚实、平坦、干燥，无积水和杂草，场地必须高于四周地面，垛底还应该垫高 40cm。

货场多用围墙、铁丝网、篱笆或水沟隔离而成，具有投资少、建造快等特点。

第二节 货物的堆码苫垫

货物验收入库后，根据仓库储存规划确定的货位，即应进行堆码（码垛）、苫垫。妥善的堆码苫垫是保证入库货物质清量准的必不可少的措施，是关系到货物保管保养好坏的一项重要工作，也是做好货物管理的一个重要环节。

一、货物堆码

货物堆码是根据货物的包装形状、重量、数量和性能特点，结合地坪负荷、储存时间、季节气候等因素，将货物按一定规律码成各种垛形。货物堆码要合理，以使货物不变形、不变质，保证储存货物的安全，同时还应便于检查、收发货、维护和保养，并提高库房的仓容利用率。

（一）堆码验收时必须掌握的标准

（1）货物的数量、质量情况已彻底查清。

（2）包装完好，标志清楚。

（3）包装外表的尘土、雨雪、污渍等已清除干净，不影响货物质量。

（4）对受潮、锈蚀、残损，或已发生质量变化或质量不合格部分，虽经加工处理，也不能再与合格品混杂堆码。

（5）为便于机械作业，金属材料等该捆扎的须捆扎，机电产品和仪器仪表等可集中装箱的须装入合格的包装箱。

（二）堆码的基本要求

垛形要合理、稳固、定量、整齐、经济、方便。

（1）合理。垛形必须适合货物的性能特点，不同品种、型号（牌号）、等级、批次、单价的货物均应分开堆码，以达到合理保管的目的；合理确定垛距、走道的宽度等；堆码时要分清先后次序，必须贯彻“先进先出”的原则。

（2）稳固。堆码时必须不偏不斜、不歪不倒，不压坏底层货物包装和地坪，并与墙壁、柱子保持一定的距离，垛顶与库梁下距离不得小于1m，确保货垛稳固安全。

（3）定量。每垛、每行、每层的货物数量力求成整数，便于检查和盘点；不能成整数时，每层应明显分隔，并标明数量。大宗货物尽量做到定量存放、分堆分层堆码。

（4）整齐。排列整齐有序，垛形有一定规格，成行成列。包装上有标志者，标志尽量朝外。

（5）经济。要节省仓位，提高仓容利用率，节省劳力。

（6）方便。垛位垛形符合装卸搬运、出库、维护、检查等作业便利的要求。

（三）特殊货物的堆码要求

（1）堆码需要经常通风的货物时，可在每件或每层的前后左右留出一定的空隙，即码成通风垛，以便散发货物的水分。

（2）对怕挤压的货物，应根据货物承受力的大小，适当控制货垛高度。为了充分利用仓库容积，还可以利用货架摆放。

（3）对容易渗透的货物，为了便于检查，货垛不宜过大，适宜排列成行，行与行之间留出适当空隙。

（4）对危险品（如各种易燃、易爆货物等），应设危险品库房单独存放，储放场所应干燥、阴凉、通风，库内电器、照明等设备应采用防爆装置，并采取消防安全措施。

（5）对毒害品（如氰化钾、氰化钠等），应单独存放，严密保存，切忌与酸盐类物质相遇，储放场所应干燥、阴凉、通风。在装卸搬运时，搬运人员应有防护设备（如防毒面具、防护衣等），以防中毒事故的发生。

（6）对腐蚀品（如各种酸类、烧碱等），应单独存放，避免露天存放，适宜放在干燥、阴凉、通风的场所，堆码不宜过高，应经常检查，注意防腐蚀，切忌水浸，以免发生爆炸事故。

（四）堆码的基本形式

由于各种货物的性质和外形尺寸不同，垛形也有所不同。

1. 按货物底层的排列形状划分

按货物底层的排列形状划分，有正方形、矩形、三角形、梯形等垛形。

（1）矩形垛、正方形垛易于堆码，盘点计数方便，库容整齐，能充分利用仓库空间，但稳定性较差。

（2）梯形垛、三角形垛、半圆形垛的稳定性好、易苫盖、排水性能好，但不易堆码，不便于计数，不能充分利用仓库空间。

（3）矩形-三角形、矩形-梯形等复合型货垛兼有上述两者的优点，多用于货物形状多样、仓库空间较为有限的情况。

2. 箱形货物的堆垛

箱形货物的堆垛通常有以下四种基本形式：

（1）重叠式堆垛：货物各层排列方式、数量完全相同，层间无交叉搭接，垛形整齐，如图 6－1 所示。这种垛形的优点是操作简单、计数容易、收发方便；缺点是稳定性差、易倒垛，因而常用绳子、绳网、塑料弹性薄膜等辅助材料来防塌。

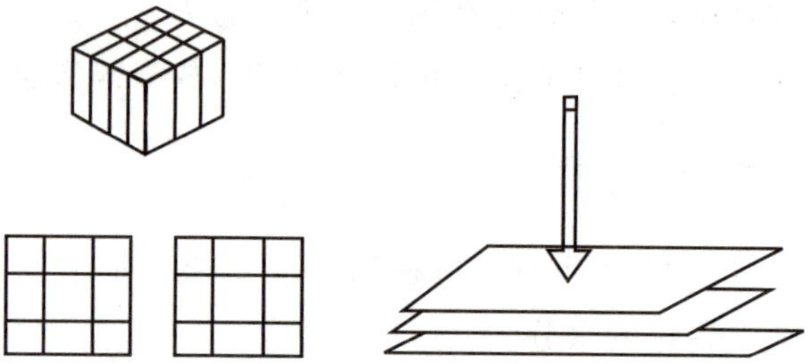

图 6－1　重叠式堆垛

（2）砌砖式堆垛：货垛上下两层排列的图谱正好旋转 180°，层间互相搭接，因而稳定性较好，但是要求货物的长宽比为 2∶3 或 3∶4。如图 6－2 所示。

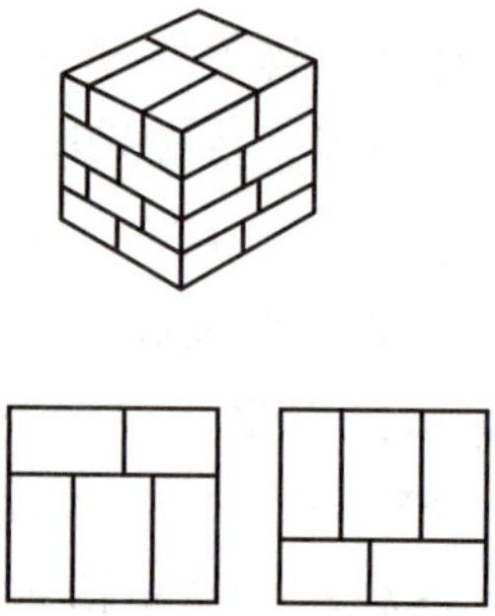

图 6－2　砌砖式堆垛

（3）纵横交错式堆垛：货垛上下两层的货物的图谱正好旋转 90°，层间互相搭接，如图 6－3 所示。这种形式的优点是稳定性较好；缺点是只能用于正方形托盘。它是机械化作业的主要堆垛形式之一。

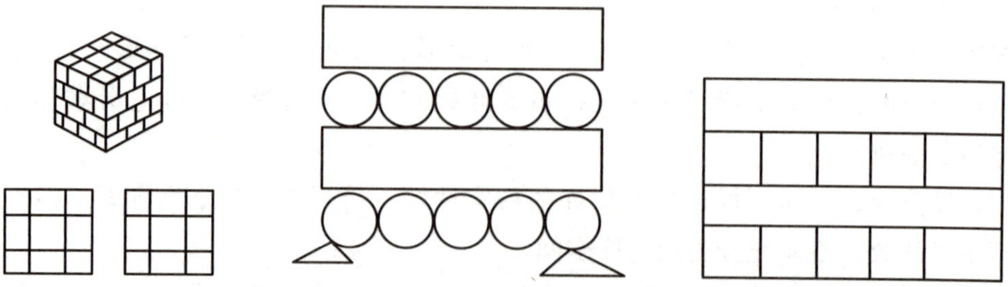

图 6－3　纵横交错式堆垛

(4) 中心留空通风式堆垛：对于需要通风防潮的货物来说，摆放时货物之间要留有空隙。上下两层之间的图谱方向旋转 90°，可以是矩形图谱，也可以是方形图谱，如图 6-4 所示。它的优点是利于通风防潮、透气，适于货物保管养护；缺点是降低了空间利用率。

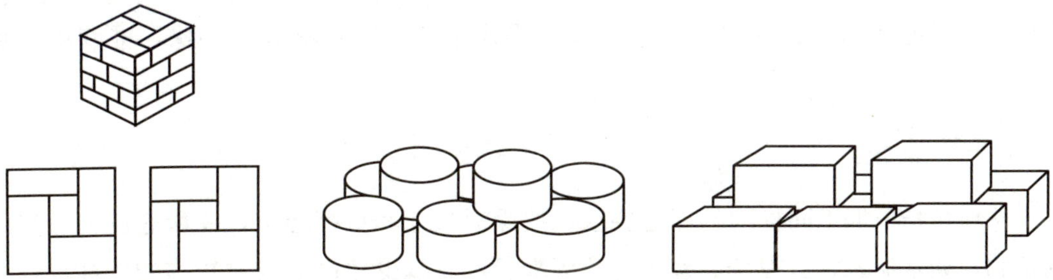

图 6-4 中心留空通风式堆垛

以上各种式样可结合使用。常用的货物“五五化”堆码方法以“五”为基本计数单位，即根据货物的不同形状，码成各种不同垛形，每垛总数为“五”的倍数。其优点是可减少差错，快收快发，提高工作效率，便于实现账、卡、物相符。需要说明的是，“五五化”堆码方法只提出货物堆码中每层、每批的计数原则，并不解决垛形问题，因此，不同的货物有不同的“五五化”垛形和货物堆码方法。

二、货架储存

凡是不宜就地堆码储存的货物，一般可利用货架储存。如品种规格复杂、小件、少量的金属制品、贵重货物、怕压怕震的仪器仪表或在保管上有特殊要求不能平码的货物等，利用货架储存不仅整齐美观，而且也便于货物的检查盘点和维护保养。

三、集装单元储存

集装单元是指将一定数量的散装货物汇集成一个便于储存和运输的单元。集装单元可使原来不能使用机械作业的货物也能用机械进行装卸搬运，这样既加快了货物装卸搬运和出入库的速度，又有利于提高仓容利用率和货物的保管质量。

目前，集装单元储存基本上有三类形态：托盘货物集装类，即利用各种托盘、托架装载货物；集装箱类，即利用各种形式的集装箱、集装袋装载货物；捆扎包装类，即利用各种捆扎包装材料捆扎后形成的单元货物。

四、货物的苫垫

“苫”是指在货物的堆垛上加上遮盖物，“垫”是指在货物的垛底加上衬垫物。货物的上苫下垫是防止货物受潮及受损的必要措施，特别是对露天存放的货物来说，苫垫更是一项必不可少的保管措施。在实际操作中，一般是堆垛前垫垛，堆好垛以后苫盖。

（一）垫垛

垫垛是指根据不同货物的保管要求，按垛形尺寸和负荷轻重，在垛底放置适当的衬垫物，如水泥墩、水泥条、枕木、防潮纸等，以减少地面潮气对货物的侵蚀，并有利于垛底通风。库房和货棚内的衬垫要按照地坪和货物防潮要求而定。一般除防腐能力较强的铝、铜、锡等货物外，均需垫垛，垫垛高度为20～60cm。露天存放的货物一般均需垫垛，垫高不低于40cm。如橡胶垫垛高度不应低于60cm，纸张、棉纱类垫垛高度不应低于40cm。

此外，垫垛时还要注意以下几点：

（1）下垫后必须保证货物不受水浸或潮湿，通风良好。

（2）露天地坪一定要铺平实，以免堆码后因地面下沉而造成倒垛事故。

（3）下垫材料要铺平放稳。货物堆码须受力均匀，不得超过下垫材料和地坪的负荷限度。

（4）化纤类货物不得用油污、潮湿、虫蛀的枕木（垫板）垫垛，纸张类货物的垫垛还应注意垫木平整，不得有钉子或尖锐的凸起物。

（5）合理使用下垫材料，注意节约，并妥善保管出库后的下垫材料。

（二）苫盖

露天货场存放的货物，除下垫外，一般都应苫盖，以防货物直接受雨、露、雪、风沙及日光的侵蚀。

苫盖物应根据货物的性质、储存要求及垛形而定，并应经济耐用和符合防火安全要求。常用的苫盖物有芦席、油毡纸、油布、苫布、铁皮、塑料布等。存放危险品及化工货物的仓库不能使用芦席、油毡纸等易燃的苫盖物。

无论用何种苫盖物，苫顶斜面和其他部位都必须平整，以免下雨时积水渗入垛内。垛底的垫木、石墩不可露在苫盖物的外面，以防止雨水顺延渗入垛内。同时，苫盖物不能苫到地面阻碍垛底通风，苫后必须将苫盖物拴扎牢固，防止被大风掀起。

苫盖的方法一般有下列三种：

（1）就垛苫盖法。直接将大面积苫盖材料覆盖在货垛上，一般采用大面积的帆布、油布、塑料膜等。就垛苫盖法操作便利，但基本不具备通风条件。

（2）鱼鳞式苫盖法。将苫盖材料从货垛的底部开始，自下而上呈鱼鳞式逐层交叠围盖。一般采用面积较小的瓦、席等材料苫盖。鱼鳞式苫盖法具有较好的通风条件，但每件苫盖材料都需要固定，操作比较烦琐。

（3）活动棚苫盖法。将苫盖物料制作成一定形状的棚架，在物品堆垛完毕后，移动棚架到货垛上加以遮盖，或者采用即时安装活动棚架的方式苫盖。该方法较为便捷，具有良好的通风条件，但活动棚本身需要占用仓库空间，也需要较高的购置成本。

第三节　储运过程中货物的质量变化

货物在储运过程中，由于自身各方面（如成分、结构、性质等）的原因，以及储存环境各因素（如空气、温度、湿度、阳光、微生物、虫鼠、外力、卫生状况等）的影响，往往导致货物发生质量的损失和数量的损耗。储运过程中货物的数量和质量变化归纳起来有机械变化、物理变化、化学变化、生物学变化等。本节从以下四种变化进行分析。

一、货物的机械变化

货物的机械变化是指货物在外力作用下所发生的形体变化，又称机械损伤或机械破损。例如，在碰撞、挤压等不同外力的作用下，会使玻璃和陶瓷制品破裂、搪瓷制品掉瓷、金属壳体凹瘪、塑料制品变形、粉状货物因包装强度降低或包装不严密而脱落散开等，都是机械变化。货物一旦发生机械变化，就会丧失其原有的商业价值，因此在货物搬运、堆码过程中，对于容易发生破碎和变形的货物，要注意妥善包装，轻拿轻放，堆垛高度不能超过一定的压力限度。

二、货物的物理变化

物理变化是指改变物质本身的外表形态，不改变其性质，没有生成新物质的质量变化现象。货物的物理变化主要有挥发、溶化、熔化、渗漏、串味、干缩和脆裂、沉淀、沾污等。

（一）挥发

挥发是指某些液体货物（如涂改液、印刷油墨、香水、花露水、碘酒、白酒、乙醚、丙酮等）、经液化的气体货物（如液氮、液化甲烷、液氨等）或某些固体货物（如樟脑块、碘片等）在空气中迅速蒸发、升华的汽化现象。

挥发的速度与气温的高低、空气流动速度的快慢、液体或固体表面接触空气面积的大小成正比，与沸点的高低成反比。也就是说，在货物的储存环境的气温高或空气流通快、货物与空气接触的表面积大、易挥发成分沸点低的情况下，货物挥发速度较快，货物的损耗较大，货物质量甚至会下降。液体货物的挥发会降低货物中有效成分的含量，增加货物损耗，降低货物质量，还容易引起燃烧或爆炸。挥发的蒸气有毒性或麻醉性的，容易造成大气污染，对人体有害。防止货物挥发的主要措施是加强包装的密封性。同时，要注意控制仓库温度，使货物保持在较低温度条件下储存。

（二）溶化

溶化，是指某些有较强吸湿性和水溶性的固体货物，在潮湿空气中吸收水分至一定程度后溶解为液体的现象。当货物的吸湿性和水溶性越强、储存环境的空气温度和相对湿度越高、货物与空气接触的表面积越大的时候，该货物越容易溶化，从而导致货物流失。货物吸湿造成表面液化后，在空气变干燥时，表面水分又会逐渐蒸发而使货物变成硬块，导致货物质量下降。货物溶化与空气温湿度及货物的堆码高度有密切关系。因此，这类货物应储存在干燥、凉爽的环境中，与含水量高的货物分库存放，并限制堆码高度以防止压力过大而加速溶化，同时应加强对防潮包装受损情况的检查和处理。常见的易溶化货物有食糖、食盐、明矾、氯化钙、氯化镁、尿素、硝酸铵、硫酸铵等。在保管过程中，应对易溶化货物采取吸潮和通风相结合的管理方法来防止货物吸湿溶化，并按货物性能分区分类存放在干燥阴凉的库房内。

（三）熔化

熔化是指某些熔点较低的固体货物在温度较高时发软变形甚至熔融为液体的现象。阳光直射或储存环境气温较高是导致货物熔化的外因。除受气温高低的外界因素影响外，货物的熔化还与货物本身的熔点、货物中杂质种类和含量高低等内因密切相关。熔点越低越容易熔化，杂质含量越高越容易熔化。常见易熔化的货物有香脂、蛤蜊油、发蜡、蜡烛、松香、石蜡、油膏、胶囊、糖衣片等。货物熔化会造成货物流失、粘连包装、沾污其他货物，有的因熔化而致体积膨胀，使包装破损，有的因货物软化而致货垛倒塌。在保管过程中，对此类货物一般可采用密封和隔热措施，选择阴凉通风的库房储存，加强库房的温度管理，防止日光照射。

（四）渗漏

渗漏是指液体货物由于包装容器密封不严、包装材料质量不合格、内装液体受热或结冰发生膨胀等原因而使包装破裂所发生的外漏现象。渗漏不仅会造成货物数量的直接损失，还会造成其他货物或储存环境的污染，同时还伴随着货物质量的下降。货物渗漏主要与包装材料性能、包装容器结构、包装技术优劣和仓储温度变化有关。因此，对液体货物应加强入库验收、在库商品定期检查及温、湿度控制和管理。

（五）串味

串味是指吸附性较强的货物吸附其他气体、异味，从而改变本来气味的现象。具有吸附性、易串味的货物，主要是其成分中含有胶体物质，以及具有疏松、多孔的组织结构。影响货物串味的因素有货物表面状况，与异味物质接触面积的大小、接触时间的长短，以及环境中异味的浓度等。有特异气味的货物很多，常见易被串味的货物有大米、面粉、食糖、茶叶、卷烟等。常见的易引起其他货物串味的货物有汽油、煤油、樟脑、卫生球、肥皂、化妆品以及农药等。串味会导致食品质量降低甚至失去食用价值。对易被串味的货物应尽量采取密封包装，在储存和运输中不得与有强烈气味的货物同车、船并运或同库储藏，注意运输工具和仓储环境的清洁卫生。

（六）干缩和脆裂

干缩、脆裂是指某些货物（如糕点、卷烟、乐器、木制家具、皮革制品等）失去所含正常水分后所发生的现象。许多货物都有安全水分要求，如通常情况下，棉织品的安全水分为 9%～10%，皮革制品为 14%～18%。某些吸湿性强的货物如纸张、木制品、糕点等，在干燥的空气中严重失水会引起货物质量的变化。因此，为防止货物干缩、脆裂造成的质量和数量损失，这类货物需要储存在避免日晒、风吹的场所，并且应当控制储存环境的相对湿度，以使其含水量保持在合理的范围内。

（七）沉淀

沉淀是指含有胶质和易挥发成分的货物，在低温或高温等因素影响下，部分物质凝固，进而发生沉淀或膏体分离的现象。常见的易发生沉淀的货物有墨汁等。对于易产生沉淀的货物，应根据其特点，防止阳光照射，做好货物冬季保温工作和夏季降温工作。

（八）沾污

沾污是指货物外表沾有其他脏物或染有其他污秽的现象。货物沾污主要是由于生产、储运中卫生条件差及包装不严所致。一些对外观质量要求较高的货物，如绸缎呢绒、针织品、服装、精密仪器仪表等，要特别注意防止受到沾污。

（九）破碎、变形与散落

破碎、变形与散落是指货物在外力作用下所发生的形态上的改变，是常见的机械变化。对于容易发生破碎、变形和散落的货物，应注意妥善包装，轻拿轻放，堆垛高度不能超过一定的压力限度。

三、货物的化学变化

货物的化学变化是指构成货物的物质发生变化后，不仅货物的外表形态和货物的本质改变了，并且有新物质生成，又不能恢复原状的现象。货物的化学变化过程即货物劣变过程，严重时会使货物失去使用价值。货物的化学变化形式主要有氧化，分解、水解，聚合、化合，裂解，老化、风化，曝光，锈蚀，燃烧、爆炸等形式。

（一）氧化

氧化是指货物遇到空气中的氧或其他能释放出氧的物质所发生的与氧相结合的变化。货物发生氧化，不仅会降低货物的质量，有的还会在氧化过程中产生热量，引起自燃，甚至引发爆炸事故。如棉麻丝纤维织品易氧化而使颜色变暗和纤维强度下降，含油脂类食品易因氧化而酸败，金属制品易因氧化而锈蚀等。易于氧化的货物还有某些化工原料、橡胶制品等。此类货物要储存在干燥、通风、散热、避光和低温的库房，以避免与氧接触。

（二）分解、水解

分解是指某些性质不稳定的货物，在光、电、热、酸、碱及潮湿空气的作用下，由一种物质生成两种或两种以上物质的变化现象。货物发生分解反应后，不仅数量减少、质量降低，有的还会在反应过程中产生一定的热量和可燃气体而引起事故。分解会使货物质量劣变，甚至使其完全失去使用价值。如用于漂白或杀菌的过氧化氢（双氧水）在常温下分解缓慢，但在高温下则迅速分解为氧气和水，从而失去效用。因此，对易于分解的货物，在储存时应避免发生分解变化所需要的外部条件。

水解是指某些货物在一定条件下与水作用所发生的复分解的现象。棉纤维在酸性溶液中，尤其是在强酸的催化作用下容易发生水解，使纤维的大分子链节断裂，分子量降低，被分解成单个的纤维分子，大大降低纤维的强度。但纤维分子在碱性溶液中却比较稳定。这就是棉纤维怕酸而耐碱的原因所在。对于易发生水解的货物，在包装、运输、储存的过程中，应尽量避免发生这些变化所需的外部条件，要注意包装材料的酸碱性，且这类货物不能与酸性货物同库储存，以防货物的人为损失。

（三）聚合、化合

聚合是指某些货物在外界条件的影响下，能使同种分子结合成一种更大分子的现象。例如，桐油表面的结块、甲醛的变性等现象，均是由于发生了聚合反应。储存和保管养护此类货物时，要特别注意日光和储存温度的影响。

化合是指在外界条件的影响下，货物中的两种或两种以上的物质相互作用生成新物质的现象。化合通常和分解依次发生，共同影响产品的使用价值。

（四）裂解

裂解是指高分子有机物（如棉、麻、丝、毛、橡胶、塑料等）在日光、氧气、高温条件的作用下发生了分子链断裂，分子量降低，从而强度降低，机械性能变差，产生发软、发黏等现象。如天然橡胶是以橡胶烃为基本单体成分的高分子化合物，在日光、氧气和一定温度的作用下，就会发生链节断裂、分子结构被破坏，使橡胶制品变软、发黏而变质。此类货物在储存保管过程中，要防止受热和日光的直接照射。

（五）老化、风化

老化是指某些以高分子化合物为主要成分的货物（如橡胶、塑料制品以及合成纤维织品等）在日光、高温、氧气等环境因素作用下，逐渐失去原有优良性能，以致最后丧失使用价值的化学变化。老化的实质是高分子化合物发生降解或交联，表现出各种变质特征，如塑料制品老化后变软、发黏，或变硬、发脆、失去弹性、龟裂等。因此，这类货物在储存过程中要防止日光照射和高温，堆码不宜过高，避免重压。

风化是指含结晶水的货物在一定的温度和干燥的空气中失去结晶水而使晶体崩解变成非晶态无水物质的现象，如煤炭风化变成碎渣和煤末。

（六）曝光

曝光是指某些货物见光产生分解，引起变质或变色的现象。如照相用的胶片见光后即成废品。漂白粉储存场所不当，易受日光、热或二氧化碳的影响而逐渐失去效用。

（七）锈蚀

锈蚀是指以金属为材料的货物与空气等发生化学反应或电化学反应而引起的货物破坏现象，又称金属腐蚀，是金属货物的主要破坏形式。金属腐蚀主要由电化学反应引起。在潮湿环境中，金属制品的表面因吸附水蒸气形成水膜，并溶解空气中的二氧化碳、二氧化硫等气体和水溶性黏附物（盐类等）于其中，成为具有导电性的电解液薄层。电解液中某些成分的电位较高成为正极（阴极），金属的电位较低成为负极（阳极），从而引起电化学反应，使金属因其离子不断进入电解液而被溶解，最后，在金属制品表面造成不规则的溃疡、斑点、凹洞，并且不断向里深入腐蚀。因此，金属类货物应防止储存环境的空气湿度过大，减少空气中的有害成分（二氧化硫、尘埃等），并保持金属货物的表面光洁。

（八）燃烧、爆炸

燃烧是发生发热的剧烈的化学反应过程。燃烧分为内燃、自燃、外热自燃、本身自燃。爆炸是指物质由一种状态迅速地转变成另一种状态，并瞬间释放大量能量的现象。爆炸分为物理爆炸、化学爆炸、核爆炸等。燃烧和爆炸都是在不同条件下发生的氧化还原反应，都放出热量，产生气体，只是在反应速度上，燃烧较慢，爆炸较迅速。常见的易燃物有氢气、天然气、一氧化碳、液化石油气等易燃气体，酒精、汽油、油漆等易燃液体，黄磷、白磷等易自燃物品，锂、钠、钾等遇湿易自燃物品；常见的易爆炸物有黑火药、烟花爆竹等。

四、货物的生物学变化

对于食品类或有生物迹象的货物来说，货物的生物学变化主要有生理生化变化、霉腐变化以及虫蛀、鼠咬等。

（一）生理生化变化

1. 呼吸

呼吸是动植物体的一种生命现象，是为了延续动植物体生命而进行新陈代谢的一种生理活动。呼吸在不同的环境条件下，可分为有氧呼吸和无氧呼吸。有氧呼吸是动植物鲜活商品为了维持生命的需要，与吸入的氧发生反应，这种反应消耗商品的营养物质，并产生二氧化碳、水和热量。在缺氧条件下，动物会窒息而亡，植物则可以进行无氧呼吸，产生乙醇、中间产物（如乙醛）、二氧化碳和热量，这些醇、醛类的产生和积累，可使植物细胞组织中毒，并出现生理病害直至腐烂。不论是有氧呼吸还是无氧呼吸，都要消耗营养物质，降低商品的质量。因此，对鲜活商品的储运应创造条件，保证其正常的呼吸作用，维持基本生理活动，使其本身具有一定的抗病性和耐储性。冷链运输就是一种非常好的运输方式，可以延长鲜活产品的寿命，保证其品质不易改变。

2. 发芽

发芽是有机体货物在适宜条件下，冲破“休眠”状态，继续生长的一种生理活动。

发芽会消耗货物大量的营养物质，使组织粗老或空心、失去原有的鲜嫩品质，不仅降低了货物的质量，并且不耐储存。对这类商品的储运应防止光照，温度应低于5℃。例如，马铃薯、大蒜、洋葱、白菜等都是容易发芽的货物，发芽时大量的营养成分转向新生的芽或花茎，使其营养成分遭到破坏。

3. 后熟

后熟是指植物类货物的果实在脱离母体后，生理活动仍在继续，并使果实逐渐成熟的生化变化过程。瓜果、蔬菜等的后熟作用，能改进色泽、香气、口味以及适口的硬脆度等，但当后熟完成后，这些果实类货物很容易发生腐烂变质，难以继续储藏，甚至失去食用价值。为了降低这些果蔬货物由于后熟作用而造成的损耗和损失，需要在成熟前进行采摘，并储存在低温和适当通风的环境里，以延长其后熟期，达到延长储藏期、均衡上市的目的。

（二）霉腐变化

霉腐是货物在霉腐微生物作用下所发生的霉变和腐败现象。常见的霉腐变化主要有发酵、霉变、腐坏等。

1. 发酵

发酵是指储存的食品类货物由于受到空气中野生酵母、细菌等微生物的作用而发生糖类、蛋白质等成分分解的变质现象。食品类货物在储存过程中，一旦发酵就会破坏其原有的有益成分，失去原有风味，并且会产生不良气味或有害人体健康的物质。常见的发酵有酒精发酵、醋酸发酵、乳酸发酵、酪酸发酵等。

2. 霉变

霉变是指由于霉菌在货物上生长繁殖而导致货物变质的现象。霉菌可以寄生在许多货物上，吸取货物上的营养物质并排泄废物，使货物受到污染变色、成分分解、产生难闻霉味及毒素，质量受到不同程度破坏，严重时会出现变糟、发脆、强度降低等现象。货物一旦发生霉变，就会影响其使用价值。易发生霉变的货物有粮食、食品、水果、蔬菜、茶叶、卷烟、纸张、皮革制品、纺织品、服装、鞋帽等。

3. 腐坏

腐坏是指由于腐败细菌作用于富含蛋白质的食品类货物，使食品中蛋白质分解的变质现象。腐坏使食品类货物分解，产生酸味、臭味、毒素等其他有害物质，所以腐坏是食品的一种严重变质现象，一旦发生，会使其不能食用，失去原有价值。易腐坏的食品货物有面包、畜肉、禽肉、鱼类、贝类、鲜蛋以及豆制品等。货物本身具有糖类、蛋白质等营养成分是其发生腐坏变化的内因，在储藏环境中存在霉菌、某些细菌等霉腐微生物，并具有适合这些微生物生长繁殖的环境条件是其发生霉腐变化的外因。因此，这些易发生霉腐变化的食品类货物，应储存在低温、低氧、相对湿度低于65%

的环境中。

（三）虫蛀、鼠咬

仓库害虫是指适应仓库存储环境，在其内完成生命活动的主要阶段，以库存货物为主要蛀食及为害对象的一类害虫。仓库害虫的种类繁多，繁殖能力强，而且具有较强的生命力，喜欢蛀食以动植物材料制成的工业品类货物。鼠类繁殖能力很强，食性杂，害鼠不仅咬噬绝大多数储存货物及其包装，还会携带病菌和破坏仓库设备。在货物储存过程中，货物经常会遭到仓库害虫的蛀食或老鼠的咬噬，破坏其组织结构，使货物发生破碎和孔洞，而且仓库害虫和鼠类所排泄的各种代谢废物还会污染货物，影响货物质量和外观。

仓库害虫和鼠类危害较大，要防治结合，严格做好入库检查工作，做好运输工具和仓库的清洁卫生，清理仓具，密封仓库孔洞和缝隙，加强日常管理，以切断虫、鼠的来源。同时采用化学药剂或其他方法杀虫、灭鼠。易发生虫鼠咬的货物有裘皮制品、皮革制品、棉麻丝毛织品、纸及其制品、竹木制品、各类食品类货物等。

五、影响货物质量变化的因素

（一）影响货物质量变化的内在因素

1. 货物的物理性质

（1）货物的吸湿性。货物的吸湿性是指货物吸附水分的特性。影响货物吸湿性的因素主要有两个：一是货物的成分和结构。在货物的成分中含有亲水基团，如羟基、羧基、氨基等，以及货物结构疏松多孔，如棉、麻、茶叶等，就易于吸湿。二是货物本身的水汽压与周围空气中的水汽压的关系。当货物表面的水汽压小于空气中水汽压时，货物出现吸湿，反之，货物出现散湿。其流向取决于两者的气压差，由高压的一方流向低压的一方，直至两者达到平衡状态。货物吸湿性的强弱和吸湿速度的快慢会直接影响到该货物含水量的增减，其含水量的多少以及吸水性的强弱与货物在储存期间发生的吸潮溶化、风干及腐败等质量变化有直接关系。储存中应严格控制环境的温湿度。

（2）货物的导热性。货物的导热性是指物体传递热能的性质。货物的导热性与其成分和组织结构有密切关系，同时与货物表面的色泽也有一定的关系。

（3）货物的耐热性。货物的耐热性是指货物耐温度变化而不致被破坏或显著降低强度的性质。货物的耐热性与其成分、结构、不均匀性、导热性、膨胀系数等有密切关系。耐热性差的货物在温度变化的情况下，易发生成分和结构的变化，产生老化现象。

(4) 货物的透气性与透水性。透气性是指货物能被水蒸气透过的性质，透水性是指货物能被液体水透过的性质。这两种性质在本质上都是指被水透过的性能，不同的是：前者指气体水分子的透过，后者是指液体水的透过。货物透气性与透水性的大小，主要取决于货物的组织结构和化学成分。

(5) 货物的弹性。弹性是指物体承受外力作用时发生形变的性质。弹性较大的货物在储存过程中不易发生破碎和变形，但超过了弹性变形值则会发生塑性变形。

(6) 货物的沸点。液体货物的沸点直接影响货物的挥发速度，液体货物的沸点越低，储存过程中越易挥发，从而造成货物中的有效成分的减少和重量的降低。液体货物之所以会出现挥发现象，是由于液体货物表面的分子运动比其内部分子活跃，它表面的蒸气压大于空气压力，故能不断地挥发扩散到空气中去。一般温度高、物质沸点低、空气流动快、液面大、空气压力小，挥发速度就快。如液体货物汽油、原油、酒精。固体货物也能直接升华，如硫黄、樟脑等。

2. 货物的机械性质

货物的机械性质是指货物的形态、结构在外力作用下的反应。货物的这种性质与其质量关系极为密切，是体现货物的适用性、坚固耐久性和外观的重要内容，它包括货物的弹性、可塑性、韧性、脆性等。

3. 货物的化学性质

货物的化学性质是指货物的形态、结构在光、热、氧、酸、碱、温度、湿度、压力等作用下发生本质改变的性质，包括货物的化学稳定性、毒性、燃烧性、爆炸性、腐蚀性等。

(1) 货物的化学稳定性。货物的化学稳定性是指货物受外界因素作用，在一定范围内不易发生分解、氧化或其他变化的性质。化学稳定性的高低与货物的成分、结构及外界条件有关。

(2) 货物的毒性。货物的毒性是指某些货物能破坏有机体生理功能的性质。具有毒性的货物主要用于医药、农药以及化工行业。毒性来源于货物本身或货物分解化合后产生的有毒成分等。

(3) 货物的燃烧性。有些货物性质活泼，发生剧烈化学反应时常伴有热和光，这种性质称为货物的燃烧性。具有这一性质的货物被称为易燃货物。常见的易燃货物有红磷、火柴、松香、汽油等低分子有机物。易燃货物在储存中应注意防火。

(4) 货物的爆炸性。爆炸是物质由一种状态迅速变化为另一种状态，并在瞬间以机械功的形式放出大量能量的现象。对能够发生爆炸的货物，要实施严格的管理制度和办法，专库储存。

(5) 货物的腐蚀性。货物的腐蚀性是指某些货物具有的能对其他物质产生破坏作用的性质。引起腐蚀作用的基本原因是由于货物的酸碱性、氧化性和吸水性。

4. 货物的化学成分

（1）货物的无机成分。货物的无机成分是指构成成分中不含碳，但包含碳的氧化物、碳酸及碳酸盐的成分，如化肥、部分农药等都含有无机成分。含有无机成分的货物，按其元素的种类及其结合形式，可分为单质货物、化合物、混合物三大类。

（2）货物的有机成分。货物的有机成分是指以含碳的有机化合物为其成分，但不包含碳的氧化物如碳酸与碳酸盐。棉、毛、丝、麻及其制品，化纤、塑料、橡胶制品、石油产品、有机农药、有机化肥、木制品、皮革、蔬菜、水果、食品等均为含有有机成分的货物。这些货物中的有机成分的结合形式并不相同，有的是化合物，有的是混合物。

（3）货物成分中的杂质。单一成分的货物极少，多数货物含杂质，而成分绝对纯的货物很罕见。货物成分有主要成分与杂质之分。主要成分决定着货物的性能、用途与质量，杂质则影响着货物的性能、用途与质量，给储存带来不利影响。

5. 货物的结构

货物的种类繁多，各种货物有不同的结构，概括起来，可分为外观形态和内部结构两大类。货物的外观形态多种多样，在保管时应根据货物的形状结构合理安排仓容，科学地进行堆码，以保证货物质量的完好。货物的内部结构，即构成货物原材料的成分结构，属于货物的分子及原子结构，人的肉眼看不到，必须借助于各种仪器来观察分析。货物的结构不同，性质就会有很大差别。

（二）影响货物质量变化的外在因素

货物在储存期间的质量变化，主要是货物内部运动或生理活动的结果，但也与储存的外界因素有密切关系。外界因素主要包括自然环境因素和人为因素。

1. 自然环境因素

（1）空气的温度。气温是影响货物质量变化的重要因素。高温能够促进某些货物的挥发、渗漏、熔化等物理变化及各种化学变化，低温容易引起某些货物的冻结、沉淀等变化，温度忽高忽低会影响到货物质量的稳定性。此外，适宜的温度会给微生物和仓库害虫的生长繁殖创造有利条件，加速货物腐败变质和虫蛀。因此，控制和调节仓储商品的温度是货物养护的重要工作内容之一。

（2）空气的湿度。空气的干湿程度称为空气的湿度。空气湿度的改变能引起货物的含水量、化学成分、外形或形态结构的变化。湿度下降，将使货物因放出水分而降低含水量，减轻重量，如水果、蔬菜、肥皂等的萎蔫或干缩变形，纸张、皮革制品的干裂或脆损。湿度增高，货物含水量和重量相应增加，如食糖、食盐、化肥、硝酸铵等易溶性货物结块、膨胀或进一步溶化，金属生锈，纺织品、竹木制品、卷烟等霉变或被虫蛀，等等。所以，在货物养护中，必须掌握各种货物的适宜湿度，并为货物创造适宜的湿度环境。

(3) 环境的气体组成。空气中约含有21%的氧气。氧非常活泼，能和许多物质发生作用，对货物质量变化影响很大。如金属货物锈蚀、有机体货物发生霉腐、害虫滋生、危险品爆炸等都与环境中的氧含量高有关。因此，在养护中，对于受氧气影响比较大的货物，要采取各种方法（如浸泡、密封、充氮等）隔绝氧气对货物的影响。此外，氧气、二氧化碳、二氧化硫和水汽的存在，还会使金属制品因发生电化学锈蚀而质量下降。

(4) 日光。日光中含有热量、紫外线、红外线等，它对货物起着正反两方面的作用：一方面，日光能够加速受潮货物的水分蒸发，杀死杀伤微生物和货物害虫，有利于货物的保护；另一方面，某些货物在日光的直接照射下又会被破坏，如日用橡胶、塑料制品迅速老化、纸张发黄变脆、色布褪色、药品变质、胶卷感光等。因此，要根据货物的性质，给予其合适的日光条件。

(5) 微生物和仓库害虫。微生物和仓库害虫的存在是货物发生霉腐、虫蛀的前提条件。微生物在生命活动过程中分泌一种酶，它可把货物中的蛋白质、糖类、脂肪、有机酸等物质分解为简单的物质供其吸收利用，从而使货物受到破坏、变质，最终丧失使用价值。同时，微生物在细胞内分解氧化营养物质后还排出各种腐败性物质，使货物产生腐臭味和色斑霉点，影响货物的外观，加速高分子货物的老化。仓库害虫在仓库里不仅蛀食动植物性货物和包装，而且有些仓虫还能危害塑料、化纤等化工合成货物，影响货物的质量和外观。因此，在储存中要根据货物的特征，采取适当的温湿度控制措施，抑制微生物、害虫的生长，以利于货物储存。

(6) 卫生条件。卫生条件是保证货物免于变质腐败的重要条件之一。卫生条件不良，灰尘、油垢、垃圾、腥臭等污染货物不仅会造成货物产生外观疵点和沾染异味，而且还为微生物、仓库害虫的生存创造了有利条件。因此，在货物储存过程中一定要搞好储存环境的卫生，并保持货物本身的卫生，防止货物之间相互感染。

(7) 露点。水蒸气开始液化成水时的温度称为露点温度，简称露点。当温度下降到一定程度时，空气中所含的水蒸气就会达到饱和状态并开始液化成水，称为结露。在仓库中，当温度低于露点时会产生结露现象，对怕潮货物有较大的危害。

(8) 尘土。尘土不仅影响产品的外观，而且还有其他诸多危害。尘土会增加机械转动部分的摩擦，影响设备的使用寿命，还会影响精密仪器仪表和机电设备的精密度和灵敏度。

(9) 自然灾害。自然灾害主要有雷击、暴雨、洪水、地震、台风等。与其他外在因素相比，自然灾害具有突发性和不可控性，往往会对货物造成毁灭性的损坏。

2. 人为因素

人为因素是指仓库工作人员未按相关规定和货物本身特性要求进行合理作业，从而使货物受到损坏的情况。人为因素主要有：货物保管场所选择不合理、货物包装不合理、装卸搬运操作不规范、货物堆码苫垫不合理、违章作业等。

第四节 货物养护

一、货物养护的概念和意义

（一）货物养护的概念

货物养护是指在储存和运输过程中对货物所进行的保养和质量维护。从广义上来说，货物从离开生产领域而未进入消费领域之前这段时间的保养与维护工作，都被称为货物养护。

货物养护的基本目的是研究货物在储运过程中所受内外因素的影响、质量发生变化规律和安全储存货物的科学养护方法，以控制不利因素，创造良好的储运环境及条件，从而保证货物的质量，避免和减少货物损耗。

货物养护的基本任务是对储运的货物，根据其数量和质量变化、危害程度、季节变化等，按轻重缓急分别采用相应的技术和措施，使货物质量不发生变化。因此，货物储运是货物养护的物质前提，货物养护是货物储运的必要条件。

（二）货物养护的意义

货物养护是储运货物质量的可靠保证。维护货物在流通过程中的质量，以保证货物流通的顺利进行，就必须认真研究解决货物在储存运输过程中的质量变化规律并科学养护。

货物在储运过程中，由于自身的物理、化学、生理、生化和微生物等性质的变化以及受各种外界因素的影响，会产生这样或那样的变质和损耗，使货物在质量和数量上受到损失，这就需要在储运过程中对货物进行养护，以维护其质量，保证货物流通的顺利进行。研究各类货物在不同储运环境条件下的质量变化规律，采取有效的技术措施和科学管理方法，控制不利因素，创造良好的储运环境条件，从而保证货物质量，减少货物损耗，是货物养护工作的基本任务。

货物养护是对储运货物实施的保养和维护的技术管理工作，是货物储运期间各种管理的中心环节，具有很强的科学性。研究储运货物质量变化规律和养护措施及方法，及时地采取先进的科学技术和现代化管理手段，保护储运货物质量不受损失，可降低货物流通费用，使货物使用价值得到充分实现，促进国民经济的健康发展。

货物养护的方针是“以防为主、防治结合”。货物养护工作概括起来，就是对货物进行质量变化的预防和治理，“防”和“治”是货物养护不可或缺的两个方面。

二、货物养护的方法

货物在储运过程中可能发生的损耗和质量劣变现象是多种多样的。为了维护货物的完好，避免出现货物储运时可能产生的货物损耗，应采取有效的技术措施，对储运过程中的货物进行积极地养护。这里介绍一些经常采用的养护措施。

（一）防霉腐的方法

1. 低温防霉腐

低温防霉腐是利用低温条件，抑制食品中微生物的繁殖和酶的活性，有效地防止微生物引起的食品质量变化，减弱鲜活食品的生理活动和生鲜食品的生物化学变化，降低水分蒸发速度和延缓食品化学成分的变化的一种食品储藏方法。它不仅能达到防霉腐的目的，而且也有利于减少食品干耗，保持食品的色、香、味，从而较好地保持食品原有的新鲜度、风味品质和营养价值。食品低温储藏的温度范围一般为－30℃～15℃。由于食品的种类、特性和储藏期限不同，采用的储藏温度也不一样。按储藏温度的不同，食品低温储藏可分为冷却储藏和冷冻储藏两种。

（1）冷却储藏。

冷却储藏（冷藏）：储藏温度一般在食品冰点以上。由于引起食品变质的嗜温性微生物处于10℃以下的低温就难以繁殖，因此，冷却储藏的温度为0℃～10℃，冷却储藏的食品一般不发生结冰，能较好地保持食品的风味品质。但是，食品中酶的活性及鲜活食品的生理活动并未停止，嗜冷性微生物仍能繁殖，所以食品冷藏时间不宜过长。

原产热带、亚热带的水果和蔬菜，由于其生理特性适应较高的温度环境，在10℃以下储藏会因正常生理活动受到干扰招致“冷害”。如香蕉适宜储存的温度为12℃～18℃，番茄为10℃～12℃。因此，对这些食品的冷藏，要根据它们对低温的耐受程度，控制适宜的较低温度，避免库温下降过低导致“冷害”的发生。

对于含水量大的食品，还可能因水分蒸发出现干耗，使食品重量减轻，影响食品的外观品质。为此，应保持库内有较高的相对湿度，并降低空气流速，以减少食品干耗。

采取冷却储藏的食品主要有水果、蔬菜、鲜蛋、鲜肉、鲜鱼、鲜奶、奶制品、啤酒等。

（2）冷冻储藏。

冷冻储藏（冻藏）是先将食品在低于冰冻点以下冻结，然后在高于冻结温度的低温条件下储藏的方法。食品冷冻温度和冷冻速度，与冷冻食品的质量关系极大。冷冻储藏通常有缓冻法和速冻法两种方法。

缓冻法是指在自然环境下缓慢冻结的方法。冻结温度越低，食品中被冻结的水分越多。一般来说，温度降至－5℃时，食品中的水分有60%～80%冻结，降至－18℃时，则有90%的水分被冻结。食品中的大量水分被冻结后，游离水含量变低，水分活性显著下降。这样，不仅使嗜高温、中温和低温的微生物停止繁殖，长时间的冷冻还能造成部分微生物死亡，而且也抑制了食品中酶的活性。冻藏食品的储藏温度越低，品质保持越佳，储藏期限也越长。

速冻法是比较理想的冷冻方法，可以获得较好的储藏效果。快速冷冻法采用－18℃或－23℃甚至－40℃的低温速冻，在－15℃或更低的温度下储藏。这种方法的原理是冻结温度低、速度快，使冰晶生成速度大于细胞内水分向外扩放的速度。细胞内外水分几乎同时结冰，生成的冰晶细小，分布均匀，食品中90%的水分被冻结在原来的位置。这样，速冻食品就不会像缓冻食品那样，因细胞内与细胞间生成的冰晶过大造成细胞的机械损伤和破裂，解冻时也可减少汁液流失，容易恢复原状，更好地保持食品的原有品质。

采用冷冻储藏的食品，除肉类、禽类、鱼类、水果、蔬菜等易腐食品以及冰棒、食用冰等冷饮食品外，还有速冻食品，如豌豆、四季豆、胡萝卜、马铃薯、荔枝、龙眼、杨梅、李子等，以及速冻元宵、水饺等食品。

2. 气相防霉腐

气相防霉腐是使用具有挥发性的防霉腐剂，通过其挥发产生的气体直接与霉腐微生物接触而杀死或抑制霉腐微生物生长繁殖，以达到防霉腐目的的一种方法。这种方法常用于工业品的防霉腐。工业品常用的气相防霉腐剂有多聚甲醛、环氧乙烷等。气相防霉腐剂应与密封仓库、大型塑料膜罩或其他密封包装配合使用，才能获得理想效果。在使用气相防霉腐剂时应注意安全，严防具有毒性的挥发性气体对人体造成伤害。

3. 气调防霉腐

气调防霉腐是依据嗜氧性微生物需氧代谢的特性，通过调节密封环境中气体的成分，降低氧气浓度来抑制霉腐微生物的生理活动、降低酶的活性和鲜活食品呼吸强度，以达到防霉腐和保鲜目的的一种方法。

气调防霉腐有自发气调和机械气调两种方式。自发气调是利用鲜活食品本身的呼吸作用降低密封包装中氧的含量，增加二氧化碳浓度而起到气调作用。机械气调是采用机械设备将密封包装中的空气抽至一定真空度，再填充二氧化碳或氮气的气调方法。气调结合低温环境，可达到较长时间保鲜的目的。

4. 药剂防霉腐

药剂防霉腐是利用化学药剂使霉腐微生物的细胞和新陈代谢活动受到抑制或破坏，从而达到抑制微生物活动或杀灭微生物，防止货物发生霉腐变化的一种方法。选择防霉腐药剂时，应考虑使用低毒、高效、无副作用、价廉的药剂，同时还要考虑相关药剂对人体健康有无影响、对环境有无污染等因素。常用的防霉腐药剂有多菌灵、水杨酰苯胺、甲醛、多聚甲醛、环氧乙烷、灭菌丹、五氯酚钠、氟化钠、洁而灭等，其中甲醛、多聚甲醛、环氧乙烷是一般日用工业品较理想的防霉腐药剂。

5. 加热灭菌防霉腐

食品经加热处理，可杀灭引起食品变质的微生物，破坏食品中酶的活性，从而达到防霉腐的目的。加热灭菌的食品，需有密封的包装，使内容物与外界隔绝，防止微生物的第二次污染和氧气的侵入，以利于食品的长期储藏。用于食品的加热灭菌方法，主要有高温灭菌法和巴氏杀菌法两种。

（1）高温灭菌法。

高温灭菌法的灭菌温度一般为100℃～120℃，加热时间为30分钟至几小时（随食品原料的不同而不同）。此法多用于罐头和蒸煮袋装食品。

（2）巴氏杀菌法。

巴氏杀菌法按杀菌温度和时间的不同，有下列三种方法：

1）低温长时间杀菌法：杀菌温度为62℃～65℃，加热时间为30分钟。在这一杀菌条件下，既可杀灭食品中的致病菌，又不损害食品的风味，较好地保证了食品的营养。

2）高温短时间杀菌法：杀菌温度为72℃～75℃，加热时间为15～16秒，或80℃～85℃条件下，加热10～15秒。虽然加热时间很短，但杀菌温度较高，仍可收到预期的杀菌效果。它是目前采用较多的一种热杀菌方法。

3）超高温瞬间杀菌法。杀菌温度135℃～150℃，加热时间极短（如牛乳超高温瞬间杀菌时间只需2～8秒）。由于微生物热致死的温度系数很大，超高温瞬间杀菌具有明显的效果。加热时间极短，能更有效地保持食品的营养成分。实践证明，用此法处理食品的效果也较好。例如，用此方法处理的牛奶，经包装后可冷藏20天；如果采用无菌包装，可在常温下储藏3～6个月。

6. 干燥防霉腐

干燥防霉腐是利用干燥或脱水措施降低货物的含水量，使其水分含量在安全储运水分之下，抑制霉腐微生物的生理活动，以达到防腐目的的一种储藏方法，常用于粮食及各种食品的储藏。食品经干燥后，由于水分减少，酶的活性受到抑制，细胞原来所含的糖分、盐类、蛋白质等稀溶液浓度升高，渗透压增大，导致微生物细胞脱水，繁殖受阻，甚至死亡，这样，就可以延长食品的储藏期。食品经干燥脱水后，体积与重量减小，有利于运输。食品干燥方法有自然干燥法和人工干燥法。

（1）自然干燥法。

自然干燥法是利用日晒、风吹、阴凉等自然条件，使食品脱水干燥的一种方法。这种方法比较经济方便，主要用于粮食、干果、干菜、水产品的干燥。自然干燥法受气候和地区等自然条件的限制，存在以下缺陷：干燥过程中温度上升慢，水分蒸发速度慢，干燥时间长；受日光的照射和空气中氧的影响，货物颜色变暗，损失营养成分；有些食品在干燥过程中伴有一定程度的腐败变质；食品容易被灰尘、杂质、昆虫、微生物等污染。为了保证干燥食品的质量，应选择清洁卫生的晒场及用具。

（2）人工干燥法。

人工干燥法是利用热风、远红外线、微波等手段，对食品进行脱水干燥的一种方法。人工干燥法与自然干燥法相比，不受气候条件的限制，可缩短干燥时间，减少因缓慢升温造成的质量变化，避免灰尘、杂质及昆虫、微生物的污染，能保持食品质量和减少损耗。但由于需要一定的设备和技术，能耗较高，费用较高，人工干燥法的应用受到一定的限制。

7. 辐射防霉腐

此方法主要用于食品储藏。它是利用穿透力极强的射线照射食品，杀灭食品中的微生物，破坏酶的活性，抑制鲜活食品的生理活动，从而达到防霉腐目的的一种食品储藏方法。

辐射防霉腐所用的射线源主要是放射元素钴 60，它能放出穿透力很强的 γ 射线。γ 射线是一种波长极短的电磁波，可穿透数米厚的固体物，具有很强的杀菌力。食品经照射后所吸收的能量，称为吸收剂量，其单位为戈瑞（Gy）。根据食品品种和储藏目的的不同，辐射防霉腐使用的射线剂量有所区别，一般分为小剂量照射、中剂量照射和大剂量照射。

小剂量照射：平均照射剂量在 1 千戈瑞（kGy）以下，主要用于抑制马铃薯、洋葱的发芽，杀死昆虫和肉类的病原寄生虫，延缓鲜活食品的后熟等。

中剂量照射：平均照射剂量范围为 1～10kGy，主要用于肉类、鱼类、粮食、水果、蔬菜等食品的杀菌。

大剂量照射：平均照射剂量为 10～15kGy，主要用于冷冻肉类、鱼类、贝类的长期储藏。

辐射处理食品的卫生安全问题受到人们的普遍关注。1980 年 12 月，国际辐射食品卫生专家联合委员会给出结论，任何食物辐照总平均剂量在 10kGy 以下，不具有毒理学上的危害性，即无毒、无害、安全，不需要进行毒理试验。但辐射储藏的食品色泽变暗，有轻微异味，酶和维生素等活性成分会受到破坏，食品成分之间相互影响等，此问题还有待于进一步研究解决。

8. 腌渍防霉腐

此法是利用食盐或食糖溶液产生高渗透压和低水分活度或通过微生物的正常发酵降低环境 pH 值，抑制有害微生物生长繁殖，进而达到防霉腐的目的。为了获得食品更好的感官品质，保证食品卫生及营养价值，人们在腌渍食品时还常添加适当的调味品、香料、发色剂和抗氧化剂等物质。腌渍防霉腐主要有盐腌储藏法、糖渍储藏法和酸渍储藏法。

（1）盐腌储藏法。

食盐不仅是调味剂，还具有很好的防腐作用。盐腌储藏法就是利用食盐的防腐作用来储藏食品的一种方法。食盐溶液具有很高的渗透压，可使微生物细胞发生强烈的脱水作用，导致质壁分离，生理代谢活动受到抑制，乃至生长停止或死亡。食盐溶液还具有较低的水分活度，不利于微生物生长。当食盐溶液浓度达到26.5%（饱和）时，细菌、酵母菌和霉菌都不能生长。另外，氧在食盐溶液中的溶解度大大下降，可形成缺氧环境，使一些嗜氧微生物的生长发育受到抑制。当食品中食盐的加入量达到10%～15%时，才具有较好的防腐效果。不同的微生物对食盐的耐受力不同。多数杆菌在10%的盐溶液中就不能生长，而乳酸杆菌在12%～13%的盐溶液中仍可生存，耐盐性很强的葡萄球菌须在盐溶液浓度达到20%时才能被杀死，酵母菌在10%的盐溶液中仍能生长，霉菌必须在盐溶液浓度高达20%～25%时生长发育才被抑制。所以，盐腌食品易受酵母菌和霉菌的污染而发生变质。盐腌食品主要有腊肉、咸蛋、咸鱼、咸菜等。

（2）糖渍储藏法。

食糖既可作为食品的甜味剂，又可作为糖渍食品（如果脯、蜜饯等）的保藏剂。食糖具有很强的吸水性，在水中溶解度很大，可使其溶液的水分活度降至0.85以下，并能达到很高的渗透压。高渗透压可导致微生物质壁分离，有效地抑制微生物的生长繁殖。糖渍食品的加糖量一般须在65%以上才能比较好地抑制微生物的生长繁殖。高浓度的食糖溶液还能降低氧在溶液中的溶解度，起隔氧作用，防止维生素C的氧化，并且抑制了嗜氧微生物的活动。

（3）酸渍储藏法。

此法主要是通过食品发酵自行产生有机酸或人为加入有机酸，降低环境pH值，抑制微生物的生长繁殖的一种储藏方法。微生物的生长繁殖都需要适宜的pH值。细菌适宜生存在中性偏碱的环境中，酵母菌和霉菌则适宜生存在微酸性的环境中。因此降低食品的pH值，使食品呈较强酸性，便可以抑制微生物生长繁殖，延长食品的储藏期。一般情况下，酸渍食品的pH值低于4.5时，许多有害微生物便难以生长。

食品的酸渍可分为人工酸渍和微生物发酵酸渍两种。人工酸渍是人为地加入醋酸，降低食品的pH值，主要用于蔬菜中的酸黄瓜、酸蒜等食物的酸渍保藏。微生物发酵酸渍是利用乳酸正常发酵所产生的乳酸保藏食品，常用于酸渍白菜、泡菜、酸奶等。

（二）防腐蚀的方法

金属材料及其制品的电化学腐蚀，除金属本身的电位高低、成分结构的不均匀性外，主要决定于金属表面电解液膜的存在。因此，防止金属货物腐蚀的方法，都是围绕如何避免这层电解液膜的形成进行的。在生产部门，常采用的方法是在金属货物表面涂覆保护层，如电镀、喷漆、涂搪等，把金属与促使金属腐蚀的外界环境因素隔离开来，从而达到防腐蚀的目的。在货物储存过程中采用的方法，大体有涂油防腐蚀、气相缓蚀剂防腐蚀、密封防腐蚀等几种。

1. 涂油防腐蚀

涂油防腐蚀是在金属表面涂覆一层油脂薄膜，使货物在一定程度上与空气中的氧、水分以及其他有害物质隔离开来，以达到防止或减缓金属腐蚀的目的的一种防腐蚀方法。

常用的防腐蚀涂料有凡士林、黄蜡油、机油、蓖麻油和防锈油等，其中防锈油的效果最理想，在金属表面吸附贴合最为紧密。此外，还可以采用电镀的方式在金属货物表面形成耐腐蚀的氧化膜。

2. 气相缓蚀剂防腐蚀

气相缓蚀剂防腐蚀是在金属制品的封闭包装内使用具有挥发性的气相缓蚀剂，使缓蚀气体充满包装空间以防止货物腐蚀的一种技术。气相缓蚀剂防腐蚀是一种新方法，使用方便，不污染货物及其包装，特别适用于结构复杂的金属货物制品，可长期防止金属货物发生腐蚀。常用的气相缓蚀剂有几十种，其形式有浸涂缓蚀剂的气相包装纸、喷涂在金属表面形成薄膜而缓慢挥发的溶液、均匀撒在金属表面或放在包装内的挥发性粉末等。

3. 密封防腐蚀

密封防腐蚀是采用可剥性塑料将金属货物封存起来的一种隔离防腐蚀技术，这种方法可较长时间地防止金属货物发生腐蚀。可剥性塑料一般用高分子合成树脂作为基础原料，加入矿物油、增塑剂、防锈剂、稳定剂及防霉剂等制成，有溶剂型和热熔型两种。溶剂型可剥性塑料在用溶剂溶解后，浸涂于金属货物表面，溶剂蒸发后能形成一层较薄的膜层；热熔型可剥性塑料在加热熔化后，浸涂于金属货物表面，冷却后能形成一层薄膜。这两种膜层在启封时，用手即可剥除。

（三）防老化的方法

高分子货物的老化原因有内因和外因，所以防老化应从这两方面着手：一方面，采用特殊方法，提高高分子材料的耐老化性能，或者加入防老剂、采用物理防护措施等提高高分子材料的耐老化性能；另一方面，采取切实措施，防止外界各种不利因素对高分子材料的直接作用，以减缓其老化，延长货物的储存期限与使用寿命。

1. 生产过程中的防老化

通过引进几种有机物与高分子材料共聚，可以显著提高材料的耐老化性能。通过改进聚合工艺，减少不稳定因素或除去各种杂质，可以提高高分子材料的耐老化性能。防老剂可以改善高分子材料的加工性能，抑制光、热、氧、臭氧、重金属等外界因素的破坏作用，提高材料的抗老化性能。在高分子材料的表面覆一层保护膜，避免其直接受到外界因素的影响，可以减缓高分子材料的老化。

2. 储存过程中的防老化

根据高分子材料的质量变化规律，在储存过程中主要是控制环境因素，尽量消除或减少影响高分子材料老化的不利因素，减缓高分子材料的老化时间与速度，保证高分子货物在储存期间的质量安全。通常采用的措施主要包括：加强仓库湿度管理；根据不同类型高分子货物的特性，合理堆码，保持货物的清洁、完整，减少外界因素的作用；加强货物入库验收，发现包装有问题的货物，及时采取相应的措施；仓库应清洁、干燥、凉爽，门窗玻璃应刷上白色，以避免阳光直射，不与油类、腐蚀性货物、含大量水分的货物同库存放等。

（四）防治害虫的方法

货物储存过程中的害虫防治工作必须遵循“以防为主、防治结合”的基本方针。

1. 物理技术杀虫法

（1）高频介质电热杀虫法。

高频介质电热杀虫法是一种新的物理技术。其杀虫原理是：如果将绝缘物质放在容器的金属片间，此种物质的分子受两个金属片间交流电场变化而摩擦产生介质电热。电压越高，电场越强，摩擦频率就越高，产生的热能就越多，在温度达到50℃时只需50分钟，60℃时只需10分钟就可以将害虫全部杀死。此法杀虫效率较高。

（2）气调杀虫法。

通过充氮降氧的气调法，使容器内氧的浓度降到0.4%，可杀死所有的害虫。另外，也可充CO_2气体，同样能达到杀虫效果。

（3）远红外线辐射杀虫法。

利用远红外线辐射，不仅能使储存的货物干燥，而且还能有效地杀死其中的微生物、虫卵，达到杀虫的目的。

（4）微波干燥杀虫法。

微波不仅能干燥存储的货物，又能杀菌杀虫。

（5）γ射线照射杀虫法。

利用γ射线能有效地杀死货物中的害虫，而且货物中的有效成分基本没有变化，如药材牡丹皮、延胡索的贮藏。

（6）黑光灯诱杀虫法。

利用鳞翅目仓储害虫成虫（蛾类）的趋光习性，在库内或临近的地方于5～9月装置黑灯光，夜间开灯引诱害虫，使其扑灯坠水而淹死。该法操作简单，成本低廉。

2. 化学防治法

化学防治是采用化学药剂直接或间接毒杀害虫的方法。在实施时，应考虑害虫、药剂、环境和货物四者间的关系。

（1）毒饵诱杀虫法。

选择害虫喜爱的麦麸、米糠、油饼等作诱料，加入适量的杀虫药剂制成毒饵，用以诱杀害虫。将诱料加热炒香，或加入少量的香葱共炒，再加入浓度为0.1%的除虫菊酯或者0.5%～1%的敌百虫水溶液，使诱料吸附后晾干即成。将毒饵用纸摊开，放在药材堆空隙之间，过几天清除虫体一次。此法持续时间长，杀虫效果较好。

（2）化学药品熏蒸杀虫法。

利用化学药品储存货物，如药材、食品，必须首先考虑药剂对害虫有效而不影响药材或食品质量且对人体安全。

常用的杀虫剂主要有以下几种：

1）氯化苦。其化学名为三氯硝基甲烷，是一种无色或略带黄色的液体，有强气味，几乎不溶于水。当室温在20℃以上时能逐渐挥发，其气体比空气重，渗透力强，无爆炸燃烧的危险，是有效的杀虫剂。通常采用喷雾法或蒸发法密闭熏蒸2～3昼夜。

2）磷化铝。其纯品为黄色结晶，工业品为浅黄色或灰绿色固体，在干燥条件下很稳定，但易吸潮分解，产生有毒气体磷化氢，利用此性质，可进行仓库密闭熏蒸杀虫。

3）溴甲烷。其在常温下为无色气体，常用作仓库杀虫剂，同时密闭熏蒸。熏蒸时间为16～24小时。本品对人有毒，要注意保护。

4）二氧化硫。其由燃烧硫黄而得，是黄褐色有毒气体，对成虫的毒杀能力较强，密闭熏蒸的时间很长，且残留硫黄气体，故现在很少使用。

3. 生物防治法

生物防治法是利用害虫的天敌和人工合成的昆虫激素类似物来控制成虫的交配繁殖和消灭害虫的方法。这种方法可避免化学杀虫的抗药性和环境污染问题，是一种很有发展前途的杀虫方法。目前人工合成的昆虫激素类似物主要有性信息素合成物、保幼激素合成物等。前者用于诱杀雄虫或使雌虫得不到雄虫的交配而产下不能孵化为害虫的未受精卵，后者已被视为第三代农药，它可通过表皮或吞食进入虫体，破坏害虫的正常生长和发育，最终导致害虫不育或死亡。

第五节 货物的智能化仓储

一、仓储业的发展方向

未来我国仓储业将朝着仓配一体化、仓储社会化、仓储产业化、仓储标准化以及仓储现代化的方向发展，其中仓储现代化是发展的重中之重。

（一）仓配一体化

仓配一体化其实并不是很新的概念，以前称供应链一体化或一站式服务等。在电商行业，仓配一体化这个概念比较新，这是因为电商改变了传统的配送模式，由以前的 B2B 变成了 B2C，而电商企业又大多不具备做好仓储配送的能力。正是由于这些原因，出现了很多的物流商和配送商，它们根据自己的优势和特长，进入仓储配送这一领域。

仓配一体化通俗的解释就是，订单后的一体化解决方案，即电商企业只需要将订单抛给提供仓配一体服务的企业，后续的合单、转码、库内作业、发运配送、拒收返回以及上下游的账务清分等全部由仓配企业来做，电商专攻市场销售。现在的仓配一体化实际上是指在互联网下的仓配一体化，原来传统的进、销、存管理已经无法满足现在电商的需求，单点、单仓也无法满足电商物流的下一步发展。目前，传统的仓储和传统的第三方物流公司都面临着转型。

（二）仓储社会化

随着改革开放和社会主义市场经济的发展，我国很多储运企业以及仓库相继向社会开放，逐渐打破了系统内与系统外的界限，打破生产资料的界限，相互展开竞争，基本上形成了一个分散型的储运市场。这种形式与过去条块分割、地区分割的封闭性储运市场相比有了很大发展，打破了部门与地区的界限，使仓库从附属型向经营型转化，面向社会开展竞争，优胜劣汰，使我国的仓储业得以发展。但真正要解决仓储业的社会化问题，应做好以下两方面的工作：

首先，解决体制问题。根据市场经济的要求和仓储业的特点，打破部门、条块分割的局面，广泛开展部门间仓储业的横向联合，实现仓储全行业的系统管理，以避免由于按照条块管理只顾本部门的经济利益，忽视社会经济效益的弊病，有利于全行业整体功能的发挥。同时，可以按照专业分工原则统一规划、合理布局，形成全国统一的储运市场，以有利于普及和推广仓储管理的“作业标准化、行业规范化、工作程序化、管理现代化”的原则，取得政策与制度上的统一，提高专业技术和管理水平。

其次，建立多功能综合性仓库，发展物流技术，促使物流、商流达到协调运行与发展。为适应市场经济发展的需要，仓库应从单纯储存型向综合型发展，从以物品的储存保管为中心，转变到以加快物品周转为中心，集储存、加工、配送、信息处理为一体的多功能综合仓库，成为能吞吐、高效率、低费用、快进快出的物流中心，全面提高仓储运输的服务水平。

（三）仓储产业化

仓储活动要想真正同工业、农业一样，成为一个独立的行业，就必须发展自己的产业。虽然仓储活动还不能脱离保管业务单纯地开展生产加工业务，但仓储完全有条件利用自身的优势去发展流通加工业务。

流通加工是货物从生产领域向消费领域流通过程中，为促进销售，提高物流效率以及货物利用率而采取的加工活动，它是流通企业唯一创造价值的经营方式。世界上许多国家和地区的物流中心或仓储业在经营中都大量存在着流通加工业务。仓储部门储存着大量商品，又拥有一定的设备和技术人员，只要再增加一些流通加工设备和工具，就可以从事流通加工业务，因此，仓储发展流通加工是最有发展前途的。

（四）仓储标准化

仓储标准化是物流标准化的重要组成部分。为了提高物流效率，保证物流的统一性与各种物流环节的有机联系，并与国际接轨，必须制定物流标准。

仓储标准化是一项基础性工作。由于仓储分散在商业、外贸、运输等部门，因此更有必要从标准入手，推进仓储行业的整体发展。仓储标准化需要完善的内容很多，如全国通用性标准（包括仓库种类与基本条件标准、仓库技术经济指标以及考核办法标准、仓储业标准体系、仓储服务规范、仓库档案管理标准、仓库单证标准、仓储安全管理标准等）、仓储技术通用标准（包括仓库建筑标准、物品入出库标准、储存物品保管标准、包装标准、物品装卸搬运标准等）、仓储设施标准、仓库信息管理标准、仓库人员标准等。

（五）仓储现代化

实现仓储现代化的关键在于科学技术，而发展科学技术的关键在于人。因此，应从以下几个方面实现仓储现代化。

1. 仓储人员的专业化

在生产力高度发展的今天，科学技术越来越进步，机器设备的数量和品种也越来越多，人在操纵现代化生产设备中的作用也就越来越大，这就要求有一大批既懂管理，又有专业知识，并掌握现代化管理方法和手段的高素质管理人才。对仓储业来说，普遍存在人员素质不高、技术和管理水平偏低的现象。因此，对仓储人员的培训就显得十分迫切和重要。必须按现代化管理的要求，加强对仓储人员的培训、教育，尽快培养出一批具有现代科学知识和管理技术、责任心强、素质高的仓储专业人员。

2. 仓储技术的现代化

当前仓储技术是整个物流技术中的薄弱环节，因此仓储技术的发展与更新是仓储现代化的重要内容。仓储现代化首先要解决信息现代化，包括信息的自动识别、自动交换和自动处理。当前应从以下几个方面抓起：

(1) 实现物品出入库和储存保管的机械化和自动化。从我国的国情出发，重点发展物品存储过程中所需要的各种装卸搬运机械、工具等。例如：研制并推广作业效率高、性能好、能耗低的装卸搬运机械；发展自动检测和计量机具；提高分货、加工、配送等作业的方法和手段等。

(2) 存储设备的多样化。存储设备朝着省地、省力、多功能的方向发展，推行集装化、托盘化，发展各类集合包装以及结构先进的货架，实现包装标准化、一体化。

(3) 适当发展自动化仓库，有重点地建设一批自动化仓库。

(4) 加强老仓库的技术改造，尽快提高老仓库的技术和管理水平，充分发挥老仓库的规模效益。

3. 仓储管理方法的科学化和管理手段的自动化

根据现代化生产的特点，按照仓储客观规律和最新科学技术成就来进行仓储管理，实现仓储管理的科学化，是促进仓储合理化的重要步骤。运用电子计算机辅助仓储管理，进行仓储业务管理、库存控制、作业自动化控制以及信息处理等，以达到快速、准确和高效的目的。

云仓储的实施

二、智能仓储设施与设备

随着现代仓储物流的快速发展，自动化和信息化程度不断提高，以及现代信息技术、物联网等技术的不断进步，智能化、自动化仓储设施与设备迅速发展。其中，自动化立体仓库和有轨制导车辆（RGV）、自动导引车（AGV）、高速分拣设备是智能仓储物流的核心。

（一）自动化立体仓库

作为自动化仓储设施的一种，自动化立体仓库近年来在国内得到了较快发展。以下就自动化立体仓库的定义、组成、功能和特点进行简要介绍。

1. 自动化立体仓库的定义

根据《物流术语》的定义，自动化立体仓库（AS/RS）是指由高层货架、巷道堆垛起重机（有轨堆垛机）、入出库输送机系统、自动化控制系统、计算机仓库管理系统及其周边设备组成，可对集装单元货物实现自动化存取和控制的仓库。

自动化立体仓库又称自动存取系统、自动仓库、自动化高架仓库、高架立体仓库、无人仓库、无纸作业仓库等。自动化立体仓库是指采用高层货架，以货箱或托盘储存物品，用巷道堆垛机及其他机械进行作业，由计算机进行管理和控制，实现自动收发作业的仓库。

2. 自动化立体仓库的组成

（1）仓库建筑与高层货架。

高层货架一般为钢结构单元格，单元格内由托盘装物品。一个货架的唯一地址由其所在的货架的排数、列数及层数来确定，自动出入库系统据此对所有货位进行管理。

（2）巷道机。

在两排高层货架之间一般留有1～1.5米宽的巷道，巷道式堆垛起重机在巷道内做来回运动，巷道机上的升降平台可做上下运动，升降平台上的存取货装置可对巷道机确定的某一个货位进行物品存取作业。巷道机由机架、运行机构、升降机构、货叉伸缩机构、电气控制设备组成。

（3）周边搬运系统。

周边搬运所采用的机械通常有运输机、自动导引车等，其作用是配合巷道机完成物品的输送、转移、分拣等作业。同时，当高架仓库内主要搬运系统因故障停止工作时，周边设备可以发挥作用，使立体仓库继续工作。

（4）控制系统。

自动化立体仓库的控制系统有手动控制、随机自动控制、远距离自动控制和计算机自动控制四种形式。自动化立体仓库的计算机中心或中央控制室接收到出库或入库信息后，由管理人员通过计算机发出出库或入库指令，巷道机、自动分拣机及其他周边搬运设备按照最优方案运行。

（5）其他部分。

为完成自动化立体仓库的操作，根据仓库的工艺流程及用户的一些特殊要求，可适当增加一些辅助设备，如手持终端和叉车、托盘搬运车、起重机等一些外围设备。对于自动化立体仓库而言，还包括土建、消防、通风、照明等多方面的设施。

3. 自动化立体仓库的功能

自动化立体仓库的主要功能是大量存取和自动存取（它的出入库及库内搬运作业全部实现由计算机控制的机电一体化即自动化）。自动化立体仓库一般包括自动收货、存货、取货、发货和信息查询等功能。

自动化立体仓库带来了较高的物流作业水准。由于自动化立体仓库是由计算机进行管理和控制，不需要人工搬运作业而实现收发作业的仓库，所以还能减少工伤和货损，改善公司形象，降低对操作工的依赖，尤其是在库房有特殊需要，操作工短缺的时候。有的自动化仓库甚至能与其他生产系统相连，这样有利于生产更加连贯地进行，减少不必要的时间浪费。

4. 自动化立体仓库的特点

自动化立体仓库具有以下特点：

(1) 由于能充分利用仓库的垂直空间，使其单位面积储存量远大于普通的单层仓库，一般是单层仓库的4～7倍，提高了储存空间的利用效率。

(2) 自动化立体仓库采用巷道堆垛机，它沿着廊道上的轨道运行，不会与货架碰撞，也无其他障碍物，因此行驶速度较快，一般可达80～130米/秒，升降速度为12～30米/秒（最高可达48米/秒），货叉取货速度一般为15～20米/秒。

(3) 自动化立体仓库采用计算机进行仓储管理，可以方便地做到“先进先出”，防止物品自然老化、变质、生锈，也能避免物品的丢失，大大提高了仓储质量。

(4) 采用自动化立体仓库后，能较好地适应黑暗、低温、有毒等特殊环境，确保库存作业的安全性，减少货损货差。

(5) 采用自动化立体仓库后，能节省人力，大大降低了作业人员的劳动强度，能准确、迅速地完成出入库作业，能够及时了解库存品种、数量、位置、出入库时间等信息。

（二）穿梭车系统

1. 穿梭车的定义

穿梭车，即轨道式自动导引车（RGV），如今已经被广泛运用在物流仓储系统中。作为一种类似于智能机器人的设备，它能够替代人工进行一系列的仓储作业，如货物的分配和放置等。由于穿梭车里面安装了特别的通信体系，具有高科技的电子辨认技能，因此工作人员可以通过穿梭车更加方便快捷地找到目标货物。

2. 穿梭车的特点

穿梭车的最大特点是实现了工业作业的智能化和高效化。在物流仓储体系中，如果采用的是人工作业方式的话，不仅需要人工对货品进行分区，还要对货品进行人工转移，作业效率是比较低的，而穿梭车的运用就能够轻松地解决以上这些问题，在很大程度上提高了作业效率。

3. 穿梭车的运用方式

穿梭车的运用主要有两种方式，分别是穿梭车式仓储体系和穿梭车式出入库体系。通过这两种体系，我们能够把货物快速、高效地运送到指定地点，大大提高仓库的作业效率和空间利用率。除了主动取货、拿货和分类之外，穿梭车还能够与其他设备进行互相协作，帮助工作人员完成更多耗时耗力的作业。例如，穿梭车能与堆垛机配合，形成全自动、立体化的仓储搬运体系。

（三）自动导引车

1. 自动导引车和自动导引车系统的定义

自动导引车是指装备有电磁或光学自动导引装置，能够按规定的引导路径行驶，具有小车编程与停车装置、安全保护以及各种转载功能的运输小车。自动导引车是现代仓储系统的关键装备。它是以电池为动力，装有非接触导向装置及独立寻址系统的无人驾驶自动运输车。

自动导引车系统由若干独立运行的自动导引车组成。自动导引车系统控制自动导引车沿导引路径运行，并通过物流系统软件与生产物流、配送中心等系统集成。

2. 自动导引车的引导方式

自动导引车最常见的引导方式为磁条引导、激光引导。目前最先进、扩展性最强的是超高频 RFID 引导。磁条引导是常用的成本最低的方式，但是其站点设置有一定的局限性，对场地装修风格有一定的影响；激光引导成本最高，对场地要求也比较高，所以不如磁条引导应用广泛。RFID 引导成本适中，其优点是引导精度高，站点设置更方便，可满足复杂的站点布局，对场所整体装修环境无影响。另外，RFID 的高安全性、稳定性也是磁条导引和激光导引方式所不具备的。

3. 自动导引车的优点

随着工厂自动化、计算机集成制造系统技术逐步发展，以及柔性制造系统、自动化立体仓库的广泛应用，自动导引车作为联系和调节离散型物流管理系统使其作业连续化的必要自动化搬运装卸手段，其应用范围和技术水平得到了迅猛的发展。下面是自动导引车的优点介绍：

（1）自动化程度高。由计算机、电控设备、磁感应、激光反射板等控制。当车间某一环节需要辅料时，由工作人员向计算机终端输入相关信息，计算机终端再将信息发送到中央控制室，由专业的技术人员向计算机发出指令，在电控设备的合作下，这一指令最终被自动导引车接受并执行——将辅料送至相应地点。

（2）充电自动化。当自动导引车的电量即将耗尽时，它会向系统发出请求指令，请求充电，在系统允许后自动到充电的地方“排队”充电。另外，自动导引车的电池寿命很长（两年以上），并且每充电 15 分钟可工作 4 小时左右。

（3）美观。作业的观赏度较高，可以提高企业的形象。

（4）安全性高。人驾驶的车辆，其行驶路径无法确知，而自动导引车的导引路径却是非常明确的，因此大大提高了安全性。

（5）成本易控制。自动导引车系统的资金投入是短期的，而员工的工资是长期的，还会随着通货膨胀而不断增加。

（6）易维护。红外传感器和机械防撞可确保自动导引车免遭碰撞，降低故障率。

（7）可预测性。自动导引车在行驶路径上遇到障碍物时会自动停车，而人驾驶的车辆可能会因人的思想因素在判断上产生偏差。

（8）降低产品损伤。可减少由于人工的不规范操作而造成的货物损坏。

（9）改善物流管理。由于自动导引车系统内在的智能控制，能够让货物摆放更加有序，车间更加整洁。

(10) 较小的场地要求。自动导引车比传统的叉车需要的巷道宽度窄得多。同时，对于自由行驶的自动导引车而言，还能够从传送带和其他移动设备上准确地装卸货物。

(11) 灵活性。自动导引车系统允许最大限度地更改路径规划。

(12) 调度能力。由于自动导引车系统的可靠性，使得自动导引车系统具有非常优化的调度能力。

(13) 工艺流程。自动导引车系统应该也是工艺流程中的一部分，它是把众多工艺连接在一起的纽带。

(14) 长距离运输。自动导引车系统能够有效地进行点对点运输，尤其适用于长距离运输（大于 60 米）。

(15) 特殊工作环境。专用系统可在人员不便进入的环境中工作。

(四) 高速自动分拣系统

高速自动分拣系统是先进配送中心所必需的设施条件之一，具有很高的分拣效率，通常每小时可分拣货物 6 000～12 000 箱，可以说，高速自动分拣系统是提高物流效率的一项关键因素。

1. 自动分拣系统的构成

高速自动分拣系统一般由控制装置、分类装置、输送装置及分拣道口组成。

(1) 控制装置的作用是识别、接收和处理分拣信号。控制装置根据分拣信号的要求指示分类装置，按货物品种、货物送达地点或按货主的类别对货物进行自动分类。这些分拣需求可以通过不同方式，如可通过条形码扫描、色码扫描、键盘输入、重量检测、语音识别、高度检测及形状识别等方式，输入分拣控制系统中去，对这些分拣信号进行判断，以决定某一种货物该进入哪一个分拣道口。

(2) 分类装置的作用是根据控制装置发出的分拣指示，当具有相同分拣信号的货物经过该装置时，该装置动作，改变输送装置的运行方向进入其他输送机或进入分拣道口。分类装置的种类很多，一般有推出式、浮出式、倾斜式和分支式几种，不同的装置对分拣货物的包装材料、包装重量、包装物底面的平滑程度等有不完全相同的要求。

(3) 输送装置的主要组成部分是传送带或输送机，其主要作用是使待分拣货物顺序通过控制装置、分类装置，并且输送装置的两侧一般连接若干分拣道口，使分好类的货物滑下主输送机（或主传送带），以便进行后续作业。

(4) 分拣道口是已分拣货物脱离主输送机（或主传送带）进入集货区域的通道，一般由钢带、皮带、滚筒等组成，使货物从主输送装置滑向集货站台，在那里由工作人员将该道口的所有货物集中后或是入库储存，或是组配装车并进行配送作业。

以上四部分装置通过计算机网络联结在一起，配合人工控制及相应的人工处理环节，构成一个完整的自动分拣系统。

2. 自动分拣系统的特点

自动分拣系统具有以下特点：

（1）能连续、大批量地分拣货物。由于采用大生产中使用的流水线自动作业方式，自动分拣系统不受气候、时间、人的体力等的限制，可以连续运行。同时，由于自动分拣系统单位时间分拣件数多，因此自动分拣系统可连续运行 100 个小时以上、每小时可分拣 7 000 件包装货物。若采用人工，则每小时只能分拣 150 件左右，同时分拣人员也不能在这种劳动强度下连续工作 8 小时。

（2）分拣误差率极低。自动分拣系统的分拣误差率大小主要取决于所输入分拣信息的准确性大小，这又取决于分拣信息的输入机制。如果采用人工键盘或语音识别方式输入，则误差率在 3%以上；如采用条形码扫描输入，除非条形码的印刷本身有差错，否则不会出错。因此，目前自动分拣系统主要采用条形码技术来识别货物。

（3）分拣作业基本实现无人化。建立自动分拣系统的目的之一就是减少人员的使用，减轻员工的劳动强度，提高人员的使用效率，因此自动分拣系统能最大限度地减少人员的使用，基本做到无人化。

（五）智能储物柜

智能储物柜是一种新型的网络电子寄存柜，使电子商务网站与分布在各地的电子寄存柜形成一个完整的电子商务系统。电子商务网站通过网络对智能储物柜进行控制，用户可以通过网站或物流公司发送的密码自行取物，大大降低了物流成本。

1. 智能储物柜的结构

智能储物柜是一款基于物联网的，能够将物品（快件）进行识别、暂存、监控和管理的设备。其与计算机服务器一起构建投递箱系统，计算机服务器能够对本系统的各个储物箱进行统一管理（如快递投递箱的信息、快件的信息、用户的信息等），并对各种信息进行整合分析处理。快递员将快件送达指定地点后，只需将其存入快递投递箱，系统便自动为用户发送短信，短信内容包括取件地址和验证码，用户在方便的时间到达该终端前输入验证码即可取出快件。该产品旨在为用户接收快件提供便利的时间和地点。

2. 智能储物柜的特点

（1）安全性。

柜体材质选用不锈钢板，能保障柜体防火、防震、防盗、防撬等性能，保护快件的安全。使用柜体锁定系统，采取物理锁定和电磁开锁相结合，以保证柜体只有在系统确认的情况下才会被打开，同时为了确保安全，柜体周围会安装监控探头，24 小时监控，防止人为破坏。

(2) 便捷性。

用户无须当面收快件，取件时间自由，自主操作，更加人性化。网点遍布社区、写字楼、高校校园，用户随时可在自家门口收取快递。

(3) 增值功能。

智能储物柜还具有以下增值功能：

1) 支付功能：系统中集成第三方支付功能，方便各种第三方支付。

2) 自助缴费功能：增加自助缴费功能，以方便用户进行手机充值和水、电、气缴费等其他便民服务。

3) 广告投放功能：智能快递柜提供流媒体广告投放功能，在主柜顶部安装屏幕，通过平台对终端进行广告投放控制，可通过网络进行更新广告内容，便于管理。

4) 揽件功能：通过智能储物柜，帮助快递人员进行快递揽件，为快递人员和业主提供方便。

5) 其他功能：未来，智能储物柜还可以附加诸多功能，如社区生活信息、寄存转交、附近商圈优惠信息及优惠券打印、直购配送等生活增值服务。

本章思考题

一、名词解释

1. 货物储存
2. 储备性储存
3. 集装单元
4. 熔化
5. 气相防霉腐
6. 辐射防霉腐

二、简答

1. 货物储存保管有哪些作用？
2. 货物储存保管的基本任务是什么？
3. 货物的物理性质包括哪些？
4. 货物养护的意义是什么？
5. 气相缓冲剂防霉腐的基本原理是什么？

三、案例分析

智能化转型加速 5G 将降低物流仓储成本

仓库分拣神器潜入式双向 VGA、送货无人机、送货无人车……在 2019 年 5 月 28

日至6月1日举办的2019年中国国际服务贸易交易会上，一批国内最先进的物流黑科技亮相，物流企业集中展示了物流业发展的最新技术及动态。电子商务行业的发展，“逼迫”中国物流行业进一步升级，以应对成倍增加的消费者，且正为全球物流行业提供范例。接下来，物流企业将利用5G技术，进一步减少物流仓储成本。

除了末端配送速度的提升，企业也开始在仓储端升级，打造更有效率、成本更低的智能化云仓。北京商报记者走访苏宁智能仓库时注意到，苏宁多个智能化仓库都已经实现了拣选、分拣的智能化，下一步的工作将重点围绕包装盒装车环节展开，目标是实现卸货、拣选、包装、分拣、装车物流全环节的无人化。

除了苏宁，此前菜鸟、京东等企业也纷纷推出智能化物流中心，欲通过高效率解决物流高峰期问题。业内专家表示，未来无论是前端的仓储，还是末端的配送，都将进行智能化升级，接下来，物流企业可以利用5G技术，进一步降低物流仓储成本。

据了解，目前，苏宁物流在全国进行了不同层级的智慧仓储布局，以苏宁云仓南京雨花物流基地为例，2016年11月投产，建筑面积20万平方米，库内应用的货到人拣选系统，人均拣选效率1 200件/小时，10倍于传统人工拣选，日出货能力28万件，在分拣环节投入的高速分拨系统具有180万件/日的分拣能力。

其他企业方面，2018年2月，京东智慧配送站在西安落成并投入使用，货物在“无人配送站”内部经过中转分发后，由配送机器人完成自动装载，驶出无人配送站并送至指定地点。除了末端配送环节，京东还在西安建设了高智能化物流中心“亚洲一号”。无独有偶，菜鸟也在2018年7月初推出“黑科技套装”，从地面到空中，菜鸟无人车、无人机，菜鸟快递塔、菜鸟驿站智能柜、菜鸟小盒等产品同样可以完成100%无人化配送服务。

资料来源：王晓然，陈韵哲．智能化转型加速5G将降低物流仓储成本．(2019-05-22)[2022-03-15]. http://capital.people.com.cn/n1/2019/0522/c405954—31096794.html.

思考：

1. 智能化仓储设施和设备有哪些？
2. 你认为“无人化”是不是一定要100%无人？

第七章

清洁普通货物

◆ **知识目标**

1. 了解食品的分类、营养和食品添加剂的相关内容。

2. 了解茶叶及其相关内容。

3. 了解有机食品、绿色食品、无公害食品、转基因食品等的相关知识。

4. 了解塑料制品的分类，熟悉各类塑料制品的性质，重点掌握塑料制品的鉴别方法，熟悉塑料制品的储存及保管方式。

5. 了解玻璃、陶瓷制品的成分、制造工艺，熟悉其主要性质和分类，掌握其质量要求以及挑选和储存保管方法。

6. 了解肥皂和合成洗涤剂的定义、分类、原料和主要品种，掌握肥皂的储存保管方法，了解牙膏和化妆品的分类，掌握化妆品的分类和保管方法。

7. 掌握服装的分类、号型标准和质量鉴别方法，熟悉服装的保管方法。

8. 了解金属材料的分类和性能，熟悉常见金属制品的分类、挑选方法和储存保管要求。

◆ **思政目标**

1. 通过对各种常见的清洁普通货物的介绍，增强学生的专业知识和技能。

2. 通过对代表性清洁普通货物的质量要求、检验鉴别方法的介绍，增强学生开拓创新的职业品格和行为习惯。

第一节 食　　品

一、食品分类

《食品安全法》第一百五十条对“食品”的定义如下：食品，指各种供人食用或者饮用的成品和原料以及按照传统既是食品又是中药材的物品，但是不包括以治疗为目的的物品。

人类为了维持正常的生命活动，保证生长发育和从事生产活动，必须不断地摄取一定量的食物。这些食物中的成分在肌体内消化并通过一系列新陈代谢，使肌体获取营养，这是人体健康的物质保证。国家标准中将食品分为原料食品和加工食品两大类。

原料食品由农、林、牧、渔业提供，加工食品由食品工业提供。该标准还分别对两大类食品进行了具体详尽的分类并给出了8位数的编码。企业经营活动中，对食品的分类还有一些习惯上的其他分类方法，主要有以下几种：根据食品的来源，可分为植物性食品、动物性食品和矿物性食品；根据食品在膳食中的比重，可分为主食和副食；根据食品的营养价值，可分为谷物食品、动物性食品、大豆及其制品、水果与蔬菜、纯热能食品等。

二、食品营养

（一）蛋白质

蛋白质的基本结构单位是氨基酸，蛋白质是构成生命的基本物质。人体中除去水分之外，45%的物质由蛋白质所组成。人体中的新陈代谢依靠的是蛋白质的不断更新，其对人体所产生的一系列重要作用是其他营养成分所不能代替的。

人体对蛋白质的利用是很复杂的生理生化过程。通常人体直接吸收的是蛋白质水解后的产物——氨基酸分子。这些氨基酸分子在体内再合成人体所需的各种蛋白质。食品中的天然蛋白质中含有20多种氨基酸，其中有8种（婴幼儿是9种）在人体内无法合成或转化，而人体却对它们有较大的需求，这些氨基酸称为必需氨基酸，只能直接从食物中摄取。当食物中缺乏这些氨基酸，人体得不到全面的营养，就不能维持正常的生命活动。8种必需氨基酸分别是亮氨酸、异亮氨酸、赖氨酸、蛋氨酸、苯丙氨酸、苏氨酸、色氨酸和缬氨酸（对婴幼儿来讲，组氨酸也是必需的）。

一般来说，动物性食品比植物性食品中所含的完全蛋白质更多一些。因此，为了获得完全蛋白质，必须发挥蛋白质的“互补作用”，即将两种以上食物混合或先后（相隔不超过5小时）食用，则食物中的蛋白质可以相互补充所缺乏的或含量不足的氨基酸，从而提高混合食物中蛋白质的营养价值。发挥蛋白质“互补作用”的原则是：食物的种类要多；食物的种属越远越好，如荤素搭配比单纯素食好；最好混合食用，先后食用的，时间间隔要短。

（二）糖类

糖类也称碳水化合物。根据其分子结构复杂程度的不同，可分为单糖（葡萄糖、果糖、半乳糖）、双糖（蔗糖、麦芽精、乳糖）和多糖（淀粉、糖原、纤维素和半纤维素）三类。

糖类是最经济的供能物质，发热与蛋白质相近，普遍存在于自然界中，很容易获取。摄入的双糖和多糖，在体内经过酶的催化，水解成单糖后再被吸收。多糖中的纤维素和半纤维素不能被人体消化．但仍有特殊的保健作用。糖类中的纤维素虽不能被人体吸收，但能促进人体肠胃蠕动和消化腺的分泌，有助于正常的消化和排泄，使粪便在肠道中的滞留时间缩短，减少细菌及其毒素对肠壁的刺激。多吃含纤维素的食品（水果、蔬菜等），有利于防止痔疮、阑尾炎、大肠癌症等。

（三）脂肪

脂肪是一种高能量的营养成分，也是人体重要的组成部分，是由碳、氢、氧 3 种元素化合而成的高分子物，但脂肪所含碳、氢的比例高于糖类，而氧的比例要少。脂肪不溶于水，在酸、碱或酶的作用下可分解为 1 个甘油分子和 3 个脂肪酸分子，故又被称为“三酸甘油酯”或“甘油三酯”。甘油对于人体无营养价值，对人体有用的部分为脂肪酸。

1. 脂肪酸的分类

脂肪酸可分为饱和脂肪酸和不饱和脂肪酸。

饱和脂肪酸的碳链上不存在不饱和双键，性能较为稳定。

不饱和脂肪酸的碳链上存在一个至若干个不饱和的双键，性能不稳定，易发生化学反应。

在油脂中，凡含不饱和脂肪酸较多的，常温下呈液态，通常称为油；含饱和脂肪酸较多的，常温下呈固态，通常称为脂。一般植物油在常温下呈液态，含不饱和脂肪酸较多，故营养价值高于动物油。

2. 脂肪的营养功能

脂肪的营养功能包括：提供热能，储藏能量；构成体脂，起保护作用；提供必需脂肪酸，调节生理机能；促进脂溶性维生素的吸收。

需要指出的是，脂肪摄入量过多，会抑制胃液分泌和胃的蠕动，引起食欲不振和胃部不舒服；肠内脂肪过多会刺激肠壁，妨碍吸收功能而引起腹泻；同时，体内脂防过多易得肥胖病。

（四）维生素

维生素是人和动物维持生命和生长必需的一类低分子有机化合物。它们虽然不能供给人体热量，在生理上的需要量也极微，但它们对人体内营养成分的消化吸收、能量转换及其他正常的生理活动，都具有十分重要的作用。人体缺乏维生素，会引起各种维生素缺乏症。

目前，已知人体所需的维生素约 30 种，除某些 B 族维生素和维生素 K 能在人体内合成外，大多数必须由食品中摄取。我国传统的膳食以谷类和蔬菜为主，动物性食品摄入较少，故容易引起维生素 A、D、B_2 的缺乏。不良的饮食习惯会导致各种维生素缺乏，不合理的烹调方法会使食品中的维生素损失或丧失，引起各种维生素缺乏。因此，日常生活中人们应从各个方面努力，确保足量摄入各类维生素。

（五）矿物质

食品中的矿物元素可以按其在人体组织中所占份额的多少分为常量元素、微量元素和超微量元素，含量在 0.01%以上的称为常量元素，如钙、镁、钾、钠、磷、氯、硫等；含量低于 0.01%的称为微量元素，如铁、碘、氟、铜、锌、锰、钼、钴、铬、镍、锡、硅等；含量在微克数量级的为超微量元素，如铅、汞、镭等。

矿物质也可以从营养学角度出发分为必需元素和非必需元素以及有毒元素。目前已知的必需元素是铁、锌、铜、碘、锰、钼、钴、铬、镍、硒、硅、氟、钙、锡 14 种。

常量元素人体需要得最多。某些微量和超微量元素，虽为人体生理所必需，但超过一定量却有害于健康。矿物质是调节人体生理功能和维持体内酸碱平衡的成分之一。矿物质在人体内含量并不多，占人体重量的 4%～5%，但对人体有重要作用。

（六）水分

水是维持人体生命的最重要物质之一，体液的 90%以上是水。水存在于很多食物中，不仅对食品的营养、风味产生很大影响，同时也是很多食品质量的重要指标以及影响其质量发生变化的重要条件。

食品中水的存在形态有两种：结合水（束缚水）和自由水（游离水）。

1. 结合水（束缚水）

结合水与食品中的胶体物质（蛋白质、脂肪等）以氢键相结合，受胶体物束缚，一般很少发生变化，其性质不同于普通水。结合水比重大于普通水，不易结冰，冰点为−40℃；不能溶解可溶性物质；蒸汽压低，在 100℃以下不能从食物中分离出来；不能被微生物所利用。当结合水被强行与食物分离时，则食品的风味、质量就会发生改变。

2. 自由水（游离水）

自由水是食品中不与胶体物质结合的水，以游离状态存在于食品细胞内外，可用简单的加热方式把它从食品中分离出来。自由水性质同普通水，冰点为 0℃，100℃沸腾，在干燥情况下通过毛细血管的作用可因散发而减少；在潮湿环境下可因吸水而增加。含有大量自由水的食物（水果、菜、肉等），在冻结后细胞结构被冰晶所破坏，解冻后组织立即崩溃，进而放出大量自由水。

三、食品添加剂

（一）食品添加剂的定义

《食品安全国家标准　食品添加剂使用标准》（GB 2760—2014）将食品添加剂定义为："为改善食品品质和色、香、味以及为防腐、保鲜和加工工艺的需要而加入食品中的人工合成或者天然物质。营养强化剂食品用香料、胶基糖果中基础剂物质、食品工业用加工助剂也包括在内。"

《食品安全国家标准　复配食品添加剂通则》（GB 26687—2011）中规定复配食品添加剂是指："为了改善食品品质、便于食品加工，将两种或两种以上单一品种的食品添加剂，添加或不添加辅料，经物理方法混匀而成的食品添加剂。"

（二）食品添加剂的分类

食品添加剂可按其生产方法、来源和功能等进行分类。

1. 按生产方式分类

（1）应用生物技术（酶法和发酵法）获得的食品添加剂，如枸橼酸、红曲米和红曲色素等。

（2）利用物理方法从天然动植物中提取的食品添加剂，如甜菜红、辣椒红素等。

（3）用化学合成方法得到的纯粹化学物质，如苯甲酸钠、胭脂红等。

2. 按来源分类

食品添加剂可分为天然食品添加剂和人工化学合成食品添加剂两类。

（1）天然食品添加剂是来自动植物组织或微生物的代谢产物以及一些矿物质，经干燥、粉碎、分离、提取、纯化等方法制得的天然物质，主要有天然色素、天然香料。

（2）人工化学合成食品添加剂是采用化学手段，通过氧化、还原、缩合、聚合、成盐等反应而得到的化学物质，其中包括用化学手段合成的，但其化学结构与自然界发现的天然物质是完全相同的物质，如天然等同香料、天然等同色素等。

天然食品添加剂品种较少、价格较高；人工化学合成食品添加剂种类齐全、价格较低、使用量较少，但是毒性通常大于天然食品添加剂，特别是成分不纯或用量过大时，容易对健康造成危害。

3. 按功能分类

由于各国对食品添加剂的定义不同，因而按功能分类亦有所不同。我国在 GB 2760—2014 中将食品添加剂分为 22 个功能类别（表 7 - 1）。营养强化剂属于食品添加剂，归为《食品营养强化剂使用标准》（GB 14880—2012）进行规定。

表 7-1　食品添加剂功能类别与代码

名称	代码	名称	代码
酸度调节剂	01	增味剂	12
抗结剂	02	面粉处理剂	13
消泡剂	03	被膜剂	14
抗氧化剂	04	水分处理剂	15
漂白剂	05	防腐剂	16
膨松剂	06	稳定剂和凝固剂	17
胶基糖果中基础剂物质	07	甜味剂	18
着色剂	08	增稠剂	19
护色剂	09	食品用香料	20
乳化剂	10	食品工业用加工助剂	21
酶制剂	11	其他	22

四、食品质量安全

（一）食品质量安全问题

食品是人们赖以生存的基础物质，食品质量与安全直接影响着人们的身体健康。随着生活水平和健康意识的不断提高，人们对食品安全问题越发关注。虽然近几年我国食品质量管理工作有所加强，但仍有许多漏洞和不足之处。产生食品质量安全问题的原因有如下几点：

1. 食品原料安全状况不佳

食品原料缺乏安全性是引发食品安全问题的主要原因，其具体表现为：（1）食品原料种植或养殖过程中，农药、化肥、复合饲料和兽药等化学药品使用缺乏科学性，导致食品原料残存的激素、抗生素、农药或其他有害物质超标，从而影响食品的质量和安全。（2）环境污染。很多地区仅重视经济的发展，却忽视生态环境的保护，导致食品原料生产区域内环境污染问题严重，土壤、水体中重金属和有害物质严重超标，进而影响食品原料的质量。

2. 食品生产安全状况不佳

市场经济背景下，许多食品生产企业为谋求更高的经济效益，忽视食品生产过程中的质量和安全控制，使大量不合格、不安全食品流入市场，从而引发严重的食品安全问题。食品生产安全状况不佳主要体现在三个方面：

（1）使用劣质食品原料。

（2）未按相关规定正确使用食品添加剂，如超量使用增白剂、防腐剂和甜味剂等。

（3）私自添加非食品性化学添加剂，如吊白块、二氧化硫和苏丹红等。

3. 转基因食品安全状况不佳

转基因食品具有生产成本低、产量高、抗病害能力强等多种优势，因此生产规模不断扩大。然而，随着国内外科研机构对转基因食品的深入研究，发现存在以下四个食品安全问题：

（1）激发农作物自身毒性。

（2）引发过敏综合征。

（3）增加人体抗生素抗性。

（4）导致体内营养素紊乱。

（二）食品质量安全保证措施

1. 健全食品质量安全标准体系

健全食品质量安全标准体系，应重点关注以下方面：

（1）综合考虑食品生产国家标准和行业标准，制定统一的食品安全标准和质量管理标准。为提升市场竞争力，各地区、各企业可根据自身情况合理提高食品生产标准，但不得出现低于或违背国家统一食品安全标准和质量管理标准的情况。

（2）借鉴国际通用食品安全标准，积极丰富标准体系内的食品类别，切实提高食品质量安全标准体系的全面性和覆盖度。

（3）在体系中，对食品原料的产地环境、生产工艺、化学药品使用量及有害物质残留量等提出明确的标准，确保食品源头的质量与安全性。

2. 完善食品管理法规政策

完善食品管理法规政策，应重点关注以下方面：

（1）综合考虑时代发展形势、主要食品安全问题、食品行业发展趋势等因素，对现行食品管理法规政策不断优化和补充，确保相关法律法规的时代性、有效性和全面性，使食品质量管理工作有据可循、有法可依。

（2）加大食品质量管理法规政策的宣传力度，提高人们对食品质量管理工作的重视度和参与度，形成全民管理监督模式，在提升人们食品安全意识的同时，显著增强食品质量监督工作的实效性。

（3）加大对食品生产企业的教育和培训力度。通过定期培训和抽检，让食品生产企业管理者熟悉并严格执行相关法规政策，从而提升食品的生产质量与安全性。

3. 加强食品安全监督执法力度

加强食品安全监督执法力度应做好以下两方面工作：

（1）组建高素质的专业化食品质量监管执法队伍，严格按照相关法律法规对当地的食品质量进行监督管理。及时发现和处理存在的食品安全问题，严厉打击违法违规食品生产企业，最大程度确保当地的食品安全性。针对发现的食品安全问题，追本溯源，联合相关地区、部门进行彻底打击，从而维护食品市场的健康发展。

（2）鼓励消费者举报食品安全问题，形成统一的食品质量监督体系，全方位治理食品质量安全问题。

4. 优化食品质量安全检测体系

食品质量安全检测体系的优化包含以下三方面内容：

（1）积极引进国际先进的食品质量检测技术和设备，提升食品检测的效率和水平，增强检测工作的规范性和科学性，实现食品质量管理力度的提升。

（2）加强食品检测机构间的技术交流与沟通，促进食品检测技术和经验的共享，全面提升我国食品质量检测的整体水平。

（3）对现行标准进行细化和优化，从而提高检测精度，强化食品质量管理力度。

有机食品、绿色食品、无公害食品、转基因食品

常见的食品添加剂

五、茶叶

我国是世界上最早发现和利用茶的国家，种茶、制茶、饮茶均起源于中国。茶是山茶科，属多年生常绿植物。茶叶在我国的销量位居世界首位，它具有令人喜爱的色、香、味，且能提神解乏、强心降压、杀菌消炎、促进消化、解脂除腻、利尿排毒、补充维生素等，有利于人体的健康。因此，它受到世界各国人民的喜爱。

（一）茶叶的化学成分

1. 茶多酚

茶多酚也称茶单宁或茶鞣质，是一类存在于茶叶中的多酚化合物，包括儿茶素（黄烷醇）、黄酮醇、花青素、酚酸四类化合物，其中儿茶素在茶多酚中所占的比例最高。

（1）茶多酚是茶汤呈色的主要物质，与茶叶中的苦涩味有关。茶多酚并不是一种单一物质，而是由许多种物质混合而成的，且很容易被氧化，又拥有很强的吸湿性。越是高级的茶，茶多酚的含量就越多。

(2) 儿茶素具有杀菌、降压、强心等功效，对尼古丁和吗啡等有毒生物碱有解毒作用。儿茶素与茶叶质量关系十分密切，它既与饮茶的功效有关，也是决定茶叶色、香、味的主要成分。

(3) 花青素可使茶叶色泽晦暗、滋味苦涩。

(4) 茶多酚极易被氧化。在制作红茶时即利用了茶多酚这一特性而使茶叶叶红、汤红。在绿茶制作中则应尽量减少茶多酚的氧化，以保证绿茶的绿叶、绿汤。

茶多酚在茶叶中的含量一般为20%左右，能阻止致癌物的生成，并与茶叶中的维生素C和维生素E、脂多糖、锌、硒等元素协同发挥多种协调机体的作用。

2. 生物碱

茶叶中的生物碱主要是咖啡因、茶碱和可可碱等，均属于嘌呤的衍生物，也有少量的嘧啶类生物碱。其中咖啡因含量较多，其他生物碱含量较少。纯的咖啡因为针状结晶物，微溶于冷水，其溶解度随水温的升高而增大，会出现“冷后浑”现象。咖啡因能使中枢神经系统兴奋，解除大脑疲劳，人们往往在喝完茶后难以入睡，主要就是咖啡因起作用所致。咖啡因还具有减轻酒精、烟碱对人体危害的功效，具有提神、抗抑郁的药用价值。咖啡因在茶叶中的含量一般为3%左右，新鲜茶叶的含量较高。

3. 茶香精

茶香精也称芳香油，是酯、醇、酮、酸、醛等类有机物的混合物，易挥发，是赋予茶叶香气的最主要的成分。茶叶的香气是判断茶叶品质好坏的重要标志之一。茶香精具有杀菌、镇痛、治疗贫血等药用价值。茶叶中茶香精的含量极少，为0.003%～0.02%（干茶），一般情况下嫩叶高于老叶，高山茶多于平地茶，红茶多于绿茶。由于茶香精属易挥发成分，故陈茶的茶香较差。

4. 蛋白质和氨基酸

茶叶中含有较多蛋白质，为17%～20%（干茶）。茶叶在制造过程中，所含的蛋白质与茶多酚化合产生沉淀，并因加热而凝固，泡茶喝的时候，几乎不会再出现。氨基酸在茶中的含量一般为1%～3%。氨基酸的存在有利于提高茶汤的滋味，使茶汤具有鲜爽味。氨基酸属水溶性物质，所以用开水冲泡的茶汁中会含有氨基酸。

5. 糖类

茶叶中的糖类含量较为丰富，占20%～30%，有单糖、双糖及淀粉、纤维素、果胶质等多糖。单糖和双糖能使茶汤具有甜醇味，有助于增强茶香。可溶性果胶质可以使茶汤具有醇厚感。研究表明，茶多糖在对糖代谢方面具有与胰岛素相类似的作用，而中低档茶中因含有较多茶多糖，所以降血糖的效果更好。与浓茶相比，淡茶含咖啡因等兴奋成分较少，含茶多糖较多，可对糖尿病的治疗有所帮助。

6. 茶色素

茶色素是构成干茶、茶汤、叶底颜色的主要物质。绿茶的色素物质主要是叶绿素，故茶绿、汤绿、底绿；红茶的色素主要是儿茶素的氧化物茶黄素和茶红素等，因此茶红、汤红、底红。茶色素具有抗氧化、降血糖、降血脂、防止心血管疾病等功效，还具有防止疾病和抗衰老的功效。

7. 其他成分

茶叶中的维生素含量丰富，含有维生素 A、C、D、E、B_1、B_2、B_6、B_{12}等，其中维生素 C 的含量最高，每 500g 绿茶中约含有 135mg。茶叶中也含有多种矿物质，总量在 4%～7%，是茶叶出口检验项目之一，含量较高的是磷、钾，其次是钙、镁、铝、铁、锰、硫等。

（二）茶叶的种类与质量特征

我国的茶叶类别多而全，但分类标准并不统一。茶叶可根据其特性进行归类，用来说明同类茶的特性及不同类茶的差异，以便于行业内、行业间、贸易者、消费者等相互之间的沟通买卖。

茶叶依生产季节可以分为明前茶、雨前茶、春茶、夏茶、六月茶、秋茶、白露茶、冬茶等；依贸易通路可以分为内销茶、外销茶、边销茶等。茶叶花色种类繁多，又因目的不同而有不同的茶叶分类法，目前还没有规范化的、统一的茶叶分类法。茶学界及国际上较通用的茶叶分类法是依茶叶发酵程度分类和依制造加工方法（层次）分类。

1. 按照茶叶的发酵程度分类

通常食品发酵是借由微生物的作用将甲成分转化为乙成分。例如，米经由曲霉的作用才能酿成米酒，酿造葡萄酒则须借助酵母菌的作用。茶叶发酵与普通食品发酵不同，它是茶叶中的儿茶素类借由茶叶自身的多酚氧化酶的催化进行氧化作用，从而使无色的儿茶素类氧化缩合，形成茶黄素，茶黄素再氧化缩合形成茶红素，所以发酵程度越深，茶汤的水色越红。

茶叶发酵过程是指茶叶通过复杂的生化反应形成茶叶特有的色、香、味的过程，因此，依茶叶发酵程度分类具有一定的科学依据。人们通常依茶叶加工过程中儿茶素类被氧化的百分比将茶叶分为不发酵茶类、部分（半）发酵茶类、全发酵茶类等。

不发酵茶类（初制过程中有 0～2%的儿茶素类被氧化），如绿茶，其加工的第一道工序就通过炒或蒸等产生高热抑制酶的活性，使得茶叶在加工过程中未经发酵，茶叶无任何红变。

部分（半）发酵茶类（初制过程中有 5%～55%的儿茶素类被氧化），包括白茶、青茶（乌龙茶）等。这类茶在加工的前期工序中让茶叶首先进行一定程度的发酵，再以高温（炒或烘）抑制酶的活性，茶叶在加工过程进行了部分（半）发酵，汤色为蜜绿、杏黄、金黄、琥珀；茶叶叶缘变为红色，呈现绿叶红镶边，发酵深者则可达七分红三分绿。

全发酵茶类（初制过程中有80%以上的儿茶素类被氧化），如红茶，在茶叶加工的整个工序中从萎凋到干燥前，都在进行茶叶的发酵，甚至有补足发酵的工序，最后再以高温（烘干）抑制酶活性，从而停止发酵，茶叶在加工过程中可以达到充分发酵，茶叶充分红变，汤色红艳。

后发酵茶类，茶叶发生褐变，汤色呈褐红，但其颜色不是由于儿茶素类的酶促氧化缩合作用生成，而是由于茶多酚（儿茶素类为主）在渥堆或陈放时进行缓慢的非酶促氧化缩合作用生成，如黑茶类。

其他还有微生物参与发酵的茶类，例如云南少数民族、泰国北部及缅甸山区的酸茶，日本的碁石茶等，都是在加工过程中借由天然醋酸菌、乳酸菌发酵使茶汁以及茶汤带酸味，黑茶类的渥堆过程亦有微生物的参与。这些由微生物引起的发酵作用，与一般所称的“茶叶发酵”在意义上是不同的。

2. 按照茶叶的制造加工方法（层次）分类

直接利用茶树芽叶（鲜叶、茶青）加工形成的茶叶统称为基本茶类，依其不同工序和不同加工技术可分为绿茶、黄茶、白茶、青茶、红茶以及黑茶六大类。采用基本茶类为原料，使用各种食品加工技术如窨花、熏香、萃取、浓缩、研磨等将基本茶类再加工成不同的花色，用来增加口味变化或改变消费方式的成品，统称为再加工茶类。

（1）绿茶。

绿茶是茶树芽叶经过加工制成的不发酵茶，也是我国产量最高的一种茶叶。其特征是：初制时采用高温杀青，制止酶对茶多酚的氧化，所以，成品绿茶外形呈灰绿、乌绿或碧绿色，汤色及叶底均呈绿色。品质优良的绿茶香气馥郁、清新爽快，具有嫩香或青草香，汤色明亮清澈，滋味醇和甘浓，富有收敛性，叶底细嫩、厚实而匀整，具有鲜明的橄榄色。绿茶按初制干燥方法的不同，分为炒青绿茶、烘青绿茶和晒青绿茶三类。绿茶保留了较多鲜叶内的天然物质，其中茶多酚、咖啡因保留了85%以上，叶绿素保留了50%左右，维生素的损失也很少，因而绿茶具有“清汤绿叶，滋味收敛性强”的特点。经科学研究发现，绿茶中所保留的天然物质成分具有防衰老、防癌、抗癌、杀菌、消炎等特殊效果，这是其他茶类所不能及的。我国所产的绿茶当中的名品不仅香高味长，品质优异，而且造型独特，具有较高的艺术欣赏价值。

1）炒青绿茶。用铁锅炒干的茶，称为炒青绿茶。其品质特点是：条索紧结光润，汤色叶底碧绿，香气清高，滋味浓，收敛性较强。以外销为主的绿茶多为炒青绿茶。炒青绿茶的重要品种有：珍眉、贡熙、珠茶、雨茶、秀眉、龙井、旗枪、大方、碧螺春、庐山云雾等。其中，龙井因产于杭州龙井而得名，是闻名国内外的名贵绿茶。清明节前两三天茶树刚吐出幼嫩芽叶时采摘一芽一叶制成的明前茶是龙井中的极品。中级龙井是按一芽二叶或三叶的标准制成。龙井茶外形扁平、挺直、光滑，大小匀齐，芽毫隐藏稀见，色泽嫩绿或翠绿，色调均匀而油润，汤色清澈明亮，香气清新持久，滋味甘美醇厚，有鲜橄榄的回味。龙井茶以色绿、香郁、味甘、形美而闻名中外。

2）烘青绿茶。采用烘干的方法制成的绿茶，称为烘青绿茶。其主要品种有：普通烘青、黄山毛峰、蒙顶甘露（产于四川蒙山）、信阳毛尖、六安瓜片（产于安徽六安、金寨一带）等。

3）晒青绿茶。晒青绿茶是利用太阳晒干的绿茶的总称，分普通晒青和特种晒青两类。普通晒青主要有滇青、陕青、川青、桂青、粤青、黔青等，其中以大叶种的滇青质量最好。特种晒青是经过日光干燥或晾干而成，但加工过程中不炒不揉，经过不同程度的萎凋后，再经干制而成，成品茶披满白毫，呈白色，故属白茶类，是福建特产，主要销往海外。

（2）黄茶。

黄茶中的黄色是制茶过程中经过闷堆渥黄的结果。黄茶的品质特征是：多数叶芽细嫩、显毫、香味鲜醇。其主要品种有黄芽茶、黄小茶和黄大茶三类。由于品种的不同，黄茶在茶片选择、工艺流程上存在较大差别。比如，湖南省岳阳洞庭湖君山的“君山银针”选择肥壮的芽头，经过十分精细的制作工艺——杀青、摊放、初烘、复摊、初包、复烘、再摊放、复包、干燥、分级十道工序，使得君山银针外表披毛，色泽金黄光亮。

（3）白茶。

白茶是我国的特产，主要产于福建省的福鼎、政和、松溪和建阳等地，此外，台湾地区也有少量的生产。白茶的生产历史已有 200 多年，由福鼎县最早创制。福鼎县生长有一种品种优良的茶树，这种茶树的芽叶上披满了白茸毛，是制茶的上好原料，也是制作白茶最初的原料。

白茶在采摘时主要选取细嫩、叶背多白茸毛的芽叶，加工时不炒不揉，晒干或用火烘干，使白茸毛能在茶的外表完整地保留下来，具有“绿装素裹”的美感，故称白茶。白茶的品质特点是：毫色银白，芽头肥壮，汤色黄亮，滋味鲜醇，叶底嫩匀。其主要品种有根针、白牡丹、贡眉、寿眉。

（4）青茶。

青茶也称乌龙茶，属于半发酵茶。青茶按做青方式的不同，分为“跳动做青”“摇动做青”“做手做青”三个种类。青茶是我国的特产，主要产于福建、广东和台湾。青茶的制法兼有红茶和绿茶的优点，制作时先用发酵红茶的方法，再用绿茶杀青的方法，得到的青茶外形和内质介于红茶和绿茶之间。成品青茶的特点是茶条粗壮、松散，色泽褐黑，不似红茶油润，兼有绿茶鲜浓的滋味香气和红茶的甘醇，茶汤棕红明净，叶底中间碧绿，四周呈朱红色，也称“绿叶红镶边”。

青茶的主要品种有武夷岩茶、安溪铁观音、凤凰水仙、台湾乌龙等，其中安溪铁观音茶树制成的青茶质量最佳。铁观音一般年采四期茶，即春茶、夏茶、暑茶和秋茶，春茶最佳。铁观音的质量特点是条索粗壮弯曲，色泽黑绿乌润，叶底厚实，故有“沉重似铁”之喻，茶汤色泽黄亮，茶味醇厚，入口回甜留香，叶底“青蒂、绿腹红点、红镶边”。铁观音耐冲泡，冲泡数次仍香高味厚。

(5) 红茶。

红茶是我国第二大茶类，其出口量约占我国红茶总产量的50%，销往全世界60多个国家和地区。红茶是用适宜制作红茶的茶树新芽叶作为原料，经过萎凋、揉捻(切)、发酵、干燥等典型工艺程序精制而成的。红茶因其干茶色泽和冲泡的茶汤呈现红色为主的色调而得名。

(6) 黑茶。

黑茶是用比较粗老的原料经过较长时间的堆积发酵加工过程制成的，因叶色多呈暗褐色，故此得名。我国藏族、蒙古族和维吾尔族群众特别钟爱饮黑茶，黑茶是他们日常生活中的必需品。黑茶的制作工艺十分独特。黑茶产区十分广阔，品种花色多，如湖南黑茶加工制作而成的黑砖、花砖，湖北老青茶加工制作而成的青砖茶，广西的六堡茶，四川的西路边茶，云南的紧茶、扁茶、方茶和圆茶，陕西的茯砖茶等。

(三) 影响茶叶品种和质量的主要因素

1. 茶叶的采摘

每年开春后，茶树新长出幼芽嫩叶，苞上的鳞片脱落后逐渐形成新梢。在一年之中，由于季节气候条件的不同，茶树新梢的生长分为“春梢”“夏梢”“秋梢”三轮。每轮新梢从新芽萌发到停止生长需要40～60天，新梢上叶片从展叶到定型约需30天，制作高级茶可采一芽一叶、一芽二叶或一芽三叶，以一芽一叶为最佳。在一天之内采茶的时机也大有讲究：早晨采的是早菁，因露水多，品质较次；中午采的是午菁，润而不湿，品质最优；傍晚采的是夜菁，品质也次。总之，在一年之内采茶，以春茶最佳，夏茶次之，秋茶最次；在一天之内采茶，以午菁最佳，晚菁次之，早菁最次。

2. 茶叶的加工

茶叶的色泽分为干茶的色泽、茶汤的色泽和叶底的色泽三部分。这三种不同的色泽，是由不同的化学成分和加工方法形成的。鲜叶的色泽基本上是绿的，从嫩度的变化来说，是中间绿，两头黄，嫩度越高越嫩黄，粗老的则带枯黄色。

茶叶香气的形成主要有四条途径：鲜叶中原有的青气、鲜叶中原有的芳香物质、在加工过程中形成的芳香物质、吸收鲜花中的香气。

形成茶叶滋味的物质都是水溶性的，有多酚类及其氧化物、氨基酸、咖啡因、糖类、水溶性果胶质、有机酸等。茶叶的形状千姿百态。就散茶而言，有扁形的、针形的、卷曲条形的、颗粒形的、粉末形的以及花朵形的等。用散茶加工的产品，有紧压茶、速溶茶及形形色色的其他茶叶制品。

（四）茶叶的包装和保管

1. 茶叶的包装

茶叶的包装是指根据客户需求对茶叶进行包装，以促进茶叶的销售。一个好的茶叶包装设计可以让茶叶的身价提高数倍，茶叶包装已经是我国茶叶产业的重要环节。

茶叶是一种干品，极易吸湿受潮而产生质变，它对水分、异味的吸附性很强，而香气又极易挥发。当茶叶保管不当时，水分、温湿度、光、氧等因素的作用会引起不良的生化反应和微生物的活动，从而导致茶叶质量的变化。所以在存放茶叶时，用什么盛器，用什么方法，均有一定的要求。

目前常用的茶叶包装方法有以下几种：

（1）金属罐包装。

金属罐包装的防破损、防潮、密封性能十分优异，是茶叶比较理想的包装。金属罐一般用镀锡薄钢板制成，罐形有方形和圆筒形等，其盖有单层盖和双层盖两种。从密封上来分，有一般罐和密封罐两种。在包装技术处理上，一般罐可采用封入脱氧剂包装法，以除去包装内的氧气。密封罐多采用充气、真空包装。金属罐对茶叶的防护性优于复合薄膜，且外表美观、高档，其缺点是包装成本高，包装与商品的重量比高，增加运输费用。设计精致的金属罐适合于高档茶叶的包装。

（2）纸盒包装。

纸盒是指用经印刷后成型的白板纸、灰板纸等制成的容器。纸盒包装不易破损，遮光性能也极好。为避免纸盒包装茶叶香气的挥发和免受外界异味的影响，一般都先用聚乙烯塑料袋包装茶叶后再装入纸盒。纸盒包装的缺点是易受潮，最近几年来出现了纸塑复合包装盒，克服了纸盒易受潮的问题，这种以内层为塑料薄膜层或涂有防潮涂料的纸板为包装材料制作的包装盒，既具有复合薄膜袋包装的功能，又具有纸盒包装所具有的保护性、刚性等性能。若在里面用塑料袋做成小包装袋，防护效果会更好。

（3）塑料成型容器包装。

聚乙烯、聚丙烯、聚氯乙烯等塑料成型容器有着大方、美观，包装陈列效果好的特点，但是其密封性能较差，在茶叶包装中多作为外包装使用，其包装内多用复合薄膜塑料袋封装。

（4）复合薄膜袋包装。

塑料复合薄膜具有质轻、不易破损、热封性好、价格适宜等许多优点，在包装上被广泛应用。由于复合薄膜袋具有良好的印刷性，用其做销售包装设计，对吸引顾客、促进茶叶销售更具有独特的效果。

（5）纸袋包装。

纸袋包装又称袋泡茶，是一种用薄滤纸为材料的袋包装，饮用时连纸袋一起放入茶具内。用滤纸袋包装主要是为了提高浸出率，另外也使茶厂的茶末得到充分利用。由于袋泡茶有冲泡快速、清洁卫生、用量标准、可以混饮、排渣方便、携带容易等优点，适应现代人快节奏的生活需要，曾在国际市场上很受青睐。早期的袋泡茶一般都有袋线，以满足多次浸泡的需要。出于环保方面的原因，袋泡茶已不再流行。

2. 茶叶的保管

（1）防潮。

茶叶具有很强的吸湿性，当茶叶吸收空气中的水分超过12%时，茶叶就会发软长毛，香气减退。如不及时烘干处理，就会发生潮霉变质现象，失去饮用价值。因此，存放茶叶的场所要注意干燥，相对湿度不要超过80%，包装要密封、不透气。

（2）防热。

实践证明，温度每升高10℃，茶叶色泽褐变速度就会增加3～5倍，如果茶叶在0℃以下存放，可以较好地抑制茶叶褐变进程。因此，存放茶叶的库房温度最好为15℃，不宜超过30℃，并且要做到避光存放。

（3）防串味。

茶叶具有较强的吸附异味的特性，因此严禁与有异味的商品同库存放。

（4）要掌握先进先出的原则。

茶叶经长时间储存后会出现香气下降、色泽变暗等不良变化，即陈化现象，所以茶叶不宜积压时间过长。

新茶与陈茶的识别

第二节　塑料制品

一、塑料的代表性品种及其制品

塑料以树脂为主要原材料，添加适量的增稠剂、稳定剂、抗氧化剂等辅助材料，在一定的塑化条件下加工而成。

到目前为止，已投入工业生产的塑料有300多种，通常应用的有几十个品种，其中产量最大、用途最广的有六大品种：聚乙烯塑料、聚氯乙烯塑料、聚苯乙烯塑料、聚丙烯塑料、氨基塑料和酚醛塑料，它们占塑料总产量的80%以上。此外还有ABS塑料、有机玻璃塑料、纤维素塑料等。

（一）聚乙烯塑料

聚乙烯塑料（PE）主要由聚乙烯树脂和少量稳定剂与着色剂组成，是目前用途最广泛、用量最大的塑料。聚乙烯塑料未着色前呈乳白色半透明状，属热塑性塑料。它无毒，耐酸碱，性质柔软而轻（比重为 0.92～0.96），放在水中能够浮起，有蜡一样的手感，不怕碰摔和挤压。

聚乙烯树脂由成千上万个乙烯分子聚合而成。聚乙烯大分子链柔顺性好，极易结晶。在常温下聚乙烯由晶区和具有弹性的无定形区交错构成，晶区使其具有一定的硬度和强度，无定形区则使其具有一定的柔韧性和弹性。根据生产工艺的不同，聚乙烯分为高密度聚乙烯和低密度聚乙烯两种。

高密度聚乙烯的密度为 0.95 左右，用低压法生产。其性能特点为：半透明状，有刚性，具有一定的耐冲击性，可制作型材等较刚硬的制品，绝缘性好。它适用于加工各种瓶和桶等容器、家具、管材、绳索等。

低密度聚乙烯的密度为 0.92 左右，用高压法生产。其性能特点为：透明，结晶度低，机械强度小于高密度聚乙烯，化学稳定性好。它适用于制造薄膜制品、管材、中空容器、电线包覆层及一些软性的日用品。

（二）聚氯乙烯塑料

聚氯乙烯塑料（PVC）于 1930 年投入工业化生产。由于它具有原料来源广、价格低廉、性能优良和用途广泛等特点，产量曾为世界塑料之首。此后因聚乙烯塑料快速发展，其产量才跌至第二位。

聚氯乙烯塑料的原料是氯化氢和乙炔，过去大都以电石和食盐为原料制得。自石油化工发展以来，转向利用石油气中的乙烯与氯气反应制得。聚氯乙烯塑料具有很多优良性能，如较好的机械强度、抗化学性、电绝缘性、耐腐蚀性和难燃性。它的不足之处就是热稳定性差（使用温度宜在 5℃～45℃），低温下会变硬变脆，受热 140℃以上则开始分解出氯化氢气体，且韧性、抗冲击性能不够理想，满足不了某些机械制品的要求。聚氯乙烯塑料中掺入不同量的增塑剂，其制品可以分硬质和软质两类。

硬质聚氯乙烯制品不但具有较高的机械强度，还具有一般金属所没有的许多特殊优点：不怕酸碱腐蚀，可代替贵重的不锈钢材和其他耐腐蚀材料，用以输送腐蚀性流体；比重小（1.3～1.4），相当于钢的 1/5，用这种材料制成的管材，质量是铝管的一半；因为管子内壁光滑，摩擦阻力小，较同样粗的钢管流量多 30%；管子表面色泽明亮，可借助不同着色区别管路，安装后不需要进行涂油防锈处理。所以，硬质聚氯乙烯塑料广泛用于管材和板材、建筑的结构材料，在化工、石油、纺织、采矿、电气、食品加工、供水排水等工业部门都可使用。

软质聚氯乙烯制品含有 30%～50%的增塑剂，质地柔软，具有良好的弹性、透光性、不透水性和耐酸碱性，主要用来制作各类薄膜（农用、包装用和防雨用）、人造革、电线和电缆的绝缘包皮及各种软管和日用塑料商品。

氯乙烯单体有致癌作用，可与DNA结合引起肝血管肉瘤，并产生毒性作用，主要表现在神经系统、骨骼和肝脏。

（三）聚苯乙烯塑料

聚苯乙烯塑料（PS）是投入工业化生产较早的热塑性塑料之一。目前聚苯乙烯塑料的产量居塑料制品第三位。

聚苯乙烯塑料由乙烯与苯肼聚合而制得。其特点有：透明且有光泽，透光率仅次于有机玻璃，容易着色；耐酸碱性好，但不耐日光，耐油性差；几乎不吸水，且在水中形状尺寸也不起变化；刚性好，表面硬度大，但脆性大，怕碰又怕摔；电气性能好；软化点低，耐受温度最高不能超过80℃，否则会变形，达到180℃会成为黏稠液体。

聚苯乙烯无毒、无味，制成的杯、盘光洁漂亮，还可制造收音机外壳、台灯、纽扣、梳子等日用品；加入发泡剂可制成轻质的泡沫塑料，用作建筑工业的隔音、隔热、防震、防湿材料；通过共聚改性，可制造安全帽、电话和家具等。

聚苯乙烯可在体内氧化为苯甲酸，与葡萄糖醛酸结合排出体外，故本身无毒。但苯乙烯单体及其降解产物苯、甲苯、乙苯、异丙苯等有一定的毒性。例如：苯乙烯可抑制动物的繁殖能力，使肝、肾脏质量减轻；苯可减少白细胞和红细胞数量；甲苯、乙苯、异丙苯对神经系统有毒性作用，乙苯还可使肝脏、肾脏呈现轻微的病变；异丙苯可使肝脏的质量减轻。

（四）聚丙烯塑料

聚丙烯塑料（PP）的工业化生产始于1957年，但其发展十分迅速。由于它的原料——丙烯来源于石油废气，数量多、价格便宜，加上它性能优异，目前在全世界的产量位于第四位。聚丙烯塑料的性能取决于其主要成分聚丙烯树脂。聚丙烯大分子由丙烯以不同的立体构型聚合在一起，根据聚丙烯侧链甲基的空间排列，分为无规立构、间规立构和等规立构三种形式。目前生产的聚丙烯95%都是等规立构，其聚丙烯主链上的甲基都朝着一个方向伸展。聚丙烯树脂的分子结构决定了聚丙烯塑料具有如下的性能特点：无色、无味、无毒；透明、结晶度高；比重小，仅为0.90～0.91，是目前最轻的塑料，能漂浮在水中；耐热性好，在沸水中不软化、不变形，可耐120℃的高温，在80℃下寿命可达40年；耐化学腐蚀（耐酸碱性）和耐油性能良好；机械强度（硬度、强度和抗冲击强度）比聚乙烯塑料高。不足之处是不耐低温，在低温下弹性逐渐消失，抗冲击强度较差，长期光照易老化，染色性差。

聚丙烯塑料应用广泛，由于耐高温，可进行蒸煮，适合制作医疗器械和餐具；由于它具有良好的化学性能及抗弯曲性，可制作防腐管道、化工容器、电缆、接头、汽车和自行车的零部件，还可制作电视机、半导体、电风扇的部件；往聚丙烯塑料中加入发泡剂，可制作低发泡板材，代替木材制作家具；聚丙烯塑料还特别适合制作包扎绳索、装重物的编织袋、渔网等；聚丙烯纤维可制作工作服。

（五）密胺塑料

密胺塑料（MF）是三聚氰胺甲醛塑料的俗称，是氨基塑料的一种。它是以三聚氰胺甲醛树脂为主要成分，再加上一定量的填料、助剂制成模塑粉，然后在一定的压力和温度下模压制得的塑料制品。

密胺塑料无毒、无味，易于清除污渍，外观和手感极似瓷器，纯三聚氰胺甲醛树脂可制成似玻璃的全透明塑料，具有较高的强度、表面硬度和抗冲击强度，耐磨性也较强，耐热性和耐水性均好，可在沸水中消毒，烟头的余火也不会将其烫焦，并可任意着色，透光性强，光泽好，加工性能好，耐酸碱，不易燃烧。

密胺塑料常用来制造各种餐具，如杯、盘、碗、筷，还可制成似玻璃的装饰贴面板、灯罩等。密胺塑料制品的价格较高。

（六）脲醛塑料

脲醛塑料（UF）是由脲醛树脂与填料（纤维素木浆）制成的，是氨基塑料的一种。脲醛树脂多呈白色，制品中树脂含量高则透明度高，一般为半透明，其外观如玉，故称电玉。脲醛树脂由尿素和甲醛缩聚而成，其比重比一般树脂大，具有优良的耐压和曲折强度，表面极硬；着色范围广，耐光、耐油、耐弱碱和有机溶剂，不易燃烧，化学稳定性比酚醛塑料差；但较易吸水，不耐酸和热，在水中煮时会析出有毒性的甲醛。

脲醛塑料可用于制作发卡、盒、琴键，也可制作地板、电源开关和插头等。

（七）酚醛塑料

酚醛塑料（PF）俗名电木，产生于 20 世纪初，产量在世界塑料大家族中居第六位。

酚醛塑料是用苯酚和甲醛制成的。苯酚又名石炭酸，有特殊气味。苯酚有毒，腐蚀性也强。甲醛在常温下是气体，它的水溶液称为福尔马林，是一种消毒剂。甲醛一般是用甲醇（木精）作为原料制成的。

酚醛树脂大分子呈线性结构，在成型过程中加入 10%的六次甲基四胺的固化剂并加热至 160℃时，便固化成为网状结构的不溶不熔树脂。该树脂脆性大，因此往往加入特制的细木粉作为增强材料，并配以适量的润滑剂制成模塑粉，再加热加压就可制得酚醛塑料。

酚醛塑料一般色泽较深，耐热也耐寒，不易变形，表面硬度大而光滑，但脆性大；

机械性能好，化学稳定性好，对各种溶剂和油类具有较强的抵抗力，电绝缘性能优异，尺寸稳定，价格低廉，适用于制造电器插座、开关、仪表外壳、汽车刹车板、箱体配件和各种日用商品的手柄等。其不足之处是韧性小，填充了木粉的制品有吸水性，有一定毒性，不宜存放食品。

（八）ABS 塑料

ABS 塑料是由丙烯腈、丁二烯和苯乙烯联结共聚而形成的热塑性塑料。其大量生产于 20 世纪 50 年代，是受欢迎而且发展迅速的一种有代表性的耐冲击塑料。由于其三种构成成分各有所长，保证了 ABS 塑料具有良好的性能：丙烯腈使 ABS 塑料具有良好的化学稳定性和高硬度，丁二烯使 ABS 塑料具有一定的韧性，苯乙烯使 ABS 塑料具有良好的加工性和染色性。ABS 塑料无毒，不透明，具有一定光泽；有一定刚性，且机械性能均衡，抗冲击能力即使在低温下也不降低；加工性好，但在紫外线作用下易发生老化，不宜在露天环境下长期使用；有良好的电气性能；耐酸碱，但可溶于酮或烃类。

ABS 塑料是重要的塑料之一，已在机械、电气、纺织、化学、汽车、飞机、船舶等制造工业以及儿童玩具制造方面得到广泛应用，尤其是 ABS 塑料的电镀制品貌似金属，表面硬度进一步提高，不易老化，可制作各种家用电器的外壳、家具等。

（九）有机玻璃塑料

一提起玻璃，人们自然想到它又硬又脆，但有一种碰而不碎、比普通玻璃还要透明的玻璃，这就是有机玻璃（PMMA）。有机玻璃是一种用塑料做的玻璃，是甲基丙烯酸甲酯的聚合物，是用丙酮、甲醇、氰化钠、硫酸等经化学反应生成甲基丙烯酸甲酯单体，再经过加工聚合制得的。

有机玻璃具有以下性能特点：透明度高，能透过 93%的普通光线和 76%的紫外线，比无机玻璃优越；表面光泽好；无毒，质轻，脆性小，耐冲击；耐酸碱和油脂，耐－60℃～－50℃的低温；易加工成型，可制造形状复杂的制品。有机玻璃的不足之处是耐热性差，超过 100℃即软化变形、损坏，宜在 80℃以下使用；受潮后透明度降低，遇火可以燃烧。同时，其表面硬度不理想，耐磨性差，容易擦伤产生划痕，因此在使用中要防止与坚硬物件接触。

有机玻璃是高级装潢材料，可用于制作车船、飞机的舷窗或挡风玻璃，也可用于制作仪表外壳、光学仪器、假眼球和假肢。日用工业品中的纽扣、发卡、伞柄、眼镜架、文具等也可采用有机玻璃制作。

（十）聚酰胺

聚酰胺（PA）俗称尼龙，是含重复酰胺基团的聚合物的总称，多为二元酸和二元胺的酰胺型共聚物，常以单体所含的碳原子数命名，如尼龙 6 是由碳原子数为 6 的己内酰胺聚合而成的均聚物，又名聚己内酰胺。由两个单体聚合而成的共聚物，其名称中就有两个数字，如尼龙 66 是碳原子数均为 66 的己二酸和己二胺的共聚物，又称聚己二酰己二胺；尼龙 610 又称聚癸二酰己二胺；尼龙 1010 又称聚癸二酰癸二胺。

尼龙具有耐磨、耐寒、耐热、强韧等特性，但耐酸性较差，主要用于制作薄膜、过滤网和食品加工器械等。尼龙本身无毒，但尼龙 6 中的己内酰胺单体可引起神经衰弱。

（十一）纤维素塑料

纤维素塑料（CE）包括硝酸纤维素塑料和醋酸纤维素塑料等品种，其主要原料为棉花、木材等天然纤维素，受原料的限制，这类塑料发展得不快。

硝酸纤维素塑料的俗名是“赛璐珞”，是最古老的塑料品种。早在 1868 年，人们就利用天然纤维素与樟脑制成了它。赛璐珞的主要成分是硝酸纤维素（70%～90%）与增塑剂樟脑（20%～30%）及其他助剂。它具有质轻、弹性好、强度较高、韧性好等特点，其表面平滑，富有光泽，是制造日用工业品、文教用品、儿童玩具等产品的材料，还可制成各色透明或不透明、夹色或珍珠花纹状的制品。它的缺点是化学稳定性差，易燃烧和老化，必须避免直接受热和日晒。

醋酸纤维素塑料是在硫酸等脱水剂存在的条件下，与酸酐反应制成三醋酸纤维素，再进一步酯化形成的。它的特点是透明，着色好，耐冲击，具有一定的阻燃性，耐折叠，不易老化，吸水率较大等。醋酸纤维素塑料广泛用于制造电器外壳、手柄、汽车方向盘、笔杆等产品。

二、塑料制品的分类和品种

（一）按塑料制品的原料分类

塑料制品按所用原料种类的不同，可分为聚乙烯塑料制品、聚氯乙烯塑料制品、聚丙烯塑料制品、聚苯乙烯塑料制品、ABS 塑料制品、有机玻璃塑料制品、尼龙塑料制品、赛璐珞塑料制品、酚醛塑料制品、密胺塑料制品、脲醛塑料制品等多种。

（二）按塑料制品的用途分类

塑料制品按用途的不同，可分为塑料材料制品和塑料日用制品两大类。

1. 塑料材料制品

塑料材料制品是主要用来作为某些产品原材料的塑料制品，它按结构、性能的不同，可分为人造革、合成革、塑料薄膜、泡沫塑料、玻璃塑料五种。

(1) 人造革。人造革是以棉布、针织布、化纤布、无纺布等为基底，以合成树脂为涂层的仿革制品，是塑料和纤维织物的复合材料。人造革的品种主要有聚氯乙烯人造革、聚氨酯人造革。聚氯乙烯人造革具有外观似皮革、质地柔软、耐摩擦、耐酸碱、可洗涤、不透水、不透气、不耐低温、价格便宜等特点。按涂层结构的不同，人造革又可分为普通人造革、地板人造革、发泡（泡沫）人造革三种。普通人造革可制作手提包、箱、沙发套等；地板人造革主要用于室内装潢；发泡人造革可制作帽子、手套、提包、箱子、鞋等。

(2) 合成革。合成革是以吸湿性、透气性很好的无纺布为基底，经聚氨酯（合成树脂）与二甲基甲酰胺（易溶于水）的混合物浸涂并水洗后的拟革制品，也称 PU 革。合成革的耐磨性、强度、弹性、耐油性、透气性、透湿性、耐低温性均优于人造革。合成革的品种有光面合成革、绒面合成革、压花合成革、搓纹合成革、衣用软合成革等。其外观和性能近似皮革，但吸湿性小，可用于制作合成革鞋、服装、皮包、皮夹等。合成革制品有取代人造革制品的趋势。

(3) 塑料薄膜。塑料薄膜的品种很多，用途很广，如制作台布、雨衣、窗帘、提包、包装袋，还用于制作农用地膜等。

(4) 泡沫塑料。泡沫塑料是合成树脂经过发泡后制成的内部有无数小孔的塑料制品，它具有吸水、保温、隔热、隔音、体轻、弹性好、防震等特点，有硬泡沫塑料和软泡沫塑料两种，常用于制作床垫、坐垫、拖鞋等。

(5) 玻璃塑料（玻璃钢）。这是由合成树脂和玻璃纤维组成的一种增强塑料，其特点是体量轻、强度高、耐腐蚀，虽比钢轻很多，强度却不亚于钢，多用于家具、汽车等的制造。

2. 塑料日用制品

塑料日用制品是日常生活中使用的塑料制品。按用途的不同，它可分为塑料容器、塑料餐具、塑料玩具、塑料工艺品、塑料家具、塑料洁具、塑料文化用品七类。

(1) 塑料容器类有塑料瓶、塑料盒、塑料盆、塑料桶、塑料缸等品种。

(2) 塑料餐具类有塑料碗、塑料盘、塑料碟、塑料匙、塑料筷、塑料水杯等品种。

(3) 塑料玩具类有塑料小动物、塑料汽车、塑料飞机、塑料插片、塑料棋等品种。

(4) 塑料工艺品类有塑料动物雕塑、塑料花、仿水晶塑料摆件等品种。

(5) 塑料家具类有塑料桌、塑料椅、塑料凳、塑料充气沙发等品种。

(6) 塑料洁具类有塑料浴盆、塑料盥洗台、塑料坐便器、塑料簸箕、塑料扫帚等品种。

(7) 塑料文化用品类有塑料三角尺、塑料直尺、塑料文具盒、塑料笔筒、塑料活页夹、塑料文件夹等品种。

塑料制品的成型方法

三、塑料制品的鉴别

塑料制品的鉴别方法很多，可分为感官鉴别法和理化鉴别法两大类。最常见的、简单易行的鉴别法有外观鉴别法、燃烧鉴别法和密度鉴别法。

（一）外观鉴别法

外观鉴别法是通过各种塑料的外观特征，如光泽、透明度、色调、光滑性、手感、表面硬度、敲击声等来初步鉴别出塑料制品所属的大类，如热固性塑料、热塑性弹性体等。这种方法不仅简便迅速，还可保持制品的完整性，是常用的方法之一。各类塑料的外观特征是外观鉴别法的重要依据，各类塑料的外观特征如表 7－2 所示。

表 7－2　各类塑料的外观特征

种类	外观特征
聚乙烯	本色为乳白色半透明体，手摸有石蜡滑腻感，质地柔软，能弯曲，放在水中能浮于水面，在沸水中显著软化
聚丙烯	本色为乳白色半透明体，手摸润滑但无滑腻感，质地硬挺有韧性，放在水中能浮于水面，在沸水中软化不显著
聚氯乙烯	硬制品坚硬平滑，敲击时声音发闷，色泽较鲜艳；软制品柔软且富有弹性，薄膜透明度较高，放在水中下沉，遇冷变硬，有特殊气味
聚苯乙烯	表面较硬且有光泽，透明度较高，敲击时声音清脆如金属声，色彩鲜艳，拗折时容易碎裂
有机玻璃	外观似水晶，透明度好，色泽鲜艳，拗折时有韧性，敲击时声音发闷
赛璐珞	拗折时韧性好，用柔软物摩擦表面会产生樟脑味
酚醛塑料	表面坚硬，质脆易碎，断面结构松散，均为黑色、棕色的不透明体，敲击时有木板声
脲醛塑料	表面坚硬，质脆易碎，断面结构较紧密，大多为浅色半透明体
密胺塑料	表面坚韧结实，外观似瓷器

（二）燃烧鉴别法

燃烧鉴别法是利用小块塑料燃烧时性状的变化，如燃烧难易程度、自燃性的有无（离开火焰是否燃烧）、气味、火焰及烟的颜色、燃烧后残渣的颜色和性状等来区分和判断塑料种类的方法。此法具有简单、迅速的特点，但需要选取小块试样，会破坏制品的完整性。为了提高其准确性，常采用与已知试样进行对比试验的方法来鉴别。几种重要塑料的燃烧特征如表 7－3 所示。

表 7－3 几种重要塑料的燃烧特征

种类	燃烧难易程度	离火后情况	气味	火焰及烟的颜色	燃烧中性状
聚乙烯	易燃	继续燃烧	与石蜡燃烧气味相同	火焰尖部呈黄色，底部呈蓝色；烟少	边熔边燃边滴落
聚丙烯	易燃	继续燃烧	特殊气味	火焰尖部呈黄色，底部呈蓝色；烟少	边熔边燃边滴落
聚氯乙烯	不易燃	离火即灭	特有的刺激性臭味	火焰尖部呈黄色，底部呈绿色；黑烟	软化
聚苯乙烯	易燃	继续燃烧	特有的苯乙烯臭味	橙黄色火焰；无烟	软化，起泡
有机玻璃	易燃	继续燃烧	有水果香味	蓝白色火焰；无烟	有响声，无胶质滴落
赛璐珞	易燃	继续燃烧	有樟脑味	黄色火焰	很快燃烧，残灰极少
酚醛塑料	难燃	熄灭	有苯酚臭味	黄色火焰；烟少	与火焰接触部分碳化开裂
脲醛塑料	难燃	熄灭	有尿臭味	火焰尖部浅绿色；烟少	与火焰接触部分发白开裂

（三）密度鉴别法

不同品种的塑料有不同的相对密度，因而可以利用测定密度的方法来鉴别塑料的品种。但在此之前应先将发泡制品、无机矿物填充制品和玻璃纤维增强制品分别出来，因为这类塑料的密度不是树脂的真正密度。

除以上三类鉴别方法外，塑料也可用多种理化鉴别法来进行鉴别。常见的有：显色反应试验鉴别法、溶解性试验鉴别法、熔点等物理常数试验鉴别法、红外线吸收光谱试验法、紫外吸收光谱试验鉴定法等。此类鉴别法都需要用一定的仪器设备，操作复杂，结果较为精确。

四、塑料制品的储存及保管

（一）防老化

塑料制品在储存和使用过程中，受到阳光、温度、空气的综合影响，会出现物理、化学和机械性能下降的现象，这种现象被称为老化，具体表现为表面发黏、变软、变硬、变脆、龟裂、变形、出斑点、光泽颜色改变、透明度下降、各种机械强度降低、绝缘电阻和介电常数发生变化等。因此，在使用、储存塑料制品的过程中，应尽量避免阳光直射、高温和潮湿。

（二）注意防火和自燃

塑料的主要成分是有机高分子，都是易燃物，特别是赛璐珞制品属于硝酸纤维素塑料，稳定性较差，在常温下保管不当（如震动）易自燃。

（三）防止变形

塑料在外力的作用下会产生各种变形。

（四）防止冷冻

聚氯乙烯和聚丙烯制品低温时会因发硬变脆而容易损坏，储存、使用温度不宜低于 0℃。

（五）防止日晒和雨淋

塑料制品不宜露天储存，日晒会加速塑料的老化，日晒和雨淋可加速吸湿性较强的酚醛塑料、脲醛塑料、纤维素塑料的开裂和翘曲。

（六）防霉

塑料中的一些助剂，如软聚乙烯塑料中的酯类增塑剂以及脲醛塑料、酚醛塑料中的纤维素填料等都是微生物的营养物质，在适当的温度下可以引起发霉。

（七）防止污染

塑料容易摩擦带电，故吸尘性较强，储存和使用时必须保持清洁。

（八）防止溶剂和化学药品侵蚀

虽然许多塑料有较强的化学稳定性，但有些塑料能溶于某些溶剂或与强氧化剂发生化学反应。

（九）防止剧烈震动与碰撞

酚醛、脲醛塑料等热固性塑料和聚苯乙烯等热塑性塑料是硬脆性材料，尤其是温度较低时其脆性更大，在搬运、使用时易碎裂。

（十）防止划伤

很多塑料制品易被划伤，在使用时需注意防范。

第三节 玻璃、陶瓷制品

一、玻璃制品

玻璃是指将含有二氧化硅和各种金属氧化物的原料按一定比例混合，经过高温熔融、冷却、固化而形成的非晶态无机物，是硅酸盐材料的一种。玻璃具有透明、坚硬、耐磨、耐蚀、耐热等性能，有优良的光学和电学性能，以及良好的加工性能。其制品品种繁多、精致美观、经久耐用、洁净卫生、价格低廉，被广泛应用于日常生活以及生产、科研、交通、国防等领域。

（一）玻璃的成分

玻璃的制造工艺

玻璃的成分极其复杂，随应用原料的不同而有差别。组成玻璃的基本成分是各种硅酸盐化合物，即二氧化硅和各种金属氧化物。不同化学成分的玻璃性质不同，一般的玻璃，其化学成分可用 $R_2O \cdot RO \cdot 6SiO_2$ 表示。式中，R_2O 为一价金属氧化物，如 Na_2O、K_2O 等，含量为 14%～16%；RO 为二价金属氧化物，如 CaO、MgO、BaO、PbO、ZnO 等，含量为 11%～12%；SiO_2 的含量为 71%～75%。为了改善玻璃的使用性能或使其具有某种特性，有时还需要加入其他成分。

（二）玻璃的性质

玻璃的性质是评定玻璃制品质量最重要的因素。玻璃的性质因玻璃成分的不同而不同，其基本性质包括机械性质、热学性质、光学性质、化学稳定性质等。

1. 机械性质

机械性质决定着玻璃的坚固耐用性，包括强度、硬度和脆性等。成分不同的玻璃，其机械性质有明显差异。同种玻璃制品的壁越厚，其机械性能越好。

（1）强度。

强度分为抗张强度和抗压强度。普通玻璃的抗张强度仅为 4～12kg/mm^2。增加玻璃中硅、钡、铅、钙、硼等氧化物的含量可提高其抗张强度，增加钠、钾氧化物的含量则效果相反。普通玻璃的抗压强度为 60～160kg/mm^2，最高的可达 200kg/mm^2。玻璃中二氧化硅含量高则抗压强度亦高，而钠、钾、钙等氧化物的含量高则效果相反。玻璃的抗压强度比抗张强度大 15 倍左右，因此，玻璃板在运输和放置时宜保持竖直。

（2）硬度。

硬度是指玻璃抵抗硬物刻划的能力。玻璃的摩氏硬度为4～8级，其中普通玻璃为5级；铅玻璃最软，为4级，含铅量24%左右的铅玻璃常用来雕刻和研磨成工艺美术玻璃制品；含氧化硼15%的硼硅玻璃的硬度很高。

（3）脆性。

脆性是指玻璃超过强度极限立即破碎的性质，用抗冲击强度表示。玻璃的抗冲击强度较小、脆性较大，这也是玻璃在运输、保管、使用中容易破损的主要原因。玻璃经淬火处理（将玻璃制品均匀加热使其软化，至快变形时迅速冷却）后，其机械强度、耐热性、抗震性都能显著提高，如抗冲击强度可提高5～7倍，这种玻璃称为钢化玻璃。

2. 热学性质

玻璃的热学性质关系着其制品在使用中经受冷热变化的能力，主要是指导热性、热膨胀性、热稳定性。

（1）导热性。

玻璃是热的不良导体，其热传导能力仅为钢的1/400。二氧化硅含量高的玻璃，导热性较强。

（2）热膨胀性。

热膨胀性用热膨胀系数表示。热膨胀系数越大，热学性质越差。石英玻璃的热膨胀系数最小。

（3）热稳定性。

热稳定性又称耐温急变性或耐热性，是指玻璃经受急剧温度变化而不致破裂的性质，通常以其耐急热和急冷的温度差来表示。

玻璃经受急热的能力比经受急冷的能力强得多。这是因为玻璃受急热时，它的表面产生压应力；受急冷时，它的表面产生张应力，而玻璃的抗压强度比抗张强度大十余倍。玻璃的热稳定性受多种因素的影响。如果玻璃成分中二氧化硅含量高，氧化钠含量低，热膨胀系数小，或其制品型小、壁薄、厚度均匀、造型简单，则其耐热性能更好。

3. 光学性质

玻璃的光学性质主要是指透明性（透射性）、折光性，它决定着玻璃用途的广泛性。

（1）透明性（透射性）。

玻璃具有很高的透明性。玻璃成分中二氧化硅和氧化硼含量越高，氧化铁含量越低，玻璃越薄，玻璃透射的光线就越多，对光的吸收和反射就越少。因此，玻璃的透明性越高，质量就越好。如透明性能良好的窗玻璃（厚度2mm），可以透过光谱可见光的 90%，吸收约 2%，反射约 8%。

（2）折光性。

折光性用折射率表示。玻璃具有较高的折射率，常用于制造光学仪器、镜子、光泽悦目的艺术品和高级日用器皿。增加玻璃成分中氧化铅的含量，可提高玻璃的折射率。

4. 化学稳定性质

玻璃的化学稳定性质是指玻璃抵抗酸、碱、水、水汽和某些气体等外界因素作用的能力。

玻璃的化学性质比较稳定，对水和酸具有较强的抵抗能力，只有氢氟酸能够溶解玻璃，且其溶解生成物能沉淀在玻璃表面，防止氢氟酸向里层深入侵蚀。据此可通过改变操作条件，对玻璃制品进行光面或毛面的侵蚀处理。

碱对玻璃略有侵蚀，随着碱液浓度、温度和作用时间的增加，玻璃表面会逐渐溶解而被腐蚀。水蒸气（潮气）长期接触玻璃表面，会使玻璃逐渐水解生成碱，并继续吸收水分，使玻璃进一步被侵蚀，或碱与空气中的二氧化碳生成碳酸盐，在玻璃表面产生白色斑点或薄膜，使玻璃的透明度降低，这种现象称玻璃风化。

此外，常温下的玻璃是电的不良导体，玻璃中的二氧化硅含量越高，其绝缘性就越好。

（三）玻璃的分类

玻璃的种类很多，由于所用原材料不同，制造出来的玻璃成分、性质、用途也不同。玻璃通常按化学成分或用途为标志进行分类。

1. 按玻璃的化学成分分类

按化学成分的不同，玻璃可分为钠玻璃（即普通玻璃）、钾玻璃（硬玻璃）、铅玻璃（光学玻璃、火石玻璃）、硼硅玻璃、石英玻璃、铝硅玻璃、微晶玻璃、仿景泰蓝玻璃、光色玻璃、金星玻璃等。

（1）钠玻璃。

钠玻璃又称普通玻璃，在建筑、日常生活中使用最为广泛。其主要成分中二氧化硅占 72%，氧化钠占 15%。钠玻璃化学稳定性较低，易受化学药品的侵蚀；其机械强度、热稳定性、化学稳定性都较差，但易于熔制加工，价格低廉，广泛应用于制造一般窗玻璃、包装瓶和低档日用器皿。

（2）钾玻璃。

钾玻璃又称硬质玻璃，与钠玻璃在成分上的主要区别是以氧化钾代替了氧化钠，并提高了二氧化硅的含量，其硬度、光泽度较佳，强度、耐热性、化学稳定性均比钠玻璃好，多用于制造化学仪器和精致的日用器皿。

（3）铅玻璃。

铅玻璃又称光学玻璃、火石玻璃。其主要成分中，二氧化硅约占68%，氧化铅占15%～35%。铅玻璃能阻挡X射线，具有很强的折光性和光泽度，硬度较低，易于加工，被敲击时能发出悦耳的金属声。铅玻璃最适于制造光学仪器、艺术品和高级日用器皿。

（4）硼硅玻璃。

硼硅玻璃的主要成分中，二氧化硅占80%，氧化硼占14%。它具有很高的耐热性和化学稳定性（如良好的抗冷热急变、无污染及抗酸碱性能），有较好的强度、光泽度和绝缘性，适于制造优质理化实验仪器、烹饪器皿（如耐热玻璃煮锅）、电气器具（如电光源及电子工业用玻璃）、药用玻璃包装容器、保温瓶胆、温度计以及化工防腐管道与设备等。

（5）石英玻璃。

石英玻璃有“玻璃王”之称，其成分几乎全是二氧化硅。石英玻璃有透明和不透明两种。透明玻璃以水晶为原料，不透明玻璃以纯净石英砂为原料。石英玻璃具有极高的耐热性、化学稳定性和较高的强度、耐磨性及绝缘性，能透过紫外线，可耐受1 200℃ 高温，耐急热急冷温度差高达1 000℃。石英玻璃主要用于制造耐高温装置和特种仪器，如医用紫外线杀菌灯等。

（6）铝硅玻璃。

铝硅玻璃的主要成分是二氧化硅和氧化铝。它具有很高的耐热性、化学稳定性和强度，多用于制造直接用火焰加热的烹饪器皿。

（7）微晶玻璃。

微晶玻璃的主要成分是二氧化硅、氧化铝、氧化镁，并加入氧化钛作为晶核剂。它具有很高的强度、硬度和良好的化学稳定性、耐热性、绝缘性，能耐1 000℃高温，耐急热急冷温度差为700℃。微晶玻璃有白色或着色不透明的，还有透明的。微晶玻璃多用于制造微晶玻璃锅、食具、微波炉以及无线电元件等。

（8）仿景泰蓝玻璃。

仿景泰蓝玻璃是以普通玻璃为基础成分，再加入适量的氧化铜和氧化钴而得的玻璃，多用于制造装饰品，如花瓶、工艺蜡烛台等。

（9）光色玻璃。

光色玻璃即光致变色玻璃，其成分中含有卤化银等胶体光敏剂，具有被光照射后变暗或着色，停止光照后又恢复原态的特性。光色玻璃常用于制作变色眼镜、光开关、全息照相材料以及装饰材料等。

（10）金星玻璃。

金星玻璃有铬金星玻璃和铜金星玻璃两种。它们分别含有氧化铬、氧化亚铜等特殊成分。金星玻璃中含有折射率较高的晶体，因此具有闪金星的特点，常用于制作装饰品、工艺品等。

2. 按玻璃的用途分类

按用途的不同，玻璃可分为器皿玻璃、建筑玻璃、仪器玻璃、光学玻璃、特种玻璃等。

（1）器皿玻璃。

器皿玻璃是以制造盛装物品的容器为主要目的的日用玻璃，其种类繁多，性能各异。

（2）建筑玻璃。

建筑玻璃主要有制作门窗及墙壁等的平板玻璃，具有一定的强度和透明性。

（3）仪器玻璃。

仪器玻璃是具有较高强度和化学稳定性的、用于制作各种仪器仪表的玻璃，如实验室仪器用玻璃等。

（4）光学玻璃。

光学玻璃是具有高度透明性和折光性的玻璃，常用于制作显微镜、望远镜、照相机、眼镜等。

（5）特种玻璃。

特种玻璃是具有某方面特殊性能，或具有某种特定用途的玻璃。具体品种有安全玻璃，如汽车风挡的夹层玻璃；医用玻璃，如包装维生素等药品的防紫外线包装容器玻璃；生物玻璃，如具有生物活性、用作反渗透膜进行海水淡化的玻璃；光、电、磁等高科技玻璃，如激光玻璃、选择性吸收玻璃等。

（四）玻璃器皿的分类及品种

1. 玻璃器皿的分类

（1）按成型方法分类。

玻璃器皿按成型方法的不同，可分为压制器皿和吹制器皿。压制器皿的特点是壁厚，空腔不深，形状简单，如玻璃盘、糖果缸、烟灰缸、啤酒杯等。吹制器皿的特点是壁薄，精致，表面光滑无缝，耐热性好，如保温瓶胆、花瓶、高脚酒杯等。

（2）按装饰工艺分类。

玻璃器皿按装饰工艺的不同，可分为喷花器皿、磨花器皿和蚀花器皿。喷花器皿的特点是色彩鲜艳夺目，图案清晰。磨花器皿的特点是图案透明而富有光泽。蚀花器皿的特点是细腻、清秀、雅致、逼真。

（3）按用途分类。

玻璃器皿按用途的不同，可分为食器类、容器类和装饰类。食器类主要有水杯、酒杯、冷水瓶、调味品瓶、碗、碟等。容器类主要有糖果盘、糖缸、烟灰缸、茶盘等。装饰类主要有灯具、花瓶、小摆件等。

2. 玻璃器皿的品种

玻璃器皿的品种主要有玻璃水杯、玻璃酒杯、玻璃水具、玻璃糖缸、玻璃花瓶、微晶玻璃锅等。

（1）玻璃水杯。

玻璃水杯是玻璃器皿中花色最多的一种，按成型方法分类，有吹制杯、压制杯；从造型来看，有普通杯、有盖杯、有把杯、圆底杯、方底杯；按装饰工艺分类，有喷花杯、贴花杯、印花杯、磨花杯、刻花杯等。

（2）玻璃酒杯。

玻璃酒杯按成型方法分类，有吹制酒杯、压制酒杯；按造型分类，有普通酒杯、高脚酒杯、筒形酒杯、束腰酒杯、鼓肚酒杯；按用途分类，有白酒杯、色酒杯、啤酒杯、香槟酒杯、鸡尾酒杯等。

（3）玻璃水具。

玻璃水具是由 1 个扣盖冷水瓶、4～6 个玻璃杯、1 个玻璃茶盘组成的成套销售的商品。冷水瓶有贴花、印花、磨花、有色磨花以及拉丝等花色。

（4）玻璃糖缸。

玻璃糖缸有印花吹制玻璃糖缸、磨花吹制玻璃糖缸、压制凹凸花纹糖缸等。

（5）玻璃花瓶。

玻璃花瓶有吹制彩色花纹花瓶、压制凹凸花纹花瓶，以及小口玻璃花瓶、大口玻璃花瓶等各种造型。

（6）微晶玻璃锅。

微晶玻璃锅强度高，耐酸、碱、氧化，能经受火焰直接空烧，导热性能近似砂锅，有透白和瓷白两种。

（五）玻璃制品的质量要求

对玻璃制品的质量通常从规格、结构、色泽、耐温急变性、化学稳定性、透光性及外观缺陷等方面进行考察。

（1）规格是指对玻璃制品的尺寸、重量、容量的要求。由于品种太多，无统一的国家标准。

（2）结构是指玻璃制品的形状、主附件的配合情况等。

（3）色泽。无色玻璃制品应透明、洁净，富有光泽；有色玻璃制品应色泽鲜艳、悦目、深浅一致。

（4）耐温急变性可根据国家标准《玻璃杯检测方法》（QB/T 3561—1999）测定。

将试样在2℃左右的冷水中放置5分钟，取出后立即用沸水冲试，不炸裂者为合格品。

（5）化学稳定性。长期与水或水蒸气接触的玻璃制品应有很好的化学稳定性。在常温下，玻璃对绝大多数化学品都有一定的抵抗能力，但当长期受大气和雨水侵蚀时，表面也会失去光泽，出现油状薄膜、斑点，使透明性降低。

（6）透光性可通过测定透光率来判断。

（7）外观缺陷。经常出现的外观缺陷有砂粒、斑痕、气泡、口不圆、装饰不良等，这些缺陷有时还会影响制品性能。

玻璃器皿的挑选

（六）玻璃器皿的储存保管

1. 分类存放

玻璃器皿勿与酸、碱、盐类化学药品及容易返潮的商品同库存放。

2. 防碎、防压

玻璃器皿是典型的易破碎商品，要轻装轻卸、轻拿轻放，严防碰撞、倾斜或倒置，堆码不宜过高。

3. 防潮

仓库内相对湿度宜在85%以下，最高不得超过90%。要经常检查，发现包装受潮和玻璃器皿出现霉斑时要及时处理。

二、陶瓷制品

我国是陶瓷的故乡，陶瓷既是我国最杰出的科技成就之一，又是中华文明的伟大象征之一。远在几千年前的新石器时代，我们的祖先就已经学会以天然黏土为原料，塑造成各种形状的器皿，再在火堆中烧成坚硬的可重复使用的陶器。大约在东汉晚期，人们利用含铝量较高的天然瓷土为原料，加上釉的发明，以及高温烧结技术的改进，使陶器步入了瓷器阶段，这是陶瓷技术发展史上的里程碑。

陶瓷制品一般由内部的坯体和覆盖在坯体表面的釉所组成。坯体使制品有一定的形状和主要性质，釉是一种覆盖于坯体表面的类似于玻璃质的薄层，有增强机械性能、绝缘性、抗腐蚀性和表面硬度、光洁度等作用，同时还可装饰制品的表面。

（一）陶瓷制品的原料

制作陶瓷坯体的原料主要由可塑性原料、减黏性原料和熔剂原料三部分组成。可塑性原料主要是高岭土和黏土；减黏性原料常用的是硅石和长石；熔剂原料常用的是长石，此外还有花岗石、霞石、白云

陶瓷制品的制造工艺

石和方解石等。

制釉的原料与坯体基本相同，主要是长石、硅石、黏土等，其化学成分为二氧化硅、三氧化二铝、氧化钙、氧化铁、氧化镁、碱金属氧化物、氧化锌，还有少量锆石英、碳酸钡、二氧化锡、二氧化钛、二氧化锆、锑化物、氟化物、磷酸盐、着色剂等辅料。制造时，可根据需要选择一种或一种以上的氧化物作釉料的主体原料。

（二）陶瓷制品的种类

陶瓷制品可进行如下分类：

（1）按坯体所用的熔剂种类的不同，陶瓷制品可分为黏土质陶、石灰陶、长石质陶、混合质陶。

（2）按用途的不同，陶瓷制品可分为美术陈设用陶瓷、厨具、炊具、卫生用具、文具用品及其他用品。

（3）按烧成后的外表特征的不同，陶瓷制品可分为透明釉、不透明釉、无色釉和色釉。

（4）按彩绘的表现技法的不同，陶瓷制品可分为釉下彩、釉上彩、贵重金属彩和其他彩等。

（三）陶瓷制品的质量鉴别

陶瓷制品的质量由内在质量和外观质量组成。

（1）内在质量主要指瓷坯质地是否致密，瓷化程度和吸水率是否合格，铅、镉溶出量是否低于限量等。如根据国家标准《日用瓷器》（GB/T 3532—2009）的规定，日用细瓷器产品的吸水率不大于0.5%，将瓷盘、瓷碗类中型产品从180℃投入20℃水中热交换一次不裂，白度不得低于55%。

（2）外观质量主要指产品表面的色泽、装饰、结构和允许的常见缺陷的程度。结构应符合设计要求，重心稳定，盖子大小与壶口吻合，主件与附件配合间隔符合要求。色泽要求釉色光润，色泽纯正。装饰要求花纹清晰，色彩协调，布局和谐，绘制精良。瓷坯要求轻敲发出清脆悠扬的金属声。

（四）陶瓷制品的保管

陶瓷制品的保管需注意以下方面：

（1）合理使用仓库。对日用陶瓷制品仓库的使用，应根据本单位的业务范围做统一的计划，以合理利用仓库容量，充分发挥仓库的作用。

（2）要防潮湿。准备入库的商品一般情况下都不宜露天存放。

（3）要轻拿轻放。陶瓷制品是易碎商品，不能将成件包装好的陶瓷制品抛、滚、溜、滑。

(4) 要留通道。仓库中成件陶瓷制品的货垛不能排得太紧，两垛之间至少要有一尺宽的距离，以便经常检查堆码的情况，清点数量，并有利于通风、防潮及防火。

(5) 堆码的高度要适当。堆码的高度取决于仓库的条件和包装件本身的重量。根据多数仓库的经验，草包包装一般不超过 4 米，篓筐包装一般不超过 8 只，以防压碎或倒塌。

第四节　日用化学商品

日用化学商品是指以化学原料为主要成分的日用工业商品。它们的功能和用途主要依赖于各化学成分的化学性质，大多数是人们日常洗涤、清洁、卫生、美化所需的生活用品，如肥皂、洗涤剂、牙膏、化妆品等，所以，它们与人们的日常生活密切相关。

一、肥皂

肥皂是由天然油脂与碱相互作用而生成的高级脂肪酸的盐类，通常可用于家庭洗涤的是高级脂肪酸的钠盐或钾盐（钠皂或钾皂）。肥皂又可分为洗衣皂、香皂和其他皂类。

（一）肥皂的定义及分类

从广义上讲，肥皂是油脂、蜡、松香或脂肪酸与有机或无机碱进行皂化或中和所得的产物。油脂、蜡、松香与碱发生作用，实质上是脂肪酸与碱发生作用，因而肥皂实质上是脂肪酸盐，即 RCOOM，式中的 R 代表烃基，M 为金属离子或有机碱类。只有碳数在 8～22 的脂肪酸碱金属盐才具有洗涤作用。因此肥皂是至少含有 8 个碳原子的脂肪酸或混合脂肪酸的碱性盐类（无机的或有机的）的总称。

8 个碳原子数以下的脂肪酸碱金属盐在水中溶解度太大，且表面活性差；大于 22 个碳原子的脂肪酸盐类难溶于水，两者均不适宜制作肥皂。实际上洗涤用的肥皂是含 12～18 个碳原子的脂肪酸钠盐，又称为钠皂；也有一些肥皂是脂肪酸钾，称为钾皂。由于钾皂比钠皂软，习惯上称钠皂为硬皂，钾皂为软皂。氨、单乙醇胺、二乙醇胺、三乙醇胺等也可与脂肪酸作用制成铵皂或有机碱皂，这类肥皂一般用作干洗皂、纺织用皂、化妆品、家用洗涤剂及擦亮剂等。脂肪酸的碱土金属及重金属盐均不溶于水，也没有洗涤作用，称为金属皂。金属皂主要用于制造擦亮剂、油墨、油漆、织物的防水剂、润滑油的增稠剂、塑料稳定剂、化妆品粉剂、橡胶添加剂等。

（二）肥皂的主要原料

（1）天然动植物油脂，主要有牛油、羊油、猪油、蚕蛹油脂、木油、骨油、棕榈油、椰子油、菜籽油、棉籽油、糠油、蓖麻油、橄榄油、大豆油、花生油等。

（2）合成脂肪酸，是用熔点为43℃～51℃的石蜡经氧化而生成的。

（3）碱类，常用的有苛性钠（烧碱 NaOH）、苛性钾（KOH），也可用碳酸钠或碳酸钾来制皂。

（4）辅助原料，即对制品的品质有所增益的成分，如香料、色料（染料或颜料）、药料、食盐、荧光增白剂及水等。

（5）填充材料主要是填充肥皂的体积与增加重量的材料，如硅酸钾、硫酸钠、陶土等。

（三）肥皂的主要品种

日常生活中使用的肥皂主要有洗衣皂、香皂、浴皂、药皂、透明皂等品种。

1. 洗衣皂

洗衣皂即普通肥皂，是主要用于洗涤衣物的块状、长方形或长条形的固形物，一般呈淡黄色。优质洗衣皂的高级脂肪酸钠含量高，质坚耐用，色泽较浅，略有香味；中低级洗衣皂所用原料油脂质量较差，干后收缩明显甚至变形，颜色较深，气味不佳。

2. 香皂

香皂是日常用于清洁人体皮肤的肥皂，通常采用质量较好的天然油脂为原料，加有多脂剂，不加填料。香皂质地纯净、细腻，游离碱少，对皮肤无明显刺激性，去垢力强，泡沫丰富，色泽鲜艳，有多种香型和色泽。目前，香皂有向护肤、除臭、治疗等方向发展的趋势。

3. 浴皂

浴皂是主要用于洗澡的肥皂。如硼酸浴皂，所用原料和制法与香皂基本相同，只是在其中加入了硼酸，多为淡黄色、白色，质地细腻，有淡淡的香味。

4. 药皂

药皂多用于洗手、洗澡，兼有洗涤、消毒作用，是在制香皂的基础上加入药料制成的，如中性药物香皂、硫黄香皂、四合一香皂（一种含酚类药物的红色肥皂）等。

5. 透明皂

透明皂质地透明、光滑，碱性小，溶解度大，泡沫丰富，适宜洗涤丝、毛与合成纤维织物等。

（四）肥皂的储存及保管

肥皂是容易受潮、受冻、受热和怕压的商品，储存保管期一般为三年（香皂为一年），应储存在干燥通风的库房内，并做好防潮、防冻、防热、防压工作。

1. 防潮

肥皂受潮后会出现软化、酸败、冒油、糊烂等质量变化。因此，在堆放时应垫离地面 20cm 以上，并注意通风，库内相对湿度控制在 60%～80%。

2. 防冻

肥皂含水分较多，在－5℃下易冻结并产生裂纹或破裂，使用时会掉渣落片，解冻后会酸败变质，因此库房温度需控制在 0℃以上。

3. 防热

肥皂在高温和阳光照射下会软化、酸败、香味挥发以及干燥收缩、开裂和冒白霜。因此，库温应控制在 35℃以下，并且避免阳光直射，远离暖气设备。

4. 防压

肥皂受压过大时容易变形。因此，若为纸箱存放，堆码高度一般不应超过 14 箱。

二、合成洗涤剂

合成洗涤剂是一种以石油为原料，以表面活性物质为主要成分，并加入一定量的洗涤助剂而配制的产品。

（一）合成洗涤剂的组成

1. 表面活性剂

它是决定洗涤剂作用大小的关键。一般根据洗涤剂活性物质在水溶液中离解出来的表面活性离子的电荷不同，可将其分为阴离子型表面活性剂、阳离子型表面活性剂、非离子型表面活性剂和两性离子型表面活性剂四种。洗衣用合成洗涤剂中，最常见的就是烷基苯磺酸钠，它是阴离子型表面活性剂。

2. 助洗剂

助洗剂是一些没有表面活性的物质，但它在洗涤过程中可以改变洗涤剂溶液的性质，增加洗涤剂的去污效果。助洗剂主要有聚磷酸盐、硅酸钠、硫酸钠、碳酸钠、羧甲基纤维素、过氧酸盐、酶制剂、荧光增白剂、泡沫稳定剂、香料和色剂等。

（二）合成洗涤剂的洗涤原理

合成洗涤剂的去垢过程比较复杂，但可以表示为：

织物·污垢+合成洗涤剂→织物+污垢·合成洗涤剂

去污是通过合成洗涤剂的润湿、乳化、分散、增溶等多种综合作用而完成的。润湿作用可以松脱污垢与被污织物之间的引力，并把污垢破坏成微小粒子，但此时已松脱的污垢仍然吸附在被污织物表面；接着经过机械搅拌、手工搓洗、受热，污垢大量游离到水中，这些污垢是不溶于水的微小粒子，肥皂或合成洗涤剂的表面活性物质具有降低水的表面张力的作用，它使油水均匀混合成为稳定的乳状液，从而使原来不溶于水的污垢被肥皂或洗涤剂的表面活性分子包围起来，均匀地分散在溶液中，形成稳定的悬浊液，这就是肥皂或洗涤剂的乳化、分散、增溶作用。最后悬浊液被水冲洗干净，完成去污过程。

（三）合成洗涤剂的种类

合成洗涤剂的分类方法主要有如下几种。

1. 按表面活性剂的分子结构分类

表面活性剂是合成洗涤剂的核心成分，它决定了合成洗涤剂的性能、特点和用途。合成洗涤剂按表面活性剂的分子结构不同，可分为阴离子型洗涤剂、阳离子型洗涤剂、两性离子型洗涤剂、非离子型洗涤剂四类。

（1）阴离子型洗涤剂。

这类洗涤剂的表面活性剂在水溶液中能发生电离，电离得到的阴离子具有表面活性，故称为阴离子型表面活性剂。阴离子型表面活性剂通常为某些有机弱酸的强碱盐，所以在酸性溶液中去污力很弱。阴离子型表面活性剂是洗涤用表面活性剂中的主要类别，其品种最多，应用也最为广泛，它适合于加工成各种类型的洗涤剂。目前用于家用洗涤剂的表面活性剂主要有如下几种：

1）直链烷基苯磺酸钠（LAS）。这是当今世界用量最多、用途最为广泛的表面活性剂，市场上各种品牌的洗衣粉几乎都是以它为主要成分配制而成的。直链烷基苯磺酸钠具有优良的洗涤性能，比如它能够与其他表面活性剂、助剂复配，且化学性质稳定，价格便宜，但其残留期长，具有一定的毒性，所以不能用于洗涤餐具、水果、蔬菜等。

2）脂肪醇硫酸钠（AS）。这也是商品洗涤剂的主要成分之一，它是阴离子表面活性剂的一个重要品种，能够用于洗涤毛、丝织物，也可配制餐具洗涤剂、香波、地毯清洗剂、牙膏等。

3）脂肪醇聚氧乙烯醚硫酸盐（AES）。它的去污力和发泡性都很好，所以被广泛用于香波、浴液、餐具洗涤剂等产品中，当它与直链烷基苯磺酸钠复配时，则会有更好的去污效果。

（2）阳离子型洗涤剂。

这类合成洗涤剂的表面活性剂在水溶液中能发生电离，由于电离得到的阳离子具有表面活性，所以称为阳离子型表面活性剂。阳离子型表面活性剂通常为强酸的某些有机弱碱盐，因此，只有在酸性溶液中它才有较强的去污力，在碱性溶液中去污力则不是很强。该类表面活性剂一般不作洗涤剂用，在工业上常被广泛用作纺织柔软剂、抗静电剂和杀菌剂等。阳离子型表面活性剂的主要品种有季铵盐（如氯化十二烷基二甲基苄基铵等）、咪唑啉盐等。

（3）两性离子型洗涤剂。

两性离子型表面活性剂在水中电离产生活性基团，活性基团在不同的 pH 值条件下，表现为不同的离子形态，例如：12—氨基月桂酸在碱性溶液中电离为羧酸阴离子，而在酸性溶液中为氨基阳离子，但不管是阴离子形态还是阳离子形态，均具有表面活性。由于这种特性，该类型洗涤剂不仅具有良好的去污力，还具有阳离子表面活性剂所具有的对织物的柔软作用。此外，它易溶于水，耐硬水，对皮肤刺激小，有较强的杀菌力和发泡力，适宜做泡沫清洗剂，常用于丝毛专用洗涤剂和洗发香波中。两性离子型表面活性剂的主要品种有氨基酸类、甜菜碱类等。

（4）非离子洗涤剂。

这类合成洗涤剂的表面活性剂在水溶液中不会离解为离子，即在水中呈中性的非离子的分子状态或者胶束状态。其主要品种如下：

1）脂肪醇聚氧乙烯醚（AEO）。它是非离子型表面活性剂系列产品中的典型代表，可与其他任何类型表面活性剂进行复配，并具有优良的洗涤性能，适于配制液体洗涤剂。

2）烷基聚葡糖苷（APG）。它是 20 世纪 90 年代开发出的一种新型表面活性剂，被称为“绿色”产品，由于这一特性，它受到各国的普遍重视，广泛用于配制洗衣粉、餐具洗涤剂、香波及浴液等。

2. 按用途分类

按用途的不同，合成洗涤剂可分为工业用洗涤剂和民用洗涤剂两类。

（1）工业用洗涤剂。

工业用洗涤剂是指在工业生产中使用的洗涤剂，如在纺织印染业、金属加工业、医药卫生业、农药生产等行业均会大量使用。工业用洗涤剂中的大多数品种都与民用洗涤剂相类似，可以通用，但也有一些品种不能应用于民用洗涤领域。

（2）民用洗涤剂。

民用洗涤剂是指在日常生活中使用的洗涤剂，这类洗涤剂按用途又可分为衣用洗涤剂、皮肤清洁用洗涤剂、厨房用洗涤剂、卫生间用洗涤剂等类别。

衣用洗涤剂又分为普通洗涤剂和专用洗涤剂。普通洗涤剂的 pH 值为 9.5～11.0，通常适用于洗涤棉、麻、合成纤维等。专用洗涤剂是指专门用于洗涤某类织品的洗涤剂，如丝毛专用型洗涤剂（pH 值为 6.5～8.5）、皮革专用型洗涤剂、衣物柔顺剂等。

衣物柔顺剂的作用是为织物纤维的表面均匀地附上一层保护膜，纤维表面吸附了柔顺剂后，纤维间的摩擦系数降低、可移动性增强，纤维固有的平滑、延伸、压缩性能也得到了恢复，所以使织物变得更加柔软、有弹性。同样的道理，由于柔顺剂保护膜减少了纤维间的摩擦，也就在一定程度上改善了棉、毛、蚕丝，特别是化纤织物带静电的现象。

随着科技的进步，皮肤清洁用洗涤剂的品种越来越多，应用也越来越广泛，如洗手液、沐浴液等。

厨房用洗涤剂是主要用于洗涤餐具、水果、蔬菜的洗涤剂，这类洗涤剂要求对人体没有毒害，安全卫生。

卫生间用洗涤剂则主要用于洗涤面盆、抽水马桶等硬质表面大的物品，多为酸性洗涤剂，具有较好的溶解沉积型结石的能力。该类型洗涤剂一般不能用于洗涤衣物。

3. 按外观状态分类

按外观状态的不同，合成洗涤剂可分为粉末状洗涤剂、空心颗粒状洗涤剂、液体洗涤剂、浆状（膏状）洗涤剂以及块状洗涤剂等类别。

4. 按性能、特点分类

按性能、特点的不同，合成洗涤剂可分为普通洗涤剂、加酶洗涤剂、浓缩型洗涤剂、低泡型洗涤剂、无磷洗涤剂、增白型洗涤剂以及专用洗涤剂等。

普通洗涤剂是指主要用于洗涤棉、麻、合成纤维的衣用洗涤剂，是洗涤剂中产量最高的品种，由于其原料来源丰富，因此成本较低，被广泛地使用。

加酶洗涤剂是指在普通洗涤剂基础之上添加了酶制剂的洗涤剂。加入的酶主要是蛋白酶、脂肪酶等。酶制剂的加入明显提高了对蛋白质型、脂肪型污垢的洗净率，所以提高了洗涤剂的洗涤效果。需要注意的是，使用加酶洗涤剂时应控制好洗涤温度，一般应在 25℃～45℃，温度太低，酶的活性就不能有效发挥；温度太高，酶被破坏，会丧失活性。

浓缩型洗涤剂主要是针对洗衣粉而言的，是一种高密度的洗涤剂，其主要特点是：洗净力较强，节约包装材料，节省仓储面积，减少运输费用。

低泡型洗涤剂是指添加了消泡剂，能够使泡沫量明显降低的洗涤剂。由于原来的高泡洗涤剂难于漂清，所以在节约洗涤用水方面明显不占优势，尤其是在家用洗衣机已普及、洗涤用水量明显提高的今天，节约洗涤用水已成为人们普遍关注的问题。因此，在保持洗涤剂原有去污能力的同时，由高泡型向低泡型转变已成为一种趋势。

无磷洗涤剂是指不使用磷酸盐为助剂的洗涤剂。聚磷酸盐是合成洗涤剂的重要助剂，但在含磷洗衣粉配方中，磷酸盐含量超过 40%，大量使用会导致河流、湖泊、沿海水体的富营养化，造成严重的水体污染。在当今注重环境保护的大环境下，大多数发达国家已禁止生产、进口和使用含磷洗涤剂。

增白型洗涤剂是指添加了荧光增白剂的洗涤剂。

专用洗涤剂，如前所述，它是指专门用于洗涤某类织品的洗涤剂。

三、牙膏

牙膏是一种口腔卫生用品，它的主要功能是辅助牙刷去除口腔中的食物残屑和牙垢，使牙齿洁白、美观且口腔清爽。经过多年的发展，牙膏已向着减少龋齿和牙周疾病发生的疗效等功能发展，成为人们生活中必不可少的日用化学品之一。

（一）牙膏的主要原料

牙膏由软管和膏体两部分组成。软管只起包装作用，因此，牙膏的原料主要是指膏体的原料。

1. 摩擦剂

摩擦剂是组成牙膏的主体原料，一般占配方的40%～50%（按重量计），其功能是借助摩擦作用清洁牙齿。摩擦剂一般采用质地柔软、合乎卫生要求的矿物原料，如碳酸钙、碳酸镁、氢氧化铝、二氧化硅、磷酸氢钙、碳酸镁等。

2. 发泡剂和胶着剂

发泡剂一般采用表面活性洗涤剂。

胶着剂的作用是使膏体增稠，达到需要的黏度，并使各组分胶合在一起，具有一定的可塑性。常用的胶着剂有白胶粉、淀粉、羧甲基纤维素钠等。

3. 保湿剂

保湿剂又称调和剂，是用来防止膏体中水分溢出，并从空气中吸收水分的液体物质。常用的保湿剂有甘油、丙二醇、山梨糖醇等。

4. 甜味剂

甜味剂可以使膏体具有甜味，以掩盖其他不良气味。常用的甜味剂有糖精和糖精钠（浓度为0.05%～0.25%）。

5. 香料

香料会使人在使用牙膏时有一种愉快轻松的感觉，能留香口腔，消除口臭。常用的香料有薄荷油、留兰香油、各种水果油、茴香油等。

除了以上原料之外，牙膏中还会加入少量防腐剂、稳定剂。有的牙膏为预防和治疗口腔疾病，还会加入少量药物，如氟化物、中草药等。

（二）牙膏的分类

按发泡剂的多少，牙膏可分为多泡牙膏和低泡牙膏。

按香型，牙膏可分为留兰香型、薄荷香型、水果香型、茴香型以及国际香型等。

按功能，牙膏可分为普通型和加药型。其中，加药牙膏又可分为防龋牙膏、消炎（止血）牙膏、脱敏牙膏、抗菌斑和防结石牙膏四类。

（三）牙膏的质量要求

根据国家标准《牙膏》（GB 8372—2017）的规定，牙膏主要有安全性要求、牙膏用原料要求、卫生指标、感官指标、理化指标、净含量、包装外观要求。卫生指标有微生物指标和有毒物质限量；感官指标主要是膏体方面，如均匀、无异物；理化指标有 pH 值、稳定性等。

四、化妆品

化妆品是指用涂敷、揉擦、喷洒等不同方式施于人体面部、皮肤表面以及毛发等处，起保护、清洁、美化作用的一种日常生活用品。它具有令人愉快的香气，能修饰人体，为人们营造容貌整洁、讲究卫生的观感，有益于人们的身心健康。

化妆品种类多样，常按其作用、外部形态、使用部位及特殊用途进行分类。

（一）按作用分类

1. 清洁作用化妆品

清洁作用化妆品主要用于去除皮肤、毛发、口腔和牙齿上的脏物，以及人体分泌的代谢污物等。如香皂、清洁霜、洗面奶、卸妆油、磨砂膏、去死皮膏（液）等。它们各自的主要成分和作用均不相同。

香皂是常见的洁肤用品，它质地细腻紧密，泡沫丰富，去污力强，价格相对较低。由于香皂中不同成分含量的差异，又分普通清洁香皂、透明美容香皂和具有杀菌效果的护肤皂。普通清洁香皂泡沫丰富，含碱量高，去污力强；透明美容香皂质地紧密、含碱量低，比普通香皂更加温和，含有保护皮肤的保湿成分；护肤皂含杀菌的药物成分，对特殊皮肤疾病有较好的杀菌治疗作用。

清洁霜类的清洁用品主体是矿物油，多用于化妆皮肤和过多油脂皮肤的清洁。

洗面奶是市场上最为流行的洁肤用品，是种类多样、不含碱性或只含弱碱性成分的液体软皂。洗面奶的原理是利用表面活性剂清洁皮肤，对皮肤无刺激，同时在皮肤上留下一层滋润的膜，保证皮肤细腻光滑。洗面奶在日常生活中常用于普通洁肤及卸除面部淡妆。根据产品结构和添加剂的不同，洗面奶可细分为普通型、磨砂型、疗效型三大类。根据使用对象的不同，洗面奶可细分为油性皮肤洗面奶、干性皮肤洗面奶、中性皮肤洗面奶、家庭用洗面奶、美容院用洗面奶等。根据作用的不同，洗面奶可细分为收敛型洗面奶、营养型洗面奶（如蛋白洗面奶、维生素 E 洗面奶等）。

卸妆油是以矿物油为主体的卸妆用品，主要用于卸除面部浓妆及油彩妆，其清洁的机理主要是油溶性，对于油彩妆的清洁效果较好，但对皮肤的刺激比较大。

磨砂膏是含有均匀颗粒的洁肤用品，主要用于去除皮肤深层的污垢，将其在皮肤上摩擦可使老化的鳞状角质剥起，去除死皮细胞，使皮肤保持柔软细腻。

去死皮膏（液）是一种可以帮助剥脱皮肤老化角质的洁肤用品。去死皮膏（液）附于皮肤后，其中的酸性物质可使角化细胞溶解，当搓掉或除去膏液时，可以把溶解的角化细胞一起带下来，从而起到净化皮肤的作用。

2. 保护作用化妆品

保护作用化妆品主要用于保护皮肤及毛发等，使其滋润、柔软、光滑，富有弹性，抵御风寒、烈日、紫外线等伤害，防止皮肤皲裂、毛发枯断等。保护作用化妆品包括雪花膏、乳液、润肤霜、防晒霜、发乳、护发素等。

3. 营养作用化妆品

营养作用化妆品主要用于补充皮肤及毛发的营养，增强组织活力，保持角质层含水量。营养作用化妆品包括人参霜、蜂王浆霜、维生素霜、珍珠霜及其他各种营养霜。

4. 美化作用化妆品

美化作用化妆品主要用于美化面部及毛发，使之增加魅力或发散香气。美化作用化妆品包括粉底霜、粉饼、香粉、胭脂、唇膏、发胶、摩丝、染发剂、眉笔、睫毛膏、眼影膏、香水、指甲油等。

5. 防治作用化妆品

防治作用化妆品主要用于预防或治疗皮肤、毛发、口腔和牙齿等部位的影响外表或功能的生理、病理现象。防治作用化妆品包括雀斑霜、粉刺霜、抑汗剂、祛臭剂、生发水、痱子粉、药物牙膏等。

（二）按外部形态分类

按照外部形态，化妆品可分为以下类别：

（1）乳剂类：如清洁霜、雪花膏、润肤霜、营养霜等。

（2）油剂类：如防晒油、浴油、按摩油、发油等。

（3）水剂类：如香水、花露水、化妆水等。

（4）粉状类：如香粉、爽身粉等。

（5）块状类：如粉饼、胭脂等。

（6）凝胶状类：如凝胶面膜、染发胶等。

（7）膏状类：如洗发膏、睫毛膏、剃须膏等。

（8）气溶胶类：如喷发胶、摩丝等。

(9) 笔状类：如唇线笔、眉笔等。

(10) 锭状类：如唇膏、眼影膏等。

（三）按作用部位分类

1. 皮肤用化妆品

(1) 清洁皮肤用化妆品：如清洁霜、清洁奶液等。

(2) 保护皮肤用化妆品：如雪花膏、冷霜、奶液等。

(3) 美容用化妆品：如香粉、胭脂、唇膏、唇线笔、眉笔、眼影膏、睫毛膏等。

(4) 营养皮肤用化妆品：如人参霜、维生素霜、珍珠霜、胎盘膏等。

(5) 药性美容化妆品：如祛斑霜、祛痘霜、祛臭剂、抑汗剂等。

2. 毛发用化妆品

(1) 清洁毛发用化妆品：如洗发香波、洗发膏等。

(2) 保护毛发用化妆品：如发油、发蜡、发乳、护发素等。

(3) 美发用化妆品：如烫发剂、染发剂、发胶、摩丝等。

(4) 营养毛发用化妆品：如营养头水、人参发乳等。

(5) 药用毛发类化妆品：如去屑止痒香波、药用发乳等。

3. 口腔用化妆品

(1) 牙膏（包括普通牙膏和药物牙膏）。

(2) 牙粉。

(3) 含漱水（漱口水）。

（四）按特殊用途分类

特殊用途化妆品主要是指用于治疗的、具有药效活性的制品，包括毛发用和皮肤用两大类。如用于育发、染发、烫发、脱毛、祛斑、防晒、美乳、健美、防粉刺、抑汗祛臭等的化妆品。

1. 育发类化妆品

育发类化妆品是在酒精溶液中加入各种特殊作用的制剂，如杀菌消毒剂、养发剂和生发成分，以产生以下作用：促进头皮的血液循环，增强头皮的生理功能，营养发根，防脱发，清除头皮和头发上的污垢，去屑止痒，杀菌，消毒，保护头皮的正常机能，促进头发重新生长，并带有幽雅清香的气味。

2. 染发剂

染发剂可以改变头发的颜色，美化毛发，染发剂常用于日常生活的美容化妆或戏剧表演中，必要时可将头发染成金黄色或棕黄色，但需要最多的是黑色染色剂。按染发剂中含有的染料不同，可将其分为合成有机染料染发剂、天然有机染料染发剂、无机染料染发剂以及头发漂白剂等。

3. 脱毛剂

脱毛剂可以脱除不需要的毛发，如腋毛、过分浓密的汗毛等，其效果比剃除好。一般剃除时仅刮去贴着皮肤表面的毛发，而脱毛剂可以将毛孔中的毛发连根去除，这使得脱毛后毛发生长慢，留下舒适、光滑的皮肤。优质的脱毛剂在5分钟内便可以达到效果。毛发的组成和皮肤的组成类似，因此脱毛剂不应对皮肤造成刺激性或损伤。

4. 祛斑类化妆品

祛斑类化妆品可用于减轻面部色素沉着。面部色素沉着表现为雀斑、黄褐斑和瑞尔氏黑变症，是一种由于色素障碍形成的皮肤疾病。我国禁止在祛斑类产品中使用氢醌的衍生物原料，长期使用此类产品会导致皮肤异色症等不良症状。目前抑制、减轻、祛除色素沉着一般采用超氧化物歧化酶（SOD）、曲酸、熊果苷、维生素C以及中草药（白及、白术、当归）等。

5. 防晒化妆品

防晒化妆品能够防止皮肤由于日晒而被损伤。根据防晒机理，可将防晒化妆品归纳为两大类：一类是含有能分散射入皮肤的紫外线的物质，如钛白粉、氧化锌、高岭土、碳酸钙、滑石粉等；另一类是含有能够吸收紫外线的物质，如水杨酸薄荷酯、苯甲酸薄荷酯、水杨酸酯、对氨基苯甲酸乙酯等。防晒化妆品的防晒效果用防晒系数SPF表示，是指在涂有防晒剂防护的皮肤上产生最小红斑所需能量与未加防护的皮肤上产生相同程度红斑所需能量之比。防晒系数SPF值的高低从客观上反映了防晒产品对紫外线防御能力的大小。最低防晒品的SPF值为2～6，中等防晒品的SPF值为6～8，高度防晒产品的SPF值为8～12，SPF值为12～20的产品为高强防晒产品，超高强防晒产品的SPF值为20～30。皮肤专家认为，一般情况下，使用SPF值为15的防晒制品已经够了，最高不要超过30。

（五）化妆品的储存保管

1. 化妆品入库

化妆品入库要分类存放或单独存放，以防串味；要轻装轻卸，以防玻璃、陶瓷类包装容器破碎。

2. 化妆品在库

化妆品在库要控制好温湿度。温度过高会引起化妆品中水分、香气、易挥发成分的遗失以及霜膏中的油水分离变质；温度过低又会使含水较多的化妆品变硬，导致产生粗渣等质量变化，还能引起包装容器冻裂。湿度过高会使粉质化妆品受潮结块，化妆品所含营养物质生霉变质以及包装损坏。因此，库内温度应保持在0℃～35℃，相对湿度应保持在60%～85%。

要加强化妆品的在库检查，一旦发现包装漏气要立即密封，以防香气和水分散发。

3. 化妆品出库

化妆品的保质期一般为 3 年。因此，化妆品要注意及时出库销售，先进先出。

第五节 服装制品

服装具有遮体、保暖、装饰三大功能。它是造型、色彩、材质及装饰等的完美结合。一个人的穿衣常常体现出其年龄、职业、气质、修养、文化水平和经济实力。同样，一个国家、一个民族的服装，不仅与人民的生活关系十分密切，而且还体现出这个国家、民族的政治、经济、文化、习俗等。随着社会的发展，服装在社会生产和人民生活诸多领域中的作用还将不断扩大。

一、服装的分类

市场上供应的服装品种丰富，式样繁多，将其按一定规律进行区分、归纳，称为服装的分类。

（一）按照服装的基本形态分类

按照服装的基本形态与造型结构，可将其分为体形型、样式型和混合型三种。

1. 体形型

体形型服装是符合人体形状、结构的服装，起源于寒带地区，一般按穿着形式分上装和下装两部分。上装与人体胸围、颈项、手臂的形态相适应；下装则符合腰、臀、腿的形状。体形型服装在剪裁、缝制上较为严谨，注重服装的轮廓造型和主体效果，能恰当地体现人体结构及人体各部位的活动特点，是现代西服造型的基础。

2. 样式型

样式型服装以宽松、舒展为特点，是热带地区的一种服装样式。这种服装不拘泥于身体的结构，比较自由随意。样式型服装有如下三种形式：一是腰衣式，是用布在腰、臀部位随意遮盖，带有一定原始意味的服装，目前在热带地区仍有一些民族采用；二是袈裟式，通常是采用一块很大的布披挂在身上，只在腰部或肩部适当系扎；三是贯头式，穿时贯头而入，围成布袋形，是一种随意性较强的服装，多见于中东和阿拉伯地区。

3. 混合型

混合型是体形型和样式型综合、混同的结果。它兼有体形型的衣袖结构与样式型的宽松随意的特点。

(二) 按照服装的用途分类

服装除了要在生活中适应不同的穿着者需要外，还要适应不同穿着场合的需要。

1. 生活服装

凡是日常生活中穿着的服装统称为生活服装。生活服装是相对于各类专用服装而言的。它包含的范围比较广泛，款式、色彩、材料、装饰等丰富多彩，具体品种和式样纷繁、变化不定，如穿在各类外衣里面的衬衣、衬裤、衬裙等，穿在各类服装外面的罩衣、罩衫，能挡风遮雨的风衣、雨衣，晚上睡觉时穿的睡衣、睡裤等。

2. 工作服装

工作服装主要包括防护服装和标识服装两大类。防护服装是指在工矿企业，为了保护生产工人的安全，便于劳动而供生产劳动时穿着，起安全防护作用的服装，俗称劳动服，如工装裤、炼钢服等；标识服是指按照统一款式设计制作，用来标识职业特性的服装，如军服、海员服等。

3. 运动服装

运动服装又称体育服装或竞技服装，是供运动员在训练和比赛时穿着的服装。这类服装的特点是穿着轻便舒适，对运动员的适应性强，并有一定的标识作用，如裁判服、体操服等。人们日常喜欢穿着的各类运动式服装，如猎装、滑雪衫等，是采用运动服装的式样制作的生活服装，也称运动便装，不属于运动服装。

4. 舞台服装

舞台服装又称表演服装，是文艺演出时演员们穿着的服装的总称，包括电影、戏剧、音乐、舞蹈、杂技等演出中出现的各类服装。舞台服装的作用在于体现角色的身份、年龄、个性和生活习俗，并显示表演所属的特定年代、民族、地区和特定情景。

5. 礼仪服装

礼仪服装简称礼服，指专门用于出访、迎宾或婚丧喜庆和参加宴会、出席庆典等各项正式礼仪活动时所穿的服装。从世界范围来看，最常用的男子礼服是西装，而在国与国之间的交往中，又常常以最能体现本民族特色的服装作为礼仪服装，如中国的旗袍、中山装，日本的和服，印度的沙丽等。

6. 特种服装

凡是具有特殊用途的服装统称特种服装。这类服装主要适合于某些特定的工作环境和场合，如宇航服、潜水服等。

服装的分类方法还有很多。例如，按照商业经营分类，可分为男式服装、女式服装、儿童服装；按照服装面料的制作工艺分类，可分为机织服装、针织服装、皮革服装；按照服装穿着季节分类，可分为春秋装、夏装、冬装。

二、服装的号型标准

服装号型标准是表示服装规格尺寸、长短、肥瘦的标志。国家标准《服装号型》（GB/T 1335—2008）对此作了规定。

1. 号型的定义

国家标准服装号型以人体尺寸作为服装规格的基础，号表示人体的身高，是设计和选购服装长短的依据，型表示人体的上体胸围或下体腰围，是设计和选购服装胖瘦的依据，号和型均以厘米为单位表示。为了准确反映人体在体型上的变化，该标准依据男女的胸围与腰围的差数将男子、女子体型分为四类，即 Y、A、B、C 型（见表 7－4、表 7－5）。

表 7－4　男子体型分类代号及范围

体型分类代号	Y	A	B	C
胸围和腰围之差数（cm）	17～22	12～16	7～11	2～6

表 7－5　女子体型分类代号及范围

体型分类代号	Y	A	B	C
胸围和腰围之差数（cm）	19～24	14～18	9～13	4～8

2. 号型标志

国家标准规定，成品服装必须标明号、型，号与型之间用线分开，后接体型分类代号。例如：上装 160/84A，其中 160 代表号，84 代表型，A 代表体型分类。下装 160/68A，其中 160 代表号，68 代表型，A 代表体型分类。

服装上标明的号的数值，表示该服装适合于身高与此相类似的人。服装上标明的型的数值，表示该服装适合于胸围或腰围与此相似的人；服装上标明的体型分类代号，表示该服装适合于胸围、腰围之差在此范围内的人。

3. 号型系列

将人体的号和型进行有规律地分档排列后就形成了号型系列，号型系列以各体型中间体为中心，向两边依次递增或递减组成。在号型标准中，身高以 5cm 分档、胸围以 4cm 分档组成上装系列，腰围以 4cm、2cm 分档组成下装系列。身高与胸围搭配组成 5・4 号型系列，身高与腰围搭配组成 5・4 号型系列、5・2 号型系列。号型的配置比较灵活，如：号和型同步配置形成 155/80、160/84、165/88、170/92 等号型；一号多型配置形成 165/80、165/84、165/88、165/92 等号型；多号一型配置形成 155/88、160/88、165/88、170/88 等号型。表 7－6、表 7－7、表 7－8 为男装的标准尺码换算明细。

表 7-6 男装（外衣、恤衫、套装）标准尺码换算明细

中国（cm）	165/88～90	170/96～98	175/108～110	180/118～122	185/126～130
国际	S	M	L	XL	XXL

表 7-7 男装（衬衫）标准尺码换算明细

中国（cm）	36～37	38～39	40～42	43～44	45～47
国际	S	M	L	XL	XXL

表 7-8 男装（裤装）标准尺码换算明细

尺码	42	44	46	48	50
腰围（cm）	68～72	71～76	75～80	79～84	83～88
裤度（cm）	99	101.5	104.5	106.5	109

三、服装的质量鉴别

服装各部位面料应无明显色差，无扒丝，无虫蛀、鼠咬孔洞；缝制的线路顺直，针迹均匀，明线针距密度为 14～17 针/3cm（料厚或硬的可稀一些，料软的可密一些），还应有服装使用说明。

由国家质量技术监督局批准发布、于 2014 年 5 月 1 日起实施的《消费品使用说明 第 4 部分：纺织品和服装》（GB 5296.4—2012）规定，在中国销售的服装，必须以单件（单套）服装或销售单元为单位，在服装或其包装上明显的适当部位，以直接印刷、织造或以缝合、粘贴、悬挂等形式，提供服装的使用说明。使用说明是向消费者传达如何正确、安全使用商品的信息工具，通常以使用说明书、标签、标志等形式表现。服装使用说明的内容包括制造者的名称和地址、服装名称、服装号型和规格、纤维成分及含量、维护方法、使用和贮藏注意事项等。

制造者的名称和地址分为国产和进口两类。国产纺织品和服装应标明承担法律责任的制造者依法登记注册的名称和地址，进口纺织品和服装应标明该产品的原产地（国家或地区），以及代理商、进口商或销售商在中国依法登记注册的名称和地址。产品应标明名称，且表明产品的真实属性。床上用品、围巾、毛巾、窗帘等制品应标明产品的主要规格，例如：长度、宽度、重量等，袜子应标明袜号或适穿范围，帽类产品应标明帽口的围度尺寸或尺寸范围。采用耐久性标签（即一直附着在服装上，并能承受该服装使用说明中规定的使用过程，保持字迹清楚易读的标签）。

上衣的质量鉴别：外形挺括；衣领平整，领尖对称；肩缝顺直，肩头圆顺平服；两袖圆顺，吃势均匀，不翻不吊，长短一致，袖口大小一致；胸部丰满挺括，省缝平服，左右对称，长短一致；门襟顺直不起翘，系扣后平整，左右对称；后背不吊起，

拼接处平服；口袋平服，大小、高低、左右对称；扣眼位置准确；衣里平整，松紧适度，不露在外；面料有明显条、格的，必须对条、对格。

裤子的质量鉴别：两腿长短一致；侧缝与下裆缝顺直、平服；大小裆圆顺、平服；腰头宽窄一致，里衬平服；两脚口肥瘦一致，下口不吊起；膝盖处不松不紧；裤前片经纱不斜；后裆拼角长不超过 20cm，宽不超过 7cm，窄不小于 3cm，其拼缝处必须与经纱的纱向一致。

牛仔服装的质量鉴别　　羽绒服装的质量鉴别　　皮革服装的质量鉴别　　裘皮服装的质量鉴别

四、各类服装的保管

收藏保管的服装都应在洗净、晾干后，存放在阴凉、干燥的地方，避免受潮、受热而发生霉变、虫蛀。不同的服装有不同的保管要求。

（一）呢绒服装

呢绒服装洗净熨平后，用衣架悬挂在通风、无尘、干燥的地方，并将樟脑丸等防虫剂用纸包好放入衣袋里。比较重的呢绒大衣、外套、西服，宜使用肩部呈圆形而且向前弯曲的木制衣架，以防服装变形。

（二）丝绸服装

将丝绸服装折叠后放入尼龙袋，置于木箱中（于箱角处放置用纸包好的樟脑丸）。若无尼龙袋，也可在丝绸服装之间隔一层纸，白色的丝绸服装最好用蓝纸包好，以避免色泽泛黄。

（三）皮革服装

皮革服装不宜折叠收藏，以免皮革有皱痕。最好用干净的布袋套在皮革服装上，用衣架吊挂在衣橱内。衣袋里勿放置樟脑丸，以免影响皮革的光泽。

（四）裘皮服装

裘皮服装不宜在柳絮飞扬时晾晒，以免蛀虫虫卵随柳絮落入裘皮而滋生蛀虫。晾晒之后等凉透再入柜，以免余热造成返潮生虫。收藏时最好用干净的布包好。箱柜不宜多开启，以防潮气侵入。箱柜里应放置用纸包好的樟脑丸等防虫剂。

（五）羽绒服装

羽绒服装收藏时要保持干燥，并放置用纸包好的樟脑丸等防虫剂。

第六节　金属材料制品

金属材料是现代工业的基础，是商品生产和消费中的主要原料。地壳中金属元素的含量极其丰富，经过冶炼加工而得的铁、钢、铅、锌、锡、钛、银、金等金属及其合金，是各种五金工具、炊具、餐具、搪瓷器皿以及某些医疗器材、办公用品、工艺品、首饰等商品的主要原材料，也是家用电器的重要原材料，还是门窗、家具等商品或装饰部件的原材料。

一、金属材料的分类

金属材料的分类方法很多，常见的有以下几种。

（一）按金属材料的组成划分

按组成划分，金属材料可分为纯金属和合金。

纯金属是指由一种金属元素组成的物质。目前已知的纯金属有 80 多种，但工业上采用的为数很少。

合金是以一种金属元素为主，加上另外一种或几种金属元素（或非金属元素）组成的物质。它的种类很多，如工业上用的生铁、钢就是铁碳合金。

（二）按金属材料的颜色和性质划分

按颜色和性质划分，金属材料可分为黑色金属材料和有色金属材料。

黑色金属材料是指铁、铬、锰及其合金，如生铁、铁合金、铸铁和钢材等。

有色金属材料又称非铁金属，是除黑色金属以外的金属与合金，如铜、锡、铅、锌、铝、钛、镁、金、银以及黄铜、青铜、铝合金等。有色金属又可分为工业用金属、贵重金属（金、银、铂）和稀有金属（含放射性的铀、镭等）；有色金属还可按密度大小分类，将密度小于 $4.5g/cm^3$ 的有色金属称为轻金属（如铝、镁、钠、钾），将密度大于 $4.5g/cm^3$ 的金属称为重金属。

（三）新型特殊功能金属材料

20世纪50年代以来，一些新型特殊功能金属材料得到了应用和发展，主要有以下几类：

（1）非晶态材料。非晶态材料又称无定形金属或金属玻璃，是一种内部原子不规则排列的金属或合金材料，一般具有较高的强度或良好的磁性和抗腐蚀性。

（2）超导材料。在深冷条件下，一部分金属、合金和化合物表现出电阻突然消失和完全抗磁的现象，称为超导电现象。能产生超导电现象的物质称为“超导体”。

（3）发光材料。物质内部以某种方式吸收能量，将其转化成光辐射的过程，称为发光。在实际应用中，将受外界激发而发光的固体材料称为发光材料。发光材料的主要成分是稀土金属化合物和半导体材料。

（4）发汗材料。发汗材料是用高熔点金属构成多孔基体，在孔隙中渗入低熔点金属制成的。在高温下，低熔点金属蒸发吸热，从而冷却金属表面。发汗材料是根据人体蒸发汗液吸热而降低体温的原理设计并得名的，是一种特殊的散热材料，用于制造耐高温的航天器件和电器开关触点。

（5）形状记忆材料。物体在某一温度下受外力变形，去除外力后仍然保持变形后的形状，但在较高温度下能自动恢复变形前的原有形状，这称为形状记忆效应，具有这种效应的合金材料称为形状记忆合金。最有实用价值的有钛镍基形状记忆合金和铜基形状记忆合金。

（6）纳米材料。纳米材料是以尺寸小于100nm（0.1～100nm）为主要衡量标准、具有小尺寸效应的零维、一维、二维、三维超细颗粒构成材料的总称。由于纳米材料具有优良的表面与界面效应、小尺寸效应、量子尺寸效应以及宏观量子隧道效应，因而具备了一般材料无法比拟的光、电、磁、热、力学、机械等性能。

（7）复合材料。复合材料包括有机-有机复合材料、有机-无机复合材料、无机-无机复合材料。复合材料是通过物理或化学方法将两种或两种以上不同性质的材料组合成具有新性能的材料。几种原材料在性能上取长补短，产生协同效应，使复合材料的综合性能高于组合前的各单一材料。

二、金属材料的性能

（一）物理性能

金属材料的物理性能包括密度、熔点、导电性、导热性、热膨胀性、磁性等。密度是指金属材料单位体积的质量。熔点是指金属材料从固态向液态转变时的熔化温度。导电性是指金属材料传导电流的性能，通常用电阻和导电率来表示。导热性是指金属材料传导热量的性能，通常用导热率来表示。热膨胀性是指金属材料受热后体积增大的性能，通常用热膨胀系数来衡量。磁性是指能激发磁场并在外磁场中受到作用力的性质，是物质的一种固有属性，几乎所有物质或多或少都具有磁性。

（二）化学性能

金属材料的化学性能主要包括耐腐蚀性、抗氧化性、化学稳定性等。耐腐蚀性是指金属材料抵抗各种介质如大气、水蒸气、其他有害气体及酸、碱、盐等侵蚀的能力。抗氧化性是指金属材料在高温下抵抗氧化作用的能力。化学稳定性是指金属材料耐腐蚀性和抗氧化性的总和。金属材料在高温下的化学稳定性又称热稳定性。

（三）力学（机械）性能

金属材料的力学性能主要包括强度、硬度、疲劳性、蠕变、弹性、刚性、塑性、伸长率等。强度是金属材料抵抗外力作用的能力，按外力作用形式的不同，可分为抗拉强度、抗压强度、抗弯强度和抗剪强度。金属在受外力（拉力）达到某一极限时，若除去外力，其变形（伸长）随即消失而恢复原状，金属材料抵抗这一限度的外力的能力就是弹性极限。伸长率是金属材料受外力（拉力）作用断裂时，伸长的长度与原来长度的百分比。硬度是指金属材料抵抗硬的物体压入自己表面的能力，按测定方法的不同分为布氏硬度、洛氏硬度、维氏硬度。

三、铝制器皿

（一）铝制器皿的分类

1. 按表面处理方法分类

铝制器皿按表面处理方法的不同，可分为砂光铝制器皿、洗白铝制器皿、抛光铝制器皿、阳极氧化铝制器皿、瓷质氧化铝制器皿、电洗（轻氧化）铝制器皿、喷漆铝制器皿等。

2. 按商业经营习惯分类

铝制器皿按商业经营的习惯，可分为铝锅和铝制杂件两大类。铝锅类按外形和结构的不同，又可分为高铝锅、双篦铝蒸锅、中篦铝蒸锅、柿形铝锅、菊花铝锅、浅底铝锅、铝制压力锅、铝制牛奶锅、铝炒锅、铝煎盘、铝制电饭锅、铝制不粘锅等；铝制杂件类又分为铝壶、铝盆、铝盒、铝水桶、铝铲、铝勺、铝制食篮、铝屉篦等。

（二）主要日用铝制器皿

日常普遍使用的铝制器皿有高铝锅、中篦铝蒸锅、菊花铝锅、铝制压力锅、铝制电饭锅、铝制不粘锅、铝壶、铝饭盒等。

1. 高铝锅

高铝锅的特点是锅身高，锅口与锅底直径相等，用料较厚。按形态结构分类，有胖盖高铝锅、平盖高铝锅、厚底高铝锅、双料高铝锅、双耳高铝锅、提梁高铝锅等多种；按表面处理分类，高铝锅有内外砂光、洗白、内砂光外抛光、阳极氧化、瓷质氧化、电洗、不沾涂料七种；按规格（指铝锅上口内径的大小）分，高铝锅有 16cm、18cm、20cm、22cm、24cm、26cm、28cm、30cm、32cm、34cm、36cm 共 11 种。

2. 中篦铝蒸锅

中篦铝蒸锅的特点是锅身中部轧有一圈向内凹的腰箍，可放置铝篦以供上蒸下煮、蒸煮两用。按形态分类，中篦铝蒸锅有直身和柿形两种；按规格分类，中篦铝蒸锅有 16cm、18cm、20cm、22cm、24cm、26cm、28cm、30cm 共 8 种。

3. 菊花铝锅

菊花铝锅的特点是锅盖上轧有几圈呈梯形的瓦楞，犹如菊花的花蕾。按表面处理分类，菊花铝锅有砂光和阳极氧化两种；按规格分类，菊花铝锅有 16cm、18cm、20cm 共 3 种。

4. 铝制压力锅

铝制压力锅用料较厚，锅盖上有排气孔、限压阀、安全塞，锅盖与锅口连接处有卡齿，之间垫有密封圈，锅身与盖都有手柄。铝制压力锅有使食物快熟和省时、省燃料的优点。按表面处理分类，铝制压力锅有洗白、抛光、阳极氧化、电洗 4 种；按规格分类，铝制压力锅有 18cm、20cm、22cm、24cm、26cm、28cm、30cm 共 7 种。

5. 铝制电饭锅

铝制电饭锅以电为能源，下部有电热的自动控制装置，里面有可以取出的内锅。按形态结构分类，铝制电饭锅有连体式（又称电饭煲）和分体式两种；按规格分类，铝制电饭锅有 500W、700W、900W、1 100W 等多种。

6. 铝制不粘锅

铝制不粘锅是涂有聚四氟乙烯涂料的铝合金锅，具有食物不粘在锅上且易于清洁的特点。按规格分类，铝制不粘锅有 16cm、18cm、20cm、22cm、24cm、26cm 等多种。

（三）铝制器皿的挑选

优质的铝制器皿应是身正、口圆，表面光滑、亮泽，无斑痕、裂纹、砂眼、麻点，铆接处端正牢固。挑选压力锅时还要检查安全装置和密封装置。

（四）铝制器皿的储存保管

1. 分库存放

铝制器皿严禁与酸碱性物质、食盐及含水量高的商品同库混存。

2. 防潮

存放铝制器皿的库房要干燥、通风，库内相对湿度在75%以下。

3. 防碰、防压

对铝制器皿要轻拿轻放，不能磕碰和挤压。

4. 加强检查

对铝制器皿要加强检查（尤其在雨季），如发现有斑点、自粉化等现象应及时处理。

四、不锈钢制品

随着人们消费观念的更新，不锈钢制品逐渐代替了铝制品，因为不锈钢具有质轻、受热快、耐酸碱、抗腐蚀等特点。

（一）不锈钢的种类

不锈钢主要有铬不锈钢和铬镍不锈钢两种。

铬不锈钢的耐腐蚀性能比不上铬镍不锈钢，只能在干燥的空气中抗腐蚀，能被磁铁吸引。常用的铬不锈钢主要有13－0型、18－0型两种，含铬量分别为13%和18%。

铬镍不锈钢的耐腐蚀性能好，不能被磁铁吸引。常用的铬镍不锈钢有18－8型，含铬量为18%，含镍量为8%。

（二）不锈钢制品的主要品种

日用不锈钢制品的品种主要有厨具、餐具等。厨具主要有双耳锅、复底双耳锅、套锅、炒菜锅、蜗牛锅、无盖煎盘、有盖煎盘、复底有盖煎盘、菜刀、漏勺、饭勺、汤勺、锅铲、水舀等。餐具主要有碗、汤盆、卷边汤盆、深形汤盆、配菜盆、圆盘、方盘、快餐盘、多格快餐盘、饭碟、菜碟、饭盒、刀、叉、冰勺、菜勺、咖啡勺等。

其他品种还有面盆、叫嘴壶、电热叫嘴壶、多用电热杯、保温瓶、盖杯、高脚酒杯、方形烟缸、冰桶、卫生桶、儿童杯等。

（三）不锈钢制品的挑选与使用

购买不锈钢制品时，应挑选表面光亮平滑、各部位之间焊接牢固、配件与主件配备完好无缺的商品。要注意商品上是否印有13－0、18－8等代号。横杠前面的数字表示含铬量，后面的数字表示含镍量，含镍量越高，制品的质量就越好，既含铬又含镍的才是真正的不锈钢制品。如果制品上没有代号，一般是不含镍的不锈钢；也可用磁铁鉴别，如果磁铁能吸引，证明不含镍。

五、金属工艺品

金属工艺品是指利用金属的特性，经过精巧技术加工而制作出的各种金属装饰艺术品。按所用原料的不同，金属工艺品分为铜器、铁器、锡器、金银器、珐琅器等大类。

（一）铁器工艺品

铁器工艺品常见的有铁画，又称铁花，产地为安徽芜湖、北京、河北遵化等。它是以低碳钢为原料，依据画稿，经过加热锻打、焊接、整形、退火、烘漆等工序，然后装框成画。铁画黑白分明、苍劲古朴，酷似水墨国画而且立体感更强，艺术风格独特。

（二）花丝工艺品

花丝工艺品是我国的传统手工艺品，是以金、银为原材料，经过复杂的花丝工艺而制成的金属艺术品，主要用于陈设，又称花丝摆件。

花丝工艺品的产地主要有北京、四川成都等。

1. 北京花丝镶嵌

北京花丝镶嵌历史悠久，早在400年前就已有了精湛的技术水平，尤以堆垒、织编技法见长。北京花丝镶嵌有陈设品和兼具实用制品两大类。

北京花丝镶嵌陈设品有深受国际市场欢迎的古色古香的花丝镶嵌熏炉，有生动仿真或变形夸张的花丝镶嵌马、骆驼、狮、羊、龙、凤等动物造型，有花丝镶嵌故宫角楼、岳阳楼、南京长江大桥等复杂的建筑造型，还有娇艳典雅的花丝镶嵌立体古装仕女造型等。

花丝工艺品的制作工艺

2. 四川成都银丝制品

四川成都银丝制品以无胎成型、结构严谨、纹样清晰、玲珑剔透、富于变化为特色，技法以平填花丝为主。20世纪70年代创作的圆形平填花丝“万象熏球”“牡丹瓶”，其造型优美、线条流畅，是平填花丝工艺品从方形到圆形的重大突破。

（三）铜制工艺品

铜制工艺品是以铜为原料，经手工技术加工制作出来的各种制品，有仿古铜制品和铜制工艺品两大类。仿古铜制品主要是仿古青铜器，如盾、剑、小盔甲、鱼洗、牛、马等。铜制工艺品有铜鹰、铜牛、工艺铜火锅、铜壶、铜壁挂等。铜制工艺品的产地分布较广，北京、上海、山东潍坊、江苏苏州、浙江温州和绍兴、河南洛阳、湖南湘西和长沙、广东郁南、四川成都都江堰市、云南昆明、甘肃兰州和武威等地产的工艺品较有特色。中国铜制工艺品技艺精湛，品种丰富，深受中外人士的喜爱。

本章思考题

一、名词解释

1. 蛋白质
2. 酸度调节剂
3. 挤出成型法
4. 合成洗涤剂
5. 特种服装

二、简答

1. 转基因食品的主要作用是什么?
2. 塑料按原料的不同分为哪几类?
3. 陶瓷制品应该如何保管?
4. 牙膏的主要原料有哪些?
5. 服装按用途可以分为哪几类?

三、案例分析

食品安全形势保持稳中向好　全国进口冷链食品追溯管理平台已初步建成上线

国家市场监督管理总局 2021 年 4 月 21 日举办二季度例行新闻发布会，发布 2020 年食品安全监督抽检情况，全年市场监管部门完成食品安全监督抽检 638 万余批次，总体不合格率为 2.31%，与 2019 年基本持平。

市场监管总局食品抽检司相关负责人说："我国食品安全形势总体保持稳中向好的态势。消费者购物主要渠道之一的网购食品抽检不合格率为 2.30%，与总体不合格率持平。消费者日常消费量大的米面油、肉蛋奶等大宗食品和婴幼儿配方食品、特殊膳食食品、保健食品等 30 类食品抽检不合格率低于总体不合格率。"

同时，抽检数据显示，一些食品安全问题仍需持续治理。一是微生物污染、农药兽药残留超标等问题仍较突出。二是个别食品类别的抽检不合格率较高。2020 年，市场监管部门加大对小餐饮、小吃店等抽检力度，餐饮食品抽检不合格率为 5.99%，主要不合格项目为微生物污染，呈现餐饮单位规模越小、抽检不合格率越高的趋势；蔬菜制品抽检不合格率为 3.45%，主要是超范围超限量使用食品添加剂问题。

针对监督抽检发现的不合格产品，各地市场监管部门均已及时采取了封存、下架、召回等措施控制风险。2020 年，下架、封存、召回不合格食品 3 596 吨，罚没金额 10.93 亿元。

在严防疫情期间食品安全风险方面，市场监管总局新闻宣传司相关负责人介绍，市场监管总局加强进口冷链食品安全监管，督促食品生产经营者认真落实进口冷链食品“三专、三证、四不”要求；及时开展涉疫食品排查管控，全年各地共排查涉疫食品 13 896 吨，涉疫食品基本得到有效管控。已经初步建成上线全国进口冷链食品追溯管理平台，推动 31 个省份实现与全国平台的数据对接。

在打击农村假冒伪劣食品方面，市场监管总局会同公安部、农业农村部、商务部、中华全国供销合作总社、知识产权局启动为期 3 年的农村假冒伪劣食品专项整治，从 2020 年 10 月底开始开展农村假冒伪劣食品专项执法行动。截至 2021 年 3 月 15 日，各地查处农村假冒伪劣食品案件 47 664 件，罚没款 3.5 亿元，查扣违法产品 2 016 吨，移送公安机关 808 件。

资料来源：http：//www.chinawuliu.com.cn/zixun/202104/22/546860.shtml.

思考：

1. 目前存在的主要食品安全问题有哪些?
2. 国家在严防疫情期间食品安全风险方面采取了哪些措施？你认为还可以怎么做?

第八章

液体普通货物

◆ **知识目标**

1. 熟悉酒的化学成分和酿制原理，掌握白酒的香型和质量评价，掌握啤酒的分类和质量评价，掌握葡萄酒的分类和质量评价。

2. 了解饮料的主要成分，掌握饮料包装的材料和基本要求，熟悉常见饮料的成分和质量要求。

3. 了解石油及其产品的特点、用途和分类，了解主要食用植物油的基本性质。

◆ **思政目标**

1. 通过对各种常见的液体普通货物的介绍，增强学生的专业知识和技能。

2. 通过对代表性液体普通货物的质量要求、检验鉴别方法的介绍，增强学生开拓创新的职业品格和行为习惯。

第一节 酒　类

考古学的证据表明，远在石器时代就有了盛酒的容器。根据酒生成的物质条件和有关记载，我们的祖先早在原始社会时期就懂得如何用野果、蜂蜜和谷物制取酒精饮料了。酒精生成的物质条件是天然具备的，以至于能进行简单模仿性劳动的猿猴也能“造酒”。

我国的制酒历史源远流长，酒的品种繁多，名酒荟萃，享誉中外。黄酒是世界上最古老的酒类之一，约在 3000 年前的商周时代，中国人就独创了酒曲复式发酵法，开始大量酿制黄酒，后来又发明了蒸馏法，白酒遂成为中国人饮用的主要酒类。

我国传统的酒精饮料是黄酒、米酒和白酒。葡萄酒是汉朝张骞由西域引进的。啤酒、白兰地、威士忌、伏特加等是18世纪后相继由西方传入我国的。

随着生产力的发展和人们生活水平的提高，国内市场的酒类消费也发生了根本性的转变，即“普通酒向优质酒转变，高度酒向低度酒转变，蒸馏酒向酿造酒转变，粮食酒向水果酒转变”。

一、酒的化学成分及酿制原理

（一）酒的化学成分

1. 酒精

酒精，学名乙醇，为无色透明液体，有特殊的辛辣气味，具有较强的渗透力和刺激性，易挥发和燃烧，有杀菌能力，可按任何比例与水混合。酒中酒精的含量随酒的品种的不同而不同：白酒均在35%以上，黄酒为11%～28%，葡萄酒通常为16%～18%，啤酒通常在3.5%以下。各种酒的度数，一般是指酒中酒精所占的体积百分比，但啤酒例外，它的度数是指麦汁浓度的重量百分比。

2. 有机酸

有机酸包括天然有机酸和合成有机酸。天然有机酸主要是从自然界中的植物或农副产品中提取分离得到具有一定生理活性的有机酸，而合成有机酸则是通过化学合成法、酶催化法和微生物发酵法获得的有机酸。天然有机酸在中草药和水果的叶、根、果实中广泛分布，如乌梅、五味子、覆盆子等，在青梅中分别以柠檬酸、苹果酸、酒石酸、奎宁酸居多。常见的合成有机酸的方法有以黑曲霉发酵法生产柠檬酸，利用固定化细胞技术生产苹果酸等。

有机酸在100mL酒中的含量一般为0.13g，虽然含量不大但种类较多，通常有醋酸、乳酸和琥珀酸等，是酒中重要的呈味物质，并与酒中其他芳香物质共同组成酒的特有芳香。

3. 酯类

酯类是一种芳香成分，在发酵、蒸馏或储存过程中生成。不同的酯构成了风味不同的酒，并因此有了浓香、酱香、清香、米香等类别。优质白酒中的酯有30多种，通常只要不是人为加入的，则酒类中酯类的含量越高，口味就越好。度数高的酒中可以容纳较多的酯类，所以高度酒的口感香气比低度酒要浓。

4. 醛类

白酒中的醛类主要为甲醛、乙醛、糠醛、丁醛、戊醛、乙缩醛等。这些醛类都是白酒酿造过程中的产物。白酒中含少量乙醛，是有益的香气成分。一般每100mL白酒中乙醛含量都超过20mg，在优质白酒中可达到100mg以上。乙醛和乙醇可缩合成乙缩醛，有清香味，可增强口感。

醛类物质的产生，主要是因为酿酒过程中操作控制不当而产生的。微量的醛能增加酒的清香，使酒的口味更好，但它具有较强的刺激性和辛辣味，对人体不利。

5. 高级醇

高级醇是指碳链比乙醇长的一元醇，是多种醇的混合物，具有刺激性和麻醉性。在蒸馏酒的生产过程中，由蛋白质、氨基酸和糖类分解而成的高级醇类（统称为杂醇油）的成分极为复杂，比例各不相同，其中以异戊醇、正丙醇、异丁醇的含量最高。各种醇类均有一定的毒性，并随分子量增大而加剧。

适量的高级醇能增加酒的清香味，优质酒中的高级醇有十几种，但含量过大则使人饮后头晕、呕吐。国家标准规定，100mL 酒中高级醇的含量不得超过 0.2g。

6. 甲醇

我国对蒸馏酒及配制酒的安全标准规定，甲醇含量以谷类为原料者不得超过 0.04g/100mL，以薯干和代用品为原料者不得超过 0.12g/100mL。白酒中的甲醇含量超过国家安全标准的，不能上市销售。

甲醇对人体，特别是神经系统和血管的毒害作用较大，中毒者会出现头痛、恶心、呕吐以及视线模糊等症状，严重者会失明乃至丧命。

7. 浸出物

酒浸出物即酒中的非挥发性物质除去酒精、SO_2、CO_2及低挥发性物质外的所有可溶性物质，也就是发酵原酒加热到 100℃后不挥发的物质，如糖分、氨基酸、甘油、矿物质等，它关系到酒的营养和口味。

（二）酒的酿造原理

酒的酿造是极其复杂的生理生化过程，随着科学技术的不断发展，酿酒工艺日趋成熟和完善。每种酒都有自己的酿造方法，但各种方法之间存在一些普遍的规律，这就是酿酒工艺的基本原理。

酿酒所用的原料都离不开糖类，它既包括结构复杂的淀粉，也包括结构简单的葡萄糖。但所用糖类无论多么复杂，都要经过处理变成单糖，然后由单糖制得酒精。

大多数酒是以淀粉类物质为原料的，酒的酿造需要经过以下两个主要过程：

（1）淀粉的糖化过程。淀粉在淀粉酶催化剂的作用下水解。淀粉酶是来源于糖化剂的微生物，糖化剂就是通常所说的酒曲。

（2）酒精发酵过程。单糖在酒化酶的作用下转化为酒精。酒化酶是由酵母菌分泌出来的。对于大多数酒的酿造来说，酵母菌也是酒曲带入的。

实际上，在发酵条件下，还会产生甘油、高级醇、有机酸、醛类、酯类等，从而使酒呈现不同的风味。

二、酒的分类

市场上的酒名目繁多、各式各样，划分酒的类别，是我们认识酒的基础。

按生产工艺划分，酒可分为蒸馏酒、发酵酒、配制酒三类。蒸馏酒是以粮食、谷物、薯类、糖蜜等为主要原料，经发酵、蒸馏、陈酿、勾兑而制成，大多为高度酒。蒸馏酒典型的代表品种有威士忌、白兰地、伏特加、朗姆酒和我国的白酒等。发酵酒又称酿造酒，是借着酵母作用，把含淀粉和糖质原料的物质进行发酵，产生酒精成分而形成酒，属于低度酒。其生产过程包括糖化、发酵、过滤、杀菌等。根据原料和具体工艺的不同，发酵酒可分为果酒、啤酒和黄酒。配制酒又称再制酒。它用蒸馏酒和酿造酒为酒基，加入水、糖、香精、食用色素、药材等配制而成。加药材的酒称为药酒，如竹叶青。用花果等芳香原料配制的酒一般称为露酒，如青梅酒、玫瑰酒等。

按酒精含量分类，酒精含量在40%以上的酒称为高度酒，包括我国的白酒（烧酒）和用蒸馏工艺生产的洋酒（如白兰地）；酒精含量在20%～40%的称为中度酒，如药酒和露酒；酒精含量在20%以下的为低度酒，如啤酒、黄酒和果酒。

按照我国的习惯，一般把酒划分为白酒、啤酒、葡萄酒、黄酒等。下面我们按照这种习惯分类法对各种酒进行简要介绍。

（一）白酒

白酒俗称“烧酒”“老白干”等，属于蒸馏酒的一种。白酒酒精含量较高，酒味浓郁香醇。我国的白酒与国外的生产工艺不同，它采用“固态发酵、固态蒸馏”“边糖化、边发酵”的生产工艺生产而得。

1. 白酒的生产原料

白酒的生产原料主要有高粱、玉米、大米、大麦，辅料有稻壳、谷壳、花生壳和玉米芯以及酒曲、酒母、水等。

2. 白酒的分类

（1）按所用酒曲和主要工艺分类。

按酒曲和主要工艺，白酒可分为大曲酒、小曲酒、麸曲酒、混曲法白酒、其他糖化剂法白酒，其中名优酒大多以大曲酒为主。

1）大曲酒。大曲酒以大曲为糖化发酵剂，大曲的原料主要是小麦、大麦，加上一定数量的豌豆。大曲又分为中温曲、高温曲和超高温曲。一般是固态发酵，大曲酒所酿的酒质量较好，多数名优酒均以大曲酿成。

2）小曲酒。小曲是以稻米为原料制成的，多采用半固态发酵，南方的白酒多是小曲酒。

3）麸曲酒。麸曲酒分别以纯培养的曲霉菌及纯培养的酒母作为糖化、发酵剂，发酵时间较短，由于生产成本较低，为多数酒厂为采用，此种类型的酒产量最大，以大众为消费对象。

4）混曲法白酒。这主要是指大曲和小曲混用所酿成的酒。

5）其他糖化剂法白酒。这是以糖化酶为糖化剂，加酿酒活性干酵母（或生香酵母）发酵酿制而成的白酒。

（2）按固液结合方法分类。

1）半固、半液发酵法白酒。这类白酒是以大米为原料，小曲为糖化发酵剂，先在固态条件下糖化，再在半固态、半液态下发酵，然后蒸馏制成的白酒，其典型代表是桂林三花酒。

2）串香白酒。这类白酒用串香工艺制成，其代表有四川沱牌酒等。

3）勾兑白酒。这类白酒是将固态发酵法白酒（不少于10%）与液态发酵法白酒或食用酒精按适当比例进行勾兑而成的白酒。

4）液态发酵法白酒。它又称“一步法”白酒，酒质一般较淡。

5）固态发酵法白酒。它主要根据生产用曲的不同及原料、操作方法、产品风味的不同，分为大曲酒、麸曲白酒和小曲酒三种类型。

（3）按酒的香型分类。

白酒香型包括酱香、浓香、清香、米香、其他香型五类。

1）酱香型白酒。酱香柔润，以茅台酒为代表。

2）浓香型白酒。浓香甘爽，以五粮液、洋河大曲、泸州老窖等酒为代表。

3）清香型白酒。清香纯正，以汾酒为代表。

4）米香型白酒。米香纯正，以桂林三花酒为代表。

5）其他香型白酒。这类酒的主要代表有西凤酒、董酒、白沙液等，香型各有特点。

3. 白酒的质量评价

目前国内白酒行业的质量评价一般为两级评价，即感官评定与气相色谱分析。感官评定主要着重于酒的色泽、气味、口味口感、风格的测定与评价。

（1）色泽。

将酒杯拿起，以白色评酒桌或白纸为背景，采用正视、俯视及仰视方式，观察酒样有无色泽及色泽深浅。然后轻轻摇动，观察酒液澄清度、有无悬浮物和沉淀物。

白酒应是无色透明，无悬浮物和沉淀物的液体。将白酒注入杯中，杯壁上不得出现环状不溶物。将酒瓶倒置，在光线中观察酒体，不得有悬浮物、浑浊和沉淀。冬季白酒中有沉淀可用水浴加热到30℃～40℃，如沉淀消失为正常。

（2）气味。

将酒杯举起，置酒杯于鼻下10～20mm处微斜30°，头略低，采用匀速舒缓的吸气方式嗅闻其静止香气，嗅闻时只能对酒吸气，不要呼气。再轻轻摇动酒杯，然后嗅闻。特殊情况下，将酒液倒空，放置一段时间后嗅闻空杯留香。

白酒不应该有异味，诸如焦煳味、腐臭味、泥土味、糖味、酒糟味等均不应存在。白酒按确定的香型标准分为清香（汾香）、米香、浓香（泸香）、酱香（茅香）、其他香。具有两种或两种以上香型的称为“其他香”。在评定气味时，根据白酒各自的香型特点，又分为溢香、喷香、留香。溢香是指酒的芳香或芳香成分溢散在杯口附近的空气中，用嗅觉即可直接辨别香气的浓度及特点；喷香是指酒液饮入口中，香气充满口腔；留香是指酒已咽下，而口中仍持续留有酒香气。一般的白酒都具有一定的溢香，而很少有喷香或留香。名酒中的五粮液就是以喷香著称的，茅台酒则以留香而闻名。

（3）口味口感。

每次入口酒量应保持一致，一般保持在0.5～2.0mL，可根据酒精度和个人习惯调整。品尝时，使舌尖、舌边首先接触酒液，并通过舌的搅动，使酒液平铺于舌面和舌根部，以及充分接触口腔内壁，酒液在口腔内停留时间以3～5s为宜，仔细感受酒质并记下各阶段口味及口感特征。最后可将酒液咽下或吐出，缓慢张口吸气，使酒气随呼吸从鼻腔呼出，判断酒的后味（余味、回味）。通常每杯酒品尝2～3次，品评完一杯，可清水漱口，稍微休息片刻，再品评另一杯。

白酒口感应有浓厚、淡薄、绵软、辛辣、纯净和邪味之别，酒咽下后，又有回甜、苦辣之分。白酒口感评价以醇厚无异味、无强烈刺激性为上品。品评白酒时，饮入口中的白酒，应于舌头及喉部细细品尝，以识别酒味的醇厚程度和口感的优劣。

（4）风格。

综合香气、口味、口感等特征感受，结合各香型白酒风格特点，做出总结性评价，判断其是否具备典型风格或独特风格（个性）。

4. 白酒的储存保管

（1）白酒的酒精含量高，而酒精又是一种易挥发、易燃的物质，故存放白酒的仓库内外严禁烟火，库内应安装防爆电灯，仓库备有消防器材。

（2）瓶装白酒的保管应选择比较干燥、清洁和通风较好的仓库，库内的温度不宜过高，相对湿度不应超过80%。

（3）要按不同品种分别堆码，酒箱要安放平稳，以防倾斜倒塌，垛高以5～6层为宜。

（二）啤酒

1. 啤酒的原料

（1）水。

啤酒中水占90%左右，酿造用水的质量好坏，直接影响着啤酒的质量与风味。啤酒酿造用水是指糖化用水和洗涤麦槽用水，这两部分水直接参与工艺反应，它是啤酒的主要成分，在麦汁制备以及发酵过程中，许多物理变化、酶反应、生物化学和生物学的变化都与水质直接有关，所以酿造用水是决定啤酒质量的重要因素之一。因此，选择酿造用水是很重要的工作。

（2）麦芽。

大麦芽是酿造啤酒的主要原料，麦芽的成分和质量直接影响啤酒的风味和质量，故麦芽被称为“啤酒的骨架”。如今啤酒种类日趋多样化，许多产品以其特有的泡沫、色度、香味、口味以及丰满性在市场上占有特殊地位。这意味着要生产不同的啤酒，就应添加一些特别的麦芽，以突出该产品的典型特征，这些麦芽被称为特种麦芽。特种麦芽能赋予啤酒特殊的性质，影响啤酒的生产过程、色香味及其稳定性，一般分为小麦芽、焦香麦芽和黑麦芽等。小麦芽一般色度不高，酶活力较强，主要用来调节麦汁的性质，一般只掺用5%～10%，以提高啤酒的醇厚性和泡沫性能。焦香麦芽酶活力很微弱或没有，并有浅色和深色之分，色度在40～140EBC，多用于制造中等浓色啤酒，能增进啤酒的醇厚性，给予一种焦糖和麦芽香味，并有利于改善啤酒的酒体、泡沫性和非生物稳定性。焦香麦芽的使用量一般为啤酒原料的3%～15%。黑麦芽多用于酿造深、浓色啤酒和黑啤酒，以增加啤酒色度和焦苦味，使用量一般为啤酒原料的5%～15%。

（3）酒花。

酒花学名蛇麻，又称啤酒花。添加酒花的好处：赋予啤酒爽口的苦味和愉快的香味；增加啤酒的泡持性；增加麦汁和啤酒的防腐能力；酒花与麦汁共同煮沸，能促进蛋白质凝固，有利于麦汁的澄清，有利于啤酒的非生物稳定性。

（4）啤酒酵母。

酵母是用以进行啤酒发酵的微生物。酵母的种类和质量会影响酵母的发酵和成品啤酒的质量。酵母营养丰富，蛋白质含量达50%，酵母多糖达25%～30%，还含有丰富的维生素和矿物质。啤酒酵母不仅含有丰富的营养，能提高人体免疫力，还具有增香、增鲜、调味的功效。

2. 啤酒的分类

（1）根据麦芽汁浓度分类。

1）高浓度啤酒。原麦汁浓度为14°～20°，酒精含量为4.9%～5.6%。如浓色啤酒或黑啤酒。

2）中浓度啤酒。原麦汁浓度为11°～12°，酒精含量为3.1%～3.8%，我国大多数啤酒属于此种。

3）低浓度啤酒。原麦汁浓度为7°～8°，酒精含量为2%左右。

（2）根据啤酒的色泽分类。

1）浅色啤酒。色度在0.4mL碘液以下。酒液淡黄，口味清爽，酒花香气突出，酒液透亮，属于淡爽型。

2）金黄色啤酒。色度在0.4～0.7mL碘液。酒液金黄，口味清爽醇和，酒花香味突出。

3）棕黄色啤酒。色度在0.7mL碘液以上。酒液褐黄、棕黄，香气有焦味，口味稍苦、醇爽。

4）浓色啤酒。色液在1～3.5mL碘液。酒色呈棕红，麦芽香气突出，口味醇厚。

5）黑色啤酒。色度在5～15mL碘液，酒色呈红褐色或黑褐色，麦芽香味突出，口味醇厚，泡沫细腻。

（3）按工艺中是否杀菌分类。

1）鲜啤酒。鲜啤酒又称生啤酒。在生产中未经杀菌，多用于桶装。

2）熟啤酒。装瓶后经过巴氏杀菌，多用于瓶装和罐装。

3. 啤酒的质量评价

啤酒的质量评价可分为感官检验和理化检验，这里着重讲感官检验，包括外观、香气和口味。

（1）外观。

啤酒外观包括色泽、透明度和泡沫。

1）透明度。酒液应澄清透明，无杂质，无沉淀，不含明显的悬浮粒。

2）气味。应有明显的酒花香味，气味纯正，无其他异味。浅色啤酒要求酒花香气突出，深色啤酒要求麦芽香气突出。

3）泡沫。啤酒注入杯中，有泡沫升起，泡沫洁白细腻，持久挂杯。

（2）香气。

有明显酒花香气，没有生酒花味和老化气味及其他异味。优良的啤酒应口味纯正、柔和，并具有特殊的芳香，使人饮后有清爽舒适的感觉。质量较次的啤酒，麦芽清香和酒花香气不明显。质次的，往往不但无麦芽和酒花香气，甚至会有生酒气味、老化气味以及其他不正常的异味。

（3）口味。

好的啤酒口味纯正、爽口、醇厚。啤酒应具有来自酒液中的二氧化碳气味和来自酒花的爽口苦味及独特风味。质优的啤酒，喝到嘴里有非常爽口的感觉，没有异味、涩味等。

（三）葡萄酒

1. 葡萄酒的原料

我国国家标准《饮料酒术语和分类》（GB/T 17204—2021）对葡萄酒进行了定义：葡萄酒是指以葡萄或葡萄汁为原料，经全部或部分酒精发酵酿制而成的，含有一定酒精度的发酵酒。

2. 葡萄酒的分类

常见的葡萄酒可以从色泽、含糖量、酿造方式和二氧化碳的压力四个方面进行分类。

（1）按色泽分类。

按照色泽，葡萄酒可分为白葡萄酒和红葡萄酒。白葡萄酒的原料是白葡萄或红皮白肉葡萄，酒的颜色呈浅黄色或金黄色。红葡萄酒的原料是红果皮带色的葡萄，酒的颜色呈深红、鲜红、紫红或者宝石红。

（2）按含糖量分类。

按照酒中含有的糖量，葡萄酒可分为干葡萄酒（含粮量＜0.4g/100mL）、甜葡萄酒（含糖量＞5g/100mL）、半甜葡萄酒（含粮量为 1.2～5.0g/100mL）、半干葡萄酒（含糖量为 0.4～1.29/100mL）。

（3）按酿造方式分类。

根据不同的酿造方式，葡萄酒可分为天然葡萄酒、半汁葡萄酒、调味加强葡萄酒。常见的调味加强葡萄酒包括味美思、桂花陈酿、人参葡萄酒。

（4）按二氧化碳的压力分类。

根据二氧化碳的压力，葡萄酒可分为无汽葡萄酒、葡萄汽酒和起泡葡萄酒，香槟酒属于起泡葡萄酒。

3. 葡萄酒的质量评价

葡萄酒的可以从外观、香气、滋味、典型性四个方面进行质量评价。

（1）外观。

在适宜光线（非直射阳光）下，以手持杯底或用手握住玻璃杯柱，举杯齐眉，用眼睛观察杯中酒的色泽、透明度与澄清程度，看有无沉淀及悬浮物；起泡和加气起泡葡萄酒要观察起泡情况，做好详细记录。

1）看深浅度。年轻红葡萄酒的颜色一般较深，而随着陈年，其颜色会变得越来越浅，从紫色变成红棕色再到棕色。白葡萄酒恰好相反，年轻时为淡黄色，成熟时为金黄色，衰老时则变为琥珀色。

2）看清澈度。观察酒液是否澄清。“新世界”① 葡萄酒一般在装瓶前会经过过滤，因此酒液更加清澈；而“旧世界”葡萄酒普遍比较浑浊。

3）看挂杯。观察附着于酒杯内壁的酒泪的密集度及流动速度。如果一款酒挂杯较多，且酒脚向下流动速度缓慢，则说明此款酒酒体丰满。

4）看气泡。对于起泡酒的品鉴，需要观察酒中气泡是否细腻、丰富。气泡越细

---

① 在葡萄酒行业，“新世界”是指只有数百年甚至数十年葡萄酒酿造历史的国家，“旧世界”是指有悠久的葡萄酒酿造历史的国家。

小、越丰富，说明该款起泡酒的品质越好。

（2）香气。

先在静止状态下多次用鼻嗅香，然后将酒杯捧握于手掌之中，使酒微微加温，并摇动酒杯，使杯中酒样分布于杯壁上。慢慢地将酒杯置于鼻孔下方，嗅闻其挥发的香气，分辨果香、酒香或有否其他异香，写出评语。

葡萄酒中应该具备葡萄本身特有的果香和浓郁的酒香。果香是各种类型葡萄酒形成独特风味的重要因素，酒香则是在制作过程中产生的气味。酒香越浓郁，酒的品质越好。

1）闻缺陷。葡萄酒常伴有缺陷气味，如湿纸板味或氧化味等。湿纸板味是由葡萄酒的软木塞被污染产生的；一款充满氧化气味的葡萄酒，其颜色淡，香气和口感都欠佳。

2）闻香气。红葡萄酒的基本香气包括黑色或红色水果味以及甘草味等，白葡萄酒的基本香气包括青草味、花香及柑橘风味等。

（3）滋味。

喝少量样品，尽量使酒均匀分布于味觉区，仔细品尝，有了明确印象后咽下，再体会口感后味，记录口感特征。

滋味是决定葡萄酒质量的重要指标。优质葡萄酒酒味香甜爽口、醇厚、软润，不会过酸、过苦、过涩。干型酒滋味应爽口、舒适、洁净，滋味丰满和谐，不会有突出的酒精气味。甜型酒应醇厚爽口，酸、甜、涩味和谐，醇而不烈，甜而不腻。

（4）典型性。

根据外观、香气、滋味的特点综合分析，评定葡萄酒的类型、风格及典型性的强弱程度，写出结论性意见（或评分）。

（四）黄酒

1. 黄酒的原料

黄酒是以稻米、黍米、黑米、玉米、小麦等为原料，经过蒸煮，拌以麦曲、米曲或酒药，进行糖化和发酵酿制而成。

2. 黄酒的分类

黄酒的分类方式有很多，常见的主要有以下几类。

（1）按原料和酒曲分类。

1）糯米黄酒。它以酒药和麦曲为糖化、发酵剂，主要产于南方地区，主要品种有绍兴酒，包括元红酒、加饭（花雕）酒、善酿酒、香雪酒等。

2）黍米黄酒。它以米曲霉制成的麸曲为糖化、发酵剂，主要产于北方地区，最有名的当属山东即墨老酒。

3）大米黄酒。它是一种改良的黄酒，以米曲加酵母为糖化、发酵剂，主要产于吉林及山东。

4）红曲黄酒。它是以红曲代替麦曲酿制的一种黄酒，主要产于福建和浙江两地。

（2）按生产方法分类。

根据酿制工艺的不同，黄酒可分为传统工艺黄酒和新工艺机械黄酒两种。

1）传统工艺黄酒。又称为老工艺黄酒。其主要特点是，以传统小曲、麦曲或红曲以及淋饭酒母为糖化发酵剂，发酵周期长达数月。随着时间的推移和科技的进步，传统工艺中也不同程度采用了一些新设备和新工艺，如使用蒸饭机、压榨机及纯净糖化发酵剂等。根据米饭冷却方式及投料方式的不同，传统工艺黄酒又可分为淋饭酒、摊饭酒和喂饭酒三类。

2）新工艺黄酒。由传统黄酒发展而来，其工艺技术改进，产品也具有相应风格。新工艺黄酒基本上采用机械化操作。糖化发酵剂采用自然曲和纯种曲、酶制剂同时使用，纯种酒母和活性干酵母相互结合的酿制方式。

（3）按含糖量分类。

黄酒可分为干黄酒、半干黄酒、半甜黄酒、甜黄酒，这与葡萄酒的分类方法类似，是以糖度作为划分依据的。

1）干型黄酒：所谓“干”，是指含糖量少，糖分发酵成了酒精，所以酒中的糖分含量最低。干型黄酒的总糖含量低于或等于15.0g/L，其代表是绍兴的“元红酒”。

2）半干型黄酒：是酒中的糖分未完全发酵成为酒精，还保留了一些糖分，总糖含量在15.0g/L～40.0g/L。在发酵过程中要求很高，此类酒是黄酒中的上品，出口最多。常见的加饭酒就是半干黄酒，我国大多数高档黄酒都属此种类型。

3）半甜型黄酒：工艺比较独特，采用成品黄酒代替水酿制，糖分在发酵过程中受到酒精的抑制不能转化为酒精，保留了糖分，所以含糖量较高，总糖含量在40.1g/L～100g/L。这种酒酒度适中，味甘甜醇厚，盈江黄酒八年陈、即墨老酒、封缸酒、地瓜酒等都属于半甜黄酒。

4）甜型黄酒：一般采用淋饭操作法，拌入药酒先酿成甜酒，再加入白酒或糟烧酒抑制糖的发酵而成。其酒精度比较高，糖分也比较高，总糖含量高于100g/L，紫米老雕1988是甜黄酒的代表。

（4）按酒的颜色分类。

按酒的颜色的不同，黄酒可分为元红酒（琥珀色）、竹叶青（浅绿色）、黑酒（暗黑色）、红酒（红黄色）。

（5）按产品风格分类。

按产品风格的不同，黄酒可分为传统型黄酒、清爽型黄酒和特型黄酒三类。

传统型黄酒和清爽型黄酒酿造工艺略有不同，清爽型黄酒口味更清爽，更适合当代消费者的口味，因此目前在市场上所占比例较高。特型黄酒是指添加了特殊风味但不改变黄酒风格的黄酒。这种酒市场上常见的是一些营养型黄酒，如在黄酒中加入枸杞、蜂蜜、灵芝等，使得黄酒的营养价值更高。

3. 黄酒的质量评价

黄酒的质量评价可从色泽、香气、口味三方面着手。

（1）色泽。

黄酒应呈黄褐色或红褐色，清亮透明，光泽明亮，允许有少量沉淀。倒一滴在手上涂开，像蜂蜜的感觉，有点黏表明品质较好，像水一样滑滑的不黏手就是勾兑过的黄酒。

（2）香气。

好的黄酒应具有本品种特有的浓郁香气，无异味。黄酒以香味馥郁者为佳，即具有黄酒特有的醇香。

（3）口味。

黄酒味道应醇厚而稍甜，酒味柔和无刺激性，不得有辛辣酸涩等异味。好的黄酒应甜、酸、鲜、苦、辣五味协调，有醇厚感。

第二节 普通饮料

一、饮料的主要成分

（一）饮料用水

在饮料中，饮料用水的含量一般在85%以上。水无色无味，但其中含有各种杂质，这必然会影响到饮料的品质，因此必须对水进行严格选择。

1. 饮料用水的分类及特点

饮料用水大致可分为自来水、地下水和地面水。

自来水一般已在水厂进行了一定的处理，水中的杂质及细菌指标已符合饮用水标准，因此若采用此种水资源可简化饮料厂的水处理流程。

地下水通常指井水、泉水、地下河水，其中含有较多的矿物质，如铁、锰，硬度、碱度都比较高，若这些物质超过一定范围，就会影响饮料的品质和风味。

地面水来自江、河、湖泊，其中含有各种有机杂质、无机物等，污染严重，必须经过严格的水处理方能饮用。

2. 饮料用水中的杂质

饮料用水中的杂质按微粒大小分为以下三大类：

（1）悬浮物质。即粒度大于 0.2μm 的杂质，主要包括泥沙、虫类、藻类、细菌、原生动物、病毒以及其他不溶物质等。有害的微生物不仅会影响饮品风味，还会导致饮品变质。

（2）胶体物质。微粒大小为 0.001～0.2μm。它多是黏土性无机胶体，易造成水质混浊。高分子有机胶体是分子量很大的物质，一般是动植物经过腐蚀分解形成的腐殖质等，是造成水质带色的主要原因。

（3）溶解物质。溶解物质是在水中形成真溶液的低分子及离子，主要包括溶解在水里的盐类（基本以阳离子和阴离子形式存在，如 Mg^{2+}、Fe^{2+} 等）和溶解气体（如 O_2、H_2S 等）。

3. 饮料用水的水质要求

水质的标准主要反映在硬度、碱度、浊度、色度以及化学指标、毒理学指标、微生物指标等几个方面。

硬度又分为暂时硬度和永久硬度，暂时硬度是指碳酸氢钙和碳酸氢镁这些盐类，它们在煮沸过程中会转化为碳酸盐沉淀；永久硬度是指水中含有钙、镁的其他盐类，如硫酸盐或氯盐。硬度是对水中钙、镁总量的测定，单位为毫克/升。

水的碱度取决于水中能与 H^+ 结合的 OH^-、CO_3^{2-} 和 HCO_3^- 的含量，其中 OH^-、CO_3^{2-} 和 HCO_3^- 的总含量为水的总碱度。

通常用浊度和色度来定量表示水中的各种悬浮物胶体。浊度测定常把 1 升水中含有 1 毫克高岭土（或硅藻土）表示为 1 个标准浊度单位。

饮料用水应符合国家标准《生活饮用水卫生标准》（GB 5749—2022）和根据饮料工艺用水的特殊要求而强调的各种指标的要求。

（二）饮料常用的食品添加剂

1. 甜味剂

甜味剂是饮料生产中的基本原料，可分为天然甜味剂和人工合成甜味剂两大类。其作用是使制品形成合适的甜酸比，并具有一定的营养功能。为保证质量，饮料中所使用的糖的纯度要求大于 99.5%，其晶粒应松散均匀，无杂质、气味。

2. 酸味剂

常用的酸味剂有柠檬酸、苹果酸、酒石酸及磷酸、抗坏血酸、乳酸、醋酸等。pH 值为 2.5～4 的碳酸饮料酸度最佳。柠檬酸和苹果酸性质相似，极易溶于水，有相似的特殊香味，酸味柔和适中，1%溶液的 pH 值为 2.3。

3. 防腐剂

细菌、真菌和酵母菌之类的微生物是导致饮料腐败变质的主要因素，因此需要在饮料中加入适量的防腐剂来抑制微生物的生长繁殖，从而延长保存时间。饮料中常用的防腐剂为苯甲酸类、山梨酸类和对羟基苯甲酸酯类。

4. 食用色素

食用色素分为天然色素和人工色素两大类。天然色素主要指从动、植物组织以及微生物培养物中提取的色素，其中大多数为植物色素。天然色素往往带有不同程度的气味和滋味，较易变色，价格也较高，所以其应用受到一定限制。人工色素色彩鲜艳、不易变色、着色力强、性质稳定、使用方便、价格低廉，是我国饮料工业中使用的主要色素原料，但其安全性较差。

5. 香精香料

饮料的香是重要的感官指标。香精是由香料配制而成的。添加香精可以起到稳定、补充、矫正、增加、替代或赋予香味的作用。

6. 二氧化碳

二氧化碳用于饮料的碳酸化，它可以使溶解在饮料中的成分（如糖和矿物盐等）的渗透性能大大提高，有助于胃的吸收，并有迅速解渴的作用。二氧化碳的另一个作用是带来清凉感。

二、饮料的包装材料及对包装容器的基本要求

（一）饮料的包装材料

饮料的包装材料主要有金属、塑料、纸板、玻璃四大类。

1. 金属容器

用于饮料包装的金属容器有三片罐和两片罐。三片罐由罐身、罐盖和罐底组成，材料为马口铁。两片罐由罐身和罐盖组成，材料为铝合金薄板，罐盖上有易拉口，俗称易拉罐。

2. 塑料容器

塑料是饮料包装中发展迅速的一种包装材料。塑料容器的品种繁多，有坚硬的、柔软的和层压的等不同类别。塑料容器强度高、隔绝性好、重量轻、外形美观、成本低，适合大量生产。

3. 纸板盒

作为饮料包装容器的纸板盒有两种，一种是盒中袋，另一种是复合板盒，均为无菌灌装。

4. 玻璃瓶

目前我国饮料加工中使用最多的容器是玻璃瓶，尤其是碳酸饮料，除少数使用易拉罐包装外，其余都以玻璃瓶作为容器。

（二）饮料包装容器的基本要求

饮料包装容器须符合以下基本要求：

(1) 对人体安全无毒。

(2) 具有可靠的机械强度和延展性。

(3) 具有防水、防湿、遮光、防紫外线等良好的隔绝性能。

(4) 对饮料的成分不起化学反应。

(5) 制造方便，便于密封，适合大量生产，成本低。

(6) 外形美观，适于商标印刷，受消费者欢迎。

(7) 易开封，携带方便，用后处理方便。

(8) 运输保管方便。

三、几种常见饮料

（一）包装饮用水

包装饮用水是指以直接来源于地表、地下或公共供水系统的水为水源，经加工制成的密封于容器中可直接饮用的水。

1. 饮用天然矿泉水

饮用天然矿泉水是从地下深处自然涌出的或经钻井采集的，含有一定量的矿物质、微量元素或其他成分，在一定区域未受污染并采取预防措施避免污染的水。在通常情况下，其化学成分、流量、水温等动态指标在天然周期波动范围内相对稳定。

2. 饮用纯净水

饮用纯净水以直接来源于地表、地下或公共供水系统的水为水源，经适当的水净化加工方法制成的制品。

（二）果蔬汁类及其饮料

果蔬汁类及其饮料是指以水果和（或）蔬菜（包括可食的根、茎、叶、花、果实）等为原料，经加工或发酵制成的液体饮料。

1. 果蔬汁（浆）

果蔬汁（浆）是指以水果或蔬菜为原料，采用物理方法（机械方法、水浸提等）制成的可发酵但未发酵的汁液、浆液制品；或在浓缩果蔬汁（浆）中加入其加工过程中除去的等量水分复原制成的汁液、浆液制品，如原榨果汁（非复原果汁）、果汁（复原果汁）、蔬菜汁、果浆/蔬菜浆、复合果蔬汁（浆）等。

2. 浓缩果蔬汁（浆）

浓缩果蔬汁（浆）是指以水果或蔬菜为原料，从采用物理方法榨取的果汁（浆）

或蔬菜汁（浆）中除去一定量的水分制成的，加入其加工过程中除去的等量水分复原后具有果汁（浆）或蔬菜汁（浆）应有特征的制品。含有不少于两种浓缩果汁（浆），或浓缩蔬菜汁（浆），或浓缩果汁（浆）和浓缩蔬菜汁（浆）的制品为浓缩复合果蔬汁（浆）。

3. 果蔬汁（浆）类饮料

果蔬汁（浆）类饮料是指以果蔬汁（浆）、浓缩果蔬汁（浆）为原料，添加或不添加其他食品原辅料和（或）食品添加剂，经加工制成的制品，如果蔬汁饮料、果肉（浆）饮料、复合果蔬汁饮料、果蔬汁饮料浓浆、发酵果蔬汁饮料、水果饮料等。

（三）蛋白饮料

蛋白饮料是指以乳或乳制品，或其他动物来源的可食用蛋白，或含有一定蛋白质的植物果实、种子或种仁等为原料，添加或不添加其他食品原辅料和（或）食品添加剂，经加工或发酵制成的液体饮料。

1. 含乳饮料

含乳饮料是指以乳或乳制品为原料，添加或不添加其他食品原辅料和（或）食品添加剂，经加工或发酵制成的制品。如配制型含乳饮料、发酵型含乳饮料、乳酸菌饮料等。

2. 植物蛋白饮料

植物蛋白饮料是指以一种或多种含有一定蛋白质的植物果实、种子或种仁等为原料，添加或不添加其他食品原辅料和（或）食品添加剂，经加工或发酵制成的制品，如豆奶（乳）、豆浆、豆奶（乳）饮料、椰子汁（乳）、杏仁露（乳）、核桃露（乳）、花生露（乳）等。以两种或两种以上含有一定蛋白质的植物果实、种子、种仁等为原料，添加或不添加其他食品原辅料和（或）食品添加剂，经加工或发酵制成的制品也可称为复合植物蛋白饮料，如花生核桃、核桃杏仁、花生杏仁复合植物蛋白饮料。

3. 复合蛋白饮料

复合蛋白饮料是指以乳或乳制品，以及一种或多种含有一定蛋白质的植物果实、种子或种仁等为原料，添加或不添加其他食品原辅料和（或）食品添加剂，经加工或发酵制成的制品。

4. 其他蛋白饮料

除了上述三种以外的蛋白饮料统称为其他蛋白饮料。

（四）茶类饮料

茶类饮料是指以茶叶或茶叶的水提取液或其浓缩液、茶粉（包括速溶茶粉、研磨茶粉）或直接以茶的鲜叶为原料，添加或不添加食品原辅料和（或）食品添加剂，经加工制成的液体饮料，如原茶汁（茶汤）、纯茶饮料、茶浓缩液、茶饮料、果汁茶饮料、奶茶饮料、复（混）合茶饮料、其他茶饮料等。

近几年奶茶饮料深受年轻人喜爱，但是奶茶的吸收利用率较低。这是因为茶与牛奶的结合，对牛奶里的营养会造成一定的影响，具体如下：

（1）茶中的鞣酸成分与牛奶中的蛋白质结合，会形成鞣酸蛋白，不易被消化，还可能引起便秘等不适反应。

（2）茶中的茶碱成分会使牛奶中的脂肪变性，降低脂肪的吸收利用率。

（3）茶中的鞣酸易与牛奶中的钙结合，从而影响人体对钙的吸收。

（五）碳酸饮料

碳酸饮料是指以食品原辅料和（或）食品添加剂为基础，经加工制成的，在一定条件下充入一定量二氧化碳气体的液体饮料，如果汁型碳酸饮料、果味型碳酸饮料、可乐型碳酸饮料、其他型碳酸饮料等，不包括由发酵自身产生二氧化碳气的饮料。

碳酸饮料品种繁多，主要有可口可乐、百事可乐、七喜、雪碧、美年达等。玻璃瓶装的碳酸饮料的保质期一般为 3 个月，罐装碳酸饮料的保质期一般为 6～12 个月。

（六）固体饮料

固体饮料是指用食品原辅料、食品添加剂等加工制成的粉末状、颗粒状或块状等，供冲调或冲泡饮用的固态制品，如风味固体饮料、果蔬固体饮料、蛋白固体饮料、茶固体饮料、咖啡固体饮料、植物固体饮料、特殊用途固体饮料、其他固体饮料等。

由于固体饮料易吸潮霉变，特别是蛋白型固体饮料在加工时稍有不慎便会滋生细菌，因此其生产加工过程对卫生条件的要求很严格。固体饮料不应有结块、潮解和杂质。

（七）植物饮料

植物饮料是指以植物或植物提取物为原料，添加或不添加其他食品原辅料和（或）食品添加剂，经加工或发酵制成的液体饮料。如可可饮料、谷物类饮料、草本（本草）饮料、食用菌饮料、藻类饮料、其他植物饮料，不包括果蔬汁类及其饮料、茶（类）饮料和咖啡（类）饮料。

（八）风味饮料

风味饮料是指以糖（包括食糖和淀粉糖）和（或）甜味剂、酸度调节剂、食用香精（料）等的一种或者多种作为调整风味的主要手段，经加工或发酵制成的液体饮料，如茶味饮料、果味饮料、乳味饮料、咖啡味饮料、风味水饮料、其他风味饮料等。其中，风味水饮料是指不经调色处理、不添加糖（包括食糖和淀粉糖）的风味饮料，如苏打水饮料、薄荷水饮料、玫瑰水饮料等。

（九）咖啡

咖啡是以咖啡豆和（或）咖啡制品（研磨咖啡粉、咖啡的提取液或其浓缩液、速溶咖啡等）为原料，添加或不添加糖（食糖、淀粉糖）、乳和（或）乳制品、植脂末等食品原辅料和（或）食品添加剂，经加工制成的液体饮料，如浓咖啡饮料、咖啡饮料、低咖啡因咖啡饮料、低咖啡因浓咖啡饮料等。

咖啡的成分包括：

（1）咖啡因。它属于植物黄质的一种，性质和可可内含的可可碱、绿茶内含的茶碱相同，烘焙后减少的百分比极微小。咖啡风味中的苦味，就是咖啡因所致。

（2）丹宁酸。经提炼后，丹宁酸会变成淡黄色的粉末，很容易溶于水，经煮沸它会分解而产生焦梧酸，使咖啡味道变差。

（3）脂肪。咖啡内含的脂肪对咖啡的风味有极为重要的作用。分析发现，咖啡内含的脂肪分为多种，其中最主要的是酸性脂肪和挥发性脂肪。挥发性脂肪是咖啡香气的主要来源。

（4）糖分。在不加糖的情况下，人们除了会感受到咖啡因的苦味、丹宁酸的酸味外，还会感受到甜味，这便是咖啡本身所含的糖分造成的。烘焙后咖啡中的糖分大部分会转为焦糖，使咖啡呈现独特的褐色。

（5）蛋白质。热量的主要来源是蛋白质，用滴落式冲泡出来的咖啡，蛋白质多半不会溶出来，所以咖啡喝得再多，摄取到的营养也是有限的。

（6）矿物质。咖啡中的矿物质有石灰、铁质、硫黄、碳酸钠、磷、氯、硅等，因所占的比例极小，所以并不影响咖啡的风味，综合起来只带来少许涩味。

（7）粗纤维。生咖啡豆的粗纤维烘焙后会炭化，这种炭质和糖分的焦糖化互相结合，形成咖啡的色调，但化为粉末的粗纤维会给咖啡风味带来影响。

（8）香味。经气相色谱法分析，咖啡的香味是由酸、醇、乙醛、酮、酯、硫黄化合物、苯酚、氮化合物等数百种挥发成分复合而成的。大致说来，脂肪、蛋白质、糖类是香气的重要来源，而脂质成分则会和咖啡的酸苦调和，形成滑润的味道。因此香气和咖啡品质的关系极为密切，香味的消失意味着咖啡品质变差。

（十）特殊用途（功能性）饮料

特殊用途饮料是通过调节饮料中天然营养素的成分和含量，以适应某些特殊人群营养需要的制品。

根据国际饮料行业协会的规定，功能性饮料是指具有保健作用的软饮料。《饮料通则》（GB/T 10789—2015）中给功能性饮料，即特殊用途饮料下了定义：加入具有特定成分的适应所有或某些人群需要的液体饮料，包括运动饮料、营养素饮料、能量饮料、电解质饮料和其他特殊用途饮料。

1. 运动饮料

运动饮料是指营养成分及其含量能适应运动或体力活动人群的生理特点，能为机体补充水分、电解质和能量，可被迅速吸收的制品。运动饮料属于功能性特殊饮料中具有特定功用，能使运动员或参加体育运动的人员在饮用后迅速补充水分和多种营养元素的饮品。目前，运动饮料的消费量约占整个功能饮料的50%以上。

2. 营养素饮料

营养素饮料是指在饮料中加入人体日常所需要的一些食品营养强化剂，具有和保健品类似的功效，大多以抗疲劳、提精神为主。

3. 能量饮料

能量饮料是指含有一定能量并添加适量营养成分或其他特定成分，能为机体补充能量，或加速能量释放和吸收的制品。

4. 电解质饮料

电解质饮料是指在饮料中添加机体所需要的矿物质及其他营养成分，能为机体补充新陈代谢消耗的电解质、水分的制品。

5. 其他特殊用途饮料

除了上述主要的几种功能性饮料外，还有添加膳食纤维、低聚糖（双歧杆菌增殖因子）、活性益生菌饮料和微量元素（如 Zn 和 Se）等的功能性饮料。膳食纤维饮料，如大豆膳食纤维饮料、魔芋可食性膳食纤维饮料和果皮膳食纤维饮料等。含有益生菌的饮料如酸乳饮料。益生菌是一类通过改变宿主某一部位菌群的组成，从而产生有利于宿主健康作用的单一或组成明确的混合微生物。益生菌可促进乳糖消化，有效缓解乳糖不耐症，此外，益生菌还可减缓过敏反应，通过菌体代谢降低血清胆固醇水平，调节血脂、减少心血管疾病的发生，并有明显的抗氧化作用。

第三节　油类制品

一、石油及其产品

石油是当今世界的主要能源，被称为“液体黄金”“工业血液”，它是其他各种油制品的原料油。在一次能源消费构成中，石油在世界排第一位，在我国列第二位。

（一）基本特点及分类

1. 石油概述

石油是一种黏稠状的可燃性液体矿物。它的颜色多为黑色、褐色或暗绿色，偶有黄色。在一般情况下，石油比水轻，密度为0.77～0.96g/cm^3。石油的元素成分主要是碳（83%～87%）和氢（11%～14%），此外还有少量的氧、氮、硫等元素（通常在1%以下）。

石油是发展国民经济的重要物资之一，是现代工业、农业、交通和机械设备所需的燃料和润滑剂的主要来源。随着现代化工业和科学技术的发展，石油的用途越来越广泛，它不仅提供燃料和润滑剂，还为现代工业提供大量的有机化工原料，用于制造合成纤维、合成橡胶、塑料、各种染料、合成肥料、合成农药和医药等。炼油剩余物的用处也很大，如沥青是重要的建筑材料。总之，石油是现代化工业的重要原料。石油经过蒸馏、裂化等加工手段，可制得汽油、煤油、柴油和重油等，多用作液体燃料。

2. 石油的种类

（1）根据油源环境可分为：海相油、陆相油两种。海相油即海相沉积中生成的石油，陆相油即陆相沉积中生成的石油。我国的石油大部分属于陆相油。

（2）按石油的相对密度可分为：轻质石油、中质石油、重质石油、超重质石油四种。轻质原油的相对密度小于0.830，中质原油的相对密度为0.830～0.904，重质原油的相对密度为0.904～0.966，超重质原油的相对密度大于0.966。

（3）按石油的含硫量可分为：低硫石油、含硫石油、高硫石油三种。低硫石油的含硫量小于0.5，含硫石油的含硫量为0.5～2.0，高硫石油的含硫量大于2.0。

（二）石油及其产品的主要特性

1. 挥发性

大部分石油及其产品都含有易挥发的碳氢化合物，所以它们具有易挥发性。《国际油轮和油码头安全指南》将闭口闪点低于60℃的油品列为挥发性油品。石油产品的挥发不但会造成其数量减少，而且由于其挥发部分多是轻质馏分，因而其质量会降低，同时为燃烧、爆炸提供了石油蒸气。石油及其产品挥发的快慢取决于温度的高低、压力的大小、表面积的大小、气流速度的快慢以及油品密度的大小。

2. 易燃性

石油及其产品具有遇火燃烧的特性。石油及其产品的燃烧是其蒸气的燃烧，所以越易挥发的油品越易燃烧。易燃性可以用闪点的高低来衡量，闭口闪点低于60℃的油品易燃的危险性较高。

3. 爆炸性

石油及其产品所挥发的油气与空气混合，达到一定的浓度，遇有火花即能发生爆炸。油气混合气能发生爆炸的浓度的下限和上限称为爆炸极限。油气的爆炸下限较低。例如，汽油的爆炸极限为浓度 1.2%～7.2%，煤油的爆炸极限为浓度 1.4%～7.5%。

4. 易感静电性

石油及其产品在管道内以一定速度流动或在容器（包括油舱）内晃动，会因与管壁或容器壁相摩擦而带电，带电较高时，静电荷能在绝缘装备和接地物体之间放电。这时放出的电如果接触到周围的油气与空气的混合气，就有可能引起燃烧或爆炸。

静电危害产生的条件

5. 黏结性

黏结性是指石油及重油、柴油等不透明的石油产品在低温时因流动性减小而黏结成糊状或块状的特性。它一般用凝固点和黏度来表示。

6. 毒害性

石油及其产品所挥发的气体对人体健康有害，尤其是含硫较多的石油气。某些产品如汽油含有四乙基铅，更具毒性。

石油及其产品对人身健康的危害

7. 胀缩性

石油及其产品的体积随温度的变化而膨胀或收缩的性质，称为胀缩性。在不同的温度条件下，不同品种的胀缩程度不一。

8. 污染性

石油及其产品除大量挥发会造成空气污染外，液体的滴、漏及污水排放也会造成水域、陆域环境的污染。

石油及其产品的储存

二、食用植物油

食用油脂主要来源于动物脂肪和植物油类。我国食用油脂以植物油为主，主要有豆油、菜籽油、花生油、棉籽油、芝麻油等。近年来开发了向日葵籽油、米糠油等。

（一）食用植物油的制取

食用植物油是从植物种子或果实中提取的，原料可分为草本油料和木本油料。草本油料主要有大豆、花生、棉籽、芝麻、葵花籽、油莎豆以及粮食加工副产品米糠、玉米胚芽、小麦胚芽等；木本油料主要有油茶籽、油橄榄、椰子、油棕果等。在我国的油料中，草本油料占 90%。油脂的制取方法主要有压榨法制油、浸出法制油和水代法制油三种。

（二）几种常用的食用植物油

1. 大豆油

大豆油是从大豆中提取的油脂。大豆油中的脂肪酸以不饱和脂肪酸为主，约占

90%，人体对其消化率达98%，必需脂肪酸亚油酸占44%～55%，胆固醇极少，有利于改善脑神经功能。粗制的大豆油具有腥味和特殊气味，若储期过长会加重腥味。精炼的大豆油呈橙黄色或无色。加热大豆油时产生较多的泡沫属正常现象，其泡沫发白，有黄边，泡沫完整，味道有点发涩。从烹制食品的色、香、味来看，大豆油不如芝麻油、花生油、菜籽油等。

2. 花生油

花生属豆科植物，又名长生果、地果等。其种子称为花生仁，一般含脂肪45%～50%、蛋白质24%～36%、淀粉约20%，还含有胡萝卜素、维生素B_1和维生素B_6等营养物质。质量正常的花生油呈浅黄色、橙黄色，精炼度高的油色淡，品质好的花生油清亮透明，具有花生油固有的气味和滋味；把油从瓶中快速倒入杯内，观察油花，可见纯花生油的油花呈白色大花泡，周围的小泡沫多而不易散落；嗅气味时，可滴少许油于手掌，双手摩擦后嗅闻，可闻到花生油的清香气味；少量舔尝，无酸味、苦味和溶剂味。也可采用加热法来鉴别，取适量油加热到50℃，搅拌后嗅其气味、尝其滋味。劣质花生油的杂质多、颜色深，或酸败变质、有哈喇味。

3. 菜籽油

菜籽油简称菜油。毛菜油呈深黄略带绿色，具有令人不快的气味和辣味。精炼菜油澄清透明，颜色淡黄，无异味。

菜籽油中含花生酸0.4%～1.0%、油酸14%～19%、亚油酸12%～24%、芥酸31%～55%、亚麻酸1%～10%。从营养价值看，具有利胆功能。其脂肪酸构成不平衡，亚油酸等人体必需脂肪酸含量不高，含大量芥酸，所以营养价值比一般植物油低。另外，菜油中还含有少量芥子苷，经常吃未精炼的毛菜油对人体健康有一定影响。如菜油与富含亚油酸的油配合食用，能提高营养价值。

菜油含大量芥酸，含芥酸多的油脂熔点较高，在工业上有特殊的用途，如适合做机械的润滑油、机械制造工业的淬火用油和金属防腐剂等。菜油还是橡胶工业的良好添加剂，是生产尼龙、聚酰胺纤维、醇酸树脂、聚酯、肥皂、药膏等的重要原料。从用途上看，高芥酸菜油的经济价值明显高于低芥酸菜油。

4. 调和油

调和油是将两种或两种以上成品植物油调配制成。调和油一般选用精炼花生油、大豆油、菜籽油等为主要原料，还可配精炼的玉米胚油、小麦胚油、米糠油、油茶籽油等。从营养学角度看，调和油通过选择不同种类的植物油，合理配比脂肪酸种类和含量，可以弥补单一品种食用油脂营养功能结构不合理的缺陷。食品工业用油脂在考虑营养功能的同时，往往更注重油品的稳定性和使用性能，将稳定性和营养性好的油进行调配，可得到既有营养又具有行业功能的专用油脂。实际运用中，一些高级食用油脂产品，往往是综合油源组织、加工成本、风味和稳定性能等各种因素，经过科学调配、精心加工而成的，既能满足人们的口味嗜好，又顺应人们的生理营养需求。

5. 其他油品

（1）芝麻油。芝麻是高油分油料，含油量一般在40%～58%，居各类油料之冠。芝麻根据种皮颜色可分为白芝麻、黑芝麻、黄芝麻等，其中白芝麻、黄芝麻的含油率较高，黑芝麻的含油率最低，但有较好的药用价值。芝麻属于高蛋白、高脂肪、高磷、高钙、高铁的“五高”食品，它的营养价值较高。用芝麻提取的芝麻油含不饱和脂肪酸达87%～90%，还含有维生素、卵磷脂等，具有良好的生理功能。

（2）棉籽油。棉籽是锦葵科植物棉花的种子，含油率为15%～25%，棉籽油中不饱和脂肪酸占72%，棉籽含有色素棉酚，榨油后会转入油脂中，棉酚有毒，未经精炼是不能食用的。棉籽油会提高血脂、血清胆固醇水平，促进主动脉粥样硬化，所以棉籽油并不是理想的食用油。

（3）棕榈油。油棕属木本油料，有“世界油王”之称，油棕果的果肉和种仁都富含脂肪，果肉含油率一般为46%～65%，从中提取的油脂称为棕榈油；种仁含油率为42%～54%，从中提取的油脂称为棕榈仁油，棕榈仁油的营养价值不如棕榈油。棕榈油的不饱和脂肪酸含量最低，油酸为39%～45%，亚油酸为7%～8%，饱和脂肪酸棕榈酸为40%～46%，硬脂肪为36%～47%，含有较多的胡萝卜素和维生素E。因饱和脂肪酸含量高，故棕榈油不易酸败，但棕榈油的亚油酸偏低，而棕榈酸含量多，不宜大量食用。

（4）玉米胚芽油。玉米胚芽油又称玉米油、玉米胚油、玉蜀黍油。玉米胚芽比其他任何谷物的胚芽都要大，一般占籽粒重量的12%，胚芽中含脂肪36%～47%，玉米粒中80%的脂肪都集中在胚部。玉米胚芽油的不饱和脂肪酸占86%，人体对其消化吸收率可达97%以上，还含有谷固醇、胡萝卜素、维生素E等，其中维生素E的含量高于其他植物油。玉米胚芽油呈橙黄色，清亮透明；热稳定性好，加热起泡少；有清香的玉米味，滋味淡雅可口；凝固点低，在低温下仍是色泽清亮的液体且滋味、香味不变，而在高温时仍能保持优良的风味，所以适宜作高温煎炸用油和一般烹调用油及低温凉拌油。

（5）色拉油。色拉油又称凉拌油，因常用于调制色拉而得名。它由植物油经脱胶、脱酸、脱色、脱臭等工艺精制而成，特别需要进行冬化处理，以除掉油中蜡质（脱蜡）及高熔点甘油酯中的易结晶物质（脱脂），是一种可直接食用的高级油品。色拉油色泽清淡，不易酸败，稳定性好，低温下不浑浊，不析出结晶，主要作凉拌油，也可作烹调油或煎炸油。

（6）葵花籽油。葵花籽油未精炼时呈淡琥珀色，精炼后呈清亮透明的淡黄色，滋味纯正，特别是炒籽榨出的油，其香味可与小磨麻油媲美。葵花籽油含饱和脂肪酸7.5%～12.5%，油酸21%～34%，亚油酸57.5%～62%，其中油酸与亚油酸的含量比例受产地气候条件影响极大。葵花籽油的不饱和脂肪酸含量高，人体对其消化吸收率为 96.5%。葵花籽油熔点低，适用于作色拉油、蛋黄酱油，含有丰富的亚油酸，有显著降低胆固醇、防止血管硬化和预防冠心病的作用，国外把它称为高级营养油或健康油。葵花籽油属于半干性油，可用于生产人造奶油、优质涂料、油墨、液体肥皂、蜡烛及香料等。

（三）食用油品质鉴定

食用油在日常的菜肴制作中使用最为频繁，与人类身体健康的关系非常密切，因此其品质鉴定显得尤为重要。食用油的品质鉴定可以从以下几个方面着手。

1. 看包装

印有商品条码的食用油，看其条码印制是否规范，是否有改动迹象，谨防买到随意更换包装标志、擅自改换标签的食用油。选购桶装油要看桶口有无油迹，如有则表明封口不严，会导致油在贮放过程中加速氧化。

2. 看标识

按国家规定，食用油的外包装上必须标明商品名称、配料表、质量等级、净含量、厂名、厂址、生产日期、保质期等内容，必须要有 QS 标志。生产企业必须在外包装上标明产品原料生产国以及是否使用了转基因原料，必须标明生产工艺是“压榨”还是“浸出”。

3. 看色泽

食用油的正常颜色呈微黄色、淡黄色、黄色和棕黄色，油的色泽深浅也因其品种不同而略有差异。一般高品质食用油颜色浅，低品质的食用油颜色深（香油除外），劣质油比优质食用油颜色要深。

4. 看透明度

透明度是反映油脂纯度的重要感官指标之一，纯净的油应是透明的。一般高品质食用油在日光和灯光下肉眼观察清亮无雾状、无悬浮物、无杂质、无浑浊，透明度好。

5. 看有无沉淀物

高品质食用油无沉淀和悬浮物，黏度较小。沉淀物俗称油脚，主要是杂质，在一定条件下沉于油的底层。购油时应选择透明度高、色泽较浅（但芝麻油除外）、无沉淀物的油。

6. 看油状

取一个干燥洁净细小的玻璃管，插入油中并堵好上口慢慢抽起，看油状，若呈乳白状，表明油中有水，越白说明水分越多。水分较大的油会出现混浊现象，极易变质，加热会出现大量泡沫和水炸声，油烟有苦味。

本章思考题

一、名词解释

1. 白酒
2. 啤酒
3. 黄酒
4. 果汁饮料
5. 固体饮料

二、简答

1. 酒的主要成分有哪些?
2. 如何鉴别真假白酒?
3. 常见的饮料有哪些?
4. 如何鉴别食用油?

三、案例分析

案件一:

浙江警方破获一起特大山寨“奔富”“拉菲”案，涉案金额达6 000万元

据央视财经等多家媒体报道，2019年，浙江台州警方破获一起特大跨省生产、销售假冒知名品牌葡萄酒案件。该犯罪团伙的销售网络涵盖了全国22个省份，产品均为山寨的“奔富”“拉菲”等中高档葡萄酒。

在犯罪现场，警方发现了假冒的“奔富”“拉菲”等知名品牌葡萄酒200余箱，作案用空酒瓶4 000余只，生产设备2套，山寨酒标10 000余张，抓获犯罪嫌疑人12人，捣毁生产销售及仓储窝点9个，涉案金额高达6 000万元。据犯罪嫌疑人交代，该制假售假酒团伙接单后，先在劣质葡萄酒原液中添加色素、调味剂勾兑，调出近似葡萄酒口感，由团伙成员品尝确定后再投入生产。这些假酒制作成本极低，一瓶山寨“拉菲”葡萄酒，回收酒瓶成本为300元，劣质葡萄酒原液成本不到30元，加上标签、酒塞、包装盒等，一瓶假酒的最终成本不到500元。该团伙以1 000多元的出厂价批发销售，经过中间商赚取差价后，呈现在终端市场的售价高达5 000多元，与正品价格无异。

案件二:

柬埔寨警方查获3 000余瓶假“奔富”

根据柬埔寨当地媒体报道，2019年11月底，柬埔寨警方突击搜查了波贝市一家拥有20余年历史的葡萄酒批发商，查获了约3 000瓶假葡萄酒、数百张酒标和约1万个

酒箱，并抓捕了3名犯罪嫌疑人。警方在现场发现了大量“奔富”葡萄酒的包装和酒标，其中包含了 Bin 2、Bin 8、Bin 707、Bin 128、Bin 407 和 Bin 389。在后续的搜查中，警方又查获了假冒的“尊尼获加”“百龄坛”威士忌等其他酒类。

柬埔寨的造假业十分猖狂，假酒泛滥，一部分流入中国市场。据悉，一些国际啤酒品牌曾因在价格上无力与山寨品竞争而退出柬埔寨市场。

案件三：

法国近年来最严重假酒案，800万升白兰地被掺假

2019年7月，据法国《费加罗报》报道，部分法国白兰地酒庄存在商业欺诈行为，涉案白兰地多达800万升。格鲁吉亚葡萄酒生产者协会怀疑，法国部分白兰地酒庄在知情的情况下使用了从格鲁吉亚进口的掺有谷物蒸馏酒的白兰地。由于法国白兰地单价较高，很多跨国企业从格鲁吉亚、西班牙等成本较低的国家收购白兰地，运回法国调配，最后标以“法国白兰地”售出。根据法国法规，白兰地允许使用进口的葡萄蒸馏酒，但谷物蒸馏酒被禁止使用。

思考：

如何鉴别真假葡萄酒？

第九章

粗劣普通货物

◆ **知识目标**

1. 掌握卷烟的质量鉴别方法和保管要求，了解制革生皮的成分和性质。

2. 了解各类易扬尘货物的种类、包装、运输和保管要求。

◆ **思政目标**

1. 通过对各种常见的粗劣普通货物的介绍，增强学生的专业知识和技能。

2. 通过对代表性粗劣普通货物的质量要求，检验鉴别方法的介绍，增强学生开拓创新的职业品格和行为习惯。

第一节 气味货物

一、卷烟及其制品

卷烟是指用卷烟纸将烟丝卷制成条状的烟制品，又称纸烟、香烟、烟卷。

（一）烟草与烟叶

1. 烟草

烟草是一种茄科植物，有 60 多个品种，原产于拉丁美洲。其中，红花烟品种种植面积最广、产量最高、最具有商用价值；黄花烟品种只局限于中东、俄罗斯和印度次大陆等地区种植。烟草在我国华北、东北、西南均有栽培。

2. 烟叶

烟叶是烟草的叶片，是卷烟的主要原料，占卷烟用料的 70%以上。烟叶被采收后，根据具体要求选用适当方法进行加工调制。通常情况下，烟叶并不是按颜色、化学成分、内在质量和最后使用来分类的，而是按其调制方法的不同来分类的，原料烟叶按调制方法可分为烤烟、晾烟和晒烟三种。

（1）烤烟。烤烟是指将烟叶置于烤房中，通过人工调控烤房温湿度进行调制干燥后所得到的烟叶制品。其特点是色泽金黄，尼古丁含量较大，含糖量高、蛋白质少、烟碱量适中，吸味较淡且柔和。

（2）晾烟。晾烟是指将烟叶在晾房（棚）内自然晾制干燥所得的烟叶制品。在调制过程中，只有当天气条件不利于调制时，才通过人工加热。晾烟有白肋烟和香料烟两种制品。其中白肋烟烟碱及氮化合物含量高，含糖量低，适合作为混合型卷烟原料。

（3）晒烟。晒烟是指将烟叶用日光晒干制成的烟叶制品。其特点是含糖量低、含氮化合物多，亦适于作为混合型卷烟的原料。

（二）卷烟的类型

1. 按烟叶品种和卷烟的色、香、味分类

根据所用烟叶的品种及卷烟色、香、味的不同，卷烟可分为以下四种类型：

（1）烤烟型卷烟。烤烟型卷烟所用的原料以烤烟为主，烟丝颜色较浅，烟气中具有明显的烤烟香味，烟劲适中，很少或根本不加香精。高级香烟大多属于此类。

（2）混合型卷烟。混合型卷烟是以烤烟、晒烟、晾烟为原料，烟丝颜色较深，具有烤烟、晒烟、晾烟混合协调的香味，烟劲较大，焦油含量较低，烟碱含量适度。

（3）特殊香型卷烟。特殊香型卷烟也称香料型卷烟，制作过程中在卷烟中（多为烤烟型卷烟）加入一些独特的香料，使其烟气中具有独特的外加香味，如可可香、薄荷香等。

（4）雪茄型卷烟。雪茄型卷烟所用原料主要是晒烟和晾烟，一般不加香料，只有特殊的高级产品才加入少量的香料，其烟气具有雪茄烟香味，烟气呈棕色。

2. 按外观规格特征分类

卷烟按外观规格特征可分为无过滤嘴卷烟和有过滤嘴卷烟两类。吸食有过滤嘴卷烟时可滤出部分烟碱、焦油等有害物质，在生产和消费中占大多数。

目前市面上大多数有过滤嘴卷烟采用醋酸纤维滤嘴棒。醋酸纤维滤嘴棒是用醋酸纤维丝卷制成的具有过滤作用的圆形棒，用以装接在卷烟上形成有过滤嘴卷烟。燃吸卷烟时，烟气通过滤嘴过滤截留部分有害物质。其特点是白色、无异味，化学性质稳定，吸阻小，重量轻，有一定的硬度，过滤效果良好。

（三）卷烟的质量鉴别

卷烟的一般生产过程为：烟叶初烤、打叶（去梗）复烤、烟叶发酵、卷烟配方（加香）、卷烟制丝、烟支卷制（接装过滤嘴）、包装。

卷烟的质量要求有外观质量要求和内在质量要求，质量由高到低划分为甲、乙、丙三个等级（烤烟有丁级）。

1. 外观质量

外观质量主要指卷烟的松紧度、烟丝含末率、烟丝含水量、烟支长度、烟支透气度、烟支重量等方面。

（1）松紧度。无过滤嘴卷烟：烟支松紧要适度，经顿击一次后，另一端烟丝不下陷者为过紧，下陷深度超过规定者（甲级 1.0mm、乙级 1.5mm）为松。有过滤嘴卷烟：烟支饱满，松紧适度，不得空头。烟支一端不顿击空陷面积超过 1/3、深度超过 1mm 的，为空头烟。

（2）烟丝含末率。烟丝含末率过高会影响卷烟的燃烧性，使卷烟的透气性下降，影响吸味。一般甲、乙级烟含末率不超过 1%。

（3）烟丝含水量。烟丝含水量过多会使烟丝发软，色泽发暗，香气减弱，易霉变。甲级烟含水量为 12%±0.5%，乙级烟含水量为 12%±1.0%。

（4）烟支长度。目前国内卷烟市场上的烟支长度主要有 84mm、100mm、90mm、70mm。从直径来看，国内卷烟企业生产的卷烟大部分为 7.7mm，进口卷烟一般为 7.8mm。

（5）烟支透气度。烟支透气度由卷烟盘纸和过滤嘴的包皮纸决定。烟支透气度过高，对吸食效果影响极大，烟气中混入的空气比例增加，可以稀释卷烟中的焦油和烟碱，使烟气醇和，但是，透气度过高会使吸食每口的时间和深度增加，对健康的影响更大。

（6）烟支重量。烟支实际含烟丝的重量和烟支的填充能力决定卷烟的吸食口数。国际卷烟市场上，日本生产的卷烟最轻，所以吸食的口数最少。烟支重量过高和过低对于健康和吸食效果都有影响。

2. 内在质量

卷烟的内在质量主要是指卷烟在色泽、香味、杂气和刺激性等方面的表现，具体要求如表 9-1 所示。

表 9-1 卷烟的色、香、味等要求

技术指标	级别	烤烟型卷烟	混合型卷烟	特殊香型卷烟	雪茄型卷烟
烟丝色泽	甲级	颜色金黄、正黄，均匀无白点	颜色棕红、棕黄，微有白点	颜色橙黄、正黄、棕黄，微有白点	颜色浅棕、深棕，光泽油润
	乙级	颜色深黄、淡黄，均匀略有白点，光泽尚油润	颜色淡黄、棕黄，光泽尚油润	颜色淡黄、棕黄，略有白点，光泽尚油润	颜色浅棕、红棕，光泽尚油润

续表

技术指标	级别	烤烟型卷烟	混合型卷烟	特殊香型卷烟	雪茄型卷烟
香味	甲级	香味清雅、丰满协调	香味醇厚、丰满、细腻	香味丰满、清新、协调	香味浓郁、浑厚、细腻
	乙级	香味充实、稍显粗糙	香味充实、稍粗糙、尚协调	香味充实、稍粗糙、尚协调	香味充实、稍粗糙、尚协调
杂气	甲级	无杂气	无杂气	无杂气	无杂气
	乙级	微有杂气	微有杂气	微有杂气	微有杂气
刺激性	甲级	无刺激性	无刺激性	无刺激性	无刺激性
	乙级	微有刺激性	微有刺激性	微有刺激性	微有刺激性

（四）卷烟的保管

卷烟是一种怕潮、怕干、易霉变和吸收异味的商品，为了维护其质量、降低损耗，卷烟的保管应达到以下要求：

（1）选好存放位置，营造优良环境。将卷烟存放在干燥、通风的房间，避免阳光直射，卷烟周边不要放置强刺激气味物品，以免相互串味，勤打扫、勤通风。如果没有简易的仓库保存烟，可以选择陶缸、木箱、铁皮箱短期存放卷烟，切忌将卷烟长时间放在地上。

（2）将不同品牌卷烟分开存放，把卷烟存放在烟草公司发放的塑料周转箱内或较厚的纸箱内，摆放在离地面 80cm 以上的架子上。在房间配置简易的湿度器和温度器，温度控制在 22℃～26℃，湿度保持在 50％～65％为宜。在防霉度夏期间，最好配置空调，这样就能更好地控制房间的湿度和温度，保证卷烟的“新鲜”度。

（3）做好卷烟盘点，把握库存数量。为避免卷烟库存积压，发生新货压陈货现象，同品牌的卷烟应归类摆放，及时掌握卷烟库存情况，避免霉变现象。

（4）用好技巧方法，关注细节。要及时更新陈列样品烟，减少阳光暴晒的时间，也可以用空的条包、零包展示。遇到受潮、雨淋后，卷烟就容易变质，所以要将受潮、雨淋的卷烟迅速隔离，放在荫凉处用电风扇、空调吹干，同时让卷烟尽快售出，避免发生霉变。按照“先进先出”的原则做好卷烟销售，时刻保持进出有序。防霉度夏期间，整条卷烟拆开后要注意及时塑封保存，保证卷烟“常鲜”。

（5）卷烟在储存保管中，常因库内温、湿度和其他方面的影响发生受潮、霉变、生虫、脱丝、空头等情况，因此必须经常检查，发现问题及时采取相应的措施。

二、制革生皮

皮革是用动物身上的皮为原料，经过一系列加工处理而形成的皮料。原料皮是指从动物身上剥下、经去毛后所得的皮张，工业上称生皮。常用的制革生皮有牛皮、羊皮、猪皮以及马皮、骡皮、驴皮、鹿皮、麂皮、鲨鱼皮、鳄鱼皮、蛇皮等。我国自清朝开始以牛皮制革，20 世纪 50 年代开始扩展到用羊皮制革，并根据国情（肉食以猪肉为主）提出大力发展猪皮制革。目前，我国的猪革产量居世界前列。

（一）生皮的成分及结构

1. 生皮的成分

生皮包含多种成分，主要有蛋白质、水分、矿物质、脂肪、色素以及酵素等。不同生皮中这些成分的含量略有不同。在生皮所含的多种动物蛋白质中，以胶原蛋白为主体，它是构成皮革的基质。胶原蛋白呈纤维束状，可与各种鞣料结合而改变生皮性能，使生皮成为化学性质很稳定的皮革。

2. 生皮的结构

牛、羊、马皮的生皮结构很相似，都是由表皮层、真皮层、皮下脂肪层三部分构成。

表皮层是最外层，厚度占生皮的 1%～2%，以角质细胞为主体。此层不能成革，在制革的准备过程中须被除去。

真皮层是中间层，其厚度占生皮的 90%～95%，是蛋白质纤维的结缔组织。真皮层又可分为乳头层和网状层两层。乳头层主要是由较细的胶原蛋白纤维束构成，质地柔软，该层的表面称粒面，有明显的神经乳头，神经乳头和毛孔使粒面呈现凹凸的皮纹，人们可根据皮纹特征的不同来辨别生皮的种类。网状层是由较粗的胶原蛋白质纤维束交织而成的网状组织，其中间部位的纤维束更为粗大，因此，网状层比乳头层坚实。真皮层纤维束交织得越紧密，生皮的机械强度就越高，一般背部和臀部皮层的纤维束交织较紧密，腹部皮层较为疏松。真皮层是形成革的基本层。

皮下脂肪层又称皮下层，在最里层，是由很疏松、柔软的结缔组织形成的空松的网状组织，主要由脂肪细胞组成。此层不能成革，在制革准备过程中须被除去。

（二）生皮的种类及特点

生皮一般分为家畜皮和野兽皮两大类。家畜皮主要包括牛皮、羊皮、猪皮。

牛皮有黄牛皮、水牛皮、牦牛皮之分。黄牛皮中以阉牛皮最好，其皮层厚薄均匀，粒面光滑细致，纤维束粗壮、交织紧密、坚韧结实，其网状层占真皮层的 40%～80%，是制革的上等原料；母牛皮厚薄不太均匀，质地较疏松，但未生育过的母牛皮质量可与阉牛皮相媲美；公牛皮纤维束粗壮，但结构松弛，粒面粗糙；犊牛皮纤维编织紧密，纤维束细嫩，质地柔软，毛孔细密，粒面十分细致，是优良的制革原料；水牛皮张幅较大，皮厚而重，纤维组织粗松，毛孔粗大稀疏，粒面粗糙不平；牦牛皮的结构、厚度近似黄牛皮，但纤维组织比黄牛皮略松，厚薄不均，毛孔较大，粒面不细致，是我国西北地区重要的制革生皮。

羊皮有绵羊皮、山羊皮之分。绵羊皮网状层薄，其胶原蛋白纤维束细，编织疏松，纤维组织松弛，抗拉力不强；山羊皮皮张小而薄，纤维组织紧实，粒面紧密、有光泽。

猪皮中只有阉猪皮能制革。其结构均匀，组织紧密，由于毛针穿透真皮层，毛孔较大，而且神经乳头特别发达，所以皮纹深且明显，皮面较不平滑，又由于其纤维束的延伸性强，导致猪皮容易变形。

（三）生皮的性质

1. 怕潮湿

生皮的特殊结构决定了其具有较强的吸湿性。生皮受潮湿尤其是水湿后会致细菌繁殖，腐蚀皮层组织，导致发霉、发热、变色甚至腐烂。

2. 感染性

运输中生皮尚未经严格处理，可能附着数十种细菌。温度适宜时，生皮上细菌繁殖极快，其中可能会有很多病原菌，对人、畜均有可能造成伤害。

3. 怕热性

生皮受热或遇日光曝晒后，皮板会变得干燥且发硬脆裂。皮板潮湿后，遇热会腐烂发臭，严重破坏毛和皮板的结合，降低生皮的质量。

4. 散发异味性

生皮本身具有强烈的气味，为防虫蛀、鼠咬，人们常常在生皮表面撒上散发异味的化学药剂，这更增强了生皮货物的异味。

5. 怕虫蛀、鼠咬

生皮中富含动物蛋白质和油脂成分，很容易被虫蛀或鼠咬，使生皮受损。

（四）生皮的保藏

刚从动物胴体上剥下的生皮带有多种微生物，加之鲜皮含水量占总重量的一半以上，因此极易腐败，而且鲜皮内含有溶体，剥下后最初几小时内易发生自溶。因此，鲜皮如不能立即投入生产，就必须进行有效的防腐保藏。常用的保藏方法有干燥保藏法、盐腌保藏法、盐干保藏法、浸酸保藏法和冷冻保藏法。

（1）干燥保藏法，即直接将鲜皮晾干或在高于室温的条件下干燥。但干燥保藏法不适用于猪皮等含脂肪多的生皮。

（2）盐腌保藏法，即用食盐腌制鲜皮。盐腌保藏法又可分为撒盐法和盐水浸泡法：撒盐法是将食盐均匀地撒在鲜皮的肉面上，盐用量为皮重的35%～50%；盐水浸泡法是将鲜皮放在25%的食盐水中浸泡16～24小时后再撒盐保存。

（3）盐干保藏法。将生皮用盐腌过后再经干燥进行保藏。

(4) 浸酸保藏法。通常以皮重15%～20%的食盐和1.5%～2.0%的硫酸降低皮层的pH值。浸酸保藏法多用于绵羊皮经脱毛、浸灰、脱灰后的裸皮的保藏。

(5) 冷冻保藏法，即采用使鲜皮冻结的方法。冷冻保藏法会破坏生皮的组织结构，降低生皮的机械性能。

除了上述几种保存方法外，还有射线照射保藏法，这是近年来研究开发的具有发展前景的新方法。

(五) 生皮运输的注意事项

(1) 运输生皮必须具有检疫证书。
(2) 生皮应避免与液体货物及易散发水分的货物同舱装载。
(3) 生皮应避免与易吸收气味的货物同舱装载。
(4) 装载生皮的舱室应清洁、干燥，铺垫完整，污水沟畅通无阻。
(5) 生皮装载应远离机舱等热源，且不宜装于深舱。
(6) 生皮的装卸不能在雨雪天进行，搬运时严禁使用手钩，并避免摔、扔、拖、滑等。

第二节 易扬尘性货物

一、水泥

水泥是粉状水硬性矿质黏性材料。水泥加水搅拌后成浆体，能在空气中硬化或者在水中更好地硬化，并能把砂、石等材料牢固地胶结在一起。以普通水泥为例，它的主要成分为三钙硅酸盐、二钙硅酸盐和三钙铝酸盐。水泥的这些组成成分都能与水起作用，并产生凝胶体，这种凝胶体又能被钙氧化物和三钙铝酸盐的结晶体贯穿，所以，最后能逐渐硬化。由于水泥具有水硬性，而且具有强度高、耐久性好、使用方便等优点，因此它是现代建筑工程中不可缺少的基本材料，用量极大，运输量也相应较大。

水泥是颗粒极细的粉状物，在装卸搬运作业中极易飞扬，属于扬尘污染性货物。大量水泥粉尘易污损其他货物，并造成本身散失减量。如水泥粉尘撒落在食品、纺织纤维及其织品、裸装皮张、化肥等货物的表面，对它们的品质及使用、加工都有不利的影响。因此，凡沾染水泥粉尘后会影响质量的货物，不能与水泥装在同一舱室。

(一) 水泥的种类

市场上常见的水泥有六种：硅酸盐水泥、普通硅酸盐水泥、矿渣硅酸盐水泥、火山灰质硅酸盐水泥、粉煤灰硅酸盐水泥、复合硅酸盐水泥。

1. 硅酸盐水泥

主要成分：由硅酸盐水泥熟料加入少量石灰石或粒化高炉矿渣及适量石膏磨细而成，为水硬性胶凝材料。

优点：强度高，快硬，早强，抗冻性和耐磨性好。

缺点：水化热高，耐蚀性差。

适用范围：适用于配制高强度等级混凝土、先张法预应力制品、道路及低温下施工的工程。不适用于大体积混凝土、受化学及海水侵蚀的工程。

2. 普通硅酸盐水泥（普通水泥）

主要成分：由硅酸盐水泥熟料加6%～15%混合材料与适量石膏细磨而成，是最常用的水硬性胶凝材料。

优点：抗硫酸盐侵蚀能力较强。

缺点：早期强度增长率有减少，抗冻性、耐磨性稍有下降，低温凝结时间有所延长。（与硅酸盐水泥相比无根本区别）

适用范围：适应性强，无特殊要求的工程都可使用。

3. 矿渣硅酸盐水泥（简称矿渣水泥）

主要成分：由硅酸盐水泥熟料加粒化高炉矿渣及适量石膏磨细而成，为水硬性胶凝材料，是我国产量最大的水泥品种。

优点：水化热低，抗硫酸盐侵蚀性好，蒸气养护有较好的效果，耐热性能较普通硅酸盐水泥高。

缺点：早期强度低，后期强度增进率大，保水性差，抗冻性差。

适用范围：适用于地面、地下水中各种混凝土工程，高温车间建筑。不适用于需要早强和受冻融循环或干湿交替的工程。

4. 火山灰质硅酸盐水泥（简称火山灰水泥）

主要成分：由硅酸盐水泥熟料加入火山灰质混合材料及适量的石膏磨细而成，属于硬性胶凝材料。

优点：保水性好、水化热低、抗硫酸盐侵蚀能力强。

缺点：早期强度低，但后期强度增进率大；需水性大，干缩性大，抗冻性差。

适用范围：适用于地下、水上工程，大体积混凝土工程，一般工业和民用建筑。不适用于需要早强、冻融循环或干湿交替的工程。

5. 粉煤灰硅酸盐水泥（简称粉煤灰水泥）

主要成分：由硅酸盐熟料与粉煤灰和适量石膏细磨而成，为水硬性胶凝材料。

优点：保水性好，水化热低，抗硫酸盐侵蚀能力强，后期强度发展高，需水性及干缩率较小，抗裂性较好。

缺点：早期强度增进率比矿渣水泥低，其他同火山灰水泥一样。

适用范围：适用于大体积混凝土工程、地下工程、一般工业和民用建筑。不适用范围与矿渣水泥相同。

6. 复合硅酸盐水泥（简称复合水泥）

主要成分：由硅酸盐水泥熟料和两种或两种以上规定的混合材料加入适量石膏磨细制成，为水硬性胶凝材料。

优点：比矿渣水泥、火山灰水泥和粉煤灰水泥的早期强度高，比普通水泥的和易性好，易于成型、捣实。

缺点：需水性大，配制的混凝土耐久性不及普通水泥配制的混凝土。

适用范围：适用于一般混凝土工程以及工业与民用建筑工程。不适用于耐腐蚀工程，自密实混凝土慎用。

水泥的技术指标

（二）水泥的包装

水泥主要采用包装方式进行运输，常见的水泥包装有木桶包装、麻袋包装和纸袋包装三种，其中普遍使用的是多层纸袋包装。水泥也可采用散装方式运输，如利用专用散装船或散装集装箱，但目前尚不多见。水泥散装运输时扬尘较大，故港区往往都有严格限制。

多层纸袋包装由五层结实的牛皮纸构成，利用机械缝线封口，每袋可装水泥 50kg。这种包装有价廉、轻便、防透撒性较好、拆卸方便等优点。但它也有缺点，突出表现在牛皮纸受高热影响容易发脆，会造成包装破损。

麻袋包装主要包括黄麻袋和红麻袋。黄麻是一种粗纤维作物，它的纤维具有吸湿性强、散水快、耐腐蚀等优点。红麻与黄麻的用途相同，且红麻抗逆性强，适应性广，田间管理更加粗放，纤维产量也比黄麻高得多，因此，红麻在生产上逐渐取代了黄麻。

木桶包装主要用于向极地及寒冷地区装运水泥，这种木桶有纸张内衬，可以防止水泥通过桶板缝隙透撒到桶外。

利用船舶运输包装水泥时，在装船前应检查包装的质量，并要求货方提供一定数量的备用空包装。

（三）水泥的运输与保管

装载水泥的货舱应干燥，舱室甲板和舱盖必须水密良好，舱内排水系统应完好，并有良好的通风防潮设施。由于水泥受水湿会影响质量，尤其是海水对其影响更为严重，所以船舶运输应充分注意各种可能的水湿因素。除对船舱条件有一定的要求外，在港口仓库堆放时，该仓库（包括地面）也必须干燥并具备通风防潮条件。如水泥需要暂时堆放在港口堆场，货堆地面也必须有足够厚度的垫料，货堆应有完整无缺的铺盖。此外，水泥在支线水运及港内过驳作业中，也应谨防受到各种水湿，雨天禁止进行水泥装卸搬运作业。

一般情况下，一艘船舶最多只能配装两种不同标号的水泥，而且这两种不同标号的水泥应分别装载。同时，水泥最好装在单独的货舱内，不要与其他货物装于同一舱室，若条件有限，也只能同舱配装完全干燥的、轻质的、不怕灰尘的、不会影响水泥质量的货物，但此时也须用帆布或两层席子以及铺垫木把水泥与这些货物分隔开，将这些货物堆装在水泥上面。

水泥在货舱内或在仓库内的堆装高度也有所限制，纸袋包装的水泥的堆积高度一般不超过 2m（平堆 13～15 层）；桶装水泥的一般堆高不超过 9 层。袋装水泥的积载因数通常为 0.90～1.52m^3/t，桶装水泥的积载因数为 1.05～1.29m^3/t，但由于堆高受限制，船舶运输时亏舱损失较大。为了减少亏舱损失，大宗袋装水泥普遍装在船舶间舱。

为保证水泥的运输质量，除必须符合上述装运条件和遵循基本的配装积载要求外，还必须注意以下五个方面的问题：

（1）袋装水泥在充分冷却后才能装船，否则，水泥温度较高，会使货舱（在外界温度较低时）出汗，进而造成水泥湿损。

（2）应充分注意水泥包装的脆弱性。由于水泥灌包时温度还较高，包装纸受热会影响纸质的坚韧性，因此搬运堆装时严禁抛掷、拖曳，且堆装必须平整，以防破包。

（3）水泥装载在船舶间舱，应注意防止对底舱货物造成污染。一般应在底舱舱口铺盖完整的油布，在水泥卸毕后，应先清扫间舱再进行底舱作业。

（4）水泥在运输中仍不免发生破包现象，因此，在装船时，必须严格控制货舱的清洁条件，以防有任何能影响水泥质量的残留物混合地脚水泥。地脚水泥应装入备用袋交付。

（5）由于水泥极易扬尘，还应充分注意作业时对周围其他货物的影响。

二、煤炭

在地质史上，沼泽、森林覆盖了大片土地，森林包括菌类、蕨类、灌木、乔木等植物。在不同时代，海平面常有变化。当水面升高时，植物被淹死。如果这些死亡的植物被沉积物覆盖而不透氧气，植物就不会完全分解，而是在地下形成有机地层。经过漫长的地质作用，在温度增高、压力变大的还原环境中，这一有机层最后会转变为煤层。

煤既是动力燃料，又是化工和制焦炼铁的原料，素有“工业粮食”之称。众所周知，工业界和民间常用煤作燃料以获取热量或动力，揭开工业文明篇章的瓦特蒸汽机就是由煤驱动的。此外，还可把燃煤产生的热能转化为电能进行长途输运。火力发电在我国电结构中所占比重很大，也是世界电能的主要来源之一。煤燃烧残留的煤矸石和灰渣可作建筑材料。煤还是重要的化工材料，炼焦、高温干馏制煤气是煤最为重要的化工应用，它还用于民间制造合成氨原料，低灰、低硫和可磨性好的品种还可以制造多种碳素材料。

（一）煤炭的种类

国家标准化管理委员会发布的《中国煤炭分类》（GB/T 5751—2009）将煤炭分为三大类，即褐煤（含碳50%～70%）、烟煤（含碳70%～80%）和无烟煤（含碳90%～98%）。

1. 褐煤

褐煤又名柴煤，是煤化程度最低的矿产煤，是介于泥炭与沥青煤之间的棕黑色、无光泽的低级煤。其化学反应性强，在空气中容易风化，不易储存和运输，燃烧时对空气污染严重。由于优质煤几乎被采空，褐煤已成为我国主要使用的煤，但由于褐煤的煤化程度太低，燃烧时会有大量的黑灰飘在空中，如果不经过洗煤处理和提炼，大量使用劣势褐煤会导致我国雾霾问题日益严重。

褐煤多作民用燃料或用来制造煤化工产品，如褐煤蜡、硝基腐殖酸铵等，主要产地有内蒙古伊敏河、霍林河、大雁、元宝山，云南小龙潭、昭通等。

2. 烟煤

烟煤是工业的主要用煤。烟煤的种类也较多，主要有以下几种类型：

（1）长焰煤。长焰煤是最年轻的烟煤，呈弱黏结性的长焰煤在低温干馏时能析出较多的焦油，一般用作动力燃料、民用燃料、气化原料，也可供低温干馏生产半焦或炼油原料。

（2）瘦煤。瘦煤属中高等变质烟煤，加热时能产生少量的胶质体，软化温度高，可以单独炼焦，结成的焦炭块度大，裂纹少，熔解较差，耐磨强度低。

（3）不粘煤。不粘煤在焦化中不结焦，煤的水分有时高达10%以上，一般用作动力及民用燃料，也可作气化用煤。

（4）气煤。气煤属低等变质烟煤，加热时有较多的挥发物和焦油析出，胶质体的热稳定性差。气煤能单独炼焦，但焦炭细长而易碎。

（5）焦煤。焦煤属中等变质烟煤，加热时能产生稳定性很好的胶质体，是优质的炼焦原料。用焦煤单独炼焦，所得焦炭块度大、裂纹少，机械强度和耐磨强度都很高，但由于膨胀压力大，用大型炼焦炉生产时，易造成推焦困难。

（6）肥煤。肥煤属中等变质的烟煤，加热时能产生大量的胶质体。在炼焦过程中，煤的软化、固化温度的间隔较大，用肥煤单独炼焦能产生熔解性良好的焦炭，但裂纹较多，焦炭易成小块，机械强度及耐磨强度差。

3. 无烟煤

无烟煤，俗称白煤或红煤，是煤化程度最大的煤。无烟煤固定碳含量高，挥发分产率低，密度大，硬度大，燃点高，燃烧时不冒烟。黑色坚硬，有金属光泽。以脂摩擦不致染污，断口成贝壳状，燃烧时火焰短而少烟。不结焦。一般含碳量在90%以上，挥发物在10%以下。热值为6 000～6 500kcal/kg。有时把挥发物含量特大的称作半无烟煤，特小的称作高无烟煤。

（二）煤炭的运输

煤炭运输，是指煤炭经开采出来后依靠铁路、公路、沿海和内河水运等方式将煤炭输送至目的地，包括港口、发电厂及锅炉房等。

煤炭运输的方式主要有铁路运输、公路运输、水路运输等。

1. 铁路运输

铁路运输方式分为窄轨和标准轨两种。窄轨铁路运输一般多用于厂内或距煤矿距离较近的小规模热源厂使用。标准轨铁路运输是厂外运输的重要方式。它具有运量大、运距远、速度快、不受气候条件限制等特点。我国铁路煤运量一直占煤运总量的60%以上，煤炭运输量占铁路货运总量的40%左右。

2. 公路运输

公路煤炭运输作为铁路和水路煤炭运输的重要补充，它具有灵活性大、占地少、对地形条件适应性好等特点。在主要的煤炭生产基地和煤炭中转港腹地，一直有部分中、短距离的公路直达运输或公路集港运输。

大规模的长距离煤炭运输并不是公路运输方式的优势所在，然而近几年来，随着经济发展对煤炭需求的大幅度增长，铁路运力不断趋紧，公路煤炭运输发展较快。公路运输主要受煤炭差价大小的影响，煤炭差价越大，运煤人的获利空间就越大，公路煤炭运输发展就越快。

3. 水路运输

水路运输可利用天然的江、河、湖、海通航，与公路、铁路组成方便的交通运输网，适合中长距离的运输。其运输量大、运费低、维修费用少，基建投资较少。但水路运输时间较长，有些通航航道还会受季节性水位变化的影响。当工厂距水运码头较近，水路运输原料煤能满足要求时，可考虑采用水路运输的方式。

4. 其他运输

除铁路、公路、水路三种运输方式外，坑口电站及锅炉房的原料煤，可用架空索道运输或远距离胶带输送机运输方式。

架空索道运输的优点是：对自然地形适应性强，可跨越山谷、河流，运输能力大，装卸设施简单，占地面积小。其缺点是投资和运行费用比较高。

远距离胶带输送机运输方式的优点是：运输距离远，可连续运输，运输量大，使用寿命长，设备成本低。

采用架空索道和远距离胶带输送机运输方式，原料煤可直接卸入储仓，减少原料煤二次落地的损失，并减少环境污染。

本章思考题

一、名词解释

1. 烤烟
2. 晾烟
3. 水泥

二、简答

1. 卷烟的外观质量主要有哪几个方面?
2. 卷烟如何保管?
3. 生皮常采用的保藏方法有哪些?
4. 生皮运输的注意事项有哪些?

三、案例分析

据报道，浙江温州查获一起特大海上运输假私烟案件，现场查获 49 个品种 30.12 万条假私烟，实物案值达 6 195 万余元。同时现场抓获 25 名犯罪嫌疑人，查扣货轮 2 艘、车辆 7 辆。

该案中，烟草、海关缉私、海警、公安等多部门联动作战，共出动执法人员 200 余人次，奋战三天三夜，分别在瓯江和飞云江对涉嫌违法船只同步收网。

浙江省烟草专卖局工作人员介绍，该案是浙江 2020 年连续破获的第 9 起海上运输假私烟重大案件。2020 年 1—9 月，浙江海上运输假私烟案件案值合计达 2.34 亿元，查获爱喜、黄鹤楼、利群、中华、双喜、芙蓉王等各类假私烟共计 133.06 万条。

据悉，针对海路走私卷烟新形势，浙江烟草部门特别是沿海单位依托“打网办”多部门联合机制，强化与海警的执法协作，深化情报导侦，严防境外卷烟通过海路走私入境，严打省内境外卷烟中转分销窝点，构建海上卷烟打假打私新防线。

思考：

如何辨别真假卷烟?

第十章 特殊货物

◆ 知识目标

1. 了解危险货物的分类、特性，掌握危险货物运输中的注意事项。
2. 了解冷藏货物的基本要求、质量变化、分类，掌握冷藏货物的保管要求。
3. 熟悉蔬菜与果品的分类和质量特点，掌握蔬菜与果品的分级、包装与运输方式。
4. 掌握肉禽蛋的保管方法以及运输流程。
5. 了解奢侈品的概念、分类及保存方式。
6. 了解海鲜的品种、保管方法和运输方式。

◆ 思政目标

1. 通过对各种常见的特殊货物的介绍，增强学生的专业知识和技能。
2. 通过对危险货物的介绍，提升学生的安全意识。
3. 通过对奢侈品的介绍，开拓学生的视野，增强学生开拓创新精神。

第一节 危险货物

凡具有自燃性、易燃性、毒害性、爆炸性等性质，在运输、装卸和储存保管过程中容易造成人身伤亡和财产损毁而需要特别防护的物品，均属危险品。危险品具有特殊的物理、化学性能，运输中如防护不当，极易发生事故，并且事故所造成的后果较一般车辆事故更严重。

一、危险货物的分类

危险货物分类是危险货物安全管理的基础，也是开展危险货物固有危险性评估和专项安全评价不可缺少的内容之一。掌握危险货物分类、标志知识，将有助于安全评价工作的开展。

国家标准《危险货物分类和品名编号》（GB 6944—2012）将危险货物分为九类，如表 10 - 1 所示。

表 10 - 1 危险货物分类

序号	类别
第一类	爆炸品
第二类	气体
第三类	易燃液体
第四类	易燃固体、易于自燃的物质、遇水放出易燃气体的物质
第五类	氧化性物质和有机过氧化物
第六类	毒性物质和感染性物质
第七类	放射性物质
第八类	腐蚀性物质
第九类	杂项危险物质和物品，包括危害环境物质

二、爆炸品

（一）范围

爆炸品，是指《国际海运危险货物规则》列为第一类的危险货物，包括具有整体爆炸危险、具有抛射危险但无整体爆炸危险、具有燃烧危险并兼有较小爆炸（局部爆炸）或较小抛射（局部抛射）危险之一或兼有这两种危险但无整体危险、无重大危险、具有整体爆炸危险的极不敏感和不具有整体爆炸危险的极不敏感的物质、物品。

（二）特性

1. 爆炸性

爆炸是物质发生急剧的物理、化学变化的现象。依据变化形式的不同，爆炸分为物理爆炸、化学爆炸和核爆炸。其中化学爆炸又分为爆炸性物质的爆炸、可燃性混合气体的爆炸和可燃性粉尘的爆炸。爆炸品的爆炸属于化学爆炸中的爆炸性物质的爆炸。

爆炸性物质发生爆炸的三个必要条件是：

（1）反应的放热性。反应的放热性是所有爆炸性物质发生爆炸变化的必要条件。

（2）反应的快速性。反应的快速性也是爆炸性物质发生爆炸的必要条件。它是爆炸反应过程区别于一般化学反应过程的最重要的标志。例如，每千克无烟煤在空气中燃烧能放出 9 204.8J 热量，而每千克硝酸甘油分解时所放出的热量为 6 276J，但前者反应所需的时间为数分钟到数十分钟，而后者的分解反应则可在百万分之几秒到万分之几秒的时间内完成。

（3）生成气体产物。爆炸对周围介质的做功是通过高温高压的气体迅速膨胀实现的。因此，在反应过程中生成大量气体产物也是爆炸性物质爆炸的一个重要条件。

综合上述爆炸性物质爆炸的三个条件，可以了解到爆炸性物质爆炸首先是外界给予一定的能量引起爆炸性物质的化学反应，反应放出大量热量，一部分热量促使反应继续进行，一部分热量用来加热所产生的气体，由于反应速度极快，所产生的气体来不及扩散，所放出的热量集中在爆炸性物质原来占有的容积内，维持很高的能量密度，因此形成了高温、高压气体，使爆炸性物质爆炸具有巨大的破坏作用。

2. 毒害性

许多爆炸性物质爆炸时会产生大量的 CO、CO_2、N_2、NO、NO_2 或 SO_2 等窒息性和有毒气体，有的甚至有剧毒，很容易造成窒息或中毒。

3. 燃烧性

爆炸品燃烧时放出大量热量，瞬间中心点温度可升至 1 500℃～4 500℃，很容易使周围的可燃物质燃烧，造成火灾。

三、易燃类危险品

（一）易燃液体

易燃液体是指闭口闪点等于或低于 60℃的液体、液体混合物或含有固体物质的液体，但不包括由于其危险性而已列入其他类别的液体。此类物质在常温下易挥发，其蒸气与空气混合能形成爆炸性混合物。

易燃液体具有以下几种危险特性：

（1）易挥发性。易燃液体大部分属于沸点低、闪点低、挥发性强的物质，随着温度的升高，蒸发速度加快，当蒸气与空气达到一定浓度时，遇火源极易发生燃烧爆炸。

（2）易流动扩散性。易燃液体具有流动性和扩散性，大部分黏度较小，易流动，有蔓延和扩大火灾的危险。

（3）受热膨胀性。易燃液体受热后体积膨胀，液体表面气压随之增加，部分液体挥发成蒸气。在密闭容器中储存时，常常会出现鼓桶或挥发现象，如果体积急剧膨胀就会引起爆炸。

（4）带电性。大部分易燃液体是非极性物质。在管道、贮罐、槽车、油船的输送、灌装、摇晃、搅拌和高速流动过程中，由于摩擦易产生静电，当所带的静电荷聚积到一定程度时，就会产生静电火花，有引起燃烧和爆炸的危险。

（5）毒害性。大多数易燃液体都有一定的毒性，对人体的内脏器官和系统有毒性作用。

（二）易燃固体、自燃物品和遇湿易燃物品

易燃固体是指燃点低，对热、撞击、摩擦敏感，易被外部火源点燃，燃烧迅速，并可能散发出有毒烟雾或有毒气体的固体。自燃物品是指自燃点低，在空气中易于发生氧化反应，放出热量，并自行燃烧的物品。遇湿易燃物品是指遇水或受潮时发生剧烈化学反应，放出大量的易燃气体和热量的物品，有些甚至不需要明火即能燃烧或爆炸。

1. 易燃固体的主要特性

（1）易燃性。易燃固体容易被氧化，受热易分解或升华，遇火种、热源常会引起强烈、连续的燃烧。

（2）可分散性与氧化性。一般来说，物质的颗粒越细，其比表面积越大，分散性就越强。当固体粒度小于0.01nm时，可悬浮于空气中，这样能充分与空气中的氧接触发生氧化作用。

固体的可分散性是受许多因素影响的，但主要还是受物质比表面积的影响，比表面积越大，物质和空气的接触机会就越多，氧化作用也就越容易，燃烧也就越快，越具有爆炸危险性。另外，易燃固体与氧化剂接触，能发生剧烈反应而引起燃烧或爆炸。

（3）热分解性。热分解性是指某些易燃固体受热后不熔融，而发生分解的现象。有的受热后边熔融边分解，如硝酸铵（NH_4NO_3）在分解过程中，往往释放出NH_3或NO_2、NO等有毒气体。一般来说，热分解的温度高低直接影响着危险性的大小，受热分解温度越低的物质，其火灾爆炸危险性就越大。

（4）对撞击、摩擦的敏感性。易燃固体对摩擦、撞击、震动也很敏感。例如，赤磷、闪光粉等受摩擦、震动、撞击等也能起火燃烧甚至爆炸。

（5）毒害性。许多易燃固体有毒，或燃烧产物有毒或有腐蚀性，如二硝基苯、二硝基苯酚、硫黄、五硫化二磷等。

2. 自燃物品的主要特性

（1）极易氧化。自燃的发生是由于物质的自行发热和散热速度处于不平衡状态而使热量积蓄的结果。自燃物品多具有容易氧化、分解的性质，且燃点较低。在发生自燃前，一般都经过缓慢的氧化过程，同时产生一定热量，当产生的热量越来越多，积热使温度达到该物质的自燃点时，便会自发地着火燃烧。

凡能促进氧化的一切因素均能促进自燃。空气、氧化剂、强酸、金属粉末等能与自燃物品发生化学反应，受热、受潮对氧化反应有促进作用，它们都是促使自燃物品

自燃的因素。

（2）易分解。某些自燃物品的化学性质很不稳定，它们在空气中会自行分解，积蓄的分解热也会引起自燃，如硝化纤维素、赛璐珞、硝酸甘油等。

3. 遇湿易燃物品的主要特性

（1）遇水或酸反应性强。这类物品遇水、潮湿空气、酸能发生剧烈的化学反应，放出易燃气体和热量，极易引起燃烧或爆炸。

（2）腐蚀性或毒性强。某些遇湿易燃物品具有腐蚀性或毒性，如硼氢化合物、金属磷化物等。

四、腐蚀品

（一）定义

腐蚀品是指能灼伤人体组织并对金属等物品造成损坏的固体或液体。

腐蚀品对人体有一定危害。腐蚀品有些本身能着火，有的本身并不着火，但与其他可燃物品接触后能着火。

（二）分类

1. 按性质分类

腐蚀品按其性质分为以下几类：

（1）酸性腐蚀品：如盐酸、硫酸、硝酸、磷酸、氢氟酸、高氯酸、王水等。

（2）碱性腐蚀品：如氢氧化钠、氢氧化钾、氨水等。

（3）其他腐蚀品：如苯、苯酚、次氯酸钠溶液、甲醛溶液等。

2. 按腐蚀性的强弱分类

腐蚀品按其腐蚀性的强弱又细分为一级腐蚀品和二级腐蚀品。其主要品类是酸类和碱类。

（1）酸性腐蚀品，如硫酸、硝酸、氢氯酸、氢溴酸、氢碘酸、高氯酸，还有由 1 体积的浓硝酸和 3 体积的浓盐酸混合而成的王水等。

（2）碱性腐蚀品，如氢氧化钠、氢氧化钙、氢氧化钾、硫氢化钙等。

（3）其他腐蚀品，如二氯乙醛、苯酚钠等。

（三）特性

腐蚀品是化学性质非常活泼的物质，能与很多金属、非金属及动植物机体等发生化学反应。腐蚀品不仅具有腐蚀性，有的还同时具有毒性、易燃性或氧化性等性质中的一种或数种。

1. 腐蚀性

腐蚀品与很多物品、人体接触后，都能形成不同程度的腐蚀，其中对人体的腐蚀又称为化学烧伤（或化学灼伤）。

（1）对人体的腐蚀。

固体、液体和气体腐蚀品触及皮肤表面或器官（如眼睛、食道等）的表面都会引起化学烧伤。

固体腐蚀品如氢氧化钠等，能烧伤与之直接接触的表皮。液体腐蚀品能很快侵害人体的大部分表面积，并能透过衣物发生作用。气体腐蚀品虽然不多，但许多液体腐蚀品的蒸气和粉末状固体腐蚀品的粉尘，同样具有严重的腐蚀性，它们不仅能伤害人体的外部皮肤，还会侵害呼吸道和眼睛。

（2）对物品的腐蚀。

腐蚀性物品中的酸、碱，甚至盐都能不同程度地对金属造成腐蚀。它们会腐蚀金属容器、船舶、车辆、货舱及设备等。即使这些金属物品不直接与腐蚀品接触，也会因腐蚀品蒸气的作用而锈蚀。

有机物质如木材、布匹、纸张和皮革等也会被碱、酸腐蚀。腐蚀品甚至能腐蚀水泥建筑物，例如洒漏于水泥地上的盐酸能把光滑的地面腐蚀成为麻面；洒漏的硫酸来不及加水稀释流入下水道，会使水泥制的下水道遭到毁坏；氢氟酸能腐蚀玻璃等。

2. 毒性

许多腐蚀品具有不同程度的毒性，如水合肼、五溴化磷、偏磷酸。具有挥发性的腐蚀品能挥发出有毒的气体和蒸气，在腐蚀人体的同时还能引起中毒，如发烟硫酸、氢氟酸等。

3. 氧化性

腐蚀品中的含氧酸大多是强氧化剂，本身会分解放出氧气，或与其他物质反应时，夺取电子使其氧化，如硝酸暴露在空气中就会分解放出氧气。强氧化剂与可燃物接触时，即可引起燃烧。如硝酸、浓硫酸、高氯酸等，与松节油、食糖、纸张、炭粉等接触后，即可引起燃烧甚至爆炸；浓硫酸、浓硝酸可以氧化铜，同时放出有毒的二氧化硫或二氧化氮气体。

五、危险货物的运输

（一）危险货物运输的概念

危险货物运输是特种运输的一种，是指专门组织或技术人员对非常规物品使用特殊车辆进行的运输。一般只有经过国家相关职能部门严格审核，并且拥有能保证安全运输危险货物的相应设施设备的组织，才能有资格进行危险品运输。

为切实强化危险货物道路运输安全管理，预防危险货物道路运输事故，保障人民群众生命、财产安全，保护环境，2019 年 11 月 10 日，交通运输部、工业和信息化部、公安部、生态环境部、应急管理部、市场监督管理总局发布了《危险货物道路运输安全管理办法》（交通运输部令 2019 年第 29 号），自 2020 年 1 月 1 日起施行。

（二）危险货物运输的基本要求

1. 对运输工具技术的要求

为强化危险货物运输安全管理，确保危险货物运输安全、有序，国家对所有相关的运输工具都有具体的要求。

2. 对运输工具安全设施的要求

危险货物运输工具与普通货物运输工具的运输对象不同，除对运输工具技术状况、配备的工具和不同的型号的要求外，对工具安全设施也有特殊的要求。针对选用的工具的型号、所装运的危险货物的不同，还必须给工具配备相应的安全设施，如排气管火花熄灭器、电源总开关、导静电拖地带以及相应的消防器材等。

3. 对运输工具的限制要求

由于危险货物具有一定的潜在危险性，因此在运输、装卸过程中，对环境、温度、湿度、震动、摩擦、冲击等因素的防范要求严格。

危险货物运输应注意的事项

4. 对运输装卸设备的要求

装卸作业是货物运输生产中一个极为重要的环节。正确选用装卸设备，严格执行操作规程和加强装卸设备的管理，对保障安全运输，提高运输效率和质量有着重要的作用。

5. 对运输工具特殊标志的要求

从事危险货物运输的交通工具，经当地地市级运输管理机构检查合格，同时单位符合从事危险货物运输资质的规定，方可领取相关“运输证”，凭证配置相关规定的标志，并按国家标准规范悬挂。

第二节 冷藏保鲜食品

一、冷藏的基本要求

冷藏是现代化水果蔬菜贮藏的主要形式之一，它是采用高于水果蔬菜组织冻结点的较低温度实现水果蔬菜的保鲜。达到有效冷藏的必要条件是低温控制、空气循环和湿度控制以及空气调节。

（一）低温控制

设计合理的冷柜、冷藏室和冷库应具有足够的制冷能力和良好的绝热性能，以确保冷藏空间的温度维持在选定温度±1℃的范围。为达到这一目的，除冷藏空间必须满足绝热要求外，还必须了解所有导致热量在空间释放或者妨碍热量从空间散失的因素。这些因素包括：放热电灯的数量、处于工作状态的电动机的数量、冷藏区域可能出现的操作工人的数量、与热空气相通的门的开启频率、同期冷藏的食品的种类和数量等。

（二）空气循环和湿度控制

恰当的空气循环有助于食品表面附近的热量向制冷中心和制冷面移动，但冷藏空间的循环空气湿度太高或太低都不利于冷藏食品的保鲜。高湿度的空气会在冷藏食品表面形成水分凝结，而在通常的冷藏温度下，过多的水分凝结会导致真菌在食品表面生长；过分干燥的空气则会引起食品失水。对于不同种类的食品，导致表面真菌生长或干燥失水的空气湿度条件各异，因此保存时应使每一种食品都处于最佳的相对湿度环境下。大多数商品冷藏所需的最佳相对湿度是已知的。大多数食品在冷藏温度下保藏时所需的最佳相对湿度为80%～95%。任何食品的最佳相对湿度都与其水分含量以及水分散失的难易度有关。芹菜和其他一些脆性蔬菜冷藏时的最佳相对湿度为90%～95%，坚果类则在70%的相对湿度下冷藏效果最好。另外，那些在冷藏温度下储存寿命很长的奶粉、鸡蛋粉等干粉状产品适于在非常干燥的环境中储存，此类产品若不采用防水外包装，相对湿度达到50%时就可能会引起结团、结块。

如果冷藏的目的是延长保质期，那么在冷藏时还应采取一些其他的辅助手段来保持产品的质量。可以采用多种包装方法来减少易失水食品的水分散失，这一点对于冷藏来说非常重要，否则食品中的水分会连续散失进入冷藏空间并向制冷中心和制冷面移动，因为水蒸气趋向于在冷表面凝结。

（三）空气调节

空气调节是指通过控制空气中不同气体的含量达到冷藏的目的，通常这种方法称为气调保藏法。苹果等水果在冷藏的同时采用气调保藏，可以防止成熟过度。水果和蔬菜在保藏过程中会消耗氧气，同时释放二氧化碳。可以通过以下三种途径降低水果和蔬菜的呼吸速度并减少由此带来的生理变化：降低温度、减少（但不隔绝）氧气含量和增加二氧化碳含量。不同的水果，甚至同一水果的不同品种，保藏所需的最佳温度、相对湿度和环境空气组成都不一样。

无论是动物组织还是植物组织，都会因呼吸作用而消耗和释放气体，因此，气体组成的变化会对食品的许多性质产生影响。鲜肉色素的变化、表面成熟进程、呼吸模式、腐败微生物的生长以及冷藏鸡蛋陈化的速度等都与环境气体条件有关。单就冷藏鸡蛋的陈化速度而言，除了用表面涂油的方法减少水分和二氧化碳的散失以外，将鸡蛋放在富含二氧化碳的冷库中保藏同样可以减缓二氧化碳的损失，维持鸡蛋的 pH 值和新鲜度。

低压保藏是气调保藏的一种方式。低压保藏时，冷藏区需要维持低压和高湿环境。采用此法降低了保藏区空气的含量，相应地降低了氧气的含量，同时高湿又可以防止食品失水。低压保藏在冷藏库和密封冷藏车中都有应用。

除上述方式外，还有一些保藏方法也属于气调保藏的范畴。例如，使用抗微生物蒸气或熏蒸剂控制真菌的生长、使用乙烯加速柠檬和香蕉的成熟以及颜色的变化。此外，采用液氮冷藏时以氮气取代了冷藏区的空气，因而这种方法也可以归类于气调保藏方式。

二、冷藏保鲜食品的分类

冷藏食品根据储藏温度的差别，大致分为以下三类：

（1）冻结食品：运输温度为－20℃～－18℃。如肉类、鱼类、黄油等，在长途运输中，以完全冻结的状态储藏，不需进行舱内换气。

（2）冷温食品：冷温是指不充分的冷冻状态，运输温度为－2℃～－1℃，就肉类而言，是指表面结成一层薄冻的程度。如生鲜肉、鱼类的短途运输，以及必须用不致引起冻结的低温来储藏的鲜蛋、生果实等，都采用冷温运输。

（3）凉温食品：运输温度为 10℃～40℃。如水果、蔬菜的短途运输，干肉、熏肉、咸肉、鱼干、熏鱼、咸鱼等，需用凉温储藏。

三、冷藏保鲜食品的防腐措施

易腐食品在流通、保管过程中需要适宜的储运环境、生存条件来维持其生命、生理状态或物态。易腐食品腐烂腐败的内在原因是微生物的破坏作用和货物自身的呼吸作用；而外部条件有环境、温度、湿度、卫生状况等。其他因素如采摘、装卸、搬运、包装质量等是重要的影响内因。因此，防止易腐食品腐烂变质的措施，主要应从以下六个方面考虑。

（一）避免食品的机械损伤

在采摘、包装、搬运、堆码、存放、装卸等作业中，应尽量防止货物破裂、折断、压碰、磨损，避免机械损伤。

（二）保持适当的温度

在易腐货物的运输和存储中，通常采用控制温度的方法使货物获得均匀、稳定的低温，达到抑制细菌繁殖、防止易腐货物腐烂的目的。

（三）保持适当的湿度

微生物的繁殖和呼吸作用还与湿度有关。湿度就是空气中含水蒸气的程度，通常用百分比表示。湿度越大，细菌繁殖就越快，呼吸作用也就越强。若湿度过小，菜果自身的水分蒸发加快，则菜果易于干缩、枯萎，重量减轻，失去新鲜状态，抗病能力被削弱，同样易造成腐烂。所以易腐货物在储运过程中始终保持适当的湿度是十分重要的。

（四）保持良好的卫生环境

良好的卫生环境可以减少易腐货物被微生物沾染的机会，所以用于存放易腐货物的地点、货物包装和其他运输设备都必须保持清洁，符合卫生条件。

（五）注意通风换气

通风换气的目的是保证货物呼吸作用的正常进行，及时通风换气可排除呼吸作用所放出的二氧化碳、水蒸气和热量，补充新鲜空气，防止缺氧。呼吸通风时间的长短和时机视货物状态、环境条件而定。

（六）组织快速运输

易腐货物发生腐烂、变质的过程有化学变化、生物化学变化和生物变化等，以上各种措施只能延缓货物的理化、生理、生化过程，而不能停止这些变化，因此缩短易腐货物的运输时间是保证易腐货物运输质量的重要措施。

四、果蔬类食品

蔬菜和果品是人们日常生活中必不可少的副食品，它以丰富的营养、可口的风味受到人们的喜爱。我国地域辽阔，自然条件优越，气候、土壤和地形等自然环境条件很适合蔬菜和果品的生长。

（一）蔬菜和果品的化学成分

蔬菜和果品中含有多种化学成分，化学成分的含量及组成比例直接决定着蔬菜与果品的营养价值和风味特点，同时与它们的运输、加工、储藏也有密切的关系。

1. 水分

蔬菜和果品中含有大量的水分，一般鲜菜中含有65%～96%的水分，鲜果为73%～90%，干果为20%左右，籽仁类为3%～4%，而新鲜瓜类则含有95%左右的水分。

正常的含水量是衡量蔬菜和果品新鲜程度的一个重要质量标准。蔬菜和果品如失去正常的含水量，其组织细胞的膨压减小，就会因萎蔫而降低鲜嫩的品质和商品价值。但是，蔬菜和果品的含水量大，也会给其储运工作带来较大的困难，并给微生物的繁殖创造适宜条件，使蔬菜和果品容易腐烂变质。

2. 矿物质

蔬菜和果品中的矿物质是人体所需矿物质的重要来源，其一般含量（以灰分计）为0.2%～3.4%。蔬菜和果品主要含有钙、磷、铁、钾、钠、镁、硫及微量的碘、砷、铅、铜等，其中钾的含量最高，占蔬菜和果品灰分的25%左右。钙、铁、磷的含量也很丰富，是人体所需钙、磷、铁的重要来源。蔬菜和果品中的矿物质大多与酸结合成盐类或成为有机物的组成成分，如蛋白质中的硫、磷，叶绿素中的镁等，易为人体吸收。蔬菜和果品中还含有微量的砷、铅、铜，喷施农药后由于农药残留，这些有毒的矿物质的含量还会增加，因此，在食用蔬菜和果品时应注意洗净。

3. 维生素

蔬菜和果品中含有丰富的维生素C和作为维生素A原的胡萝卜素，另外，尚有少量的B族维生素。新鲜的蔬菜和果品是人们膳食中维生素C和维生素A的最重要来源。

蔬菜和果品中维生素C和维生素A的含量（每100g中所含的毫克量）随蔬菜和果品种类的不同而不同。蔬菜中维生素C含量高的有：青椒，为105mg；菜花、雪里蕻、金花菜、苦瓜，在80mg以上；一般的叶菜类及根、茎菜类均在60mg以下。果品中维生素C含量高的有：鲜枣，270～600mg；野生酸枣，830～1 170mg；山楂，89mg；柑橘类，40～60mg；苹果、梨、葡萄、杏、桃等，一般在10mg以下。胡萝卜素呈橙黄色，主要与叶绿素、叶黄素等共存于植物细胞的叶绿体中，此外还储存在植物的块根、块茎和果实中。因此，具有绿、黄、橙等色泽的菜果均富含胡萝卜素，如油菜、菠菜、韭菜、雪里蕻、胡萝卜、马铃薯、番茄、南瓜、柑橘、杏、枇杷、黄桃等。

维生素的含量与蔬菜和果品的品种、栽培条件、成熟度和结构部位有关。野生的菜果维生素C的含量多于栽培的品种；露地栽培的，维生素C的含量又多于保护地栽培的品种；成熟的蔬菜和果品中，维生素C和胡萝卜素的含量都要高于未成熟的；蔬菜和果品表皮中的维生素C要比果肉中的含量高；胡萝卜直根的顶部和外围组织中的胡萝卜素又多于直根的下部。

4. 碳水化合物

蔬菜和果品的干物质中最主要的成分是碳水化合物，包括糖、淀粉、纤维素和半纤维素。

（1）糖。

蔬菜和果品中的糖主要是葡萄糖、果糖、蔗糖等。果品的含糖量因品种的不同而有很大差别，一般都高于蔬菜。果品中含糖最多的是葡萄，可达20%以上，苹果为6%～10%，西瓜为5.5%～12%，甜瓜为2%～18%。蔬菜中，一般的蔬菜如番茄、青椒、黄瓜、洋白菜等仅含有1.5%～4.5%的糖。蔬菜和果品中的糖经过长期储藏，会因生理活动的消耗而逐渐降低，因此，某些蔬菜和果品会因储藏过久而使甜味变淡。

（2）淀粉。

淀粉是多种蔬菜的重要成分，如马铃薯、芋头、山药等薯芋类和豆类蔬菜中都含有大量的淀粉。这些蔬菜除供菜食以外，也可作为主食、饲料以及酿造工业的原料。

在未成熟的果品中，一般都含有较多的淀粉，随着成熟度的提高，淀粉逐渐水解成糖。有的果品如葡萄、柑橘及核果类，成熟后淀粉完全消失，有的果品如苹果和梨，成熟后仍残存少量的淀粉，但经过一段时间的储藏，淀粉也会完全转变成糖。果品中含淀粉最多的是板栗（44%）和生香蕉（18%）。

（3）纤维素和半纤维素。

纤维素和半纤维素在蔬菜和果品中普遍存在，蔬菜中的含量为0.2%～2.8%，果品中为0.5%～2%。纤维素常与半纤维素同时存在，它们是构成细胞壁的主要成分。纤维素含量少的蔬菜和果品肉质柔嫩，食用质量高；反之，则肉质粗、皮厚筋多，食用质量低。

纤维素的含量还对蔬菜和果品的耐储性影响很大，纤维素具有高度的稳定性，在使蔬菜和果品免受机械损伤和微生物侵害方面起着重要的作用。

5. 有机酸

蔬菜和果品中含有多种有机酸，这些有机酸常与矿物质结合形成酸式盐而存在。有机酸的存在与蔬菜和果品的口味有密切关系。果品中的有机酸主要是苹果酸、柠檬酸和酒石酸，这三种酸通常又称果酸，它们具有醇和酸的味道，对人体无害。但菠菜、茭白、竹笋、李、杏、草莓中含有较多的草酸，会降低人体对钙的吸收。

6. 果胶物质

果品中果胶物质含量较多的有柚子、山楂、香蕉、苹果等，蔬菜中有胡萝卜、南瓜、番茄等。

7. 鞣质

鞣质是一种多酚类化合物，对蔬菜和果品的食用和加工特性有一定的影响。

8. 色素

色素的种类很多，在蔬菜和果品中广泛存在的有叶绿素、类胡萝卜素、花青素等。未成熟的果实果皮细胞内含有大量叶绿素，它不溶于水，存在于叶绿体中，随着果实的成熟，它会在酶的作用下水解生成叶绿醇和叶绿酸盐等溶于水的物质，于是果实呈现黄色或橙色，这个变化称为果实底色变化。类胡萝卜素是胡萝卜素、叶黄素、隐黄素和番茄红素等的总称，它们的颜色从黄到橙红，如柑橘、柿子、杏、李、黄桃等所表现出的橙黄色，都是类胡萝卜素的颜色。

9. 糖甙

糖甙是由糖与醇、醛、酚、鞣酸、含硫和含氮的化合物构成的酯化物，多数具有强烈的苦味或特殊的香气，有些还具有毒性。蔬菜和果品中主要的糖甙有以下几种：黑芥子甙、茄碱甙、苦杏仁甙、柑橘甙等。黑芥子甙带有苦味或辣味，存在于萝卜、油菜、芥菜等蔬菜中。茄碱甙又名龙葵甙，具有毒性，主要存在于茄科的蔬菜中，如马铃薯、未成熟的茄子、番茄等；当马铃薯块茎发芽时，茄碱甙含量增高，特别是绿皮层和芽眼部分的含量更高，如达到0.02%即可引起中毒。苦杏仁甙在多数果品的果仁中都含有，其中以核果类的种仁含量较多，而仁果类含量较少，因此，食用一些果仁时须先用热水浸泡处理，除去氢氰酸才可食用。柑橘甙广泛存在于柑橘类果品中，且果皮中含量最多，使果实呈现黄色，多带苦味。

10. 挥发油

挥发油是形成蔬菜和果品香气和特殊风味的主要成分，它是醇、酯、醛、烃等的混合物。挥发油都是低沸点、易挥发的物质，因此，储藏过久的蔬菜和果品的香气会降低。挥发油只有当蔬菜和果品成熟或后熟时才能产生，所以没有成熟的蔬菜和果品缺乏香气。

蔬菜和果品中挥发油的种类极多，而其含量甚微，一般只有万分之几，甚至十万分之几。只有在某些蔬菜（如胡萝卜、香菜、芹菜等）的种子及仁果和柑橘的果皮中，挥发油的含量才可达到1%～3%，所以可从这些种子和果皮中提取挥发油。葱、蒜中的含硫挥发油不但是葱、蒜香气的来源，而且具有杀菌能力；辣根和芥末中的异硫氰酸烯丙酯是它们产生辛辣味和芳香味的主要成分。

蔬菜和果品中除了含有上述化学成分以外，还含有含氮物（主要是蛋白质）、脂肪以及其他成分。这些成分在坚果、籽仁、豆类蔬菜中含量较高，而在大多数蔬菜和果品中含量并不高。

（二）蔬菜和果品的分级、包装、运输和储藏

1. 蔬菜和果品的分级

蔬菜和果品的分级是按照国家或地方规定的蔬菜和果品收购规格标准或收购质量标准进行的。

蔬菜的分级除了要考虑品质、颜色、大小三方面以外，还应考虑蔬菜清洁、修整状况，如是否带泥土或黄烂帮叶等。

果品分级时，主要的根据是果品的品质、颜色和大小三个方面。其中，果品的品质最重要，它包括果形、成熟度和病虫伤害等项目；颜色方面，要求具有本品种成熟时正常的色泽；大小方面，常以果实的横断面直径（以厘米为单位）表示。无论哪一组果品，其品质和颜色都要求在同一等级内必须是一致的。品质、颜色、大小三者互相联系，因此，分级时应当根据上述三个方面对果品的质量进行综合评定。

蔬菜和果品分级的基本质量指标有以下六项：

（1）形状。形状是蔬菜和果品品种的重要特征，每个品种都具有其特有的形状，依据形状可以鉴别同一批蔬菜和果品的品种是否一致、生长发育是否均匀。

（2）大小。同一块园地或同一棵树上长的蔬菜和果品，经常会出现大小不等的情况。一般同一品种个形大的要比个形小的发育充分、质量优良、可食部分多、商品价值高。因此，蔬菜和果品按照大小分组，可以更好地评价其质量，也便于包装和销售。

（3）色泽。色泽是蔬菜和果品品种的重要特征，它是由不同的色素引起的，能反映蔬菜和果品的成熟度和新鲜度。在蔬菜和果品成熟过程中，某些色素的分解或合成会引起色泽的改变，蔬菜和果品中的营养物质也会随之发生变化。

（4）成熟度。如前所述，成熟度能充分反映蔬菜和果品的风味和食用质量，以及它们的耐储性。因此，成熟度是评价蔬菜和果品的重要质量指标。蔬菜和果品成熟度可用表皮颜色变化、肉质硬度、可溶物的含量、糖酸比值、果体大小以及生长期长短来表示。以表皮颜色变化、肉质硬度、糖酸比值来确定成熟度较为准确。

（5）损伤。由于蔬菜和果品的组织结构柔嫩，因此在生产和流通过程中极易受到各种机械伤害，而且采收以后所造成的伤口难以愈合，容易感染腐败微生物，对长期储藏极为不利。所以，在蔬菜和果品分级时，应严格限制机械伤面积的大小及部位。

（6）病虫害。由于蔬菜和果品富含营养成分，在生长期间最易遭到虫害和病害的侵染。例如，苹果和梨常常受到食心虫的危害，柑橘常受介壳虫、柑蛆、锈壁虱等的危害，而由真菌或细菌引起的各种腐烂病害（如软腐病、炭疽病、轮纹病、青霉病等）以及储藏生理病害（黑心病、水肿病等）对于蔬菜和果品也有很大的危害性。在分级时，受到病虫害影响的蔬菜和果品应剔除或者降低等级。有许多病虫害是属于国际或国内禁止性质的，在蔬菜和果品的对外贸易中，对这些病虫害，有的限制数量和范围，有的则绝对禁止。此外，对干疤、水锈、冻伤、枯萎、日烧等病害也应加以防止。

2. 蔬菜和果品的包装

（1）包装的作用。蔬菜和果品的含水量很高，表皮保护组织却很差，在采收、贮藏和运输中很容易受到机械损伤和微生物侵害。另外，蔬菜和果品采收后仍然是一个活体，有呼吸和蒸腾作用，会产生大量的呼吸热，使周围环境温度升高，使产品失水。因此，蔬菜和果品容易腐烂变质、丧失商品价值和食用价值。包装可以缓冲过高和过低环境温度对产品的不良影响，防止产品受到尘土和微生物的污染，减少病虫害的蔓延和产品失水萎蔫。在贮藏、运输和销售过程中，包装可减少产品间的摩擦、碰撞和挤压造成的损伤，使产品在流通中保持良好的稳定性，提高商品率。此外，包装也是一种贸易辅助手段，可为市场交易提供标准规格单位。包装的标准化有利于仓储工作的机械化操作，减轻劳动强度，设计合理的包装还有利于充分利用仓储空间。

（2）包装容器的要求。蔬菜和果品的包装容器有其特殊的要求，首先应该有足够的机械强度，保护产品在装卸、运输和堆码过程中免受损伤，其次要具有一定的通透性，利于排除产品产生的呼吸热和进行气体交换。包装容器最好具有防潮性，防止吸水变形。此外，包装容器还必须具有清洁、无污染、无异味、无有毒化学物质、内壁光滑、美观、重量轻、成本低等特点，包装容器的外面应注明商标、品名、等级、重量、产地及包装日期。

（3）包装容器的种类和规格。蔬菜和果品的包装容器按其用途可分为运输包装、贮藏包装和销售包装。适合蔬菜和果品的包装容器主要有纸箱、木箱和塑料箱，一些质地比较硬的产品也可使用麻袋、编织袋、网眼袋等包装。包装的规格大小和容量可因产品的种类和品种不同而异，同时要考虑便于携带、堆码、搬运及机械化、托盘化操作，包装箱的长宽比为 1.5：1；产品加包装物的重量一般不超过 20kg。产品采后可用大木箱运输到包装棚，冷藏和气调贮藏时也可使用大木箱。除了上述外包装，为了防止产品失水和减轻机械损伤，包装箱中要加内包装，主要是各种塑料薄膜、纸或纸隔板等。

3. 蔬菜和果品的运输

蔬菜和果品采摘后仍为有生命体，果实组织中仍进行着活跃的新陈代谢过程，对微生物的侵入有抗御能力。但当这种生命体发展到后期即过熟阶段，新陈代谢变慢甚至停止，果实成分与组织均发生了不可逆转的变化，使其失去营养价值和特有风味，在微生物作用下开始腐烂。

蔬菜和果品的呼吸实质上是果实内有机物缓慢地氧化。在有氧条件下，果实内作为基质的糖、有机酸以及复杂的碳水化合物被完全氧化分解为二氧化碳、水和热量，维持正常的生命活动。在缺氧条件下，果实内的基质不能完全氧化分解，只能产生结构比较简单的化合物如乙醇、乙醛等和少量的热量。缺氧呼吸果实为获得与有氧呼吸同样多的能量，就必须氧化更多的呼吸基质，即消耗更多的贮藏物质，使果实质量变差，缩短贮藏期。

蔬菜和果品呼吸还会产生乙烯和其他微量气体。乙烯诱发果实呼吸强度升高，从成熟进入完熟。乙烯是果实成熟的启动物质，是一种催熟剂，不仅加快成熟速度，而且均匀改变成熟过程。但乙烯对果实也有许多不利影响，如：在储存期间过早地加速成熟；加速某些未成熟的果实（黄瓜、南瓜等）和多叶蔬菜枯黄、失去绿色；在莴苣上产生黄褐色斑点；刺激或抑制土豆发芽，这取决于乙烯的浓度和时间；芦笋变硬。

保证蔬菜和果品新鲜的高质量运输不仅要控制乙烯，还要控制二氧化碳、水汽和呼吸发出热量造成的损坏。

一般情况下低温可降低蔬菜和果品的呼吸强度，但也使它们由于生理失调而造成冻害，因此应正确设置温度。为保证蔬菜和果品正常的呼吸活动，需供应适量的氧气。应正确设置冷箱新鲜空气换气窗开度比率，但要特别注意换气窗要远离乙烯源。

控制二氧化碳、乙烯、氧气影响的方法

为避免由于水汽使霉菌和真菌繁殖造成腐烂及水汽凝结造成的其他损坏，应正确地设置相对湿度，降低箱内的湿度以达到最佳贮藏运输环境。

4. 蔬菜和果品的储藏方法

根据控制储藏温度方法的不同，蔬菜和果品的储藏方法可分为自然降温储藏和人工降温储藏两类。属于自然降温储藏的有堆藏与埋藏、窖藏、冻藏和假植储藏等简易储藏方法及通风库储藏法等；人工降温储藏有冰窖储藏、机械冷藏和气调冷藏等储藏方法。随着现代科学技术的迅速发展，辐射处理、减压处理等先进技术也逐渐应用于蔬菜和果品的储藏，从而推进了蔬菜和果品储藏技术的不断发展。

（1）堆藏与埋藏。

堆藏与埋藏是最简易方便和普遍采用的储藏方法。这种方法简便易行，防寒保温所用的材料可就地就近取材。一般在晚秋、冬季和早春季节采用此法。当覆盖土层后，既保持了较高的湿度，防止蔬菜和果品萎蔫，又能使蔬菜和果品堆内积存适量 CO_2，从而起到一定的自发保藏作用。其缺点是：因堆藏与埋藏靠天然的气温，故主要限于北方较寒冷的季节采用；储藏初期的温度难以控制，在储藏期间也不便于经常对蔬菜和果品进行检查。

适于堆藏的蔬菜有洋葱、大蒜、马铃薯、洋白菜、大白菜等；适于埋藏的蔬菜主要是直根菜，如萝卜、胡萝卜等。

（2）窖藏。

窖藏是我国广大农村地区广泛采用的一种储藏方法。此法较妥善地利用了土壤的不良导热性和湿度，以保持较稳定的温度，当冬季外温下降时，窖内仍能维持在 0℃左右，蔬菜和果品不致结冰；当春秋季节外温升高时，窖内则能长时间保持较低温度，因此，可以较长期地储藏蔬菜和果品。同时，与埋藏法相比，此法便于蔬菜和果品的取存、检查以及通风调温等。

我国各地的窖藏可分为棚窖、窑窖和井窖三种类型。棚窖是我国黄河流域以北广大地区用来储藏大白菜、萝卜、马铃薯、苹果、梨、葡萄等的主要方法。采用棚窖储藏蔬菜和果品时，掌握温度是储藏管理的关键，棚窖的温度是通过气眼、天窗、窖门等调节的。通风管理的原则是：初期大量通风，以散发新入储菜果的湿热，防止腐烂，中期的气温最低，通风时须注意防冻；后期在开春后，气温上升，一般不宜通风，以保持窖内低温。随着通风，窖内的湿度和空气成分也得到相应的调节。窑窖则多应用于山西、陕西等地，如山西原平的梨、清徐的葡萄多以此法储藏。井窖多应用于南方各省储存果品，如四川南充储藏甜橙的吊金窖。

（3）通风库储藏。

通风库储藏是以绝缘良好的建筑，根据库内外温差和昼夜温差，用通风的方式来保持库内较稳定的温度，达到储藏蔬菜和果品的目的。这种方法在原理上和管理技术上与窖藏法相似。由于它具有储藏量大、便于人工控制储藏条件等优点，因此适合大、中城市和工矿区以及集中产区大量储存蔬菜和果品之用，也是我国各地目前储藏蔬菜和果品的主要方法。

通风库储藏又分为地上式、半地下式和地下式三种。一般来说，入土越深，保温效果越好。无论何种形式的通风库，在建筑结构上都必须保证最大限度的绝缘性和良好的通风性。

为了正确掌握温湿度，通风库内须设有温湿度计，并经常记录库内外的温湿度变化，根据这种变化进行通风。秋季蔬菜和果品入储初期要求大量通风，以迅速降温；之后随气温不断下降而减少通风量，至最冷季节则宜全部关闭进气口，靠排气孔进行通风。总之，通风量要服从库内温度管理的要求。但在通风降温的同时，库内湿度亦随之下降，使蔬菜和果品增加干耗，因此，还需要采取人工增湿的措施以减少蔬菜和果品的干耗损失。

（4）冷藏。

冷藏是长期安全储藏蔬菜和果品的良好方式。冷藏法是以人工降温的方法达到蔬菜和果品储藏所要求的适宜温度。冷藏又可分为冰藏和机械冷藏。前者设备简便，应用较广泛，主要是冰窖储藏法，这在我国北方地区用来储藏蔬菜和果品已有数百年历史。后者属于现代化的蔬菜和果品储藏方法，由于有专门的制冷系统和严密的库房结构，可以按照蔬菜和果品的不同要求调控库内温度，并且不受地区气候的限制，可常年进行大批蔬菜和果品的储藏，因而是今后蔬菜和果品储藏中应该大力发展的一种储藏方法。目前我国在大中城市和工矿区兴建蔬菜和果品专用机械冷库，并给原有的通风库安装制冷设备，将其改建成简易的冷库，这也是采用冷藏法储藏蔬菜和果品的一种有效方法。

蔬菜和果品的保鲜技术

冰窖的形式多样，如北京的半地下式的永久性冰窖、河北怀来的席棚土窖和砖木或石木结构的半永久性冰窖、吉林的简易冰窖等。由于冰窖经常处于0℃的低温，并能保持较高的湿度，因而很符合一些常年消费的蔬菜和果品的储藏要求。例如茄子、花椰菜、瓜类、生菜、仁果、核果、葡萄、西瓜、甜瓜等，都可用冰窖储藏。冰窖储藏的蔬菜和果品必须经过严格挑选、包装捆扎和预冷处理后，才可入窖；窖内堆码须按次序码入冰槽，并在包装蔬菜和果品之间填上碎冰，根据菜果的耐压程度来决定堆码的位置。冰窖储藏需要保持足够的冰量和使排水沟畅通。

五、海鲜

海鲜就是从事海洋渔业生产活动所取得的海洋生物资源的总和，它们不仅是优质蛋白质的重要来源，更是稀缺优质脂肪的主要来源。我国大陆海岸线长 18 000 千米，海域面积 300 多万平方千米，海域跨越温带、亚热带、热带 3 个气候带，其中的海洋生物种类繁多。目前海洋中约有 20 万种生物，其中已知鱼类约 1.9 万种，甲壳类约 2 万种。近几年来，我国海产品的捕捞产量和养殖产量一直稳居世界首位。

（一）海洋鱼类

按照海洋鱼类在咸水中栖息深度的不同，可将其划分为两类：一类是在海洋的中间水层和表面水层发现的鱼类，称为表层鱼类，包括鲱鱼、鲭鱼、鲑鱼、金枪鱼、沙丁鱼和鲚鱼等，此类海鱼中有多种多脂鱼，很多品种的脂肪含量达到了 20%；另一类生活在海底或靠近海底的水层中，通常是在大陆架上发现的，被称为底层鱼类，包括鳕鱼、黑线鳕、牙鳕、鲽鱼（比目鱼）、鳙鱼、鲈鱼、小虾、牡蛎、蛤以及蟹等，底层鱼类的肌肉含脂量通常在 5%以下，甚至会低于 1%。

海洋鱼种类

1. 成分和营养

一种鱼的可食用肌肉的组成和营养成分是经常变化的，多依季节、成熟度以及其他因素而定。以鲱鱼为例，随着季节和食物供给的不同，其肌肉含脂量在 8%～20%的范围内变化。大多数鱼的成分变动范围为：总固体含量 18%～35%，蛋白质含量 14%～20%，脂肪含量 0.2%～20%，灰分含量 1.0%～1.8%。

从营养学观点来看，鱼类蛋白质极易消化，而且就必需氨基酸含量来说，鱼类蛋白质与肉类蛋白质一样优良。因此，鱼类最重要的作用就是提供高质量的蛋白质。

鱼类的脂肪也易于消化，并且富含不饱和脂肪酸，因此营养学家经常强调鱼类在膳食中的重要性。但是，和所有的不饱和脂肪一样，鱼类脂肪非常容易氧化，产生异味和腐臭。

鱼类富含维生素。鱼的脂肪是维生素 A 和维生素 D 的优良来源，这正是在多种维生素片剂普及之前让儿童服用鱼肝油的原因。鱼肌肉是维生素 B 的良好来源。一般来说，贝类和甲壳类的维生素 B 含量比鱼类更高。

海产品是重要矿物质的极好来源，尤其是碘的极好来源。带骨的鱼类，如沙丁鱼和鲑鱼，是钙和磷的极好来源。

2. 腐败因素

鱼类组织通常比畜类组织更易腐烂，甚至在冷藏或冷冻条件下也是如此，因为存在许多可变因素，所以，对于刚刚捕获的新鲜鱼类的储藏期是很难作出概括性说明的。不同品种组织成分的差异，季节对组织成分的影响，咸水鱼和淡水鱼的区别，盐分对鱼类的正常微生物菌丛的影响，以及在渔船上所采用的不同的捕捞和储藏方法等，都属于可变因素。另外，尽管建立在感官评定结果和选择性化学分析基础上的分级系统能够对鱼的新鲜度进行有益的区分，但目前尚无严格的标准来确切地界定真正的“新鲜”“良好”或“一般”。当然，鱼的质量从鱼被捕出水面起就开始发生变化，商业上公认的“鲜鱼”并非与刚捕获的鱼产品完全等同。

鲜鱼在16℃的中等温度下仅能在一天甚至更短的时间内保持其良好的质量。有鳍鱼类置于0℃的冰上可在14天内保证质量良好，当然并非所有品种都是如此。即使加以轻度盐渍或熏制，熏鳕鱼和熏鲑鱼在0℃下也只能在几周内保持质量。毫无疑义，重度盐渍或熏制能够延长鱼的保质期。鲜鱼迅速腐败有几个重要原因，这些原因可以归结于微生物学、生理学和化学方面。

（1）微生物学方面。

尽管从微生物学的角度来说，健康活鱼的肉是无菌的，但在活鱼的表面黏液中和消化道内存在大量种类繁多的细菌。当鱼被宰杀后，这些细菌迅速侵蚀其组织内的所有成分，其中一些细菌是依靠冷血鱼类生存的，而冷血鱼类处于相当低的海洋温度，使这些细菌很耐寒，即使在一般的冷藏条件下，这些细菌仍能继续繁殖。

（2）生理学方面。

捕鱼时，鱼因挣扎而耗尽了其肌肉内几乎所有的糖原，因此，鱼被宰杀后，体内能转化成乳酸的残留糖原极少，这样，肌肉中能够抑制细菌繁殖的乳酸防腐作用受到了限制。这种情况与畜肉类恰恰相反。

（3）化学方面。

鱼脂肪中的磷脂富含三甲胺。由于细菌和天然鱼体酶的作用，从磷脂中分解出的三甲胺具有强烈的鱼腥味。有意思的是，刚出水面的鱼腥味极小甚至毫无腥味。然而，消费者接触到的所有鱼制品几乎都有腥味，这正说明了鱼肉已经部分变质。脂肪降解产生的异味进一步增强了三甲胺释放出的鱼腥味。鱼的脂肪是高度不饱和的，易于氧化，因而另外产生了氧化酸败异味。

3. 防腐方法

由于鱼类极易腐败，因此人们发明了许多防腐方法。最基本的方法是熏制和（或）盐腌后加以干制，这是有效的防腐方法，但并不为所有人接受。

苯甲酸钠或山梨酸之类的化学防腐剂可以延长鱼类的储藏期。在美国，曾经允许使用低剂量的可抗菌的金霉素，使用时将金霉素混入运输中用于包装鱼类的冰块中，冰融化后就可起到抑制细菌繁殖的作用，但目前这种方法已被禁止。硝酸钠和亚硝酸钠只能有限制地使用，山梨酸盐亦然。

采用能达到巴氏杀菌效果剂量的 γ 射线照射，作为延长新鲜冻鱼储藏期的有效手段，近年来引起了人们的很大兴趣，这种方法可以使储藏期延长 2～3 周。但目前，保持鲜鱼品质最重要的方法仍然是冷藏、冷冻和罐藏。

（二）贝壳类

贝壳类一般是指真正的贝类（如牡蛎和蛤）及甲壳类（如龙虾和蟹）。贝壳类同有鳍鱼类一样易腐，大多数贝类甚至更易腐烂。

1. 龙虾

龙虾是节肢动物门软甲纲十足目龙虾科下物种的通称。龙虾又名大虾、龙头虾、虾魁、海虾等。它头胸部较粗大，外壳坚硬，色彩斑斓，腹部短小，体长一般为 20～40cm，重 0.5kg 上下，部分无螯，腹肢可后天演变成螯。最重的能达到 5kg 以上，人称龙虾虎。龙虾体呈粗圆筒状，背腹稍平扁，头胸甲发达，坚厚多棘，前缘中央有一对强大的眼上棘，具封闭的鳃室。龙虾主要分布于热带海域，是名贵海产品。

龙虾体内很重要的虾青素是科学发现的最强的一种抗氧化剂，颜色越深说明虾青素含量越高。虾青素广泛用于化妆品、食品添加剂以及药品行业。日本大阪大学的科学家发现，虾体内的虾青素有助于消除因时差反应而产生的“时差症”。

水产品的营养素种类与含量都不亚于畜禽肉，而各种虾体内的营养成分几乎是一致的。各种虾体内含的都是高蛋白、低脂肪，蛋白含量占总体的 16%～20%，脂肪含量不到 0.2%，而且所含的脂肪主要是由不饱和脂肪酸组成的。虾肉内锌、碘、硒等微量元素的含量要高于其他食品。龙虾肉洁白细嫩，味道鲜美，高蛋白，低脂肪，营养丰富。

2. 牡蛎

牡蛎俗称海蛎子、蚝等，隶属软体动物门双壳纲珍珠贝目，是世界上第一大养殖贝类，是人类可利用的重要海洋生物资源之一，为全球性分布种类。牡蛎不仅肉鲜味美、营养丰富，而且具有独特的保健功能和药用价值，是一种营养价值很高的海产珍品。牡蛎的含锌量居人类食物之首。古今中外均认为牡蛎有治虚弱、解丹毒、降血压、滋阴壮阳的功能。

牡蛎作为一种优质的海产养殖贝类，不仅具有肉味鲜美的食用价值，而且其肉与壳均可入药，具有较高的药用价值。

牡蛎肉中含大量糖原，糖原是细胞进行新陈代谢的能源，补充糖原可改善机体心脏及血液循环功能，并能增进肝脏的功能。牡蛎中的糖原还可直接为机体吸收利用，从而减轻胰腺负担，故对糖尿病患者十分有益。

牡蛎中高含量的牛磺酸颇受营养学家的重视。牛磺酸是一种含硫氨基酸，具有多种生理活性。其对婴儿的视网膜和中枢神经的正常发育具有重要的生理作用。

密鳞牡蛎体内富含牛磺酸（50μmol/g）、锌、硒；低脂肪、低胆固醇，含有一定量的高度不饱和脂肪酸（EPA+DHA 占脂肪总量的 20.4%），无机盐、维生素含量也很丰富。

蛤类按照外观的分类

3. 蛤

蛤是对可食用双壳贝类的泛称，也称蛤蛎、文蛤、西施舌、蚌、花甲。已知的蛤有 12 000 种，其中约 500 种栖于淡水，其余的为海栖。蛤通常栖于砂质或泥质的水底。

蛤类的体型大小差异极大，小者如骨节心蛤属，长仅 0.1mm；大者如产于印度洋和太平洋的大砗磲，宽 1.2m。

蟹按照外观的分类

4. 蟹

蟹是十足目短尾次目的甲壳动物，尤指短尾族的种类（真蟹），亦包括其他一些类型，如歪尾族的种类约有 4 700 种。其分布见于所有海洋、河流及陆地。蟹的尾部与其他十足目（如虾、龙虾、螯虾）不同，卷曲于胸部下方，背甲通常宽阔。第一对胸足特化为螯足。蟹通常以步行或爬行的方式移动。

（三）鱼类副产品

鱼体中不为人类食用的部分（如内脏、头和鳃）和那些不受欢迎的整鱼经磨碎和脱水后可转化成鱼粉，作为牲畜和家禽的饲料。这种鱼粉一般有鱼腥味和很高的细菌含量，不适合人类食用。鱼粉还可作为肥料。

近年来，人们已找到一些从磨碎的鱼体组织中萃取油和含脂肪物质的方法，那些被提取出来的物质中并不残留鱼的气味。被萃取过的鱼体组织可经加热脱除溶剂，然后脱水磨成一种无刺激性的富含优质蛋白质和矿物质的高营养粉。对于选定品种的鱼类，当其细菌及卫生状况被适当地控制时，所生产的浓缩鱼蛋白可作为人类食品。

经合适的生产和包装的浓缩鱼蛋白易于与品种广泛的基本食品相混，且不会对这些产品的可接受性产生不利影响。浓缩鱼蛋白含有 85%～92%的优质蛋白质，但是这种产品目前仅获得有限的商业应用。

（四）海鲜的保存运输

1. 海鲜的保存

（1）控制适宜的水温。

水温是海鲜存养的重要因素，一般控制在适温范围的下限，减缓其新陈代谢，海鲜适宜的水温一般保持在15℃～18℃。温度升高，水中的含氧量就会减少，将影响水质的变化，引起鱼虾蟹缺氧。此外，水温升高还会促进水中细菌的生长繁殖。

（2）保持充足的溶氧。

水中溶解氧的含量与存养密度、水中有机物质多少、气压高低有关。因此改良水质，配置增氧装置，增加换水次数，减少存养的数量，增加光照时间，采用水循环系统，过滤暂养池的水，均可增加水中溶解氧的含量。

2. 海鲜的运输前预处理

首先，把握好收购筛选关。鱼货本身质量与活力的大小直接关系到长途运输的成活率。因而必须根据消费地的要求与标准进行筛选，主要包括品种、雌雄、规格、体表清洁度、有无伤病、活力及脱水程度等。

其次，把握好暂养筛选关。暂养的目的就是聚集足够数量以便起运，排尽肠胃内容物，减轻运输途中水质败坏，剔除体质较弱的不耐长途运输的个体。暂养过程中要注意水温、盐度、溶氧等水质变化，活鲜的体力恢复情况，暂养密度情况等。

最后，把握好降（保）温、麻醉关。根据试验结果，在海鲜品种的生活水温低限附近运输，其运输成活率最高。因而水温较高时，需采用适当措施逐步降低水温。实验结论还认为，大多数鱼虾蟹，在低水温时比高水温时耗氧量低，不活动时比活动时耗氧量低，因而用麻醉来减少耗氧量是有效的措施。为了保证活海鲜质量，采用冰水麻醉法较佳，尽量避免化学麻醉。冰水混合水温一般在0℃～2℃，麻醉时间因品种而异。如口虾蛄（皮皮虾）麻醉时间为1.5～2min，三疣梭子蟹麻醉时间为3～5min。

3. 海鲜的运输方法

（1）保湿干运。

保湿干运可分为分箱式保湿干运与尼龙袋（塑料袋）充氧保湿干运，适合车运、船运与空运。保温干运对于体表有特殊呼吸器官，耐干露能力较长的水产种类尤为适宜。

保湿干运的原理就是保持运输箱内较高的湿度，使体表具特殊呼吸器官的海产动物能进行正常呼吸，故能离水而长久保活，能耐长途运输。例如，虾蛄的鳃生长在腹肢上，随着腹肢摆动，鳃丝充分地暴露在水或空气中，只要空气中保持湿润，其带有水分的鳃丝就能吸收由空气溶解到水中的溶氧进行呼吸作用，因而它能长时间离水而不死。另外，虾类也能在潮湿的空气中呼吸，但因品种不同能力有差异；有些鱼类能利用皮肤进行呼吸。

1）分箱式保湿干运。

该法因运输器具（如硬塑料盘、蟹苗箱、竹箩、泡沫箱等）的材料、大小、保湿性等的不同而运输效果不一，以保湿性好、能保持空气流通而又不直接受风吹的容器为佳。采用分箱式运输方式时，容器分层叠放，为了搬运方便，每层面积不宜过大，一般叠放 5～6 层即可。尽管不同品种海鲜的耐干露能力不一样，但此法一般运输为 10h 左右，其运输成活率可达 95%以上。

运输过程中还需注意“五防”：防日晒、防风吹、防雨淋、防堆压、防冻伤。若采用保温车运输，可调节温度至生活温度以下。若无控温设备，在温度高时可用冰袋降温，温度低时可用棉被等保温。每隔 1～2h 用喷雾器等将海水喷洒在运输器具空间以保湿。

2）尼龙袋（塑料袋）充氧保湿干运。

利用该法车运、空运效果很好，但空运时其包装材料与规格必须按民航有关规定执行。若运输前采用冰水麻醉方法，运输效果更佳。在非高温季节该法运输时间可在 40h 以上。运输成活率在 95%以上。

具体操作步骤如下：

第一步：准备工作。包括需用物资与人员到位，检查各种器具是否可用与安全。

第二步：冰水麻醉。根据运输时间的长短、气温的高低等实际情况确定是否需要进行麻醉。麻醉使海产动物呈昏迷状，降低其耗氧率，延长了尼龙袋中所充氧气的使用时间，从而可延长保活运输时间，而不降低成活率。

第三步：分级、称重。按消费地要求，分成几个规格，并称好每袋应放重量。若运输蟹类，需绑住大螯。每袋重量依据尼龙袋大小、鱼货品种、运输气温、运输时间、是否麻醉等来确定。

第四步：装袋充氧。尼龙袋（塑料袋）中先放少许海水，再放入鱼货，然后将尼龙袋（塑料袋）内的空气挤出，并充入氧气，扎紧袋口。

第五步：装箱运输。将尼龙袋（塑料袋）放入泡沫衬箱，并在袋外放一些冰袋，再装入航空纸板箱，然后封箱。运输过程中，需注意掌握包装时间，并与起运时间相衔接；另外，在运输过程中需注意控温。

（2）充氧水运。

该法适合大、中规模运输，可车运，也可船运。根据不同要求，可选择不同材料、不同大小、不同形状的运输器具，如采用粗帆布缝制成帆布桶，底部为正方形或圆形，直径一般 0.8～1.2m，其运输数量可根据车船体积而定。配备小型发电机、充气机（气泵）、简易水循环系统。有条件的应考虑安装制冷系统来控温，配备防噪音系统及抗震系统减少外界干扰。这些措施对于提高运输成活率非常有效。

该法根据不同品种，安排不同运输密度，有效运输时间至少在 40h 以上，运输成活率达 95%以上。充氧水运的原理就是利用充气机增加水中溶氧，水循环系统过滤并消毒海水等使运输箱内水质保持清新；利用控温设备使箱内水温控制在接近海鲜生活水温低限附近，减少其代谢强度与耗氧率；利用防噪音系统与抗震系统，使其有安静的环境等，创造运输箱内良好的生活空间，从而增强海鲜耐长途运输的能力，提高运输效果。

在运输过程中，需要注意下列事项：

1）水温控制。按照低温可减少代谢强度与耗氧率的原理，利用控温设备将水温逐步调节到该种海鲜生活水温的低限附近，不可快速降温，防止温差过大影响成活率，尤其是夏季。无控温设备的，夏季可用冰块降温，冬季可用棉被等保温材料包裹保温。若用此法长途运输苗种或育苗用亲体，根据季节差异，水温控制在其生活水温范围内即可，尽量接近原水体的水温，千万不可大幅降温或升温。因为海鲜成品运输至消费地后，只要在销售的短时间内成活即可；而养殖用苗种或育苗用亲体运送至目的地后，还要长时间养殖。

2）溶氧控制。对于箱内密度很高、不换水的运输箱，其箱中水的溶氧很快会被消耗完，为了保持水中溶氧，必须连续开机充氧或用氧气瓶放氧。运输车上携带氧气瓶既不安全，又占空间，故不经济实用，一般在车上配备小型发电机来带动气泵较实用，因为发电机安装在车厢下面，不占车厢空间。

3）水质控制。由于呼吸与代谢，高密度运输的箱内水质会逐渐变差，除了控制低温与充氧外，保洁还得靠水循环系统。水循环系统主要包括水泵、过滤装置、消毒装置（紫外线消毒或臭氧消毒）及管道。水泵将箱内水抽到过滤装置进行过滤，再流入消毒装置中处理后流出，重新回到箱内。

4）噪声与震动控制。噪声与震动会增加鱼虾蟹的代谢强度，容易损耗其体力，严重的会引起其代谢紊乱，影响成活率。因此，在长途运输箱上需安装消噪装置与抗震装置。若运输时间在24h以内，噪声与震动影响程度较轻，可省去这些装置。

5）日常管理。在运输路途中主要检查发电机、充气泵、控温装置等是否正常；经常测量水温，尤其是高温季节与低温季节；经常观察鱼虾蟹的活动情况；对于相克种类宜分隔放养。

六、肉蛋奶类食品

肉蛋奶均属于动物性食物，从营养的角度看，它们不仅含有丰富的蛋白质、脂肪、无机盐和维生素，而且蛋白质的质量高，属优质蛋白。

（一）肉类

这里的肉类主要指家畜家禽肉。市场上经营的家畜肉主要有猪肉、牛肉、羊肉，此外，还有少量的兔肉、马肉、驴肉、狗肉等。其中，猪肉销售量占家畜肉总销售量的80%以上。

1. 肉类的分类

（1）畜肉类。

畜肉类包括猪、牛、羊等的肌肉及内脏。畜肉的颜色为红色，故被称为“红肉”。

畜肉类含蛋白质一般为10%～20%，牛羊肉中含量较高，均为20%，猪肉较低，一般为13.2%左右。畜肉类脂肪含量较高，平均为15%，猪肉最高，羊肉次之，牛肉最低。碳水化合物含量为0～9%，多数在1.5%。维生素以B族维生素和维生素A为主，内脏中的含量比肌肉中丰富，肝脏中维生素A含量最为丰富。如每100g猪肝中维生素A含量是肌肉含量的100余倍。矿物质含量一般为0.8%～1.2%，瘦肉中含量高于肥肉，内脏高于瘦肉。

（2）禽肉类。

经常供人食用的禽类主要有鸡、鸭、鹅等，以鸡最多。

禽肉类蛋白质含量为16%～20%，其中鸡肉的含量最高，鹅肉次之，鸭肉相对较低。脂肪含量为9%～14%。维生素以A族和B族维生素为主，内脏中的含量比肌肉中多，肝脏中含量最多。矿物质在内脏中含量较为丰富，其中铁元素含量较为丰富，达10～30mg/100g，并以血红蛋白形式存在，消化吸收率较高。

2. 肉的营养成分

肉的营养非常丰富，长期食用可以让身体变得强壮，不容易生病。肉中包含丰富的蛋白质、脂肪，也包含少量的碳水化合物，对人体非常有益。

（1）牛肉是肉类中营养价值排行第一的健康食品，营养丰富，不仅包含钙、铁、维生素、蛋白质且脂肪含量较低，是诸多健身人士的必需品。

（2）羊肉具有丰富的蛋白质、脂肪、维生素，对人体有补气养血、温中暖肾、开胃健脾的功效，是冬天吃火锅必不可少的美食。

（3）兔肉与其他肉类不同，不仅包含丰富的蛋白质和脂肪，更含有麦芽糖、葡萄糖等元素，兔肉水分相对较多，肉质也比较细嫩，易消化，是女性的必吃美食。

（4）鸡肉味道鲜美，肉质也比较细嫩，是一种老少皆宜的肉类，适合诸多的烹饪方法。

（5）猪肉包含丰富的蛋白质及脂肪，猪肺有止咳、止血的功效，猪蹄有美容养颜等功效。猪肉属优质蛋白质，也是维生素的主要膳食来源，特别是精瘦肉中维生素B_1的含量丰富。利用猪肉当食材，可以补充丰富的蛋白质和脂肪酸，滋阴补阳，当然有利也会有弊，肥胖、血脂较高、高血压者不宜吃太多猪肉。

3. 肉类的质量鉴别

肉类主要从感官指标、理化指标、微生物指标来鉴定其质量。

（1）感官指标。

猪肉、牛肉、羊肉、兔肉的感官质量鉴别指标如表10－2所示。

表 10-2 家畜肉的质量鉴别

指标	鲜肉	冻肉
色泽	肌肉有光泽，红色均匀，脂肪呈乳白色，牛、羊、兔肉的脂肪为淡白色	肌肉有光泽，呈红色或稍暗，脂肪呈乳白色，牛肉的脂肪为淡黄色
组织状态	纤维清晰，有坚韧性，指压后凹陷立即恢复	肉质紧密，有坚韧性，解冻后指压凹陷恢复较慢
气味	具有鲜肉固有的气味，无异味	解冻后具有鲜肉固有的气味，无异味

劣质肉切面呈暗色、淡灰色、绿色或绿褐色，无光泽，脂肪呈污灰色；指压后凹陷不能复原；肉表面过度干燥或过度湿润，新切面发黏；有异味，甚至有腐败、酸败气味；煮沸后肉汤浑浊，液面没有脂肪，有腐臭味。

（2）理化指标。

可以通过测定肉的 pH 值来鉴别肉的新鲜度，新鲜肉的 pH 值一般为 5.0～6.5，不新鲜肉的 pH 值为 6.6 以上，测定肉中挥发性盐基氮指标能较准确地确定肉的质量。

（3）微生物指标。

如感官不能判断或理化指标异常的家畜肉，需要进行细菌检验。

4. 肉类的保管

肉类保管的原则是使屠宰后的家畜肉和家禽肉在投放市场以前始终保持其良好的新鲜度。肉发生腐坏，主要是微生物的作用所造成的。因此，要使肉类保持其新鲜度，必须使肉在流通过程中始终保持良好的卫生条件，并且处于低温的条件下，这样做可以抑制腐败细菌的活动，延缓肉类的各种变化。各类肉的保管，主要是采用低温保藏，即对经过冷藏加工的冷却肉和冷冻肉的保藏。

（1）冷却肉的保藏。

经过冷却的肉，如不能及时加工和销售，应立即送入冷却肉冷藏间做短期贮藏。冷却肉冷藏间的温度以－1℃～1℃为宜，相对湿度应保持在 85%～90%，空气流速应缓慢均匀，保持自然循环即可，一般为 0.05～0.1m/s。冷却肉的冷藏时间视肉体温度和冷藏条件而定，一般为 15～20 天。

（2）冷冻肉的保藏。

冷冻肉的保藏采用的是冷藏法，即将经过冷冻的肉在低温下做长期贮藏。为了防止冷冻肉在冷藏期间发生质量变化，必须使冷冻肉的中心温度在－15℃以下，冷藏间的空气温度必须保持在－20℃～－18℃。冷藏间的相对湿度应保持在 95%～98%，其变动范围不能超过±5%，以防冷冻肉在长期储存过程中干耗。

5. 肉类运输

（1）冷却肉仓储运输的注意事项。

温度稳定是维持肉类新鲜度的关键。冷却肉在仓储运输时，须始终保持 0℃～5℃

的温度，80%～90%的相对湿度。因此，在出入库、装卸货时一定要迅速，避免冷却肉储藏环境的温度发生较大波动，进而影响储藏效果。

冷却肉在运输过程中，尤其是长途运输过程中，一定要采用冷藏车运输。同时，企业需确保仓储及运输冷却肉的器具在可能与肉品接触的部分必须用防腐材料制成，进而避免可能造成的肉品理化特性改变或人体健康危害。

条件允许的情况下，最好库内或冷藏车内有货架或使用集装箱，从而避免堆垛产生的肉品热影响产品自身品质。

(2) 冷冻肉仓储运输的注意事项。

一般情况下，肉类，如牛肉、羊肉、猪肉及其副产品等，在－18℃以下就能防止氧化，－23℃以下就能成倍延长冷藏期，在－30℃以下的冷藏期就更长。肉类运输时，经冷藏车运输至目的地的肉类温度不得高于－8℃。

企业在仓储或运输冷冻时如发现有发软、色暗褐或有霉斑、气味杂腥等现象的冻肉时一定要及时清理，否则极易污染健康冻肉。

（二）蛋类

蛋类是鸡、鸭、鹅、鸽子、鹌鹑等禽蛋，市场上常见的新鲜禽蛋有鸡蛋、鸭蛋等。

1. 禽蛋的营养成分

禽蛋含有丰富的营养成分，去壳的禽蛋含70%～75%的水分、13%的蛋白质、10.5%～15.5%的脂肪、1%的无机盐。此外，禽蛋中还含有葡萄糖、胆固醇、卵磷脂、维生素等多种营养素。其蛋白质含极丰富的氨基酸，人体消化率可高达98%；脂肪绝大部分在蛋黄内，而且分散成细小颗粒，容易被人体消化吸收。蛋黄中还含有丰富的维生素 B_2，较多的维生素 A、D、B 和钙、磷、铁等矿物质，以及卵磷脂和胆固醇。

2. 禽蛋的质量鉴别

禽蛋质量最简易的鉴别方法是感官鉴别法，即用眼观察蛋壳状况、用耳听摇动时有无响声和轻磕蛋时发出的声响、用鼻嗅蛋的气味、用手掂蛋的重量等，以此进行鉴别。也可采用灯光透视鉴别法，即通过光线透视观察蛋体的内部情况来鉴定蛋的质量，以此弥补感官鉴别法的不足。常见的不同质量的蛋在灯光透视下呈现的特征和产生原因如表10－3所示。

表10－3　常见的不同质量的蛋在灯光透视下呈现的特征和产生原因

类型	光透时呈现的特征	产生原因
新鲜蛋	蛋体全透光，呈浅橘黄色，不见或略见蛋黄阴影，蛋黄居中，蛋壳无斑点或斑块，无损伤，气室很小	—

续表

类型	光透时呈现的特征	产生原因
陈旧蛋	透光性较新蛋差，可见较明显阴影，蛋黄不在中央，气室大	放置时间较久
靠黄蛋	可见明显的蛋黄阴影靠近蛋壳，转动时蛋黄浮动在上面	放置时间较久
热伤蛋	蛋黄变大，胚胎形成不透光的暗点	气温高，使受精胚胎发育
散黄蛋	蛋体呈雾状或暗红色，气室大小不定	受震后蛋黄破裂，蛋黄与蛋白混合，或微生物滋生
黑贴皮蛋	透光度差，蛋黄紧贴蛋壳，贴皮处呈黑色，气室大	储存过久，包装不洁
霉蛋	蛋体周围有灰黑霉点或霉斑	受潮或破裂后，霉菌侵入
腐败蛋	全蛋不透光，呈水样混合	蛋内微生物繁殖引起腐败变质

3. 鲜蛋的保管

鲜蛋的包装对于保证鲜蛋质量及减少破损有极重要的意义。

鲜蛋的破损和腐坏往往与包装容器、填充物料、包装方法有直接关系。因此，对鲜蛋的包装有严格的要求，即包装坚固、干燥清洁、成本低廉、保质保量。

首先要选择好包装材料，包装材料应当力求坚固耐用，经济方便。可以采用木箱、纸箱、塑料箱、蛋托和与之配套的蛋箱。

（1）普通木箱和纸箱包装鲜蛋。

木箱和纸箱必须结实、清洁和干燥。每箱以包装鲜蛋300～500枚为宜。包装所用的填充物有切短的麦秆、稻草或锯末屑、谷糠等，这些填充物必须干燥、清洁、无异味。

包装时先在箱底铺上一层5～6cm厚的填充物，箱子的四个角处要稍厚些，然后放上一层蛋，蛋的长轴方向应当一致，排列整齐，不得横竖乱放。在蛋上再铺一层2～3cm的填充物，再放一层蛋。这样一层填充物一层蛋地码放直至将箱装满，最后一层应铺5～6cm厚的填充物后加盖。木箱盖应当用钉子钉牢固，纸箱则应将箱盖盖严，并用绳子或胶带包扎结实。最后注明品名、重量并贴上“请勿倒置”“小心轻放”的标志。

（2）利用蛋托和蛋箱包装鲜蛋。

蛋托是一种用塑料或纸浆制成的专用蛋盘，将蛋放在其中，蛋的小头朝下，大头朝上，呈倒立状态。每蛋一格，每盘30枚。蛋托可以重叠堆放而不致将蛋压破。蛋箱是蛋托配套使用的纸箱或塑料箱。利用此法包装鲜蛋能节省时间、便于计数、破损率低，蛋托和蛋箱可以经消毒后重复使用。

4. 鲜蛋的运输

鲜蛋在运输过程中，应尽量做到缩短运输时间，减少中转。根据不同的距离和交通状况选用不同的运输工具，做到快、稳、轻。“快”就是尽可能减少运输中的时间；“稳”就是减少震动，选择平稳的交通工具；“轻”就是装卸时要轻拿轻放。

鲜蛋在运输过程中最易造成破损，因此运输和装卸同样是业务经营中的重要环节。调拨运输鲜蛋必须注意合理流向和节省费用，选择合理的运输路线和运输工具，实行“快收快运”和“直拨直调”。鲜蛋由分散到集中、由基层到集中运输点的短途运输时间要尽量缩短。缩短这段时间是保证商品新鲜、减少损耗的关键。

为了减少环节，实行直拨直调，要以大中城市、工矿区或蛋品加工厂为中心，按经济区划和合理流向划定一定的地区，固定调拨（或供货）关系。

供应出口鲜蛋的运输方式，则取决于运送时的气温和运途的远近。在炎夏或严冬季节和运输路途较长、中途气温变化较大的情况下，要求利用有保温设备的冷藏车或冷藏船运送（低温不应低于－2.5℃），以便延缓蛋内的生化变化和抑制微生物的活动，从而有效地避免鲜蛋在运输过程中发生腐败变质，使蛋的质量始终保持正常，达到安全运输的目的。在气温不高的季节或运途不长的情况下，也可以采用普通棚车或普通货轮装载运输，这样既可以节省运费，又可以减轻冷藏车、船的负担。

此外，还要注意以下事项：蛋箱要防止日晒雨淋；冬季要注意保暖防冻，夏季要预防受热变质；运输工具必须清洁干燥；凡装运过农药、氨水、煤油及其他有毒和有特殊气味的车船，应经过消毒、清洗后没有异味时方可运输。

（三）奶类

奶类是指鲜奶以及所有以奶为主要原料制成的产品的总称，包括原料奶、巴氏消毒奶、超高温灭菌奶（UHA 奶）、酸奶、奶粉、炼乳、黄油、雪糕、干酪等产品。以下仅从鲜牛奶的角度进行说明。

1. 鲜牛奶的营养成分

（1）蛋白质。

牛奶中含有的优质蛋白占 3％～3.5％，其消化吸收程度和被人体利用程度高。

（2）脂肪。

脂肪中以饱和脂肪酸为主，一般大于 95％，属于脂肪球，呈现乳化状态，易于消化。短链脂肪酸含量高，所以一般我们喝到的牛奶会比较香浓。

（3）碳水化合物。

乳糖占 99.8％，而在牛奶中它的含量为 4.6％，有利于消化道健康，能够促进钙、铁、锌的吸收。对于乳糖不耐受的人来说，可以选择少量多次饮用、用酸奶代替纯牛奶，或是选择低乳糖的牛奶，还可以考虑和其他食物混合烹调。

（4）矿物质。

鲜牛奶中钙、钾、镁、钠、氯、磷、硫，钙的含量较高，它是膳食钙的最佳来源。

钙对于青少年成长好处很多，最重要的是钙是骨骼和牙齿的重要成分，14～18 岁的青少年每天推荐补钙量为 1 000mg，老年人每天补充 800mg 即可。

（5）维生素。

鲜牛奶中主要有维生素 A、维生素 D、维生素 E、B 族维生素（B_2，B_6，B_{12}，泛酸）。我们平时见到的脱脂牛奶一般味道寡淡，营养低，主要是因为它含有的香料中还有很多有机物，去除脂类物质时相应的把一些有机物也都去除了，而且一般脂溶性的维生素也都会相应地被脱去，营养成分有损失。

2. 鲜牛奶的保管

我们所说的纯鲜奶更专业的叫法是“巴氏消毒奶”，是指将刚挤出的牛奶加热到 72℃～75℃、保持 15～16 秒，或加热到 80℃～85℃、保持 10～15 秒，以杀死对人体有害的病原微生物，并消灭使牛乳变质的细菌和酵母等，但仍然会保留部分菌群。经常被误认为纯鲜奶的常温奶，又名超高温灭菌乳，是把刚挤出的牛奶经过 135℃～150℃、0.5～4 秒的超高温灭菌后，在无菌状态下灌装于无菌包装容器内的产品。常温奶在常温下保存即可，但牛奶中的一些维生素物质已经被破坏。

（1）牛奶要避免阳光照射。新鲜的牛奶经阳光照射一分钟以上，奶中的 B 族维生素会很快消失。即使在微弱的阳光下，经过 6h 的照射，其中的 B 族维生素也会仅剩一半。在避光容器中保存牛奶，不仅维生素不容易损失，还可以保持牛奶特有的鲜味。

（2）塑料瓶装的牛奶要避免受到日光灯的照射。此类包装的牛奶在受到日光灯的照射后，有 75%的牛奶会产生一种难闻的味道。经实验证明，塑料瓶装的牛奶在受日光灯照射 24h 以内，其维生素 C 全部丧失，维生素 B_2 也有所减少。

（3）煮沸的牛奶不宜放在保温瓶中。牛奶是高蛋白质液体，在 40℃以上的环境中容易变质。另外，煮牛奶的容器和保温瓶都不是无菌的，沾染细菌的牛奶放在保温瓶中相当于给了细菌一个更容易生存的环境，容易发酵变质，人食用后极易患病。

3. 鲜牛奶的运输

奶类运输是乳品生产的重要一环，运输不妥，往往会造成很大的损失，甚至无法进行生产。目前，我国乳源分散的地方多采用乳桶运输，乳源集中的地方多采用乳槽车运输。

如用汽车等运输时，必须注意下列几点：

（1）防止奶在途中温度升高。特别在夏季，运输途中往往使温度很快升高，因此运输最好安排在夜间或早晨，或用隔热材料遮盖奶桶。

（2）保持清洁。运输时所用的容器必须保持清洁卫生，并严格杀菌，奶桶盖应有特殊的闭锁，盖内应有橡皮衬垫物。

（3）防止震荡。容器内必须装满盖严，以防止震荡。

（4）尽量缩短途中停留时间，以免鲜奶变质。

第三节 冷冻食品

冷冻食品易保藏，广泛用于肉、禽、水产、乳、蛋、蔬菜和水果等易腐食品的生产、运输和储藏。

一、冷冻食品的分类

冷冻食品通常分为以下几大类：

（1）速冻水产品，速冻鱼、虾、蟹、贝类等。

（2）速冻畜肉制品，如速冻猪、禽、牛、羊肉和野味品。

（3）速冻蔬菜类，如速冻刀豆、胡萝、青豆和马蹄等。

（4）速冻调理食品，包括速冻方便食品、油炸食品、点心和菜肴等，如汉堡包、油炸肉饼、炸丸子、热狗、饺子、春卷、馅饼、熟肉制品、速冻汤料和速冻调味品等。国外也有把速冻点心单独列为一类的。

冷冻食品技术

二、冷冻食品的保存

《冷藏、冷冻食品物流包装、标志、运输和储存》（GB/T 24616—2019）是2020年3月1日实施的一项国家标准，其中规定：冷藏食品、冷冻食品入库后应及时进入库位，并进行存量记录，内容包括但不限于入库时间、入库温度、储存期间温度变化、库内的温湿度、批号、数量、生产日期、保质期、货位标签和平面货位图，记录应保留至相关冷藏食品、冷冻食品保质期后的半年。库内温度和相对湿度应满足冷藏食品、冷冻食品的储存要求并保持稳定，温度波动幅度不应超过2℃。在食品进出库时，库内温度波动幅度不应超过±3℃。储存期间，应定期检测库内的温度和相对湿度。库内温湿度监测装置的记录间隔应小于30min，超出允许的波动范围应报警。应根据不同冷藏食品、冷冻食品的需要，适当对冷库进行通风换气。

三、冷冻食品的运输

（一）冷冻食品的运输方式

冷冻食品主要通过冷链来运输。它主要涉及铁路冷藏车、冷藏汽车、冷藏船、冷藏集装箱等低温运输工具。

在冷藏运输过程中，温度波动是引起货物品质下降的主要原因之一，所以运输工具应具有良好性能，在保持规定低温的同时，更要保持稳定的温度，这对于远途运输而言尤其重要。冷链运输成本高，而且包含了较复杂的移动制冷技术和保温箱制造技术。

（二）冷冻食品的运输要求

根据《冷藏、冷冻食品物流包装、标志、运输和储存》（GB/T 24616—2019）的规定，对冷冻食品的运输要求如下。

1. 温度要求

冷藏食品是指在8℃以下、冻结点以上条件下储运及销售的食品。冷冻食品是指在低于−8℃条件下储运及销售的食品。

2. 包装要求

根据冷藏食品、冷冻食品的类型、形状、特性及周围环境的影响合理选择物流包装方案，确保冷藏食品、冷冻食品在物流过程中的质量和卫生安全。包装上至少应注明冷藏食品、冷冻食品储运的温度条件。

3. 运输要求

运输冷藏食品、冷冻食品应使用具备温控能力的专用设备，专用设备应防冻、隔热保温性能良好。

运输设备厢体内应配置具有异常报警功能的温度自动记录设备，对运输过程中厢体内的温度进行实时监测和记录。

运输设备厢门处宜加装隔温装置。

4. 温度控制要求

运输过程中不应擅自打开运输设备厢门及冷藏食品、冷冻食品的包装。运输设备厢体内的温度应始终保持在冷藏食品、冷冻食品要求的范围内。

温度自动记录设备的记录间隔应小于5min，超出允许的波动范围应报警。

5. 卸货要求

卸货区宜配备封闭式月台，并配有与运输车辆对接的密封装置。冷藏食品、冷冻食品的温度在卸货前应检测及记录，如果检测到的温度不合格，应及时通知管理人员和货主，协商处理措施。卸货时应轻搬、轻放，不应野蛮作业及任意摔掷，不应直接接触地面。卸货期间，冷藏食品、冷冻食品中心温度波动幅度不应超过其规定温度的±3℃。卸货作业因故中断时，运输设备厢门应立即关闭并开启制冷系统。完成作业后，应及时对运输设备厢体进行清洗、通风、视情况消毒，并在晾干后关闭厢门。

第四节 奢侈品

一、奢侈品的定义

奢侈品在国际上被定义为“一种超出人们生存与发展需要范围的、具有独特、稀缺、珍奇等特点的高价值非日常生活必需商品”。

从经济学的角度讲，奢侈品指的是价值/品质关系比值最高的产品。从另外一个角度上看，奢侈品又是指无形价值/有形价值关系比值最高的产品。

二、奢侈品的主要特点

（一）富贵象征

奢侈品牌的品牌魅力是富贵豪华的。“奢侈品（luxury）”一词源于拉丁文的“光（lux）”。所以，奢侈品应是闪光的、明亮的、让人享受的。奢侈品通过其品牌视觉识别系统传达了这些信息。从社会学的角度来看，它满足了人们彰显身份、地位、权力等心理需求。

（二）视觉感

奢侈品牌所服务的产品必须是“最高级的”。这种“最高级”必须从外观到品质都能逐一体现。奢侈品的高级性应当是看得见的。正因为人们对其奢华“显而易见”，它才能为主人带来荣耀。所以说，奢侈品理当提供更多的“可见价值”，那些购买奢侈品的人完全不是在追求实用价值，而是在追求一种突出的视觉感。

（三）个性化

奢侈品牌往往以己为荣，它们不断树立起个性化大旗，创造着自己的最高境界。正是因为商品的个性化，才为人们的购买创造了理由。也正因为奢侈品的个性化很不像大众品，才更显示出其尊贵的价值。

（四）专一性

奢侈品牌是十分专一的，它绝不可以随意扩张使用。所谓品牌的“专一性”，指的是品牌只服务于某一个产品或某一类产品。我们很难看到一个奢侈品牌分跨两个行业且取得了成功。

（五）距离感

让大多数人产生“可望而不可即”的感觉是奢侈品牌营销的使命。在市场定位上，奢侈品牌就是为高端消费群体服务的。因此，要维护目标顾客的优越感，就应当使大众与目标顾客产生距离感。奢侈品牌要不断地设置消费壁垒，要使认识品牌的人与实际拥有品牌的人在数量上形成巨大反差。

三、奢侈品的分类

对于奢侈品的分类，目前有按照商品类别、按照奢华程度、按照消费感受等方式进行分类。

按照商品类别是目前最主流的分类方法，具体分类如下：（1）珠宝首饰，如卡地亚、蒂芙尼等。（2）手表，如江诗丹顿、伯爵、积家、劳力士、百达翡丽等。（3）服饰、手包类，如 LV、香奈儿、范思哲、普拉达、乔治·阿玛尼、古驰、爱马仕等。（4）酒类，如人头马、马爹利、轩尼诗、芝华士等。（5）豪华游艇，如亚诺、丽娃、博纳多、公主、拜泰姆。（6）高档汽车，如劳斯莱斯、兰博基尼、法拉利、宾利、奔驰、宝马等。（7）化妆品，如兰蔻、雅诗兰黛、迪奥等。

按照奢华程度分类可以分为入门级奢侈品、常用级奢侈品和顶级奢侈品。

按照消费感受可以分为传统奢侈品和新型奢侈品。

四、奢侈品的鉴定

《奢侈品鉴定技术规范》（T/CGCC 23—2018）规定了奢侈品鉴定的术语和定义、鉴定内容，适用于奢侈品（箱包皮具、腕表、服装或服饰等）的鉴定、销售、回收、寄卖、租赁等。

（一）鉴定基本要求

1. 环境要求

奢侈品鉴定应在无阳光直接照射的室内进行鉴定，环境的色调应为白色或中性灰色，光源色温为 4 500～5 500K。

2. 设备要求

奢侈品鉴定应配套适宜的检测鉴定设备和仪器，设备仪器须经法定计量检定机构检定合格。

3. 人员要求

从事奢侈品鉴定的技术人员应受过专门的技能培训，掌握正确的操作方法，由不少于 2 名技术人员独立完成同一件样品的鉴定，并取得一致结果。

4. 鉴定程序

奢侈品应按鉴定受理、鉴定商品、评估价值、出具鉴定报告和归档等程序进行鉴定。

（二）商品真伪

1. 箱包皮具类

材质上应符合品牌方的选材标准，包括皮、革、织物、拉链等。工艺上应符合品牌方的制作要求，包括边油、缝线、防伪方式、品牌标识等。配件和附件上应符合品牌方的工艺特征，包括包装物、品牌卡、购物票据。

2. 腕表类

材质上应符合品牌方的选材标准，包括金属、宝石等。工艺上应符合品牌方的制作要求，包括表壳、机芯、表盘、表针、表镜、后盖、表冠、金属表带、品牌标识、宝石镶嵌等。配件和附件上应符合品牌方的工艺特征，包括保卡、盒子、证书、钻卡、皮质表带等。

3. 服装服饰类

材质上应符合品牌方的选材标准，包括棉、麻、丝、PVC、皮革、金属等。工艺上应符合品牌方的制作要求，包括纽扣、拉链、领标、水洗标、品牌标识等。配件和附件上应符合品牌方的工艺特征，包括包装物、吊牌、备用纽扣等。

4. 珠宝饰品类

材质上应符合品牌方的选材标准，包括金属、宝石等级等。工艺上应符合品牌方的制作要求，包括镶嵌工艺、生产工厂代码、品牌标识、商品编号等印记。配件上应符合品牌方的工艺特征，包括保修卡、包装物、证书等。

（三）商品新旧评定

（1）全新：商品状态完好的未使用商品。

（2）九九成新：商品状态完好，因陈列、运输导致轻微污渍、划痕、磨损的未使用品。

（3）九五成新：整体成色较新轻微磨损痕迹。

（4）九成新：局部有少数划痕、污渍、磨损，品相良好。

（5）八成新：局部有明显划痕、污渍、磨损，品相普通。

（6）七成新：局部有较严重的划痕、污渍、磨损，不影响正常使用。

（7）损坏品：有较严重的划痕、污渍、磨损，影响正常使用。

（8）修复品：经过补色、改色，或更换过部分零配件的商品。表类更换皮质表带的除外。

本章思考题

一、名词解释

1. 危险品
2. 奢侈品
3. 海鲜
4. 禽蛋

二、简答

1. 冷藏保鲜食品的防腐措施有哪些?
2. 简述新冷冻技术在食品中的运用。
3. 奢侈品的主要特点是什么?
4. 冷却肉如何保藏?

三、案例分析

2020年1月4日，中远海运旗下的一艘船名为“COSCO Pacific”的运量高达10 062个标箱的超大型集装箱船在从马来西亚巴生港（Klang）去往印度那瓦夏瓦港（Nhava Sheva）的途中，7号货舱发生集装箱起火，所幸没有人员伤亡，发生火灾的集装箱已经被烧穿，另外多个集装箱被污损，船期被严重耽误。据报道，发生火灾的集装箱订舱申报货物名称为“家具”，调查过程中发现箱内实际装载了危险货物“锂电池”，危险货物谎报瞒报是本次事故的主要原因之一。

2019年5月25日，泰国东部林查班港（Laem Chabang）“KMTC HONG KONG”号的集装箱发生爆炸并引起大火，事故导致超过130人受伤送医，爆炸物散落半径超过300米，150个标准集装箱被损坏，船舶货舱舱盖被炸飞。据了解，本次大火起源于该轮三号舱，是来自装有化学物质危险货物“次氯酸钙”的集装箱，而该轮本航次的配载图上，三号舱并没有危险货物，危险货物瞒报谎报是造成事故的罪魁祸首。

2020年1月16日，珠海海事局执法人员在高栏集装箱码头对目标箱进行检查，发现报告装载货物为“化妆品”的集装箱内装有瓶装“花露水”，执法人员按照程序对该货物进行了取样并送有资质的检测机构检验。经检测，该批货物闪点22℃，按照国际危规的有关判定标准属于危险货物。珠海海事局随后对涉及该案的相关人员依法依规进行了处理。

思考：

1. 危险货物运输时应注意哪些问题?
2. 危险货物运输的基本要求是什么?

参考文献

[1] 张磊，李立辉．商品学．北京：中国铁道出版社，2018.

[2] 邱继洲．国际贸易理论与实务．3 版．北京：机械工业出版社，2018.

[3] 周桂荣．国际贸易理论与实务．厦门：厦门大学出版社，2018.

[4] 赵颖．货物学．2 版．北京：北京理工大学出版社，2015.

[5] 王晶，赵凯．商品学基础．北京：中国经济出版社，2013.

[6] 吕晓华，张立实．食品安全与健康．北京：中国医药科技出版社，2018.

[7] 周兴建，冷凯君．现代仓储管理与实务．3 版．北京：北京大学出版社，2021.

[8] 蔡玉秋，肖晓旭．商品学．北京：中国电力出版社，2016.

[9] 李洋．奢侈品物流管理．北京：对外经济贸易大学出版社，2012.

[10] 白世贞，曲志华．冷链物流．2 版．北京：中国财富出版社，2020.

[11] 周艳，王波，白燕．货物学．北京：清华大学出版社，2015.

[12] 张彤．货物学基础．2 版．北京：清华大学出版社，2021.

[13] 傅莉萍．仓储管理．北京：清华大学出版社，2015.

[14] 纵伟．食品安全学．北京：化学工业出版社，2016.

[15] 陈文汉．商品学．2 版．北京：人民邮电出版社，2021.

[16] 李晓红，吴沙沙．国际贸易实务．大连：东北财经大学出版社，2015.

[17] 宗慧民．进出口商品归类．2 版．北京：中国海关出版社，2018.

[18] 张烨键，陈立辉．仓储管理基础．2 版．北京：中国财富出版社，2019.

[19] 张如云，胡红春．物流包装与实务．北京：清华大学出版社，2018.

[20] 傅晖．商品基础知识．北京：高等教育出版社，2018.

[21] 但卫华．皮革商品学．北京：中国轻工业出版社，2012.

[22] 颜红侠，张秋禹．日用化学品制造原理与技术．3 版．北京：化学工业出版社，2021.

[23] 汪永太．商品学．3 版．北京：电子工业出版社，2016.

[24] 白世贞，牟维哲，陈化飞．商品学．3 版．北京：中国人民大学出版社，2020.